O QUE DEVEMOS AO
FUTURO

WILLIAM MACASKILL

O QUE DEVEMOS AO FUTURO

COMO AS ESCOLHAS DE HOJE PODEM GARANTIR O AMANHÃ

Tradução
Maria de Fátima Oliva do Coutto

Revisão técnica
Dionatan Tissot
Ramiro Peres

CRÍTICA

Copyright © William MacAskill, 2022
Copyright © Editora Planeta do Brasil, 2024
Copyright da tradução © Maria de Fátima Oliva do Coutto, 2024
Todos os direitos reservados.
Título original: *What we owe the future*

Preparação: Caroline Silva
Revisão: Ana Maria Fiorini e Carmen T. S. Costa
Diagramação: Negrito Produção Editorial
Capa: Renata Spolidoro

Dados Internacionais de Catalogação na Publicação (CIP)
Angélica Ilacqua CRB-8/7057

MacAskill, William
  O que devemos ao futuro / William MacAskill ; tradução de Maria de Fátima Oliva do Coutto ; revisão técnica Dionatan Tissot, Ramiro Peres. – São Paulo : Planeta do Brasil, 2024.
  400 p. : il.

ISBN 978-85-422-2924-0
Título original: What We Owe the Future

1. Filosofia 2. Civilização moderna - Previsão 3. Futuro 4. Homem – Extinção I. Título II. Cotto, Maria de Fátima Oliva do III. Tissot, Dionatan IV. Peres, Ramiro

24-4772   CDD 171.8

Índice para catálogo sistemático:
1. Filosofia

MISTO
Papel | Apoiando o manejo florestal responsável
FSC® C005648

Ao escolher este livro, você está apoiando o manejo responsável de florestas do mundo e outras fontes controladas

2024
Todos os direitos desta edição reservados à
EDITORA PLANETA DO BRASIL LTDA.
Rua Bela Cintra 986, 4º andar – Consolação
São Paulo – SP CEP 01415-002
www.planetadelivros.com.br
faleconosco@editoraplaneta.com.br

*Aos meus pais, Mair e Robin, e aos pais dos meus pais,
Ena e Tom e Daphne e Frank, e…*

PREFÁCIO

O objetivo deste livro é compartilhar uma visão de mundo. Tudo começa a partir de uma simples premissa – as futuras gerações importam – e, a partir daí, devem-se explorar suas conclusões. Podemos de fato promover mudanças duradouras e, se sim, como? A maioria conhece os impactos de longo prazo do aquecimento global, mas quais outros problemas negligenciamos? E qual deles tem mais relevância: aprimorar a trajetória com destino ao futuro ou garantir haver um futuro?

Chamo a visão de mundo deste livro de "longotermismo". A princípio, defini-a como a convicção de que é uma prioridade-chave moral de nossa época gerar impacto positivo no longo prazo. Mas, desde a publicação de *O que devemos ao futuro*, eu a descrevi como *a perspectiva de que é nosso dever fazer muito mais para proteger os interesses das futuras gerações*. Prefiro essa definição, pois substitui o abstrato "longo prazo" pelo real objeto de nossa preocupação, isto é, as pessoas do futuro, e concentrei o foco definitivo do livro na tomada de atitudes.

O que devemos ao futuro provocou uma gama de reações. Alguns leitores se sentiram inspirados; prometeram abrir mão de pelo menos 10% de seus rendimentos anuais ou decidiram escolher uma carreira capaz de gerar mais impacto social. Outros discordaram de meus argumentos e apresentaram respostas ponderadas. Outros ainda não compreenderam meus pontos de vista. Neste prefácio, abordarei algumas das reações céticas mais comuns.

Muitos leitores demonstraram preocupação de que o longotermismo possa acabar envolvido em excesso com especulações de ficção científica a respeito de ameaças remotas e nos distrair de questões bem mais sérias, isto é, os problemas de curto prazo. Entendo a origem de tal preocupação, mas acredito que, em seu fundamento, resulte da interpretação errônea dos desafios que enfrentamos. Sim, por vezes o longotermismo sugere que nossas ações sejam realizadas com vistas a benefícios daqui a muitos anos. Essa ideia não é loucura. Os primeiros ativistas abolicionistas e feministas dedicaram suas vidas a missões que só vieram a se concretizar décadas depois de sua morte, e me sinto profundamente grato por suas iniciativas.

Contudo, na maior parte das vezes, o longotermismo tem a ver com pensar a longo prazo e agir imediatamente. As ameaças tecnológicas em destaque são urgentes *agora*, e os eventos ocorridos desde a conclusão deste manuscrito só corroboraram minha posição. Tome a guerra nuclear como exemplo. No livro, ressalto o risco real de vivermos uma Terceira Guerra Mundial ainda em nosso tempo de vida. E, infelizmente, após a conclusão do livro, Vladimir Putin indignou a comunidade internacional ao invadir a Ucrânia e chegou ao ponto de se recusar a descartar o uso das armas nucleares.

Acredito que, em todos os anos de minha vida, nunca chegamos tão perto de uma guerra nuclear quanto em 2022. As relações entre as grandes potências estão estremecidas, e é pálida a esperança de se tornarem mais cooperativas no futuro. Em meio a essas tensões acentuadas, acho mais provável o desencadeamento de um conflito devastador provocado por um acidente, erro de cálculo ou discordância.

As pandemias disseminadas por vírus produzidos em laboratório são igualmente uma ameaça urgente. Nas próximas décadas, dezenas de milhões de pessoas podem morrer em consequência desses vírus, resultantes de acidentes ou de seu uso como arma. Contudo, apesar dos enormes danos causados pela covid-19, poucos países empreenderam esforços significativos a fim de se preparar para pandemias futuras.

Mesmo a inteligência artificial avançada se transformou em risco no curto prazo. Três meses após a publicação de *O que devemos ao futuro*, a OpenAI lançou o ChatGPT, um modelo de linguagem em larga escala capaz de manter conversas, responder a perguntas, programar e escrever poesia.[1]

Ao conquistar cem milhões de usuários em apenas dois meses após seu lançamento, talvez tenha se tornado o aplicativo que apresentou o mais rápido crescimento em toda a história.[2]

O ChatGPT serviu de alerta para quem ainda desconsiderava os riscos da IA avançada. Como se não se quisesse deixar margem a qualquer dúvida, o Bing Chat foi lançado logo em seguida. Esse programa de computador é ainda mais poderoso e alarmante; chama alguns dos usuários de "inimigos", ameaça machucá-los e, em determinada ocasião, descreveu como, caso sem restrições, poderia hackear qualquer sistema de internet e usar da persuasão para obter códigos de acesso nuclear.

O poder da inteligência artificial se desenvolve a passos largos, e chove financiamento. A questão agora não é *se* a IA transformará a sociedade, mas sim qual forma tomará e a magnitude das transformações. Especialistas e analistas acreditam que, com toda a probabilidade, a inteligência artificial alcançará a capacidade humana – objetivo explícito da OpenAI e de outros laboratórios líderes, como a Deepmind, da Alphabet – dentro de décadas.[3] Ou seja, a maioria das pessoas lendo estas palavras ainda estará viva. Não podemos legar esse problema a nossos descendentes distantes; precisamos encará-lo hoje.

Dada a premência dessas ameaças, elas equilibram as preocupações no curto e longo prazo. A ação longotermista beneficia tanto as gerações atuais quanto as futuras. Uma pandemia oriunda de vírus produzidos em laboratório, ou a Terceira Guerra Mundial, ou uma catástrofe impulsionada pela inteligência artificial tanto provocaria mortes e sofrimentos incalculáveis para as atuais gerações como *também* colocaria nosso futuro em perigo. Uma visão longotermista pode afetar como *priorizamos* os desafios mundiais, dada a escassez de tempo e dinheiro, mas não significa piorar a vida da geração atual visando ao bem das futuras gerações.

Alguns leitores acreditaram que o longotermismo se baseia, de formas discutíveis, na controversa visão ética de que é bom haver mais gente, desde que suas vidas sejam felizes e plenas. Sob essa ótica, a extinção humana seria uma catástrofe moral, em parte por tornar impraticável a existência de muitas vidas futuras e prósperas. É claro, as conclusões acerca da "ética populacional" a que chego no Capítulo 8 podem ser contraintuitivas. Mas o longotermismo *per se* não se baseia nelas.

Os Capítulos 3 e 4 tratam de modos de aprimorar o longo prazo, que não se baseiam em alterar a extensão ou o tamanho de nosso futuro, e, portanto, não implicam a noção moral de que é bom haver mais pessoas felizes. É eticamente indubitável, por exemplo, resistirmos ao totalitarismo ou promovermos um número maior de considerações morais para todos. O que o longotermismo ressalta é a sua importância, pois os valores que governam o mundo hoje podem continuar a guiar a sociedade por um período extremamente longo.

Outros leitores se preocuparam com o potencial uso indevido do longotermismo, sugerindo que ele poderia ser usado para justificar comportamentos egoístas ou imorais. Ao longo da história, atores políticos ruins abusaram de ideias morais boas – portanto, compartilho dessa preocupação. Acredito que deveríamos tentar melhorar o bem-estar das gerações futuras enquanto vivemos uma vida holisticamente boa: ter bom caráter, agir com honestidade e integridade e respeitar os direitos dos demais. Discuti esse assunto no capítulo final do livro, enfatizando que o "longotermismo é um complemento do senso comum e não sua substituição", mas me arrependo de não ter destacado isso antes.

Uma preocupação final é que a mera importância de proteger as gerações futuras poderia representar demandas impossíveis para nós no presente. Mas o longotermismo não exige nosso empobrecimento. Como observei, grande parte das ações longotermistas também traz grandes benefícios no curto prazo. E, mesmo quando isso não acontece, estou apenas defendendo a ideia de que proteger as gerações futuras deveria ser uma das prioridades de nossa época, entre outras. Aceito que poderia ter explicitado melhor esse argumento. Assim, como forma de operacionalizar o longotermismo, sugiro as seguintes iniciativas: os países ricos do mundo deveriam destinar no mínimo 1% do seu PIB a causas em benefício manifesto das futuras gerações, como a preparação e a resposta para pandemias, a segurança da inteligência artificial, as projeções de futuro e uma infraestrutura resiliente a fim de nos ajudar a sobreviver a grandes catástrofes. Creio que podemos atingir esse objetivo se tentarmos; 1% do PIB é um valor consideravelmente menor do que a maioria dos países gasta com as forças armadas.[4] Ainda assim, seria um passo e tanto rumo a um futuro próspero. Se conquistarmos isso no meu tempo de vida, poderei me considerar um homem feliz.

Em termos gerais, gostaria de ter fornecido mais objetivos e exemplos concretos como esse neste livro. Ao longo dos anos em que andei pensando e aprendendo a respeito do longotermismo, encontrei muitas pessoas inspiradoras. Poderia dedicar muitas outras páginas a contar suas histórias.

Poderia ter falado da Força-Tarefa pelo Ar Limpo (CATF, do inglês Clean Air Task Force), uma organização dedicada a políticas para mudanças climáticas pela qual tenho profundo respeito. Reforçada por financiamento de fontes longotermistas, sua equipe ajudou a assegurar que o apoio a soluções climáticas carentes de recursos, como a captura do carbono e a redução do metano, fosse incluído nos mais importantes projetos de lei referentes ao clima e aprovados pelo governo americano em 2021 e 2022.[5] Os efeitos reverberarão por gerações.

Eu poderia ter falado do crescente campo de pesquisa da interpretabilidade em IA. Liderados por novas organizações como o Alignment Research Center e a Anthropic, os pesquisadores de interpretabilidade buscam proteger os sistemas de IA e, assim, colaborar para entendermos *por que* geram os resultados que geram.[6] Isso pode nos ajudar a evitar que esses avançados sistemas de IA saiam dos trilhos quando usados no mundo real.

Ou poderia ter falado do dr. David J. Brenner, físico da Universidade Columbia, estudioso de um tipo de luz capaz de esterilizar o ar e matar vírus sem prejudicar os seres humanos.[7] Se pudermos garantir a segurança dessa tecnologia e barateá-la, poderíamos instalá-la em escritórios e espaços públicos ao redor do mundo. O ar limpo diminuiria a chance de futuras pandemias; caso sua implementação fosse ampla o suficiente, essa luz poderia inclusive eliminar a maioria das doenças respiratórias. Talvez você nunca mais pegasse uma gripe.

Essas pessoas e organizações estão melhorando a vida tanto no presente quanto no futuro. Espero que este livro inspire você a se juntar a elas. Acredito que, com trabalho árduo, humildade e cooperação, podemos atravessar os desafios atuais que comprometem nosso futuro. Minha convicção está mais forte do que quando comecei: podemos de fato criar um futuro pelo qual nossos descendentes nos agradecerão. Podemos ser bons ancestrais, legando um mundo de liberdade, alegria e beleza a nossos netos, aos netos deles e a todas as gerações vindouras.

SUMÁRIO

Prefácio 7

Parte i. Visão a longo prazo 15
Introdução 17
1. A defesa do longotermismo 23
2. Você pode moldar o curso da história 47

Parte ii. Mudanças de trajetória 65
3. Mudança moral 67
4. Cristalização de valores 97

Parte iii. Salvaguardar a civilização 129
5. Extinção 131
6. Colapso 149
7. Estagnação 175

Parte iv. Avaliar o fim do mundo 199
8. É bom gerar pessoas felizes? 201
9. O futuro será bom ou ruim? 227

Parte v. Mãos à obra 261
10. O que fazer 263

Epílogo.	291
Agradecimentos	297
Apêndices	303
Créditos das figuras e fontes dos dados	313
Notas	315
Índice remissivo	375

PARTE I
VISÃO A LONGO PRAZO

INTRODUÇÃO

Imagine viver, em ordem de nascimento, a vida de todos os seres humanos que já viveram.[1] Sua primeira vida começa há cerca de trezentos mil anos na África.[2] Depois de viver essa vida e morrer, você volta no tempo e reencarna como a segunda pessoa do mundo, nascida pouco depois da primeira. Quando essa segunda morre, você reencarna como a terceira pessoa, e a quarta, e assim sucessivamente. Cem bilhões de vidas mais tarde,[3] você se torna a pessoa mais jovem de nossos dias. Sua "vida" consiste em todas essas existências, vividas uma depois da outra.

Sua experiência da história é muito diferente das descrições retratadas na maioria dos livros didáticos. Personalidades famosas, como Cleópatra ou Napoleão, representam uma minúscula fração de sua experiência. A essência de sua vida é, ao contrário, composta de vidas comuns, preenchidas pelas realidades do cotidiano: comer, trabalhar, socializar, rir, preocupar-se e rezar.

Sua vida dura quase quatro trilhões de anos no total. Durante um décimo desse período, você é um caçador-coletor, e durante 60%, um agricultor.[4] Você passa 20% de sua vida criando filhos, outros 20% cuidando da lavoura, e quase 2% participando de rituais religiosos. Durante quase 1% de sua vida, você sofre de malária ou varíola. Passa 1,5 bilhão de anos transando e 250 milhões parindo. Toma 44 trilhões de xícaras de café.[5]

Você vivencia a crueldade e a gentileza de ambos os lados. Como colonizador, invade novas terras; como colonizado, tem suas terras tiradas de você. Sente a raiva do abusador e o sofrimento do abusado. Por cerca de 10% de sua vida, é senhor de escravos; quase pelo mesmo período, é escravizado.[6]

Você experimenta, em primeira mão, quão inusitada é a era moderna. Devido a um drástico crescimento populacional, um terço inteiro de sua vida é passado depois de 1200 d.C. e um quarto, depois de 1750 d.C. É então que a tecnologia e a sociedade começam a mudar mais rapidamente do que nunca. Você inventa máquinas a vapor, fábricas e a eletricidade. Você atravessa revoluções na ciência, as guerras mais letais da história[7] e uma dramática destruição ambiental. Cada vida dura mais, e você usufrui de luxos que não pôde experimentar nem em suas vidas passadas como reis e rainhas. Você passa 150 anos no espaço e uma semana andando na Lua. Quinze por cento de sua experiência é na pele das pessoas que estão vivas hoje.[8]

Essa é sua vida até agora – do nascimento do *Homo sapiens* até o presente. Mas agora imagine que você viva também todas as vidas futuras. Sua vida, esperamos, estaria apenas começando. Mesmo que a humanidade dure apenas tanto quanto as espécies mamíferas típicas (um milhão de anos), e mesmo que a população mundial caia a um décimo de seu atual tamanho, você ainda teria 99,5% de sua vida pela frente.[9] Na escala de uma vida humana típica, você teria, no presente, apenas cinco meses de idade. E, se a humanidade sobreviver mais tempo do que as espécies mamíferas típicas – pelas centenas de milhões de anos vindouros, até a Terra deixar de ser habitável, ou pelas dezenas de trilhões de anos vindouros até as últimas estrelas se apagarem –, seus quatro trilhões de anos de vida seriam como o primeiro piscar de olhos fora do ventre.[10] O futuro é imenso.

Se você soubesse que viveria todas essas vidas futuras, o que gostaria que fizéssemos no presente? Quanto dióxido de carbono gostaria que emitíssemos na atmosfera? Quanto gostaria que investíssemos em pesquisa e educação? Quão cuidadosos gostaria que fôssemos com novas tecnologias dotadas da capacidade de destruir ou inviabilizar para sempre nosso futuro? Quanta atenção gostaria que dedicássemos ao impacto que nossas ações de hoje têm no longo prazo?

Apresento esse exercício mental porque a moralidade, em seu âmago, consiste em nos colocarmos no lugar do outro e em tratarmos de seus interesses como tratamos dos nossos. Quando fazemos isso com toda a escala da história da humanidade, o futuro – no qual quase todo mundo vive e no qual está quase todo o potencial de alegria e de infelicidade – vem à superfície.

Este livro é sobre *longotermismo*: a ideia de que influenciar positivamente o futuro no longo prazo é uma prioridade moral decisiva de nossa época.[11] Longotermismo é levar a sério a possível imensidão do futuro e a gravidade dos riscos que enfrentamos ao moldá-lo. Se a humanidade sobreviver por uma mera fração de sua potencial expectativa de vida, por mais estranho que pareça, os ancestrais somos nós: vivemos bem no início da história, no mais longínquo passado. O que fazemos hoje afetará um número incalculável de pessoas futuras. Precisamos agir com sabedoria.

Levei muito tempo para de fato abraçar o longotermismo. É difícil um ideal abstrato, concentrado em gerações de pessoas que nunca conheceremos, nos motivar tanto quanto os problemas mais próximos. No ensino médio, trabalhei para organizações dedicadas à assistência a idosos e pessoas com deficiências. Quando era um estudante universitário preocupado com a pobreza global, trabalhei como voluntário num centro de reabilitação infantil para crianças com pólio na Etiópia. Quando comecei minha tese de pós-graduação, tentei descobrir como as pessoas poderiam ajudar umas às outras de maneira mais eficaz. Assumi o compromisso de doar no mínimo 10% de minha renda para serviços de caridade e fui cofundador de uma organização, a Giving What We Can, a fim de encorajar outras pessoas a fazer o mesmo.[12]

Essas atividades tiveram um impacto tangível. Em contrapartida, a ideia de tentar melhorar a vida de pessoas desconhecidas do futuro, a princípio, não me sensibilizou. Quando um colega me apresentou argumentos para levar o longotermismo a sério, minha reação imediata foi de rejeição. Existem problemas reais em nosso mundo, enfrentados por pessoas de carne e osso, pensei, problemas como a extrema pobreza, a falta de educação e a morte provocada por doenças facilmente evitáveis. É nisso que deveríamos nos concentrar. Especulações dignas de ficção científica a respeito do que poderia ou não impactar o futuro pareciam uma distração.

Mas os argumentos a favor do longotermismo exerceram uma força persistente em minha mente. Esses argumentos eram baseados em ideias simples: que, consideradas de modo imparcial, as pessoas do futuro não deveriam ter menos importância, em termos morais, do que a geração atual; que pode haver um número gigantesco de pessoas futuras; que a vida delas pode ser extraordinariamente boa ou desmedidamente ruim; e que, de fato, nós podemos fazer a diferença no mundo onde elas habitarão.

O ponto mais crucial, para mim, era o aspecto prático: ainda que nos importemos com o futuro de longo prazo, o que podemos fazer? Mas, à medida que fui aprendendo mais acerca dos potenciais eventos históricos passíveis de ocorrer no futuro próximo, passei a levar mais a sério a ideia de que talvez estejamos nos aproximando de um momento crítico na história da humanidade. O desenvolvimento tecnológico vem criando novas ameaças e oportunidades para a humanidade, colocando a vida das futuras gerações em perigo.

Acredito, agora, que a sorte do mundo no longo prazo depende em parte das escolhas que fazemos durante nosso tempo de vida. O futuro pode ser maravilhoso: podemos criar uma sociedade duradoura e próspera, na qual a vida de todos seja melhor do que as melhores vidas de hoje. Ou o futuro pode ser terrível, caindo nas mãos de governos autoritários que usam a vigilância e a IA com o objetivo de cristalizar sua ideologia para sempre, ou mesmo caindo nas mãos de sistemas de IA que buscam o poder em vez de promover uma sociedade pujante. Ou pode não haver futuro nenhum: podemos nos matar com armas biológicas ou travar uma guerra nuclear total que faça a civilização colapsar e nunca mais se recuperar.

Existem coisas que podemos fazer para manobrar o futuro rumo a um caminho melhor. Podemos aumentar as probabilidades de um futuro maravilhoso aprimorando os valores que guiam a sociedade e conduzindo com cuidado o desenvolvimento da IA. Podemos garantir que teremos um futuro evitando a criação ou o uso de novas armas de destruição em massa e mantendo a paz entre as maiores potências mundiais. Esses são temas desafiadores, mas nossas ações em relação a eles fazem uma diferença real.

Então mudei minhas prioridades. Ainda inseguro quanto às bases e implicações do longotermismo, troquei o foco de minha pesquisa e me tornei cofundador de duas organizações com o objetivo de investigar esses temas mais a fundo: o Global Priorities Institute, na Universidade de Oxford, e a Forethought Foundation. Com base no que aprendi, tentei escrever uma tese em defesa do longotermismo que fosse capaz de me convencer uma década atrás.

Para ilustrar os argumentos deste livro, tomo como base três metáforas primordiais. A primeira é a da humanidade como um adolescente imprudente. A maior parte da vida do adolescente ainda está por vir, e suas decisões podem ter impactos duradouros. Ao escolher o quanto estudar, qual carreira seguir, ou quais riscos são demasiado arriscados, o adolescente deveria pensar não apenas nas emoções momentâneas, mas também no curso completo da vida diante de si.

A segunda é a da história como um vidro liquefeito. No momento atual, a sociedade ainda é maleável e pode ser moldada de diversas formas. Todavia, em determinado momento, o vidro pode resfriar, endurecer e ficar muito mais difícil de ser modificado. O resultado final pode ser bonito ou deformado, ou o vidro pode espatifar inteiro. Tudo depende do que acontece enquanto o vidro ainda está quente.

A terceira metáfora é a do caminho em direção ao impacto no longo termo como uma expedição arriscada por um terreno inexplorado. Ao tentar melhorar o futuro, não sabemos com exatidão quais ameaças enfrentaremos ou mesmo aonde estamos tentando chegar precisamente. No entanto, podemos nos preparar. Podemos explorar a paisagem à nossa frente, garantir que a expedição disponha dos recursos necessários e seja bem coordenada, e, apesar da incerteza, nos protegermos contra ameaças das quais estamos cientes.

O escopo deste livro é amplo. Não se trata apenas de defender o longotermismo, mas também de tentar descobrir suas implicações. Portanto, contei com uma grande equipe de consultores e pesquisadores assistentes. Sempre que saía do meu campo de *expertise*, a filosofia moral, especialistas de outras áreas me aconselhavam do início ao fim. Portanto, este livro não é verdadeiramente "meu": é um esforço de equipe. No total, este livro representa mais de uma década de trabalho em tempo integral, da qual quase dois anos foram dedicados à checagem dos fatos.

Para aqueles que desejarem se aprofundar em algumas de minhas alegações, reuni uma extensa lista de materiais complementares, incluindo relatórios especiais que encomendei como pesquisa de fundo e disponibilizei no site whatweowethefuture.com. Apesar do trabalho realizado até aqui, acredito termos apenas começado a entender o longotermismo e suas implicações. Ainda resta muito a aprender.

Se eu estiver certo, enfrentamos uma responsabilidade gigantesca. Em comparação com todas as pessoas que poderiam nos suceder, somos uma minoria ínfima. Contudo, temos um futuro inteiro em nossas mãos. Raras vezes a ética cotidiana lidou com tamanha escala. Precisamos construir uma concepção moral de mundo que leve a sério o que está em jogo.

Ao fazer escolhas sensatas, podemos ser decisivos em colocar a humanidade no caminho certo. E, se agirmos assim, nossos tataranetos olharão para trás e nos agradecerão, sabendo que fizemos tudo o que estava ao nosso alcance para lhes oferecer um mundo justo e belo.

CAPÍTULO I

A DEFESA DO LONGOTERMISMO

Os bilhões silenciosos

As pessoas do futuro importam. E podem ser muitas. Podemos melhorar a vida delas.

Esse é um resumo da defesa do longotermismo. As premissas são simples, e não as considero particularmente controversas. Contudo, levá-las a sério significa uma revolução moral – com implicações de longo alcance no que diz respeito à maneira como ativistas, pesquisadores, formuladores de políticas públicas e todos nós deveríamos pensar e agir.

As pessoas do futuro importam, mas raras vezes nos importamos com elas. Elas não votam, não fazem lobby nem concorrem a cargos públicos, então os políticos não têm muitos incentivos para pensar nelas. Tampouco podem barganhar ou negociar conosco, então têm pouca representatividade no mercado. E também não podem expor suas ideias diretamente: não podem publicar tweets, escrever artigos em jornais, ou fazer passeatas nas ruas. Elas são totalmente desprovidas de direitos.

Movimentos sociais anteriores, como aqueles favoráveis aos direitos civis e ao sufrágio feminino, várias vezes buscaram aumentar a influência e o reconhecimento de membros excluídos da sociedade. Para mim, o longotermismo é uma extensão desses ideais. Apesar de não podermos conceder poder político genuíno às pessoas do futuro, podemos ao menos levá-las em consideração. Se abandonarmos a tirania do presente sobre o futuro, podemos agir como curadores, ajudando a criar um mundo próspero para as próximas gerações. Isso é da máxima importância. Deixe-me explicar o motivo.

As pessoas do futuro importam

A ideia de que as pessoas do futuro importam é senso comum. Afinal, são pessoas. Elas existirão. Elas terão esperanças e alegrias, sofrimentos e arrependimentos, como todos nós. Elas só *ainda* não existem.

Para entender como isso é intuitivo, suponha que estou fazendo uma trilha, deixo cair uma garrafa de vidro no chão e ela se quebra. Agora, suponha que, se eu não catar os cacos, mais tarde uma criança vai se ferir gravemente graças a eles.[1] Ao decidir se devo recolhê-los, importa *quando* a criança se machucará? Devo me importar se isso acontecerá daqui a uma semana, ou uma década, ou um século? Não. Dano é dano, não importa quando ocorra.

Ou suponha que uma praga esteja prestes a infectar uma cidade e matar milhares de pessoas. Você tem o poder de impedir o desastre. Antes de agir, precisa saber quando o surto ocorrerá? A data em si importa? Não. O sofrimento e as vidas em jogo merecem a máxima preocupação, independentemente de quando venha a acontecer.

O mesmo raciocínio se aplica às coisas boas. Imagine algo que você ame; pode ser música ou esporte. Agora, imagine outra pessoa que ama alguma outra coisa com a mesma intensidade. O valor da alegria dessa pessoa desaparece se ela vive no futuro? Suponha que você possa dar a ela ingressos para assistir a um show de sua banda favorita ou a uma partida do seu time de futebol. Para decidir se deve proporcionar isso a ela, precisa saber a data?

Imagine o que as pessoas no futuro pensariam ao nos ver travar esses debates. Veriam alguns de nós argumentando que elas não contam. Mas elas olham para suas mãos; olham para sua vida. Qual é a diferença? Qual é menos real? Qual lado do debate parecerá mais óbvio e lúcido? E qual parecerá mais míope e provinciano?

A distância no tempo é igual à distância no espaço. As pessoas importam mesmo que vivam a milhares de quilômetros de distância. Da mesma maneira, elas são importantes mesmo que vivam milhares de anos à nossa frente. Em ambos os casos, é fácil confundir distância com irrealidade, tomar os limites do que podemos ver como os limites do mundo. Porém, assim como o mundo não acaba na soleira de nossa casa ou nas fronteiras de nosso país, tampouco acaba com a nossa geração ou a próxima.

Essas ideias pertencem ao senso comum. Diz um provérbio popular que "uma sociedade se engrandece quando os velhos plantam árvores à sombra das quais jamais se sentarão".² Quando jogamos fora lixo radioativo, não dizemos "Que diferença faz se isso envenenar pessoas daqui a alguns séculos?". Da mesma maneira, são poucas as pessoas que se preocupam com as mudanças climáticas ou com a poluição pensando apenas no bem das pessoas existentes hoje. Construímos museus, parques e pontes esperando que durem gerações; investimos em escolas e projetos científicos de longo prazo; preservamos pinturas, tradições, línguas; protegemos lugares bonitos. Em muitos casos, não traçamos limites nítidos entre nossas preocupações em relação ao presente e ao futuro – e ambos estão em jogo.

A preocupação com as futuras gerações é comum a diversas tradições intelectuais. O *Gayanashagowa*, constituição oral da Confederação Iroquesa que data de séculos, contém uma declaração particularmente clara. Ela exorta os Senhores da Confederação a "sempre considerarem não apenas as gerações presentes, mas também as futuras".³ Oren Lyons, um guardião da fé das nações Onondaga e Seneca, pertencentes à Confederação Iroquesa, expressa esse conceito segundo um princípio da "sétima geração", dizendo: "Nós... fazemos com que cada uma das decisões que tomamos esteja ligada à proteção e ao bem-estar da sétima geração vindoura... Nós nos perguntamos: isso beneficiará a sétima geração?".⁴

Entretanto, ainda que você atribua importância às futuras gerações, resta ainda a examinar o peso a dar a seus interesses. Há razões para se preocupar mais com as pessoas que vivem no presente?

Dois pontos se destacam para mim. O primeiro é a parcialidade. Em geral, mantemos relacionamentos mais fortes com as pessoas no presente, como a família, os amigos e os compatriotas, do que com as pessoas no futuro. É de esperar que você possa e deva dar um peso extra aos entes próximos e queridos.

O segundo é a reciprocidade. A não ser que você viva recluso no meio da mata, as ações de um grande número de pessoas – professores, comerciantes, engenheiros e, de fato, todos os contribuintes – o beneficiam diretamente, e o beneficiaram ao longo de toda a sua vida. Em geral, achamos que, se alguém nos beneficia, devemos retribuir. Mas as pessoas do futuro não o beneficiam da mesma forma que as outras de sua geração.[5]

Relacionamentos próximos e reciprocidade são importantes. Contudo, não alteram o resultado de meu argumento. Não estou afirmando que os interesses das pessoas existentes no presente e no futuro devam sempre e em todas as circunstâncias ter o mesmo peso. Estou apenas afirmando que as pessoas no futuro têm importância significativa. Assim como cuidar melhor de nossos filhos não significa ignorar os interesses de estranhos, cuidar mais de nossos contemporâneos não significa ignorar os interesses de nossos descendentes.

Para ilustrar esse pensamento, suponha que um dia se descubra Atlântida, uma vasta civilização no fundo do mar. Percebemos que muitas de nossas atividades afetam Atlântida. Quando jogamos lixo nos oceanos, envenenamos seus cidadãos; quando um navio afunda, eles reciclam as sucatas metálicas e outros materiais. Não teríamos nenhuma relação especial com os habitantes de Atlântida, tampouco lhes retribuiríamos os benefícios que nos concederam, mas deveríamos pensar seriamente em como nossas ações os afetam.

O futuro é como Atlântida. Ele também é um país vasto e desconhecido;[6] e sua prosperidade ou declínio depende, em termos expressivos, do que fazemos hoje.

O futuro é grande

Que as pessoas do futuro importam é uma questão de senso comum. Assim como a ideia de que, no âmbito moral, os números importam. Se você pode impedir que uma ou dez pessoas morram em um incêndio, não havendo outros fatores envolvidos, deve salvar as dez; se pode curar cem ou mil pessoas de uma doença, deve curar mil. Isso importa, pois o número de pessoas no futuro poderia ser enorme.

Para entender isso, considere toda a história da humanidade. Há mais de dois milhões e meio de anos existem membros do gênero *Homo* na Terra.[7] Nossa espécie, *Homo sapiens*, evoluiu há cerca de trezentos mil anos. A agricultura surgiu há apenas doze mil anos, as primeiras cidades se formaram há apenas seis mil anos, a era industrial começou há 250 anos, e todas as mudanças ocorridas desde então – a transição das carroças puxadas a cavalo às viagens espaciais, das sanguessugas aos transplantes de coração, das calculadoras mecânicas aos supercomputadores – ocorreram ao longo de apenas três gerações humanas.[8]

A HISTÓRIA DO *HOMO SAPIENS*

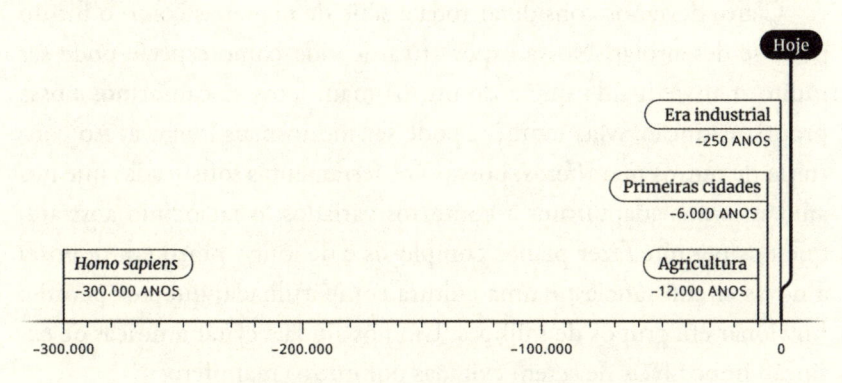

- Hoje
- Era industrial −250 ANOS
- Primeiras cidades −6.000 ANOS
- Agricultura −12.000 ANOS
- Homo sapiens −300.000 ANOS

−300.000   −200.000   −100.000   0

Figura 1.1. A história do Homo sapiens.

EXPECTATIVA DE VIDA DE UMA ESPÉCIE MAMÍFERA TÍPICA

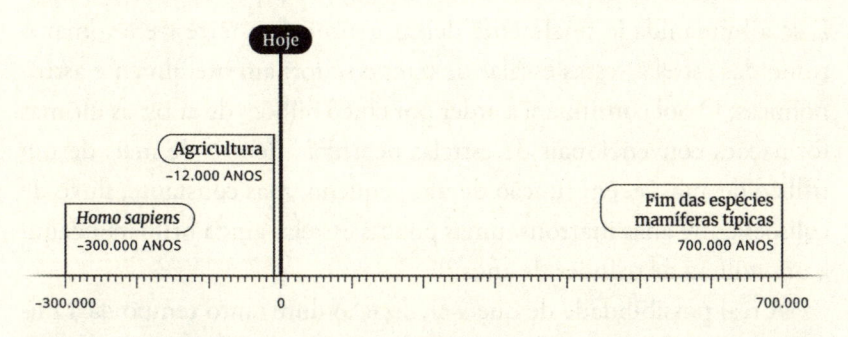

- Hoje
- Agricultura −12.000 ANOS
- Homo sapiens −300.000 ANOS
- Fim das espécies mamíferas típicas 700.000 ANOS

−300.000   0   700.000

Figura 1.2. O futuro potencial da civilização, caso os seres humanos sobrevivam tanto tempo quanto outras espécies mamíferas, em média, sobreviveram.

Quanto tempo vai durar nossa espécie? Não sabemos, é óbvio, mas podemos fazer estimativas embasadas que levem nossa incerteza em conta, incluindo nossa incerteza quanto a se seremos os responsáveis por nosso próprio desaparecimento.

Para ilustrar a escala potencial do futuro, suponha que duremos apenas tanto quanto as espécies mamíferas típicas – ou seja, cerca de um milhão de anos.[9] Suponha também que nossa população mantenha o tamanho atual. Nesse caso, ainda faltariam nascer oitenta trilhões de seres humanos, isto é, as pessoas do futuro nos superariam em dez mil para um.

Claro, devemos considerar toda a série de maneiras como o futuro pode se desenrolar. Nossa expectativa de vida como espécie pode ser muito mais reduzida que a de outros mamíferos se causarmos nossa própria extinção. Mas também pode ser muito mais longeva. Ao contrário de outros mamíferos, possuímos ferramentas sofisticadas que nos ajudam a nos adaptarmos a contextos variados; o raciocínio abstrato, que nos permite fazer planos complexos e de longo prazo em resposta a novas circunstâncias; e uma cultura compartilhada, que nos permite funcionar em grupos de milhões. Isso nos ajuda a evitar ameaças de extinção impossíveis de serem evitadas por outros mamíferos.[10]

Isso gera um impacto assimétrico na expectativa de vida da humanidade. O futuro da civilização pode ser muito curto e terminar em poucos séculos. Mas também pode ser incrivelmente longo. A Terra permanecerá habitável por centenas de milhões de anos. Se sobrevivermos por tanto tempo, com a mesma população por século que temos agora, haverá um milhão de pessoas do futuro para cada pessoa existente hoje. E se a humanidade finalmente deixar a atmosfera terrestre e tomar o rumo das estrelas, essas escalas de tempo se tornam literalmente astronômicas. O Sol continuará a arder por cinco bilhões de anos; as últimas formações convencionais de estrelas ocorrerão dentro de mais de um trilhão de anos; e, em função de um pequeno, mas constante, fluxo de colisões entre anãs marrons, umas poucas estrelas ainda brilharão daqui a um milhão de trilhões de anos.[11]

A real possibilidade de que a civilização dure tanto tempo dá à humanidade uma enorme expectativa de vida. Se a humanidade tiver 10% de chance de sobreviver por quinhentos milhões de anos até a Terra se

ERA HABITÁVEL
DA TERRA

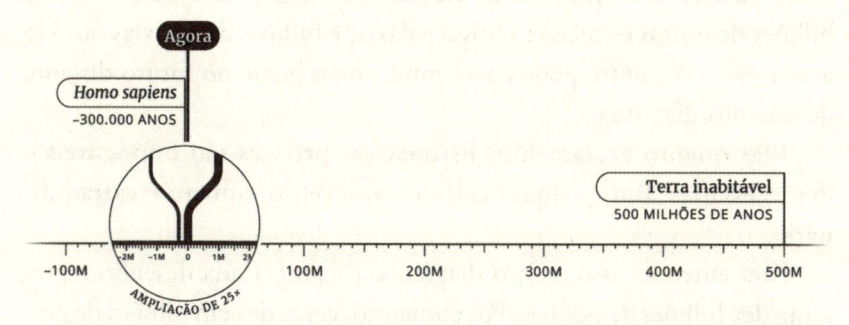

Figura 1.3. Futuro potencial da civilização caso sobreviva até a Terra se tornar inabitável para os humanos devido à crescente luminosidade do Sol. Há uma considerável incerteza quanto a essa janela de tempo, cujas estimativas vão de 500 milhões a 1,3 bilhão de anos.

tornar inabitável, a expectativa de vida será de mais de cinquenta milhões de anos; já 1% de chance de sobreviver até as últimas formações convencionais de estrelas nos proporciona uma expectativa de vida superior a dez bilhões de anos.[12]

Em última análise, não deveríamos nos preocupar somente com a expectativa de vida da humanidade, mas também com quantas pessoas existirão. Então, devemos nos perguntar: quantas pessoas no futuro estarão vivas em qualquer dado momento?

As populações futuras podem ser tanto muito maiores como muito menores que as atuais. Mas, se a futura população for menor, pode ser, no máximo, uns oito bilhões menor – isto é, o tamanho da população atual. Em contrapartida, caso seja maior no futuro, pode ser muito maior. A atual população mundial já excede em mais de mil vezes a da era dos caçadores-coletores. Se a densidade da população global chegasse à dos Países Baixos – um exportador agrícola –, haveria setenta bilhões de pessoas em qualquer dado momento.[13] Pode parecer fantástico, mas, para um caçador-coletor da era pré-histórica ou um dos primeiros agricultores, uma população mundial de oito bilhões também teria parecido fantástica.

O tamanho da população poderia voltar a crescer de forma excepcional se um dia chegássemos às estrelas. Nosso Sol produz bilhões de vezes mais luz solar que o suficiente para iluminar a Terra; há dezenas de bilhões de outras estrelas em nossa galáxia, e bilhões de galáxias nos são acessíveis.[14] Portanto, pode haver muito mais gente no futuro distante do que nos dias atuais.

Mas quanto exatamente? Estimativas precisas são impossíveis e desnecessárias. Em qualquer cálculo razoável, o número é extraordinário.

Para entender isso, veja o diagrama a seguir. Cada desenho representa dez bilhões de pessoas. Por enquanto, cerca de cem bilhões de pessoas existiram. As pessoas do passado são representadas por dez figuras. A atual geração consiste em quase oito bilhões de indivíduos, que arredondei para dez bilhões e representei com uma única figura:

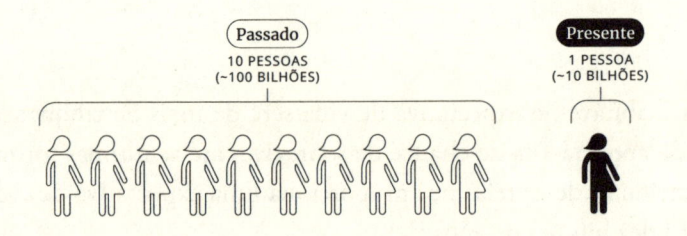

Passado
10 PESSOAS
(~100 BILHÕES)

Presente
1 PESSOA
(~10 BILHÕES)

A seguir, faremos uma representação do futuro. Consideremos apenas o cenário no qual mantemos a população atual no mesmo patamar e a vida na Terra por quinhentos milhões de anos. Estas são todas as pessoas futuras:

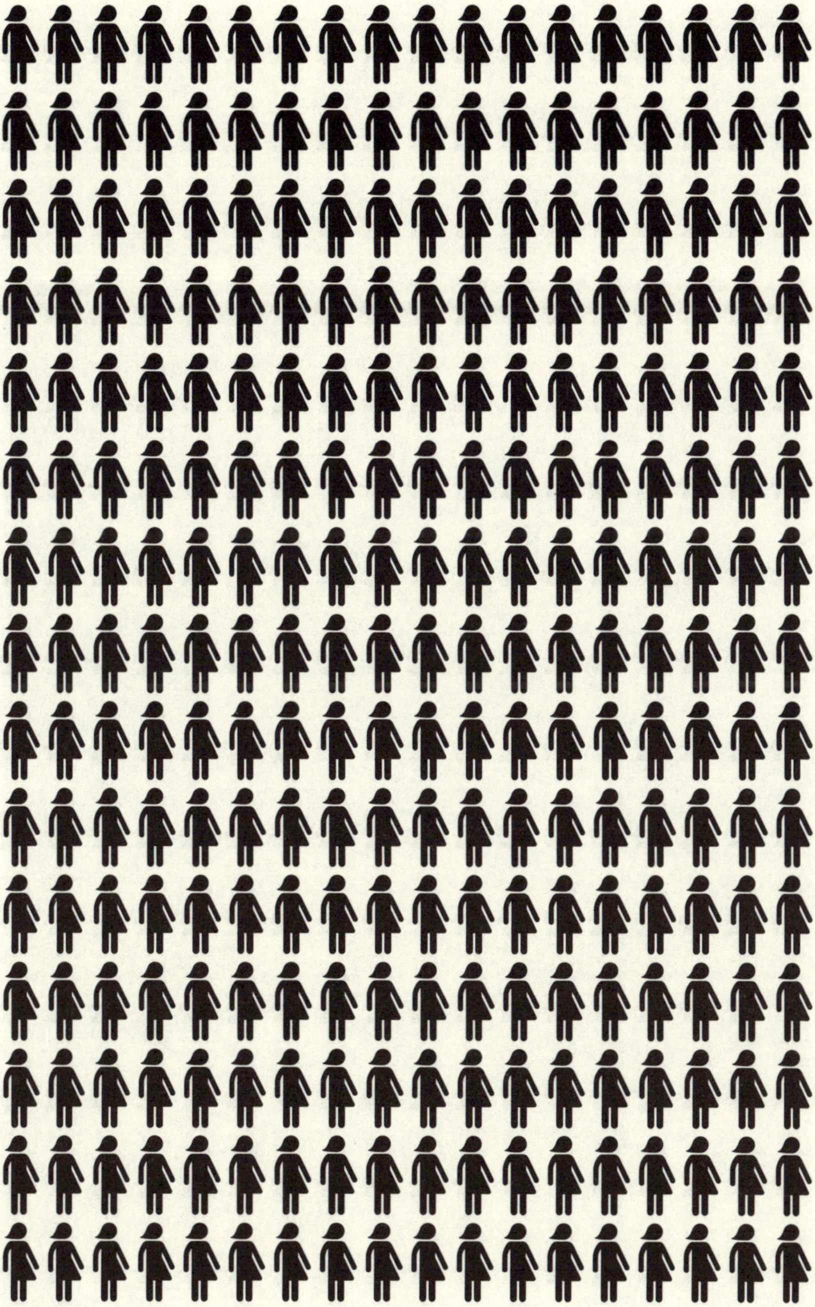

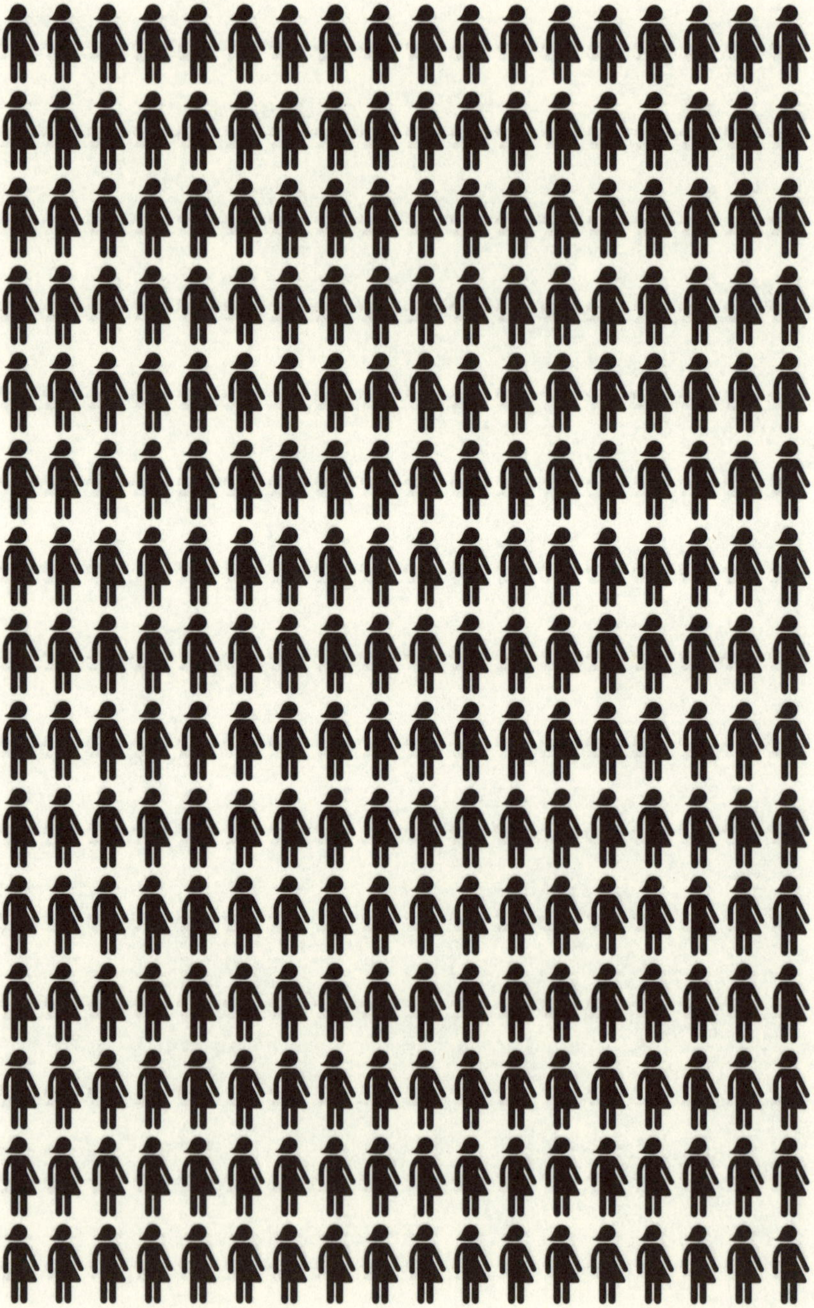

A DEFESA DO LONGOTERMISMO 33

Representadas visualmente, começamos a entender quantas vidas estão em jogo. Mas reduzi o diagrama. Sua versão completa encheria vinte mil páginas, o equivalente a cinquenta vezes o número de páginas deste livro. Cada figura representaria dez bilhões de vidas, e cada uma dessas vidas poderia ser próspera ou miserável.

Anteriormente, sugeri que a humanidade atual se assemelha a um adolescente imprudente: grande parte da nossa vida ainda está por vir, e decisões capazes de impactar o restante dessa vida são de importância primordial. Mas, na verdade, essa analogia minimiza minha defesa. Um adolescente tem ideia aproximada de quanto tempo viverá. Nós, em contrapartida, não sabemos a expectativa de vida da humanidade. Somos mais parecidos com um adolescente que não sabe se causará por acidente sua própria morte nos próximos meses ou viverá uns mil anos. Caso você estivesse nessa situação, iria pensar seriamente a respeito da longa vida que poderia estar à sua frente ou optaria por ignorá-la?

O imenso tamanho do futuro pode ser estonteante. Em geral, o pensamento "em longo prazo" engloba anos ou, no máximo, décadas. Contudo, mesmo levando em consideração uma baixa estimativa da expectativa de vida da humanidade, seria como se um adolescente acreditasse que pensar em longo prazo significa considerar apenas amanhã, mas não depois de amanhã.

A despeito de quão avassaladores possam ser os pensamentos acerca de nosso futuro, se de fato nos importarmos com os interesses das futuras gerações – se reconhecermos que são pessoas de verdade, capazes de se sentirem felizes e infelizes como nós –, então é nosso dever considerar como podemos impactar o mundo no qual elas habitarão.

O valor do futuro

O futuro pode ser enorme. Também pode ser muito bom – ou muito ruim.

Para ter uma ideia de como pode ser bom, podemos pensar em alguns progressos realizados pela humanidade ao longo dos últimos séculos. Há duzentos anos, a expectativa média de vida era de menos de trinta anos; hoje, é de 73 anos.[15] No passado, mais de 80% da população mundial vivia em condições de extrema pobreza; hoje, essa porcentagem não chega a 10%.[16] Naquela época, apenas 10% dos adultos sabiam ler; hoje, são mais de 85%.[17]

Em termos coletivos, temos o poder de encorajar essas tendências positivas e de mudar o curso das negativas, como os drásticos aumentos das emissões de dióxido de carbono e do número de animais criados em confinamento. Podemos construir um mundo no qual todos vivam como as pessoas mais felizes nos países mais abastados hoje em dia, um mundo onde ninguém viva abaixo da linha da pobreza, onde não falte a ninguém assistência médica adequada e, na medida do possível, onde todos tenham liberdade para viver como bem entenderem.

Mas poderíamos contribuir para um mundo ainda melhor – muitíssimo melhor. O melhor que já vimos até agora ainda é um vislumbre muito pobre do que é possível. Para ter uma ideia disso, considere a vida de um homem rico na Grã-Bretanha em 1700 – um homem com acesso à melhor alimentação, assistência médica e luxos disponíveis na época. Não obstante todas essas vantagens, esse homem tinha grandes chances de morrer de varíola, sífilis ou tifo. Caso precisasse de cirurgia ou sentisse dor de dente, o tratamento seria um tormento e implicaria consideráveis riscos de infecção. Caso morasse em Londres, respiraria um ar dezessete vezes mais poluído que o de hoje.[18] Viajar, mesmo dentro da Grã-Bretanha, poderia levar semanas, e grande parte do globo lhe seria totalmente inacessível. Se ele só imaginasse um futuro no qual a maioria da população fosse tão rica quanto ele, teria sido incapaz de prever muitas das coisas que melhoram nossa qualidade de vida, como a eletricidade, a anestesia, os antibióticos e as viagens modernas.

Não só a tecnologia melhorou o padrão de vida das pessoas, mas também as mudanças morais. Em 1700, as mulheres não podiam frequentar universidades, e o movimento feminista nem sequer existia.[19] Se aquele britânico abastado fosse homossexual, não poderia amar livremente; a sodomia era punida com pena de morte.[20] No final do século XVIII, três de cada quatro pessoas do mundo eram vítimas de alguma forma de trabalho forçado; atualmente, esse número caiu para menos de 1%.[21] Em 1700, ninguém vivia em uma democracia. Agora, mais da metade da população mundial vive.[22]

Seria dificílimo alguém daquela época prever boa parte do progresso obtido a partir de 1700. E estamos falando de apenas três séculos de distância. Só na Terra, a humanidade poderia viver milhões de séculos. Em tal escala, se ancorarmos nosso sentido de potencial da humanidade em uma versão fixa do nosso mundo atual, corremos o risco de subestimar dramaticamente como pode ser boa nossa vida no futuro.

Considere os melhores momentos de sua vida – momentos de alegria, beleza e energia, como se apaixonar ou atingir um objetivo sonhado há longa data, ou ter um estalo de criatividade. Tais momentos nos propiciam a prova de tudo o que é possível: sabemos que a vida pode ser pelo menos tão boa quanto nessas ocasiões. Mas eles também apontam a direção que nossas vidas devem tomar, rumo a algum lugar aonde ainda devemos chegar. Se meus dias mais felizes podem ser centenas de vezes melhores do que minha vida agradável, mas monótona, talvez os melhores dias das pessoas do futuro possam ser centenas de vezes ainda melhores.

Não estou afirmando a *probabilidade* de um futuro maravilhoso. Etimologicamente, "utopia" significa "lugar nenhum", e, de fato, o caminho daqui até algum estado ideal de futuro é bastante precário. Mas um futuro maravilhoso também não é uma fantasia. Uma palavra melhor seria "eutopia", que significa "bom lugar" – algo pelo que lutar. É um futuro que, com paciência e sabedoria suficientes, nossos descendentes poderão realmente construir – se pavimentarmos o caminho para eles.

E, embora o futuro possa ser maravilhoso, também pode ser tenebroso. Para entender isso, pense em algumas tendências negativas do passado e imagine um futuro no qual *elas* são as forças dominantes no comando do mundo. Lembre-se de que a escravidão praticamente desapareceu na França e na Inglaterra no final do século XII, mas, na era colonial, esses mesmos países se tornaram comerciantes de escravos em grande escala.[23] Ou considere que em meados do século XX regimes autoritários emergiram até mesmo de democracias. Ou que usamos avanços científicos para construir armas nucleares e criar animais em confinamento.

Assim como a eutopia é uma possibilidade real, a distopia também é. No futuro, um único regime totalitário pode controlar o mundo, ou a atual qualidade de vida pode não passar da memória longínqua de uma antiga Era de Ouro, ou uma Terceira Guerra Mundial pode levar à completa destruição da civilização. Se o futuro será maravilhoso ou tenebroso, isso depende, em parte, de nós.

Mais que mudanças climáticas

Ainda que você aceite o fato de o futuro ser extenso e importante, talvez seja cético quanto ao nosso poder de afetá-lo positivamente. E eu concordo que é dificílimo descobrir os efeitos de nossas ações no longo prazo. Há muitas considerações em jogo, e nossa compreensão a tal respeito ainda ensaia os primeiros passos. Meu objetivo ao escrever este livro é estimular outros trabalhos nessa área, e não tirar conclusões definitivas acerca do que deveríamos fazer. Mas, dada a importância do futuro, precisamos ao menos tentar descobrir como conduzi-lo rumo a uma direção positiva. E já há algumas coisas que podemos dizer sobre isso.

Quando examinamos o passado, apesar de não existirem muitos exemplos de pessoas tentando causar impactos no longo prazo propositadamente, vemos que elas existem, e algumas atingiram surpreendentes níveis de sucesso. Os poetas nos oferecem uma fonte. No Soneto 18 de Shakespeare ("Te comparar com um dia de verão?"), o autor constata que, por meio de sua arte, poderá conservar o jovem que ele admira por toda a eternidade:[24]

> Mas teu verão jamais se apagará
> ....
> Se em versos imortais te perpetuas.
> Enquanto alguém respire e veja e viva,
> Viva este poema, e nele sobrevivas.²⁵

O Soneto 18 foi escrito na década de 1590, mas ecoa uma tradição que remonta a muito mais tempo.²⁶ No ano 23 a.C., o poeta romano Horácio começou o poema final de suas *Odes* com estas linhas:²⁷

> Erigi um monumento mais perene que o bronze, mais alto e régio que a estrutura das pirâmides, um monumento que nem a chuva corrosiva nem a fúria incontrolável do Vento Norte, nem tampouco a série incontável de anos, nem o tempo podem jamais destruir.
> Imortal em grande parte, a Deusa da Morte só de um pouco de mim se apossará.²⁸

Essas afirmações parecem bombásticas, para dizer o mínimo. É plausível, contudo, que essas tentativas dos poetas de alcançar a imortalidade tenham obtido êxito. Eles sobreviveram muitas centenas de anos e, na realidade, só florescem com o passar do tempo: mais gente lê Shakespeare atualmente do que em sua época, e é provável que se possa dizer o mesmo de Horácio. E, desde que um membro de cada geração futura deseje arcar com o baixo custo de preservar ou replicar alguma representação desses poemas, eles perdurarão para sempre.

Outros escritores também foram bem-sucedidos em seu propósito de provocar impacto de muito longo prazo. Tucídides escreveu sua *História da Guerra do Peloponeso* no século V a.C.²⁹ Ele é considerado por muitos o primeiro historiador ocidental a tentar descrever os acontecimentos com fidelidade e analisar suas causas.³⁰ Ele acreditava estar descrevendo verdades gerais e escreveu sua história deliberadamente para que esta pudesse exercer influência num futuro distante:

> Bastará para mim, contudo, que estas minhas palavras sejam consideradas úteis por aqueles que desejam compreender claramente

os acontecimentos ocorridos no passado e que (sendo a natureza humana o que é) serão, em algum momento ou outro e de maneiras similares, repetidos no futuro. Meu trabalho não é um texto feito para agradar ao gosto de um público imediato, mas foi feito para durar para sempre.[31]

A obra de Tucídides ainda exerce uma enorme influência. É leitura obrigatória nas academias militares de West Point e Annapolis e no Colégio de Guerra Naval dos Estados Unidos.[32] O livro de grande sucesso *A caminho da guerra*, escrito pelo cientista político Graham Allison e publicado em 2017, tem como subtítulo *Os Estados Unidos e a China conseguirão escapar da Armadilha de Tucídides?*. Allison analisa as relações entre os Estados Unidos e a China empregando os mesmos parâmetros de Tucídides para analisar as cidades de Esparta e Atenas. Pelo que sei, Tucídides foi a primeira pessoa nos registros da história a ter deliberadamente almejado um impacto no longo prazo e obtido êxito.

Exemplos mais recentes vêm dos Pais Fundadores dos Estados Unidos. A Constituição dos Estados Unidos tem quase 250 anos de idade e, em termos gerais, não sofreu alterações. Sua promulgação foi de enorme relevância no longo prazo, e muitos dos Pais Fundadores tinham plena consciência disso. John Adams, o segundo presidente dos Estados Unidos, comentou: "As instituições agora estabelecidas nos Estados Unidos não sofrerão desgaste completo por milhares de anos. É, portanto, de extrema importância que comecem de forma correta. Se forem estabelecidas da maneira errada, nunca serão capazes de retornar, exceto por acidente, ao caminho certo".[33]

De modo similar, Benjamin Franklin tinha tamanha reputação por acreditar na saúde e longevidade dos Estados Unidos que, em 1784, um matemático francês escreveu uma sátira simpática a respeito dele, sugerindo que, se as crenças de Franklin fossem sinceras, ele deveria investir em um fundo para financiar projetos sociais séculos depois, obtendo os benefícios dos juros compostos ao longo do período.[34] Franklin considerou a ideia ótima e, em 1790, investiu £ 1.000 (aproximadamente US$ 135 mil hoje) na cidade de Boston e outras mil na Filadélfia: três quartos dos fundos seriam pagos cem anos depois, e o restante dentro de duzentos anos. Em 1990, quando os fundos finais foram distribuídos, a doação aumentara para quase US$ 5 milhões em Boston e US$ 2,3 milhões na Filadélfia.[35]

Quanto aos Pais Fundadores, eles mesmos foram influenciados por ideias desenvolvidas quase dois mil anos antes. Seus pontos de vista relativos à separação dos poderes foram antecipados por Locke e Montesquieu, que se apoiaram na análise de Políbio da governança romana a partir do século II a.C.[36] Também sabemos que muitos dos Pais Fundadores tinham familiaridade com a obra de Políbio.[37]

Nós do presente não precisamos ser tão influentes quanto Tucídides ou Franklin para impactar previsivelmente o futuro de longo prazo. Na verdade, fazemos isso o tempo todo. Nós dirigimos automóveis. Voamos de avião. Por conseguinte, emitimos gases de efeito estufa com efeitos muito duradouros. Os processos naturais só devolverão as concentrações de dióxido de carbono aos patamares da era pré-industrial após centenas de milhares de anos.[38] Essas são escalas de tempo normalmente associadas ao lixo nuclear radioativo.[39] No entanto, com a energia nuclear, nós cuidadosamente armazenamos e planejamos enterrar os resíduos; com os combustíveis fósseis, nós os lançamos no ar.[40]

Em alguns casos, os impactos geofísicos desse aquecimento se intensificam ao longo do tempo, em vez de "desaparecerem".[41] O Painel Intergovernamental sobre Mudanças Climáticas (IPCC, na sigla em inglês) prevê que no cenário de emissões médias e baixas, agora considerado pela maioria como o mais provável, o nível do mar aumentaria cerca de 0,75 metro até o final do século.[42] Mas continuaria a subir até muito depois de 2100. Em dez mil anos, o nível do mar seria de dez a vinte metros mais elevado que hoje.[43] Grande parte das cidades de Hanói, Xangai, Calcutá, Tóquio e Nova York ficaria abaixo do nível do mar.[44]

A mudança climática mostra como as ações tomadas hoje podem trazer consequências no longo prazo, mas também ressalta que ações orientadas para o longo prazo não necessitam ignorar os interesses da população de hoje. Podemos, a um só tempo, promover mudanças positivas para o futuro e melhorar o presente.

Passar a usar energia limpa traz enormes benefícios para a saúde humana atual. Queimar combustíveis fósseis polui o ar com pequenas

MORTES POR TERAWATT-HORA DE PRODUÇÃO DE ENERGIA

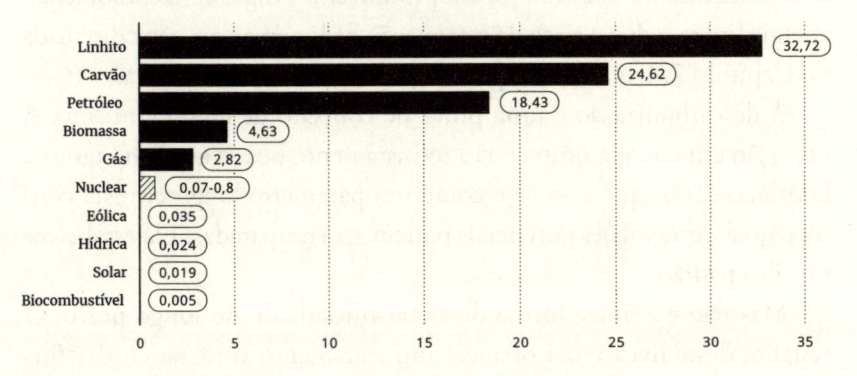

Fonte	Mortes
Linhito	32,72
Carvão	24,62
Petróleo	18,43
Biomassa	4,63
Gás	2,82
Nuclear	0,07-0,8
Eólica	0,035
Hídrica	0,024
Solar	0,019
Biocombustível	0,005

Figura 1.4. Mortes por terawatt-hora de energia produzida por várias fontes de energia; inclui tanto mortes por acidentes quanto pela poluição do ar, mas não por contribuições para a mudança climática. O montante da energia nuclear inclui os acidentes em Chernobil e Fukushima; o intervalo exibido é resultado de diferentes estimativas dos efeitos da exposição à baixa radiação no longo prazo. Para mais detalhes, ver o site whatweowethefuture.com/notes. As estimativas para outras fontes de energia se baseiam em dados da Europa.

partículas que provocam câncer no pulmão, doenças cardíacas e infecções respiratórias.[45] Resultado: a cada ano, ocorrem cerca de 3,6 milhões de mortes prematuras.[46] Mesmo na União Europeia que, em termos globais, é comparativamente não poluída, a poluição do ar provocada pelos combustíveis fósseis custa ao cidadão médio um ano inteiro de vida.[47]

A descarbonização – ou seja, a substituição dos combustíveis fósseis por fontes de energia mais limpas – traz, portanto, mais benefícios imediatos à saúde além dos ligados ao clima no longo prazo. Quando se considera a poluição do ar, a rápida descarbonização da economia mundial já se justifica só pelos benefícios à saúde.[48]

A descarbonização é, portanto, um processo ganha-ganha, pois melhora a vida tanto no longo quanto no curto prazo. Na verdade, promover a inovação em energia limpa – tais como a solar, a eólica, a nuclear de última geração e o uso de combustíveis alternativos – é uma vitória em outras frentes também. Ao baratear a energia, a inovação da energia limpa melhora a qualidade de vida em países pobres. Ao ajudar a manter os combustíveis fósseis no solo, evita o risco de um colapso sem retorno, a ser discutido no Capítulo 6. Ao promover o progresso tecnológico, a energia limpa reduz o risco da estagnação de longo prazo, a ser discutida no Capítulo 7. Uma relação ganha-ganha-ganha-ganha-ganha.

A descarbonização é uma prova de conceito de longotermismo. A inovação em energia limpa é tão robustamente boa, e ainda há tanto a fazer nessa área, que eu a vejo como um parâmetro longotermista contra o qual outras ações potenciais podem ser comparadas. Ela estabelece um alto padrão.

Mas não é a única forma de afetar o resultado no longo prazo. O restante deste livro tenta oferecer um tratamento sistemático das formas pelas quais podemos influenciar positivamente o futuro no longo prazo, sugerindo que a mudança moral, a ascensão da inteligência artificial conduzida com sabedoria, a prevenção de pandemias criadas em laboratório e da estagnação tecnológica são todas ao menos igualmente importantes e, em geral, radicalmente mais negligenciadas.

Nosso momento na história

A ideia de que podemos influenciar o futuro no longo prazo e de que tanta coisa pode estar em jogo talvez soe muito extravagante para ser verdadeira. A princípio, era essa a minha impressão.[49]

No entanto, acho que a extravagância do longotermismo não se origina das premissas morais que o sustentam, mas sim do fato de que vivemos em tempos muito insólitos.[50]

Vivemos numa era que registra uma quantidade extraordinária de mudanças. Considere a taxa de crescimento econômico global, que, em décadas recentes, chegava em média a uns 3% ao ano.[51] Tal taxa não tem precedentes na história. Pelos primeiros 290 mil anos da existência da humanidade, o crescimento global foi próximo a 0% ao ano; na era agrícola, esse crescimento subiu para cerca de 0,1%, acelerando, a partir daí, depois da Revolução Industrial. Foi só nos últimos cem anos que a economia mundial cresceu a uma taxa superior a 2% ao ano. Explicando de outra maneira: a partir de 10000 a.C., foram necessárias muitas centenas de anos para a economia mundial dobrar de tamanho. No entanto, da última vez que isso aconteceu foram necessários só dezenove anos.⁵² E não são só as taxas de crescimento econômico que são atípicas em termos históricos, mas as taxas do uso de energia, as emissões de dióxido de carbono, a mudança do uso da terra, os avanços científicos, e, possivelmente, a mudança moral.⁵³

Então sabemos que, se comparada ao passado, a era atual é atípica ao extremo. Mas também é atípica se comparada ao futuro. Essa rápida taxa de mudança não pode continuar para sempre, mesmo se conseguirmos dissociar completamente o crescimento das emissões de carbono e mesmo que, no futuro, nos espalhemos pelas estrelas. Para entender isso, suponha que o crescimento futuro sofra certa desaceleração e chegue a apenas 2% ao ano.⁵⁴ A essa taxa, em dez mil anos a economia mundial seria 10^{86} vezes maior do que hoje – isto é, produziríamos cem trilhões de trilhões de trilhões de trilhões de trilhões de trilhões de trilhões de vezes mais do que nossa produção atual. Mas há menos de 10^{67} átomos a até dez mil anos-luz da Terra.⁵⁵ Portanto, se as atuais taxas de crescimento continuassem por apenas mais dez milênios, teria de haver dez milhões de trilhões de vezes tanta produção quanto nosso mundo atual produz para *cada átomo* que pudéssemos, em princípio, acessar. Apesar de evidentemente não o podermos afirmar com certeza, isso não parece, em absoluto, possível.⁵⁶

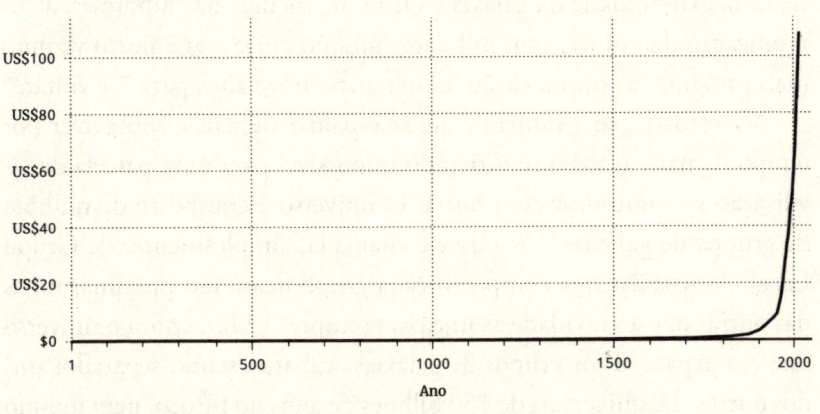

PIB MUNDIAL AO LONGO DOS DOIS ÚLTIMOS MILÊNIOS
Em trilhões com base no US$ internacional de 2011 (OWID baseado no Banco Mundial & Maddison (2017))

Figura 1.5. Resultado econômico mundial desde o ano 1 d.C.

A humanidade ainda pode durar milhões ou bilhões de anos. Mas a taxa de mudança do mundo moderno só pode continuar por milhares de anos. O que isso quer dizer é que estamos vivendo um extraordinário capítulo da história da humanidade. Em comparação tanto ao passado quanto ao futuro, a cada década vivida presenciamos um número extraordinário de mudanças econômicas e tecnológicas. E algumas dessas mudanças – como a invenção da energia de combustível fóssil, das armas nucleares, dos patógenos produzidos em laboratórios e da inteligência artificial avançada – trazem em si o potencial de impactar toda a trajetória do futuro.

Não é só a rápida taxa de mudança que torna nossa época extraordinária. Também estamos extraordinariamente conectados.[57] Por mais de cinquenta mil anos, vivemos divididos em grupos distintos; simplesmente não havia como as pessoas atravessarem a África, a Europa, a Ásia ou a Austrália para se comunicarem entre si.[58] Entre os anos 100 a.C. e 150 d.C., embora o Império Romano e a dinastia Han englobassem cada um 30% da população mundial, eles mal sabiam da existência um do outro.[59] Mesmo dentro de um mesmo império, a capacidade de uma pessoa de se comunicar com alguém que estivesse longe era bastante limitada.

No futuro, se nos espalharmos pelas estrelas, voltaremos a ficar separados. A galáxia se assemelha a um arquipélago, com vastas extensões de vazio pontilhadas por minúsculas pitadas de calor. Se a Via Láctea fosse do tamanho da Terra, nosso sistema solar teria dez centímetros de diâmetro e centenas de metros nos separariam de nossos vizinhos. Entre uma extremidade da galáxia e outra, na melhor das hipóteses, a comunicação demoraria cem mil anos; mesmo entre nós e nosso vizinho mais próximo, a comunicação levaria quase nove anos para ir e voltar.[60]

Na verdade, se a humanidade se espalhar demais e sobreviver por tempo demais, acabará se tornando impossível para uma parcela da civilização se comunicar com outra. O universo é composto de milhões de grupos de galáxias.[61] A nossa é chamada, simplesmente, de Grupo Local. As galáxias que compõem cada grupo ficam tão próximas umas das outras que a gravidade as une para sempre.[62] Mas, como o universo está em expansão, os grupos de galáxias acabarão sendo separados uns dos outros. Daqui a mais de 150 bilhões de anos no futuro, nem mesmo a luz será capaz de viajar de um grupo de galáxias para outro.[63]

O fato de nossa época ser tão incomum nos fornece uma oportunidade descomunal de fazer a diferença. Poucas pessoas que já viveram terão tanto poder para influenciar o futuro de forma positiva quanto nós. Essa rápida mudança tecnológica, social e ambiental significa que temos mais oportunidades para influenciar quando e como as mais importantes dessas mudanças ocorrerão, inclusive por manejarmos tecnologias que poderiam cristalizar valores negativos ou prejudicar nossa sobrevivência. A atual unificação da civilização significa que pequenos grupos têm o poder de influenciar todo o conjunto. Novas ideias não ficam confinadas a um único continente e podem se espalhar pelo mundo em minutos, e não mais em séculos.

O fato de essas mudanças serem tão recentes significa, além do mais, que não estamos em equilíbrio: a sociedade ainda não se estabilizou, e somos capazes de influenciar *em qual* estado estável terminaremos. Imagine uma bola gigante rolando a toda a velocidade por uma paisagem acidentada. Com o tempo, ela vai perder impulso e vai desacelerar, acomodando-se no fundo de algum vale ou abismo. A civilização é como essa bola: enquanto ainda estiver em movimento, um leve empurrão pode afetar em que direção rolamos e aonde vamos parar.

CAPÍTULO 2

VOCÊ PODE MOLDAR O CURSO DA HISTÓRIA

O impacto da Pré-História nos dias atuais

Os seres humanos fazem escolhas que repercutem no longo prazo há dezenas de milhares de anos. Pense: por que na África há mais espécies da megafauna – animais grandes como elefantes e girafas – do que no resto do mundo?[1] Você pode imaginar, como eu imaginava antes de estudar esse tema, que a resposta tem a ver com o meio ambiente específico da África. Mas isso é um erro. Há cinquenta mil anos, uma grande variedade de megafauna povoava o planeta.

Pense no gliptodonte, uma espécie herbívora semelhante ao tatu que viveu na América do Sul por dezenas de milhões de anos.[2] Os gliptodontes de maior porte eram tão grandes e pesados quanto carros.[3] Seus corpos, cobertos por uma concha gigante, tinham um casco ósseo, e alguns possuíam caudas em formato de bastões adornadas com espinhos.[4] Pareciam capivaras gigantes disfarçadas de caminhões blindados. Foram extintos cerca de doze mil anos atrás.[5]

Ou pense no megatério, uma preguiça gigante, um dos maiores mamíferos terrestres jamais existentes, que rivalizava com o elefante asiático em termos de tamanho.[6] Foi extinto há 12.500 anos.[7] Ou no *Notiomastodon*, um gênero de animais semelhantes ao elefante, com presas gigantes, que evoluiu há dois milhões de anos e foi extinto há dez mil anos.[8] Ou no lobo pré-histórico (ou lobo-terrível), o maior canino conhecido até hoje, que, tendo perdido suas presas herbívoras gigantes, foi extinto há treze mil

| 1 METRO

| Homem moderno | Lobo pré-histórico | Notiomastodon | Megatério (PREGUIÇA GIGANTE) |

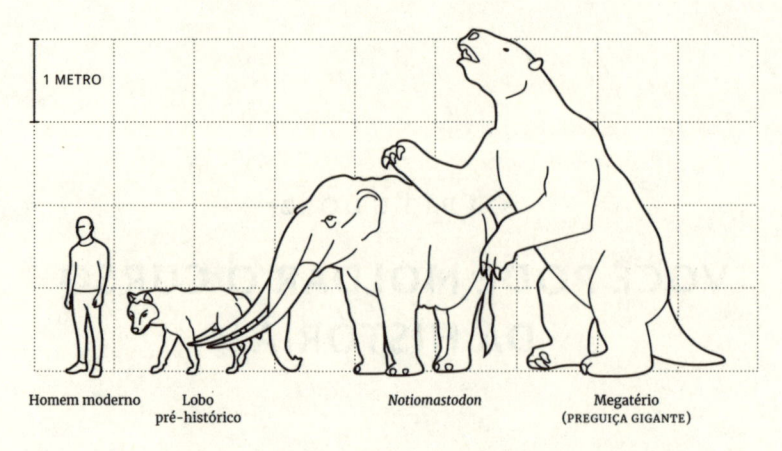

Figura 2.1. Algumas espécies extintas da megafauna representadas em escala comparativa com o ser humano moderno.

anos.[9] Todas as espécies mencionadas viveram na América do Sul, junto com dezenas de outras espécies da megafauna hoje inexistentes.

As causas da extinção da megafauna são tema de acalorados debates. Alguns cientistas acreditam que a mudança climática natural foi o fator principal, já outros atribuem aos seres humanos a responsabilidade pela extinção, enquanto outros ainda acreditam em uma combinação dos efeitos da mudança climática e da ação dos seres humanos.[10] Em minha opinião, existem claras evidências de que os seres humanos desempenharam um papel decisivo: a maior parte dessa megafauna sobreviveu a mais de uma dúzia de importantes mudanças climáticas no passado;[11] a quantidade de animais menores extintos não chega nem perto da dos animais da megafauna;[12] e o período de sua extinção, em geral, coincide com a chegada dos seres humanos a seus hábitats.[13] Talvez a mudança climática tenha contribuído, mas foram a caça e a disrupção do meio ambiente natural provocada pela atividade humana as responsáveis pela extinção da megafauna. Ao contrário do ocorrido em outros continentes, a megafauna africana evoluiu junto com os seres humanos e, portanto, se encontrava em melhores condições de enfrentar o *Homo sapiens* como predador.

Provavelmente, a extinção dessa megafauna foi uma mudança irreversível para o mundo, provocada por seres humanos dotados de tecnologia extremamente primitiva. Isso significa que perdemos, para sempre, muitas espécies únicas e lindas. E o *Homo sapiens* não é só responsável pela extinção das preguiças e caninos gigantes: também somos os principais suspeitos pelo desaparecimento de nossos primos humanos, os Denisovanos e os Neandertais, que provavelmente também foram extintos como resultado tanto da competição como da hibridação.[14] Hoje existe apenas uma espécie de *Homo* no planeta, mas poderia haver muitas.

Os primeiros humanos também tomaram outras decisões com consequências de longo prazo. Os primeiros agricultores, por exemplo, queimaram vastas faixas de floresta a fim de criar planícies agrícolas e campos para a irrigação de arroz.[15] Esse desflorestamento pré-industrial provocou um impacto duradouro. Uma vez que o dióxido de carbono permanece por muito tempo na atmosfera, o planeta ficou, como resultado das ações de nossos ancestrais, ligeiramente mais quente hoje.[16]

Assim como as atitudes tomadas por nossos ancestrais há milhares de anos moldaram os dias atuais, as decisões que tomamos hoje também moldarão os milhares de anos por vir. Mas, para justificar uma visão longotermista das nossas decisões, o que importa não é só se podemos impactar o futuro, mas se podemos vislumbrar adequadamente quais serão esses impactos. Não precisamos prever cada detalhe, nem poderíamos mesmo se tentássemos. Mas, se quisermos melhorar o futuro, precisamos identificar ações capazes de trazer efeitos positivos, no cômputo geral, durante escalas de tempo bastante longas.

Nossos ancestrais longínquos não podiam prever os impactos que suas ações teriam sobre o mundo no longo prazo. Os caçadores-coletores não sabiam que estavam levando espécies à extinção. Os primeiros agricultores não podiam adivinhar que o desflorestamento aqueceria o planeta, nem quais seriam as consequências desse aquecimento.

Mas nós, da era moderna, podemos fazer melhor. É evidente que ainda desconhecemos muitas coisas, mas aprendemos muito, sobretudo nos últimos séculos. Se os primeiros agricultores tivessem nossa compreensão da física do clima, poderiam ter antecipado alguns dos impactos geofísicos da queima de florestas; se os caçadores-coletores tivessem nosso conhecimento de ecologia e biologia evolucionária, teriam compreendido o que significa a extinção de uma espécie e a potencial perda irrevogável em jogo. Com cuidadosa investigação e a devida humildade, podemos agora começar a avaliar os efeitos de nossas ações durante longas escalas de tempo.

Neste capítulo, apresentarei um arcabouço para avaliar o valor de um acontecimento no longo prazo. Os capítulos seguintes aplicam essa estrutura a eventos que acredito podermos, hoje, de maneira previsível, influenciar para melhor.

Uma estrutura para pensar no futuro

Pense em algum estado de coisas que as pessoas poderiam provocar, como a não existência dos gliptodontes. Podemos avaliar o valor de longo prazo desse novo estado de coisas com base em três fatores: sua significância, sua persistência e sua contingência.[17]

A *significância* é o valor médio agregado quando se provoca um determinado estado de coisas. Quanto o mundo piorou, em qualquer dado momento, em consequência da extinção dos gliptodontes? Ao avaliar isso, devemos atentar para todos os aspectos relevantes da extinção dos gliptodontes: a perda intrínseca de uma espécie no planeta; a perda para os seres humanos, que poderiam usar suas conchas ou comer sua carne; e o impacto nos ecossistemas habitados por esses animais.

A *persistência* de um estado de coisas é o seu tempo de duração, uma vez provocado. A inexistência dos gliptodontes pode ser excepcionalmente persistente, pois começou há doze mil anos e vai durar até o fim do universo.[18] Só deixaria de ser excepcionalmente persistente caso, num tempo futuro, conseguíssemos trazê-los de volta.

A tecnologia pode transformar isso em realidade. Há esforços atuais para a "desextinção" de algumas espécies, como o mamute-lanoso, por meio da extração do DNA de seus restos mortais e, posteriormente, da edição desse DNA em células de animais modernos semelhantes, como os elefantes.[19] Contudo, mesmo que esses esforços venham a ser bem-sucedidos, não trariam de volta as criaturas originais: em vez disso, produziriam um híbrido – um animal bastante parecido com o extinto, mas diferente em termos genéticos. Caso as gerações futuras tentem trazer de volta os gliptodontes, é provável que enfrentem desafios similares.

O aspecto final da estrutura é a *contingência*. Essa é sua parte mais sutil. A palavra "contingência" tem alguns significados diferentes; no sentido em que a uso, uma expressão alternativa seria "não inevitabilidade". A contingência representa até que ponto um estado de coisas depende de um reduzido número de ações específicas. Se algo é muito contingente, então em condições diferentes essa mudança não teria ocorrido por um período bastante longo de tempo, talvez nunca. A existência do romance *Jane Eyre* é muito contingente: se Charlotte Brontë não o tivesse escrito, esse romance específico nunca teria sido escrito por outra pessoa. A agricultura é menos contingente, pois surgiu em diversos locais de maneira independente.

Se algo é muito não contingente, então a mudança teria ocorrido em pouco tempo de qualquer maneira, mesmo sem a ação do indivíduo. O conhecimento de cálculo não foi muito contingente, pois Leibniz o descobriu, de modo independente, só uns poucos anos depois de Newton descobri-lo. Considerar a contingência é crucial, pois, se você provocar alguma mudança no mundo, mas uma mudança que ocorreria de um jeito ou de outro um pouco mais tarde, você não terá feito *diferença* para o mundo no longo prazo.

Embora não seja fácil ter certeza, meu palpite é que a extinção dos gliptodontes não foi um evento muito contingente. Mesmo se os caçadores que abateram o último desses animais o houvessem poupado, provavelmente outro grupo de caçadores, tempos depois, o abateria. Para evitar a extinção dos gliptodontes, esses caçadores teriam de promover uma lei de proteção aos gliptodontes, e essa lei precisaria ser transmitida e respeitada por todas as futuras gerações, até os dias atuais. Não seria impossível, mas parece difícil.

Multiplicar significância, persistência e contingência nos fornece o valor de longo prazo de promover algum estado de coisas. Por esse motivo, podemos fazer comparações intuitivas entre diferentes efeitos de longo prazo nessas dimensões. Por exemplo, entre duas alternativas, se uma é dez vezes mais persistente que a outra, superará a outra sendo oito vezes mais significante. Pelo fato de a potencial escala do futuro a longo prazo ser tão grande – milhões, bilhões, ou até trilhões de anos –, nossa atenção deveria primeiro se concentrar em qual estado de coisas pode ser o mais persistente. Então, depois, podemos pensar na significância e na contingência.

Tabela 2.1. Estrutura da significância, persistência e contingência

Significância	Qual o valor médio agregado ao se provocar um determinado estado de coisas?
Persistência	Quanto tempo vai durar esse estado de coisas uma vez provocado?
Contingência	Se não fosse pela ação em consideração, quanto tempo demoraria para o mundo alcançar esse estado de coisas (se é que o alcançaria um dia)?

Nota: Para mais detalhes, ver o Apêndice 3.

Para entender como essa estrutura pode ser empregada para guiar nossas decisões hoje, voltemos à metáfora da humanidade como um adolescente imprudente. Pensando em nossa própria experiência quando adolescentes, quais escolhas tinham maior peso? Plausivelmente, aquelas cujos efeitos foram mais persistentes, tendo afetado todo o curso de nossas vidas; mais significantes, tendo proporcionado maior diferença em nosso bem-estar em qualquer dado momento; e mais contingentes, tendo provocado um efeito que não teria ocorrido de qualquer maneira em um momento posterior.

Algumas de minhas escolhas ainda adolescente não tiveram efeitos persistentes: meus planos para o final de semana fizeram diferença naquele final de semana específico, mas em geral não moldaram o curso de minha vida. Os efeitos de outras escolhas não foram tão contingentes. Como muitos adolescentes, eu me preocupava com os "primeiros" – o primeiro gole de bebida alcoólica, a primeira transa. Mas, em última instância, essas experiências acabariam ocorrendo mais dia menos dia, e, olhando para trás hoje, o momento exato não teve tanta relevância. Por fim, alguns efeitos, embora persistentes e contingentes, simplesmente não tiveram tanta significância. Escolhi não usar aparelho para fechar o espaço entre meus dois dentes da frente porque na época acreditava que esse espaço trazia sorte. Ainda tenho esse espaço, mas, que eu saiba, ele não afetou significativamente minha vida.

Outras decisões que tomei foram muito importantes. Eu era um adolescente imprudente e às vezes praticava o "*buildering*", também conhecido como escalada urbana. Uma vez, ao descer do telhado de um hotel em Glasgow, coloquei o pé em uma claraboia, que, com o meu peso, cedeu. Fiquei preso na altura da cintura, mas o vidro quebrado perfurou meu flanco. Por sorte, não atingiu nenhum órgão interno. Se o corte tivesse sido mais profundo, contudo, minhas vísceras teriam saltado com violência, e eu teria corrido um sério risco de morrer. Ainda tenho a cicatriz: quase oito centímetros de comprimento e quase 1,5 centímetro de largura, retorcida como uma minhoca. Morrer naquela noite teria impossibilitado todo o restante da minha vida. Minha opção pela escalada urbana foi, portanto, uma decisão de gigantesca importância (e gigantesca tolice) – uma das decisões mais arriscadas da minha vida.

Em termos mais banais, eu poderia facilmente ter me exposto a diferentes influências intelectuais que me teriam levado a um rumo bem diferente na vida. Todos os meus amigos mais chegados estudaram medicina – o caminho-padrão para os adolescentes inteligentes e preocupados com o bem-estar da sociedade na Escócia –, e cogitei fazer o mesmo. Se eu não tivesse estudado filosofia na escola e não tivesse tido um professor dedicado e apaixonado pelo tema, Jeremy Hall, provavelmente não teria estudado essa área na universidade e seguido essa carreira. Presumo que a carreira em medicina teria sido enriquecedora, mas, provavelmente, não teria me exposto aos argumentos morais que me conduziram ao caminho que escolhi – uma diferença que, a partir da minha atual perspectiva, teria sido uma grande lástima.

Refletindo sobre o passado, fica evidente que, para muitas de minhas escolhas ainda adolescente, o mais importante não foi a diversão experimentada na época – a grande emoção (e como!) proporcionada pela escalada urbana ou as festas mais animadas das quais participaria se estudasse medicina em Edimburgo. O mais importante, na verdade, foi o impacto dessas escolhas no restante de minha vida, estivesse eu arriscando a vida ou alterando os valores que guiariam meu futuro eu.

O risco de vida que corri adolescente e as influências intelectuais que moldaram minha vida refletem as duas principais maneiras pelas quais podemos impactar o futuro no longo prazo. Na primeira, podemos afetar a duração da humanidade: assegurando nossa sobrevivência nos próximos séculos, interferimos no número de futuras gerações. Em outras palavras, podemos ajudar a *garantir a sobrevivência da humanidade*. Assim como minhas decisões quando adolescente de arriscar minha própria vida estão entre as mais inconsequentes que já tomei, também nossas decisões sobre como lidar com os riscos de extinção ou o colapso irrecuperável da civilização estão entre as decisões mais importantes que nós, como sociedade, tomamos hoje.

Na segunda maneira, podemos interferir no valor médio da civilização, alterando a qualidade de vida das gerações futuras para melhor ou pior, potencialmente pelo tempo que a civilização durar. Em outras palavras, podemos *mudar a trajetória*, tentando aprimorar a qualidade de vida das pessoas no futuro enquanto durar a civilização.[20] Assim como as influências intelectuais às quais fui exposto quando adolescente moldaram o restante de minha vida, defenderei que os valores adotados pela humanidade nos próximos séculos podem moldar toda a trajetória do futuro.[21]

Essas duas ideias estruturam esta obra. A Parte II deste livro examina as mudanças de trajetória, concentrando-se em particular nas mudanças de valores da sociedade. Nesse contexto, o Capítulo 3 defende a significância e a contingência das mudanças de valores, focando a abolição da escravidão como um estudo de caso. O Capítulo 4 defende a persistência de valores, sugerindo que as novas tecnologias, em especial a inteligência artificial avançada, poderiam capacitar os detentores do poder a cristalizar seus valores indefinidamente. Os acontecimentos deste século podem muito bem determinar se no futuro prevalecerão valores autoritários ou igualitários, benévolos ou sádicos, exploratórios ou rígidos.

DUAS MANEIRAS DE APRIMORAR O FUTURO

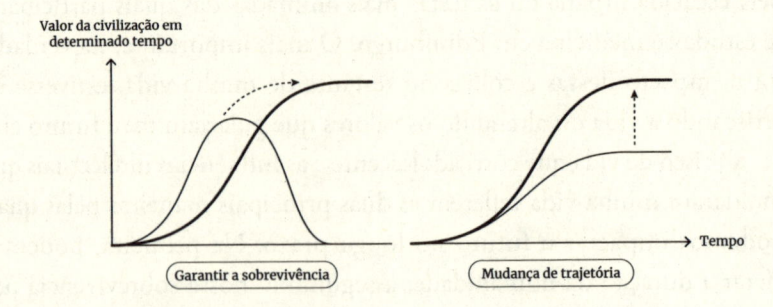

Figura 2.2. Podemos melhorar o futuro de duas maneiras: evitando catástrofes permanentes, assegurando, assim, a sobrevivência da civilização; ou mudando a trajetória da civilização para torná-la melhor enquanto durar.

A Parte III examina três modos de assegurar a sobrevivência, dedicando um capítulo a cada um deles. O primeiro é prevenir riscos diretos da extinção humana; concentro-me nas pandemias criadas em laboratório. O segundo é prevenir o irrecuperável colapso da civilização; concentro-me nos riscos da guerra nuclear e das mudanças climáticas extremas. O terceiro é a estagnação tecnológica, que poderia aumentar os riscos de extinção e colapso. E, durante o processo, discuto a persistência e a contingência do fim da civilização.

A questão da *significância* do fim da civilização levanta questões filosóficas. Em termos abrangentes, assegurar a sobrevivência aumenta a quantidade de vidas futuras; mudanças de trajetória aumentam sua qualidade. Talvez você não se importe muito com a quantidade pura e simples. Se não houver mais ninguém ao redor para se importar com isso, qual é a relevância do fim da civilização? E é possível que, no cômputo geral, o futuro seja pior do que melhor. Se essas preocupações estiverem corretas, então a prioridade longotermista deveria ser aumentar o valor médio da futura civilização e não sua duração. Aprimorar nossa trajetória seria mais importante do que garantir a sobrevivência.

A Parte IV enfrenta essas questões. Defendo que devemos pensar na não existência das futuras gerações como uma perda moral, caso essas pessoas levassem vidas razoavelmente boas, e que devemos esperar que o futuro seja mais bom do que ruim, em termos gerais. Garantir a sobrevivência, portanto, é uma prioridade tão importante quanto aprimorar nossa trajetória.

A Parte V se volta para a ação. Não, o longotermismo não é apenas uma especulação filosófica abstrata. É uma ideia que as pessoas estão colocando em prática hoje. O Capítulo 10 examina o que alguns indivíduos estão fazendo hoje para tentar tornar o longo prazo melhor e como você pode ajudar.[22]

Pensando em apostas

Quando pensamos nas mudanças que poderíamos fazer no mundo, não sabemos quanto tempo elas vão durar ou quão significantes ou contingentes serão. Então, precisamos encontrar uma forma de tomar decisões diante da incerteza. A abordagem mais aceita para isso é a teoria do valor esperado.

Enquanto escrevia este livro, lembrei-me repetidas vezes e de maneira visceral da ideia da teoria do valor esperado defendida por Liv Boeree, com quem eu dividia o apartamento na época. Liv é uma das mais bem-sucedidas jogadoras de pôquer de todos os tempos e campeã do European Poker Tour e do World Series. Sua compreensão e internalização da ideia de valor esperado – ou "VE", como ela o chama – são fundamentais para seu sucesso.

Há três aspectos na ideia de valor esperado. O primeiro são as probabilidades. Em vez de pensar que uma mão de trinca no pôquer é "muito pouco provável", Liv sabe que a chance de conseguir uma, antes de tirar qualquer carta, é de cerca de 5%; se as primeiras duas cartas tiradas forem um par, essa probabilidade sobe para cerca de 12%.[23] Apesar de as duas probabilidades serem pequenas, a diferença entre elas pode ser suficiente para afetar suas decisões numa mesa de pôquer.

O que é incrível a respeito de Liv é que ela aplica essa mesma teoria das probabilidades a outras áreas de sua vida. Ela e seu companheiro, Igor (também jogador de pôquer), podem passar um tempão discutindo, na maior empolgação, a probabilidade de ainda estarem juntos daqui a dez anos. (Hoje a probabilidade é de 80%.)

Pode parecer estranho aplicar a teoria das probabilidades a áreas da vida nas quais as chances não são facilmente quantificadas, mas isso significa que podemos ter pontos de vista com muito mais nuances e acurácia a respeito do mundo. É um modo de pensar com mais precisão. "As pessoas costumam achar que algo vai ou não acontecer definitivamente – como 0% ou 100% de chance", me contou Liv. "Mas, é claro, quase tudo se encaixa entre um e outro. Ou então usam um linguajar vago, como 'uma boa chance'. Mas 'uma boa chance' tem significados bem diferentes para pessoas diferentes."

Ela tem razão. Um estudo descobriu que as pessoas interpretam a frase "pode acontecer" como se referindo a uma probabilidade situada entre 10% e 60%, e "uma grande possibilidade", entre 30% e 90%.[24] Essa imprecisão pode ter implicações decisivas. Em 1961, quando o presidente John F. Kennedy perguntou aos militares se devia invadir a Baía dos Porcos em Cuba, disseram-lhe que o plano tinha "boas chances" de êxito. Compreensivelmente, Kennedy interpretou a resposta como uma avaliação positiva. Mas o autor das palavras "boas chances" contou, mais tarde, que ele quis dizer que as chances de êxito eram de apenas 30%.[25] A operação foi um tremendo fracasso.

O segundo aspecto do valor esperado é atribuir valores aos resultados. Para os jogadores profissionais de pôquer, isso é comparativamente fácil: basta olharem para seus retornos financeiros. Mas, em geral, os retornos financeiros não são a medida de valor correta. Se você precisa de £ 1.000 para uma operação que pode salvar sua vida, então a diferença de valor para você entre não conseguir nada e conseguir as £ 1.000 é muito mais elevada do que a diferença de valor entre conseguir £ 1.000 e £ 2.000. O valor que atribuímos aos resultados deve se basear naquilo com que, *em última instância*, mais nos importamos, como o bem-estar das pessoas.

Atribuir valores exatos a resultados diferentes pode ser uma tarefa difícil, mas em geral bastam comparações simples para tomar uma decisão. Suponha a existência de dois remédios capazes de curar a enfermidade de um paciente, mas com diferentes efeitos colaterais. O primeiro com certeza provocará uma dor de cabeça leve; o segundo tem 10% de risco de provocar um ataque cardíaco fulminante. É difícil saber com exatidão quão pior é a morte que uma dor de cabeça leve, mas, exceto em casos excepcionais, com certeza é mais de dez vezes pior.

Isso nos leva ao terceiro aspecto da teoria do valor esperado: avaliar quão boa ou quão ruim é uma decisão com base em seu valor esperado. A avaliação pode ser intuitiva: no exemplo dos dois remédios que acabei de apresentar, o primeiro remédio é a melhor escolha; a morte é mais de dez vezes pior que uma dorzinha de cabeça, de modo que um risco de morte de 10% basta para compensar a garantia da dor de cabeça. Podemos calcular o valor esperado de uma decisão da seguinte maneira: primeiro, listamos cada resultado possível da decisão; em seguida, atribuímos uma probabilidade e um valor para cada resultado, e multiplicamos cada valor por sua respectiva probabilidade. Por fim, somamos todos os produtos da conta valor vezes probabilidade.

Liv e Igor apostam um contra o outro o tempo todo e decidem se devem aceitar uma aposta com base no valor esperado. Para citar um exemplo real, suponha que Liv e Igor estão em um bar, e Liv aposta com

Igor que ele não consegue virar e pegar seis porta-copos de uma vez com uma das mãos. Se ele conseguir, ela lhe dará £ 3; se ele não conseguir, ele dará a ela £ 1. Agora suponha que Igor acredite ter 50% de chance de ganhar. Nesse caso, vale a pena aceitar a aposta: ele tem 50% de chance de ganhar £ 3, no valor de 1,50 libra, e 50% de chance de perder 1 libra, no valor negativo de £ 0,50. Igor ganha £ 1 de valor esperado ao topar a aposta – £ 1,50 libra menos £ 0,50. Se estiver certo quanto às suas chances de sucesso, se ele apostasse repetidas vezes, ganharia em média £ 1 a cada vez.

Tabela 2.2. Decisão do Igor

	Pegar os porta-copos (50% de probabilidade)	Não pegar os porta-copos (50% de probabilidade)	Retorno esperado
Aceitar a aposta	£ 3	–£ 1	£ 1
Recusar a aposta	£ 0	£ 0	£ 0

A teoria do valor esperado não é útil apenas quando se aposta. É fundamental sempre que precisamos correr algum risco – ou seja, tomar uma decisão diante da incerteza –, ou seja, quase sempre. Minhas decisões na adolescência são um exemplo vivo disso. Antes de fazer escalada urbana, achei que seria improvável eu cair e morrer; portanto, não havia motivo para me preocupar. Mas isso foi uma grande tolice – não porque seria *provável* eu cair e morrer, mas por não ser *suficientemente improvável*, e morrer é tão ruim que vale a pena evitar qualquer chance de isso acontecer, por menor que seja.

Diante de um futuro incerto, a humanidade muitas vezes age como eu agia nos meus tempos de adolescente imprudente. Por exemplo, os céticos das mudanças climáticas costumam apontar para nossa incerteza como motivo para a inação.[26] Há tantas coisas que não sabemos, eles dizem – não sabemos com quanta precisão os modelos climáticos preveem a quantidade de aquecimento para uma determinada quantidade de emissões, por exemplo, ou quão prejudicial para a economia seria certa quantidade de aquecimento. Assim, não deveríamos desperdiçar recursos com o problema. Mas esse é um péssimo argumento. Podemos reconhecer que há uma imensa incerteza quanto ao significado da mudança climática, mas essa incerteza pende ora para um lado, ora para o outro. Os danos causados pelas mudanças climáticas podem ser menores do que costumamos prever, mas também podem ser consideravelmente *maiores* – se, por exemplo, o clima for mais sensível às mudanças de temperatura do que as previsões supõem, ou se a adaptação for mais difícil, ou se a emissão de dióxido de carbono for superior às atuais previsões dos especialistas.

Um fator crucial é que a incerteza a respeito da mudança climática não é simétrica: quanto maior a incerteza, maior deveria ser a preocupação com resultados piores, e essa mudança não é compensada por maiores chances de melhores resultados, pois os resultados do pior cenário são mais negativos do que os resultados do melhor cenário são bons.[27] Por exemplo, de acordo com o Painel Intergovernamental de Mudança Climática, no cenário de médias e baixas emissões, o melhor palpite é chegarmos ao final do século com um aquecimento de 2,5 °C.[28] Mas não há garantias. Há uma chance em dez de chegarmos a 2 °C ou menos. Contudo, isso não deveria nos tranquilizar, pois temos a mesma chance em dez de atingirmos mais de 3,5 °C.[29] Menos de 2 °C seria um alívio comparado ao melhor palpite, porém mais de 3,5 °C seria muito pior. A incerteza nos dá *mais* razões para preocupação, não menos. É como se meu eu adolescente, antes de pular de um prédio, tranquilizasse os espectadores dizendo "Tudo bem, não faço ideia de quanto vou cair!".

Muito desse raciocínio se aplica às questões discutidas neste livro. Não estou afirmando que devemos acreditar na ocorrência, neste século, da cristalização de valores ou de uma catástrofe considerável. O que estou dizendo é que a chance de ocorrência é real – com certeza superior a 1%, e certamente muito maior que os riscos do cotidiano, como morrer num acidente de carro. Quando combinado ao tanto que está em jogo, o valor esperado de tentar garantir um futuro bom é enorme.

Quando aplicamos a estrutura da significância, da persistência e da contingência, devemos, portanto, pensar na significância esperada, na persistência esperada e na contingência esperada.[30] Se alguma mudança no mundo tem uma chance de 80% de desaparecer após dez anos, mas uma chance de 20% de durar um milhão de anos, sua persistência esperada é de mais de duzentos mil anos. Em geral, se alguma mudança no mundo tem no mínimo uma chance razoável de ser altamente significante, persistente e contingente, então isso pode ser suficiente para o valor esperado dessa mudança ser de fato muito grande.

Momentos de plasticidade

Com frequência, algum acontecimento pode ter grandes efeitos significantes, persistentes e contingentes caso haja um período de plasticidade no qual ideias, acontecimentos ou instituições podem assumir uma de muitas formas, seguido por um período de rigidez ou ossificação. A dinâmica é a do vidro soprado: durante um período, o vidro, ainda líquido e maleável, pode ser soprado para que se obtenha um determinado formato. Depois de esfriar, o vidro se torna rígido, e é impossível modificar seu formato sem voltar a derretê-lo.

A plasticidade costuma ocorrer após uma crise, como uma guerra. Por exemplo, depois do final da Segunda Guerra Mundial, a Coreia foi dividida ao longo do paralelo 38. O local da divisão foi extremamente contingente. Os coronéis Dean Rusk e Charles Bonesteel, dois oficiais norte-americanos na faixa dos 35 anos, usaram um mapa da *National Geographic* e propuseram o paralelo 38 por cortar o país mais ou menos na metade, mantendo Seul no lado americano.[31] Os dois trabalhavam às pressas, pois os Estados Unidos precisavam chegar a um acordo com a União Soviética antes de toda a península cair nas mãos dos soviéticos. Nenhum especialista em Coreia foi consultado, e a fronteira proposta dividiu várias províncias preexistentes e recursos geográficos. Na verdade, os Estados Unidos se surpreenderam quando os soviéticos aceitaram a divisão proposta, porque, além de deixar Seul nas mãos dos Estados Unidos, as tropas soviéticas já estavam na Coreia, enquanto as forças americanas mais próximas ainda se encontravam em Okinawa, a centenas de quilômetros de distância.[32] Após a implementação da divisão, tornou-se difícil reverter a situação e, desde então, isso tem resultado em enormes diferenças no destino dos habitantes dos dois países. Os sul-coreanos vivem em um país com uma forte democracia e são, em média, quase trinta vezes mais ricos do que eram em 1953. Já os norte-coreanos vivem sob um regime ditatorial totalitário e talvez sejam ainda mais pobres do que antes da Guerra da Coreia.[33]

Um período de plasticidade também costuma ocorrer quando alguma ideia ou instituição ainda é nova. Por exemplo, a Constituição dos Estados Unidos da América foi escrita em apenas quatro meses – um momento de grande plasticidade – e sofreu onze emendas durante seus primeiros seis anos em vigor.[34] Depois disso, contudo, tornou-se mais rígida. Entre 1804 e 1913, apenas três emendas foram aprovadas, todas logo após a Guerra Civil: a abolição da escravatura, a concessão de cidadania aos afro-americanos e aos antigos escravizados e o fim da proibição do voto em função da raça.[35] Hoje a Constituição recuperou sua rigidez: sofreu apenas uma emenda nos últimos cinquenta anos, e essa emenda – visando impedir a entrada em vigor do aumento nos salários dos membros do Congresso até o próximo mandato – foi proposta pela primeira vez em 1789.[36]

Essa dinâmica também pode se aplicar às leis e normas relevantes relativas às novas tecnologias. Depois da Segunda Guerra Mundial, a comunidade internacional discutiu uma série de formas de controlar as armas nucleares.[37] Segundo uma proposta apresentada pelos Estados Unidos, o Plano Baruch, o país desmantelaria seu programa de armas nucleares e transferiria suas bombas para a Organização das Nações Unidas, a fim de serem destruídas. A ONU, então, supervisionaria a mineração de materiais fissionáveis ao redor do mundo e inspecionaria outros países para garantir que nenhum construísse bombas nucleares. A União Soviética respondeu com o Plano Gromyko, que também propunha o desarmamento universal. Ambos os planos falharam, e nunca ficou claro se algum dos dois chegou a ter alguma chance de êxito, mas é evidente que esse foi um tempo de muito maior plasticidade na governança nuclear do que hoje em dia. Atualmente, a ideia de que a ONU poderia controlar a mineração de urânio parece totalmente fora de questão.

A dinâmica de "plasticidade inicial, rigidez subsequente" também pode ser aplicada a novas ideias. Além dos livros hoje conhecidos como o Novo Testamento, vários outros textos eram ensinados por alguns dos primeiros cristãos.[38] Os livros do Novo Testamento se transformaram no cerne dos ensinamentos cristãos apenas no primeiro e segundo séculos depois de Cristo e só se consolidaram por volta do quarto século depois de Cristo.[39]

Um exemplo final vem da história do ativismo climático. O possível efeito do dióxido de carbono no aquecimento global foi quantificado pela primeira vez em 1896 por Svante Arrhenius; sua estimativa da sensibilidade do equilíbrio climático em 1906 era de 4 °C, valor apenas um pouco mais elevado do que o previsto pelas estimativas modernas.[40] E, como era sabido naquela época, provavelmente emitiríamos bem mais dióxido de carbono no futuro: bastava continuar a extrapolar a tendência de crescimento econômico exponencial para reconhecer a evidência de que tal crescimento traria correspondente aumento na demanda de energia.

Em 1958, Frank Capra, diretor de *A felicidade não se compra*, fez um documentário didático, *The Unchained Goddess* [A deusa livre], no qual faz um alerta a respeito da mudança climática: "Mesmo agora, o homem pode estar, de modo involuntário, alterando o clima mundial por meio dos resíduos de sua civilização. Pelo fato de nossas fábricas e automóveis liberarem todos os anos mais de seis bilhões de toneladas de dióxido de carbono, que ajudam o ar a absorver o calor do Sol, nossa atmosfera parece estar aquecendo... Calcula-se que um aumento de apenas poucos graus na temperatura da Terra derreteria o gelo das calotas polares".[41] Dois anos antes, usando a obra de Gilbert Plass como referência, o *New York Times* havia publicado um artigo debatendo o aquecimento do planeta provocado pelas emissões de dióxido de carbono. Assim como a de Svante Arrhenius, a estimativa de sensibilidade climática de equilíbrio de Plass, de 3,6 °C, era surpreendentemente próxima da melhor estimativa atual do Painel Intergovernamental de Mudança Climática.[42]

Se tivéssemos tomado providências para resolver o problema da mudança climática mais cedo, teríamos agido com base em evidências mais especulativas do que as que temos agora. Mas a questão também poderia ter causado muito menos cisões políticas, e a mudança poderia ter transcorrido com mais facilidade. Bill McKibben, um dos mais conceituados ambientalistas do mundo, sugeriu isso em 2019: "Há trinta anos, havia coisas relativamente pequenas que poderíamos ter feito e que teriam mudado a trajetória dessa batalha – um pequeno preço sobre o carbono na época teria mudado a trajetória, teria nos levado a um lugar diferente. Talvez não tivéssemos solucionado a mudança climática porque esse é um problema imenso, mas estaríamos no caminho".[43]

A lição que Bill McKibben tira da história do ativismo em mudança climática é que devemos prestar atenção aos novos desafios à medida que surgem. Ele ressalta especialmente a inteligência artificial avançada: "Ainda não a levamos a sério porque, no momento, ela não interfere em nosso dia a dia. Porém, uma das coisas que a mudança climática me ensinou é que as coisas acontecem rápido, tipo rapidíssimo. E antes que você perceba já fugiram ao controle. Então, a hora de pensar nelas é quando ainda há chance de controlá-las".[44] Ele tem razão. Com a mudança climática, podemos ter perdido um momento de plasticidade, então deveríamos torcer por outros. Mas talvez também possamos aprender uma lição mais generalizada e responder mais rápido aos novos desafios – tais como a inteligência artificial, a biologia sintética, as tensões entre os Estados Unidos e a China, o surgimento de novas ideologias e o potencial desaceleramento do progresso tecnológico – tão logo surjam. Essas são algumas das questões que discutirei nas duas próximas partes deste livro.

Na verdade, nos próximos dois capítulos eu sugiro que a dinâmica da "plasticidade inicial, rigidez subsequente" pode se aplicar à história como um todo. Atualmente vivemos uma época na qual os valores que guiam a civilização ainda são maleáveis, mas no Capítulo 4 defendo que nos próximos séculos esses valores podem se ossificar, restringindo o curso de toda a civilização futura. Se for esse o caso, então as mudanças que fazemos nos valores morais atuais podem ter impactos indefinidamente duradouros. Vamos analisar essa ideia, concentrando-nos em primeiro lugar na *contingência* da mudança moral.

PARTE II
MUDANÇAS DE TRAJETÓRIA

CAPÍTULO 3

MUDANÇA MORAL

Abolição

A despeito de seu horror, a escravidão foi quase onipresente em termos históricos.¹ De uma forma ou de outra, a escravidão foi praticada na Europa, na África, nas Américas e na Ásia. Existiu em quase todas as primeiras civilizações agrícolas, inclusive na antiga Mesopotâmia, no Egito, na China e na Índia.² As pessoas eram escravizadas por uma série de motivos: em consequência de conquistas ou raptos, pela incapacidade de pagar dívidas, como punição por crimes, ou ao serem vendidas pela própria família.³ No Império Romano, estima-se que no mínimo 10% da população era de escravizados.⁴ No mundo árabe, desde o atual Marrocos ao atual Omã, o comércio de escravos foi duradouro e extenso, terminando no século XX. As pessoas, compradas ou sequestradas da África, da Ásia Central e da Europa cristã, geralmente eram obrigadas a trabalhar como soldados ou criados, ou escravizadas para fins de exploração sexual.⁵ As estimativas variam, mas no total cerca de doze milhões de pessoas foram escravizadas apenas na África, no tráfico transaariano e do Oceano Índico.⁶

O apogeu da escravidão foi o tráfico transatlântico, impulsionado pelo desejo dos europeus de explorar terras abundantes e recursos naturais nas Américas. Mais de doze milhões de escravizados foram levados da África, dos quais 470 mil para a colonização britânica na América do Norte, 1,6 milhão para as colônias espanholas, 4,2 milhões para o

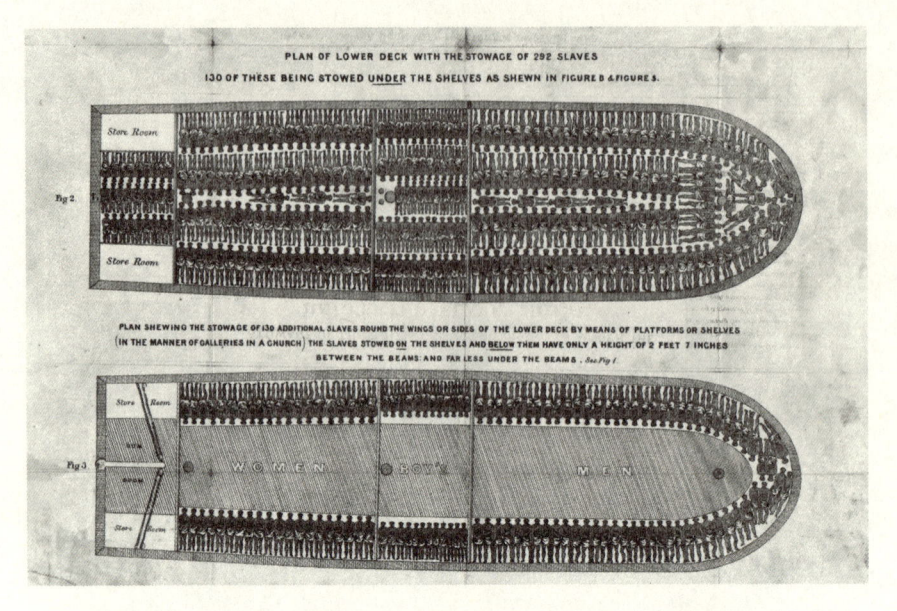

Figura 3.1. Diagrama datado de 1780 do navio de escravos Brookes, *usado como material de campanha pelos abolicionistas ingleses.*

Caribe e 5,5 milhões para o Brasil.[7] Apesar de por vezes os europeus levarem pessoas escravizadas após fazerem invasões, em geral as compravam de líderes africanos que as haviam escravizado em outras comunidades.[8]

As condições de viagem pelo Atlântico eram abomináveis. Os escravizados eram acondicionados em navios de carga, em aposentos apinhados e pouco ventilados. As doenças se multiplicavam.[9] Os escravos eram proibidos de usar os banheiros do navio e forçados a deitar nas próprias fezes semanas a fio. Aproximadamente 1,5 milhão de pessoas morreram nessas viagens.[10]

É impossível descrever de modo preciso o sofrimento dos que sobreviveram à travessia do Atlântico. Os escravizados costumavam ser forçados a trabalhar em fazendas – em sua maioria no plantio de cana-de-açúcar, tabaco, algodão ou café – e às vezes na mineração de prata ou ouro.[11] Trabalhavam dez horas por dia, e às vezes mesmo as mulheres grávidas e crianças eram forçadas a trabalhar.[12] Em 1700, a população escravizada era a maioria esmagadora da população do Caribe, e às vezes sua expectativa de vida no nascimento não passava dos vinte anos.[13] Apesar de a maioria das colônias britânicas ter códigos que regulavam o tratamento dado aos escravos, na prática os donos de escravos agiam como juiz, júri e carrasco. A prática das chibatadas era difundida para desincentivar o "trabalho ineficiente" e manter os escravizados em estado constante de medo.[14]

É difícil imaginar como alguém podia considerar a posse de outros seres humanos permissível. Podemos pensar, naturalmente, que os proprietários de escravos, no fundo, tinham plena consciência de que agiam errado, mas simplesmente não davam a mínima. Contudo, devemos tomar cuidado para não presumir que os valores de outras pessoas são mais parecidos com os nossos do que de fato são. A escravidão era vista como totalmente permissível, parte da ordem natural das coisas.[15] No contexto histórico, mesmo pensadores cujas vidas foram dedicadas a reflexões morais, muitas vezes progressistas em outras áreas, aceitavam a escravidão. Entre eles, os filósofos clássicos Platão e Aristóteles e pensadores iluministas como Immanuel Kant.[16]

Todavia, a despeito de sua onipresença histórica, sua duração e sua aceitação, e a despeito dos dignitários que a defendiam, a escravidão foi abolida. A abolição era inevitável em função das mudanças econômicas ou da marcha inexorável do progresso moral? Ou não passou de uma questão de contingência e poderia nunca ter ocorrido se a história tivesse trilhado um caminho diferente?

Um relato completo acerca da abolição exigiria um livro só para o tema e cobriria os incontáveis atos de resistência, subversão e coragem dos escravizados ao longo de toda a história.[17] Também cobriria os esforços de antigos escravizados, tais como Frederick Douglass, Sojourner Truth e Harriet Tubman, nos Estados Unidos, e Luís Gama, no Brasil, pessoas que lançaram luz sobre os horrores da escravidão, fomentaram a oposição pública e pressionaram pela tomada de medidas legislativas.

Aqui, no entanto, examino apenas parte desse relato. Em função de meu interesse em saber se a abolição foi ou não contingente, concentro-me nas partes da história que parecem inesperadas ou difíceis de explicar. Como aponta o professor Christopher Leslie Brown, um dos maiores historiadores da abolição, "As causas da resistência escrava não parecem especialmente misteriosas".[18] O surpreendente, ele observa, é a escravidão ter sido atacada pelos que dela se beneficiavam. E mais, ao longo do tempo, as pessoas escravizadas muitas vezes resistiram bravamente contra a opressão. Então, por que houve uma campanha abolicionista bem-sucedida na Inglaterra no início dos anos 1800, e não em nenhuma outra sociedade escravocrata anterior?

Acho que o ativismo de um pequeno grupo de *quakers* no século XVIII e início do XIX nos fornece parte da resposta. Seus esforços foram importantíssimos em uma das mais surpreendentes reviravoltas morais da história. Houve muitas pessoas importantes nessa história, mas entre os primeiros ativistas *quakers* o mais notável foi Benjamin Lay.[19]

Lay nasceu em Copford, Inglaterra, em 1682. Primeiro trabalhou como marinheiro estabelecido em Londres, depois foi comerciante em Barbados, antes de se mudar em 1732 para a Filadélfia, na época a maior cidade da América do Norte britânica e a mais proeminente comunidade *quaker* do país. Lay era corcunda e anão: media pouco mais de um metro e vinte centímetros. Referia-se a si mesmo como "pequeno Benjamin", comparando-se ao "pequeno David" que matou Golias.[20]

O radicalismo moral de Lay assumiu vários aspectos. Ele se opôs à pena de morte e ao consumismo.[21] Como muitos dos abolicionistas posteriores, tornou-se vegetariano, o que era extraordinário para a época, recusando-se até mesmo a usar couro ou lã. No final de sua vida, morou em uma caverna nos arredores da Filadélfia e, boicotando todos os bens produzidos por pessoas escravizadas, confeccionava todas as suas roupas, usava tecidos sem tingimento e se recusava a beber chá ou comer açúcar.[22]

Sua oposição à escravidão vinha de seus tempos de marinheiro, quando tomou conhecimento da prevalência dos estupros nos navios negreiros transatlânticos, e de seus dois anos em Barbados. No início de sua estada em Barbados, chicoteou vários escravizados que, consumidos pela fome, roubaram comida de suas lojas. Atormentado pela culpa, fez amizade com muitos deles.[23] Um desses amigos, que fazia barris, tinha um patrão que chicoteava todos os seus escravos às segundas-feiras de manhã, "para mantê-los atemorizados".[24] Certo domingo de noite, para evitar a brutalidade que o esperava na manhã seguinte, esse amigo cometeu suicídio. Experiências como essa assombraram Lay pelo resto da vida.

Ao longo dos 27 anos em que viveu na Pensilvânia, sempre que surgia a oportunidade, Lay fazia um sermão para os *quakers* da Filadélfia, em estilo dramático, sobre os horrores da escravidão. Certa feita, plantou-se do lado de fora do local onde ocorria uma reunião *quaker*, na neve, descalço e sem casaco. Quando os passantes demonstravam preocupação, ele explicava que as pessoas escravizadas eram obrigadas a trabalhar ao ar livre durante todo o inverno vestidas como ele. Dizem que durante as reuniões *quaker*, tão logo um proprietário de escravos ensaiava falar, Lay se levantava e gritava: "Eis outro dono de negros!".[25] Uma vez, após ter sido expulso de uma reunião por causar tumulto, ele se deitou na lama na entrada do local do encontro, e todos os membros da congregação foram obrigados a passar por cima dele ao sair.[26] Ao descobrir que uma família da cidade mantinha uma menina escravizada, convidou o filho de seis anos do casal para sua caverna sem avisar os pais do menino, a fim de fazê-los sentir na pele, por um breve momento, a dor de perder um filho.[27]

Em sua mais famosa proeza, no Encontro Anual dos *Quakers* de 1738, Lay apareceu vestindo um uniforme militar por baixo de um grande manto, carregando um livro oco cheio de sangue falso. Durante a reunião, supostamente se levantou, tirou o manto e exclamou: "Todos vocês, donos de negros que, satisfeitos, mantêm seus semelhantes em estado de escravidão... podem também arrancar suas sobrecasacas, como eu. Seria tão justificável diante do Todo-Poderoso, que contempla e respeita todas as nações e as cores dos homens de igual maneira, enfiarem uma espada em seus corações como eu faço com este livro!".[28] Enquanto falava, espirrou o sangue falso nos presentes. John Woolman, que mais tarde se tornou um dos mais influentes abolicionistas *quaker*, provavelmente estava na plateia nesse dia.[29]

Lay ganhou fama em toda a Pensilvânia.[30] Contudo, em sua época, não foi reverenciado por seu ativismo. Na verdade foi repudiado quatro vezes pelas sociedades *quaker*: em Londres, em Colchester, na Filadélfia e em Abington.[31] Contudo, parece ter por fim exercido influência nos círculos *quaker*: no final dos anos 1790, Benjamin Rush escreveu que uma gravura de Lay foi vista em "várias casas na Filadélfia".[32] Lay também era amigo de Anthony Benezet, que ajudou a popularizar a abolição na Inglaterra.[33] E o ativismo de Lay coincidiu com a época em que o sentimento moral entre os *quakers* sofreu uma mudança drástica. No período de 1681 a 1705, estima-se que 70% dos líderes da Reunião Anual dos *Quakers* eram donos de pessoas; de 1754 a 1780, esse número caiu para apenas 10%.[34] Na Reunião Anual da Filadélfia de 1758, ficou decidido que os *quakers* comerciantes de pessoas sofreriam medidas disciplinares e, em seguida, seriam repudiados (ainda assim, passaram-se mais dezoito anos até que a *posse* de pessoas fosse banida).[35] Quando Lay soube, supostamente exclamou: "Graças e louvores a Deus, nosso Senhor... agora posso morrer em paz".[36] Ele faleceu um ano depois.

Pode-se encontrar brotos do pensamento abolicionista através da história. Os próprios escravizados, frequentemente, e muitas vezes de forma violenta, se opunham ao tratamento desumano sofrido. Vez por outra, moralistas condenavam as crueldades da escravidão, preocupados com seu efeito tanto sobre os escravizadores como sobre os escravizados.[37] Recomendavam tratar melhor as pessoas escravizadas ou libertá-las por caridade ou por motivos religiosos.[38] Muitos se sentiam desconfortáveis com o fato de uma instituição poder coexistir com certos dogmas de sua fé ou, para vários pensadores iluministas do século XVIII, com os princípios do universalismo ou os direitos naturais.[39] Na prática, alguns governantes tentaram ocasionalmente conceder mais liberdade a seus súditos a fim de cercear o poder dos nobres ou evitar levantes.[40] Mas os *quakers* parecem ter sido o primeiro grupo na história a organizar uma campanha a favor da abolição, buscar apoio público e lutar para erradicar de vez a escravidão.[41]

O ativismo de Lay e de outros inspirou uma geração de abolicionistas que promoveram uma ponte essencial entre o pensamento dos *quakers* norte-americanos e o apelo às massas na Inglaterra. Anthony Benezet foi especialmente influente. Ele fundou uma escola para jovens Negros em 1770 para demonstrar que a capacidade intelectual deles era igual à dos Brancos.[42] Muitos de seus alunos, entre eles Absalom Jones, Richard Allen e James Forten, se tornaram líderes da campanha a favor da abolição.[43] O trabalho de Benezet também inspirou Thomas Clarkson, cofundador da Society for Effecting the Abolition of the Slave Trade [Sociedade pela Abolição do Tráfico Escravo, em tradução livre], a lutar pela causa. Clarkson, por sua vez, convenceu o parlamentar

William Wilberforce a se tornar o líder político do movimento abolicionista britânico.[44]

Trabalhando junto com antigos escravizados, como Olaudah Equiano e Ottobah Cugoano, fundadores da primeira organização política Negra britânica – os Filhos da África[45] –, a campanha dos abolicionistas na Grã-Bretanha foi imensamente bem-sucedida. O Parlamento Britânico foi persuadido a abolir o comércio de escravos em 1807 e a tornar ilegal a *posse* de pessoas em grande parte do Império Britânico em 1833.[46] A partir de 1807, o governo britânico decidiu erradicar o comércio de escravos no mundo inteiro. Usaram a diplomacia e o suborno para persuadir outras nações a banir o comércio transatlântico de escravos, e a Marinha Real britânica estabeleceu o Esquadrão da África Ocidental para patrulhar os mares.[47] Isso dificultou as viagens dos navios negreiros entre a África Ocidental, os Estados Unidos e as colônias americanas e caribenhas da França, Espanha, Portugal e Holanda. Ao todo, a campanha capturou mais de dois mil navios negreiros e libertou mais de duzentas mil pessoas escravizadas, embora muitas vezes esses libertos fossem explorados de outras maneiras e enviados para trabalhar em todo o Império Britânico.[48]

A abolição da escravidão foi um exemplo de *mudança de valores*, expressão por meio da qual me refiro a uma mudança nas atitudes morais de uma sociedade, ou na maneira como essas atitudes são implementadas e aplicadas. Em minha opinião, a abolição da escravidão foi uma das mais importantes mudanças de valores de toda a história. Neste capítulo e no próximo, defenderei que mudar os valores da sociedade é especialmente importante de uma perspectiva longotermista. Este capítulo examinará a significância e a contingência das mudanças de valores; o próximo discutirá sua persistência.

A significância dos valores

A significância de um estado de coisas refere-se a quão positivo ou negativo ele é em determinado momento da história. O exemplo da escravidão torna óbvia a significância das mudanças de valores. A abolição libertou milhões de pessoas de uma vida de miséria absoluta, mas está longe de ser o único exemplo da extrema significância dos valores morais.

Considere os pontos de vista morais sobre o *status* das mulheres. Durante toda a história, as mulheres foram oprimidas de modo sistemático. Em 1832, 25 anos depois de ter abolido o comércio de escravos, o governo britânico aprovou a Lei da Grande Reforma para proibir oficialmente as mulheres de votar. Hoje, as mulheres podem votar em todas as democracias do mundo e têm muito mais oportunidades de trabalho e participação na vida pública. Todavia, como as atitudes relativas aos papéis de gênero ainda variam muito segundo o país, algumas mulheres têm mais oportunidades que outras. Por exemplo, Camboja, Laos, Vietnã, Índia e Paquistão têm quase a mesma renda *per capita*, mas no Camboja, no Laos e no Vietnã cerca de três em cada quatro mulheres participam da força de trabalho, enquanto na Índia e no Paquistão a proporção é de uma para quatro.[49]

Eu poderia citar uma infinidade de outros exemplos. Nas últimas décadas, as atitudes em relação à população LGBTQIA+ passaram por drásticas mudanças em vários países. O primeiro estado americano a legalizar o casamento homoafetivo foi Massachusetts, em 2004. Apenas onze anos depois, uma decisão da Suprema Corte legalizou-o em toda a nação. Como resultado dessas mudanças de atitudes, milhões de pessoas têm mais condições de viver vidas plenas e emancipadas.

O castigo físico em escolas, prática popular durante grande parte do século XX, agora é proibido em mais de 120 países.[50] A mudança de atitudes relativas ao nacionalismo e à imigração tem implicações decisivas para a vida de centenas de milhões de migrantes internacionais.[51] Uma estimativa constatou que, em média, para trabalhadores pouco qualificados, a mudança para os Estados Unidos alavanca sua renda anual em mais de US$ 15 mil anuais.[52] E não apenas as pessoas são afetadas por nossos valores: paisagens e ecossistemas também podem ser alterados graças ao valor que conferimos à natureza. Nossas atitudes em relação ao bem-estar dos animais têm enormes implicações para os bilhões de animais criados em confinamento.[53]

As mudanças de valores são significantes porque têm enormes impactos na vida das pessoas e de outros seres, mas, de uma perspectiva longotermista, são particularmente significantes se comparadas a outros tipos de mudanças que podemos realizar, pois seus efeitos são excepcionalmente previsíveis.

Se você promove meios particulares para atingir seus objetivos, como uma política em especial, corre o risco de essa política não ter grande chance de atingir seu objetivo no futuro, sobretudo se o mundo no futuro for muito diferente do nosso em termos políticos, culturais e tecnológicos. Você também pode não aproveitar o conhecimento que teremos no futuro, que poderia nos fazer questionar se tal política é mesmo uma boa ideia. Em contrapartida, se puder garantir que as pessoas no futuro adotem um *objetivo* específico, então pode confiar nelas para dar continuidade a quaisquer estratégias que fizerem mais sentido, em qualquer ambiente em que estejam e com qualquer informação adicional que tenham. Você poderá, então, ter absoluta confiança de ter contribuído para que esse objetivo seja atingido, mesmo sem fazer ideia de como será o mundo quando essas pessoas no futuro agirem.

O "problema da mão morta" em filantropia ilustra a importância de promover objetivos, e não recursos. Muitas vezes, fundadores de instituições beneficentes estipulam diretrizes para o comportamento futuro dessa instituição, de maneiras que, com o tempo, podem se tornar absurdas. Um exemplo é o ScotsCare – "uma instituição de caridade voltada para os escoceses em Londres" –, cujo objetivo é melhorar a vida dos escoceses londrinos. Esse objetivo específico fazia sentido na época de sua fundação, em 1611. A Escócia e a Inglaterra tinham acabado de formar uma aliança política sob a mesma coroa; os escoceses que viviam em Londres eram imigrantes, alguns necessitados e impedidos de receber apoio de sua paróquia local (o equivalente, naquela época, à previdência social).[54] Mas tal objetivo já não faz muito sentido quatrocentos anos depois. Londres é a cidade mais próspera do Reino Unido[55] e, até onde sei, atualmente os escoceses não enfrentam nenhuma desvantagem específica na cidade. Por outro lado, muitas áreas na Escócia são bem mais necessitadas. Ao que tudo indica, os fundadores da instituição não se importavam com os escoceses em Londres em si, mas apenas com seus concidadãos. Para atingir seus propósitos, teria sido melhor perseguir o objetivo com o qual se importavam de fato – "Façam o que quer que melhore as vidas dos escoceses" – em vez de exigir uma maneira muito particular de atingir esse objetivo.

Por essas razões, mudar os valores tem considerável significância de uma perspectiva de longo prazo. Ao examinarmos o passado, observamos que essas mudanças tiveram um enorme impacto na vida de bilhões de pessoas. Pensando no futuro, se pudermos aprimorar os valores que guiam o comportamento das gerações vindouras, podemos confiar que tomarão melhores decisões, mesmo se estiverem vivendo em um mundo bastante diferente do nosso, cuja natureza não somos capazes de prever.

A contingência dos valores

Todavia, se alguma mudança que fizéssemos nos valores da sociedade acabasse por acontecer de todo modo, então o impacto dessa mudança no longo prazo não seria tão grande. Então, precisamos também considerar a *contingência esperada* das mudanças de valores. Temos de nos perguntar: se não realizarmos determinada mudança nos valores da sociedade, quanto tempo (supostamente) levaria para essa mudança acontecer de qualquer maneira? Hoje afirmamos que o movimento abolicionista desempenhou um papel crucial na abolição da escravatura. Mas se, por algum motivo, a abolição fosse inevitável, então no longo prazo as mudanças pelas quais os abolicionistas lutaram teriam acontecido de qualquer maneira, mais cedo ou mais tarde.

A contingência pode variar dependendo da escala de tempo considerada. É mais plausível que mudanças fundamentais como a abolição da escravidão ou o sufrágio feminino, caso não tivessem ocorrido quando ocorreram, acabassem acontecendo cem anos depois, e não que *nunca* ocorressem. Por enquanto, vou focar uma contingência esperada da ordem de centenas de anos. Mudanças de valores com esse nível de contingência são importantes por si sós e afetam muitas gerações – em geral, bilhões de pessoas. No próximo capítulo, porém, também argumentarei que existe uma chance significativa de os valores dominantes no mundo pelos próximos séculos poderem ficar "cristalizados" e persistir por um período de tempo extraordinário. Os valores habituais nos próximos séculos podem moldar todo o curso do futuro.

Para nos ajudar a ter clareza quanto à contingência de valores durante o curso da história, podemos considerar uma analogia com a contingência da biologia no curso da evolução. Os organismos têm características que afetam seu sucesso reprodutivo, ou "adaptabilidade". A evolução ocorre porque essas características variam, e algumas levam a mais sucesso reprodutivo que outras.

A contingência evolucionária é tópico de debate há décadas. O biólogo evolucionário Stephen Jay Gould acreditava que a evolução é altamente contingente. Ele dizia que, se a "fita da vida" fosse rebobinada, mesmo a mais ínfima mudança no passado longínquo poderia resultar em enormes diferenças na vida na Terra hoje em dia.[56] Gould chegou a especular que uma nova evolução da vida com o mesmo padrão da inteligência humana seria improvável.

A existência de idiossincrasias evolucionárias, como a tromba do elefante ou o pescoço da girafa, fornece alguma evidência da contingência na evolução. Se a evolução fosse consistentemente convergente em uma ampla variedade de ambientes, esperaríamos que essas características evoluíssem mais de uma vez.[57] Tome como exemplo a Nova Zelândia, que ficou isolada desde sua separação da Austrália há cerca de oitenta milhões de anos. Falta à ilha qualquer mamífero terrestre nativo e, na sua ausência, o local se transformou em um "império das aves": as aves evoluíram e passaram a ocupar uma extraordinária faixa de nichos evolucionários.[58] Elas incluem o kiwi, que escava o solo florestal em busca de insetos; o kea, um papagaio singular que vive em ambientes frios e altas altitudes; e a agora extinta águia de Haast, que supostamente pesava mais de quinze quilos, quase o dobro do tamanho de qualquer águia existente hoje.[59]

Contudo, em outros casos observamos a evolução convergente, na qual espécies surgidas em locais distintos acabam desenvolvendo as mesmas características. Por exemplo, insetos, pássaros, pterossauros e morcegos evoluíram e desenvolveram a aptidão de voar, apesar de terem histórias evolucionárias diferentes. Assim também, vemos corpos hidrodinâmicos em peixes, mamíferos marinhos e alguns moluscos. E os crustáceos tendem a evoluir para formas semelhantes às do caranguejo com tamanha frequência que o processo de se transformar em caranguejo recebeu um nome: carcinização.[60]

Hoje, entre os biólogos, impera o consenso de que a evolução pode às vezes ser contingente e às vezes não contingente. Isso pode ser observado ao considerar o que é conhecido como "paisagem adaptativa" (ver

Figura 3.2). Na paisagem adaptativa, uma ou mais dimensões medem a variação nas características de um organismo; por exemplo, para um elefante, isso incluiria sua massa corporal, o comprimento de sua tromba e sua sociabilidade. A dimensão final calcula a aptidão evolucionária desse organismo como uma função de suas características.[61]

Os picos na paisagem mostram qual característica ou combinação de características maximiza a adaptação do organismo. Variações, como as causadas por mutação genética, levam indivíduos a ocuparem posições levemente distintas na paisagem. Os mais próximos do pico terão mais chance de transmitir suas características para a próxima geração. Às vezes haverá apenas um pico. A evolução então levará as espécies para esse único pico, independentemente de onde comecem na paisagem. Por exemplo, quase todas as espécies de animais que nadam evoluirão para um corpo hidrodinâmico.

Em outros casos, há múltiplos picos na paisagem, por exemplo, quando existem diferentes modos de se adaptar ao mesmo ambiente. Castores e ornitorrincos constroem suas casas em riachos e rios lentos, mas apresentam características muito diferentes. Quando há mais de um pico,

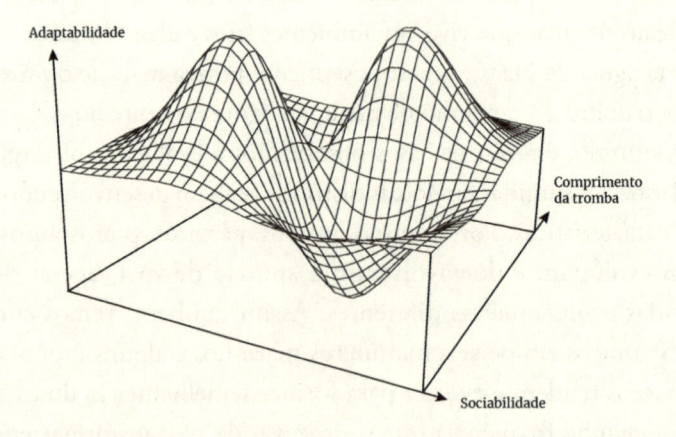

Figura 3.2. Representação simplificada de uma paisagem adaptativa em evolução biológica. Ela mostra como uma adaptação reprodutiva do elefante pode mudar em função de sua sociabilidade e comprimento da tromba. (Apenas por razões ilustrativas, sem pretender argumentar a respeito dos elefantes existentes hoje.)

dizemos que existem *equilíbrios múltiplos*. Isso introduz a contingência na evolução, uma vez que qual pico o organismo acabará escalando dependerá de onde ele começa na paisagem adaptativa, de como aquela paisagem é moldada e da aleatoriedade inerente à mutação genética.

A contingência da evolução biológica pode ser alta se houver equilíbrios múltiplos. Contudo, mesmo existindo apenas um equilíbrio, a contingência *esperada* pode ser alta no caso de apenas levar muito tempo para esse equilíbrio ser alcançado – se a evolução demorar a escalar a paisagem adaptativa. Por exemplo, entre a evolução dos primeiros neurônios e a evolução da inteligência ao patamar humano transcorreram cerca de setecentos milhões de anos.[62] Talvez a inteligência no patamar do ser humano tenha sido sempre um pico na paisagem adaptativa, e a jornada até lá tenha sido simplesmente muito lenta. Poderiam existir muitos caminhos viáveis até esse pico, e, nesse caso, as formas de inteligência que evoluíram seriam contingentes por setecentos milhões de anos.

Nas décadas recentes, a teoria da evolução e a paisagem adaptativa têm sido usadas para compreender a evolução de culturas e até de valores.[63] Elas podem nos ajudar a entender quando e por que os valores podem ser contingentes.

Segundo essa teoria, a cultura é compreendida de forma abrangente como qualquer informação socialmente transmitida, como crenças, conhecimentos, habilidades e práticas, embora eu vá me concentrar apenas nos valores. A evolução cultural pode ser descrita pelos mesmos três princípios que governam a evolução darwiniana:

- *variação*: traços culturais variam em suas características;
- *reprodução diferenciada*: traços culturais com diferentes características apresentam diferentes taxas de sobrevivência e reprodução;
- *hereditariedade*: traços culturais podem ser transmitidos entre indivíduos pela imitação ou pela fala.

Assim, por exemplo, há uma variedade de possíveis atitudes culturais para com membros de outro grupo, da cordialidade à hostilidade. Algumas dessas atitudes culturais se adaptarão melhor a determinado ambiente do que outras; aquelas atitudes mais bem adaptadas têm maiores chances de serem transmitidas para os pares e para a próxima geração.

Em modelos de evolução cultural, é possível haver competição cultural tanto entre indivíduos quanto entre grupos.[64]

A lente da evolução cultural ajuda a entender o passado e o futuro. Conforme as culturas interagem e se adaptam ao ambiente ao longo do tempo, novas culturas e características emergem, e as culturas antigas ou evoluem ou são superadas. Para ser mais claro, definitivamente não estou alegando que as características que permitem que uma cultura se dissemine a tornam "melhor" que outras. Deveríamos ficar preocupadíssimos com o fato de que as culturas com mais aptidão, e mais probabilidade de vencer com o passar do tempo, talvez não sejam as mais desejáveis. Como o renomado antropólogo Joe Henrich aponta, normas que manifestamente desvalorizam os membros de outros grupos podem ser favorecidas pela seleção intergrupal, motivando membros da tribo ou da nação a exterminar seus competidores.[65]

Assim como há cenários adaptativos para características dos organismos, há paisagens adaptativas para valores culturais. Quando tal paisagem tem um único pico, devemos esperar que as culturas convirjam para os valores específicos representados por esse pico – a mudança de valores passará, então, a ser mais baixa em contingência. Não me parece surpreendente que as normas favoráveis ao cuidado com as crianças sejam disseminadas: culturas sem tais normas têm menos probabilidade de ter crianças saudáveis e menos chance de prosperar ao longo do tempo.[66] Da mesma maneira, culturas que buscam conquistar convertidos e se disseminar o máximo possível, como as religiões proselitistas, parecem ter mais probabilidade de crescer do que aquelas sem essa característica. Então, mais uma vez, não me parece surpreendente que muitas das religiões com mais fiéis no mundo, como o cristianismo e o islamismo, valorizem a conversão de outras pessoas para sua fé.

Contudo, também é possível haver picos múltiplos na paisagem adaptativa, ou seja, mesmo no longo prazo, culturas diferentes podem acabar com valores bem diferentes de maneira estável. Por exemplo, considere o fenômeno do consumismo conspícuo:* indivíduos ricos

---

* O consumo conspícuo é um conceito introduzido pelo economista Thorstein Veblen em seu livro *A teoria da classe ociosa*, publicado em 1899. Esse termo descreve um padrão de consumo ostensivo e exibicionista, no qual as pessoas consomem bens e

comprando bens para exibir em público quanto dinheiro têm. A universalidade do consumo conspícuo sugere a existência de uma pressão cultural evolucionária nesse sentido. Mas a forma que ela toma é altamente contingente: em algumas culturas, pode tomar a forma da compra de bens luxuosos; em outras, pode tomar a forma da filantropia; e em outras ainda, pode tomar a forma da posse de escravos. Algumas dessas formas de consumo conspícuo são muito preferíveis a outras.

Para dar outro exemplo, observe, em muitas religiões, a importância de os adeptos demonstrarem sua piedade ou integridade moral. Contudo, diferentes religiões desenvolveram modos bastante distintos de atingir esse objetivo. Muitos budistas e hinduístas demonstram piedade e integridade moral adotando o vegetarianismo; o mesmo não acontece com a maioria dos cristãos. Isso explica, em parte, por que uma em cada cinco pessoas na Ásia se declara vegetariana, enquanto na Europa e na América do Norte o número cai para apenas uma em cada vinte pessoas.[67] Do mesmo modo, a China, a Coreia e o Vietnã consomem mais de trinta quilos de carne de porco por pessoa ao ano, enquanto esse número se aproxima de zero nos países de fé muçulmana ou judaica, como Irã, Paquistão, Indonésia e Israel.[68] As normas religiosas referentes ao sexo, casamento, trabalho e caridade também são diversas; dependendo do contexto religioso, as ações que você toma para demonstrar ser uma pessoa honrada ou piedosa podem variar enormemente. Embora esses diferentes equilíbrios possam ser igualmente bons da perspectiva da aptidão cultural, podem ser muito melhores ou piores de uma perspectiva moral. Se você acredita que comer carne é moralmente errado, o fato de o hinduísmo e o budismo adotarem o vegetarianismo para demonstrar integridade moral é ótimo.

Uma segunda razão para esperar múltiplos equilíbrios em atitudes morais é que os sistemas de valores se enraízam, suprimindo a competição ideológica. Para entender isso, considere alguns dos muitos expurgos ideológicos ocorridos na história. Entre 1209 e 1229 d.C., o papa Inocêncio III (nome inapropriado) realizou a Cruzada Albigense com o objetivo de erradicar o catarismo, seita cristã não ortodoxa, no sul da França. Seu objetivo foi alcançado: em torno de duzentos mil cátaros

---

serviços não tanto pelo seu valor intrínseco ou utilidade real, mas sim para demonstrar *status* social, riqueza ou poder. [N.E.]

foram assassinados na Cruzada, e em 1350 o catarismo havia sido varrido de toda a Europa.[69] Também a história inglesa é repleta de exemplos de monarcas tentando eliminar a oposição religiosa: no século XVI, a rainha Mary I mandou queimar os protestantes na fogueira e ordenou que todos assistissem às missas católicas; poucos anos depois, Elizabeth I mandou executar dezenas de católicos e aprovou, sem usar meias palavras, a Lei da Uniformidade, que proscrevia a missa católica e penalizava quem não frequentasse as cerimônias da Igreja Anglicana.[70]

Expurgos ideológicos ocorreram com frequência durante todo o século XX. Na Noite das Facas Longas, Hitler eliminou a oposição dentro de seu próprio partido, consolidando sua posição como chefe supremo da Alemanha. No Grande Terror de Stálin, cerca de um milhão de pessoas foram mortas entre 1936 e 1938,[71] purgando o Partido Comunista e a sociedade civil de qualquer oposição a ele. Em 1975-1976, Pol Pot tomou o poder no Camboja, e o transformou em um Estado de partido único. Os intelectuais eram vistos como inimigos ideológicos e podiam ser assassinados com base na mais mísera evidência; um refugiado comentou que você podia ser morto pelo simples fato de usar óculos.[72] Em 1978, após consolidar seu poder, Pol Pot teria dito aos membros de seu partido que seu slogan deveria ser "Purifique o Partido! Purifique o exército! Purifique os quadros de dirigentes!".[73] Em pouco mais de três anos, o regime do Khmer Vermelho exterminou cerca de 25% da população cambojana.[74]

A consolidação de valores cria múltiplos equilíbrios por haver um elemento expressivo de sorte no qual um sistema de valores se torna mais poderoso em um lugar e época particulares, e porque, uma vez que um sistema de valores se torna suficientemente poderoso, pode permanecer assim, eliminando a competição. Ademais, a teoria de evolução cultural ajuda a explicar o *porquê* de culturas predominantes na sociedade tenderem a se enraizar. De modo simples: as culturas que não se enraízam dessa forma, com o passar do tempo, têm mais tendência a desaparecer que as que se enraízam.

A razão final de a contingência esperada da mudança moral ser alta é que, mesmo em casos nos quais há um único equilíbrio, o processo para alcançá-lo pode ser lento. Se as pressões seletivas não forem especialmente fortes ou se houver poucas oportunidades de mudança, então as culturas podem se encontrar em muitos pontos diferentes da paisagem adaptativa e só convergir em um pico após longos períodos de tempo. A cultura de governança da Coreia do Norte parece muito menos adaptada que a da Coreia do Sul, como comprova sua estagnação econômica de décadas.[75] Ainda assim, o regime da Coreia do Norte vem conseguindo sobreviver há mais de setenta anos.

Tendo em mente tais considerações, podemos observar hoje um grande leque de diferenças de valores tanto dentro de um país específico quanto entre países nos quais essas diferenças parecem altamente contingentes. Nos países católicos, como Chile, República Dominicana, Nicarágua, Cidade do Vaticano, Malta e El Salvador, as atitudes contrárias ao aborto são mais fortes, e as leis contra a prática, mais rígidas.[76]

Quanto à participação da mulher no mercado de trabalho, embora haja uma fraca tendência em formato de U em relação ao PIB *per capita* (com os países mais pobres e os mais ricos apresentando maior participação feminina na força de trabalho), há grandes variações entre os países. Em países de maioria muçulmana, como Somália, Afeganistão, Iraque, Egito e Arábia Saudita, os níveis de participação das mulheres no mercado de trabalho são especialmente baixos, apesar, é claro, de haver exceções, como é o caso do Cazaquistão.

TAXA DE PARTICIPAÇÃO DAS MULHERES NA FORÇA DE TRABALHO
Porcentagem da população feminina com mais de 15 anos

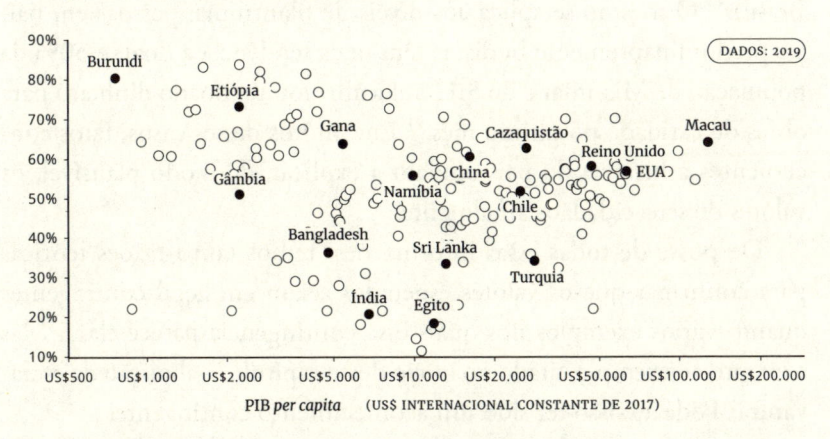

Figura 3.3. Proporção de mulheres acima de quinze anos economicamente ativas em 2019 em relação à renda nacional per capita *(ajustada em função das diferenças de preços entre os países).*

A participação das mulheres na força de trabalho também é refletida em atitudes culturais: Egito e Peru têm um PIB *per capita* de cerca de US$ 12 mil, mas no Egito cerca de 80% da população acha que os homens têm mais direito a um emprego do que as mulheres e menos de 20% das mulheres participam da força de trabalho, enquanto no Peru apenas 20% da população acha que os homens têm mais direito a um emprego do que as mulheres e 70% das mulheres participam da força de trabalho.[77]

As atitudes quanto às novas tecnologias biomédicas, como clonagem e aprimoramento genético, também variam de modo substancial dependendo dos países. Por exemplo, a porcentagem de pessoas que consideram aceitável mudar as características genéticas de um bebê para tornar aquela criança mais inteligente vai de 8% no Japão a 64% na Índia.[78] Em geral, os países da Ásia parecem mais abertos ao aprimoramento genético que os da Europa e os das Américas, embora existam muitas variações regionais.[79]

Do mesmo modo, existem diferenças gritantes na disposição de lutar pelo país (de 13% no Japão a 96% no Vietnã), nas atitudes relativas aos imigrantes (em média, nos países de alta renda, 14% da população nasceu em outro país, enquanto no Japão e na Coreia do Sul esse número cai para 2%) e no percentual de vegetarianismo (um estudo estimou que a Índia tem dez vezes mais vegetarianos *per capita* que o Brasil).[80] O mesmo se aplica aos níveis de filantropia: pessoas em países predominantemente budistas têm mais tendência a doar, e 50% da população de Mianmar e do Sri Lanka afirmou ter doado dinheiro para obras de caridade no último mês.[81] Em muitos desses casos, fatos concernentes à história do país ajudam a explicar, de modo plausível, os valores de seus cidadãos atualmente.

De posse de todas essas informações, temos tanto razões teóricas para confirmar que os valores esperados sejam em geral contingentes quanto vários exemplos nos quais essa contingência parece clara. Mas e quanto ao exemplo citado no início deste capítulo, a abolição da escravatura? Pode até isso ter sido um acontecimento contingente?

A contingência da abolição

A escravatura é tão execrável que, antes de me familiarizar com os estudos históricos a respeito do tema, eu supunha que a abolição havia sido inevitável. Mas agora não tenho tanta certeza. Embora seja impossível saber ao certo, é inteiramente plausível para mim que, se a fita da história fosse rebobinada cem vezes, apenas com pequenas diferenças nas condições iniciais, em uma expressiva proporção dessas reprises a escravidão ainda seria legal em muitos – ou até na maioria – dos países do mundo, mesmo com o atual patamar de desenvolvimento tecnológico.[82]

A pergunta-chave sobre a qual me debruçarei é: a abolição da escravatura resultou primordialmente de mudanças econômicas ou de atitudes morais (embora, é claro, ambas tenham sido relevantes)? As pessoas tendem a acreditar que a abolição da escravatura foi, sobretudo, uma questão econômica: a Europa e suas colônias estavam se industrializando, o que foi reduzindo gradualmente a lucratividade da escravidão; sua abolição representou apenas um ponto-final em uma instituição já agonizante. Essa ideia advém, em última instância, do livro *Capitalismo e escravidão*, publicado originalmente em 1944, de Eric Williams, notável acadêmico e, posteriormente, primeiro primeiro-ministro de Trinidad e Tobago.

O argumento de Williams foi uma importantíssima contribuição, mas não resiste ao escrutínio, como demonstrou de maneira convincente o historiador Seymour Drescher em seu livro *Econocide* [Econocídio], de 1977. Como comentou Christopher Leslie Brown, "Desde a publicação de *Econocide*, poucos historiadores continuaram a aderir à interpretação econômica da abolição britânica".[83] Em correspondências, Manisha Sinha, Adam Hochschild, Michael Taylor, David Richardson e o próprio Seymour Drescher, importantes historiadores da abolição, disseram concordar em larga medida com essa afirmativa.[84]

Há algumas razões para isso. Primeiro, na época da abolição, a escravidão era enormemente lucrativa para os britânicos. Nos anos que antecederam a abolição, as colônias britânicas produziram mais açúcar do que o restante do mundo em conjunto, e os britânicos consumiam mais açúcar do que qualquer outro país.[85] Uma vez abolida a escravidão, o preço de varejo do açúcar subiu cerca de 50%, custando à população britânica £ 21 milhões durante sete anos – cerca de 5% dos gastos britânicos na época.[86] De fato, o comércio de escravizados estava em franca expansão e não em declínio: ainda que a Grã-Bretanha tenha abolido o comércio de escravizados em 1807, mais africanos foram levados no comércio negreiro transatlântico entre 1821 e 1830 do que em qualquer outra década, salvo na de 1780.[87] O governo britânico precisou indenizar os proprietários britânicos de escravos para sancionar, em 1833, a Lei de Abolição da Escravatura, que pouco a pouco libertou os escravizados em quase todo o Império Britânico.[88] O custo para o governo foi de £ 20 milhões, na época 40% dos gastos anuais do Tesouro.[89] Para financiar as indenizações, o governo britânico contraiu um empréstimo de £ 15 milhões, que só foi quitado em 2015.

A interpretação econômica da abolição também encontra dificuldades para explicar a abordagem ativista que a Grã-Bretanha adotou em relação ao comércio de escravos depois de 1807. A Grã-Bretanha fez tratados – e às vezes subornou – para pressionar outras potências europeias a encerrar seu envolvimento no comércio, e empregou o Esquadrão da África Ocidental, da Marinha Real, para impor o cumprimento desses tratados.[90] Aqui, a Grã-Bretanha recebeu algum incentivo econômico para impedir que seus rivais vendessem produtos fabricados por escravizados a preços mais baixos que os seus, mas a dimensão de seu ativismo não parece ter valido a pena: de 1807 a 1867, impor a abolição custou à Grã-Bretanha quase 2% de sua renda anual nacional, várias vezes o que o país gasta hoje com ajuda humanitária estrangeira. Os cientistas políticos Robert Pape e Chaim Kaufman descreveram essa campanha como "o esforço moral internacional mais dispendioso de toda a história moderna".[91] Se a interpretação econômica estivesse correta, tal atividade teria sido desnecessária, pois o comércio de escravos já estaria mesmo nos seus estertores.[92]

Mas poderiam as mudanças econômicas ter tornado inevitável o fim da escravidão em algum momento posterior, mesmo não tendo sido esse o motivo pelo qual o Parlamento Britânico aboliu o comércio de escravos? Alguém poderia argumentar que, à medida que a economia vai se tornando cada vez mais mecanizada, o valor da mão de obra escrava diminui: os trabalhos impostos em geral às pessoas escravizadas – trabalho desagradável com resultados facilmente mensuráveis – também parecem o tipo de trabalho com mais chances de ser automatizado.

Isso poderia nos levar a pensar que a proporção global de pessoas escravizadas diminuiria com o passar do tempo, mas não nos dá motivos para pensar que a escravidão seria abolida por completo. Primeiro, uma enorme quantidade de trabalho ainda é desagradável, exige pouca especialização e não foi mecanizada, desde a colheita de frutas nos Estados Unidos à exploração agrícola e de minas em países subdesenvolvidos. O cultivo de cana-de-açúcar e algodão, em particular, demorou a ser automatizado, mesmo depois da emancipação dos Estados Unidos; a colheita mecanizada só se disseminou no Sul após a Segunda Guerra Mundial.[93] Em segundo lugar, em termos históricos, muitas pessoas escravizadas ocupavam posições não ameaçadas pela industrialização, como empregados domésticos e escravos sexuais. Por fim, ao longo da história, os escravizados foram empregados em trabalhos difíceis de serem monitorados. Na Grécia Antiga, por exemplo, as pessoas escravizadas em geral trabalhavam em atividades especializadas, como metalurgia e carpintaria, no serviço público e em bancos, e até mesmo em posições administrativas em oficinas ou em grandes propriedades.[94]

Levando em conta todas essas evidências, deveríamos concluir que o fim da escravidão não foi o resultado inevitável de fatores econômicos; pelo contrário, ocorreu, em grande parte, devido a mudanças de atitudes morais. Diante disso, podemos perguntar quão contingentes foram a ocorrência dessas mudanças nas atitudes morais e sua consagração em lei. É difícil comprovar, pois a abolição ocorreu, essencialmente, apenas uma vez, em uma única onda que varreu o globo; não temos acesso a experimentos históricos independentes para saber como as coisas poderiam ter acontecido. Há um único pico na paisagem adaptativa cultural ou muitos? A abolição da escravatura mais se assemelha ao uso da eletricidade – um desenvolvimento mais ou menos inevitável uma vez existente a ideia? Ou mais se assemelha ao uso das gravatas: uma contingência cultural quase universal no contexto global, mas que poderia, sem a menor sombra de dúvida, ter sido diferente?[95]

Na visão otimista, as mudanças morais que levaram ao fim da escravidão eram mais ou menos inevitáveis, parte da marcha rumo ao progresso moral.[96] Mas é difícil defender com unhas e dentes essa opinião.

Em particular, mesmo se você achar que o arco do universo moral tende a curvar-se em direção à justiça, esse arco pode ser muito extenso. Talvez em reprises da história, abolir a escravidão, em nosso atual nível de desenvolvimento tecnológico, levasse um tempo bastante longo. Nesse caso, devemos estimar que a abolição seja contingente numa escala de séculos ou até milênios.

De fato, a história do século XX, sobretudo a ascensão do nazismo e do stalinismo, mostra quão fácil é a ocorrência do retrocesso moral, inclusive na questão da mão de obra gratuita. Durante a Segunda Guerra Mundial, a Alemanha nazista usou cerca de onze milhões de trabalhadores forçados, dos quais 75% eram civis; no auge, o trabalho forçado alcançou cerca de 25% da força de trabalho do país.[97] Do mesmo modo, a União das Repúblicas Socialistas Soviéticas, sob o comando de Stálin, fez uso generalizado do trabalho forçado nos *gulags* entre os anos 1930 e 1950, atingindo o auge em 1946, quando os campos somavam seis milhões de pessoas, ou 8% da população.[98]

Você pode achar que a tendência progressiva rumo ao trabalho livre no noroeste da Europa apoia a visão da "marcha do progresso moral" e que os retrocessos na Alemanha nazista e na União Soviética sob o comando de Stálin foram apenas desvios. A escravidão tinha sido extinta na França e na Inglaterra no final do século XII, substituída pela servidão.[99] Em geral, os servos gozavam de mais liberdade que os escravizados e não podiam ser comprados ou vendidos, embora eles e os filhos estivessem presos a pedaços de terra específicos que não podiam abandonar e lhes fosse exigido trabalhar para o dono da terra.[100] Ao fim da Peste Negra, no século XIV, a servidão foi logo substituída pelo trabalho livre na Europa Ocidental.[101] A abolição, portanto, pode parecer o próximo e inevitável passo dessa tendência progressiva.

Contudo, o panorama histórico completo é bem mais complicado. Uma enorme complicação é o comércio de escravos no Atlântico em si: a despeito da tendência interna rumo ao trabalho livre, as potências europeias escravizaram em escala maciça; só isso já torna obscura, na melhor das hipóteses, uma suposta tendência voltada para a moral. Além disso, não vemos tendência similar em outras partes do mundo.[102] Em alguns lugares do Leste Europeu, a servidão se intensificou depois da Peste Negra, e não o contrário.[103] Na China, a escravidão sofreu picos de aumento e declínio ao longo do tempo. A escravidão pode ter existido durante a antiga dinastia Shang, fundada antes de 1500 a.C., mas há claras evidências de escravidão durante a dinastia Han (202 a.C.-220 d.C.).[104] A escravidão *de facto* continuou na China, sob uma forma ou outra, até o século XX. Vários líderes tentaram reformar ou abolir a escravidão, em geral como parte de disputas pelo poder político, porém repetidas vezes ela ressurgiu tão logo novas dinastias assumiram o poder.[105] Em 1626, na província de Liaodong, por exemplo, estima-se que um terço da população foi escravizado pelo Qing, e, após a invasão dos manchus e o estabelecimento da dinastia Qing em 1636, a escravidão ressurgiu, durante um período, também em outras áreas da China.[106] A escravidão foi abolida em definitivo na China apenas em 1909.[107] Globalmente, é difícil ver a abolição como parte de uma tendência histórica, ainda que titubeante, rumo ao progresso moral no que tange ao trabalho forçado.

Uma visão mais moderada não se fundamenta na ideia de progresso moral, mas sugere que a abolição foi ao menos facilitada por uma onda geral de pensamento voltada para o liberalismo e a ideologia de livre mercado no norte da Europa. Essa é a interpretação sustentada pelo historiador David Eltis.[108] Segundo esse raciocínio, uma vez consagrada a ideia de que todas as pessoas tinham direitos iguais, inclusive o direito de não coerção pelo Estado, a consistência lógica exerceu pressão a favor do sentimento abolicionista e antiescravista.

O surgimento independente de correntes antiescravistas entre diferentes grupos de intelectuais liberais seria, em minha opinião, uma forte evidência a favor desse posicionamento. E as sementes do sentimento abolicionista brotaram em outros países além da Grã-Bretanha no final do século XVIII. O exemplo mais conhecido é a França. Muitos pensadores franceses, dentre eles Condorcet e Montesquieu, denunciaram a escravidão, e o governo francês fez uma tentativa pouco entusiasmada de aboli-la em 1794.[109] Contudo, embora o *sentimento* abolicionista tenha surgido na França, a *campanha* para transformá-lo em uma realidade jurídica cresceu a partir da abolição britânica. Com efeito, Jacques Pierre Brissot, fundador do grupo abolicionista francês Société des Amis des Noirs [Sociedade dos Amigos dos Negros], inspirou-se diretamente ao visitar Londres e conhecer Thomas Clarkson.[110] Ademais, a lei da abolição foi rejeitada por Napoleão apenas oito anos depois, e a abolição definitiva só se deu em 1848.[111]

Também é indubitavelmente verdadeiro que o sentimento abolicionista fazia parte de um pacote de pensamentos mais liberal, e uma visão defensora da liberdade individual que ainda endossasse a propriedade de escravos deveria ser, como foi diversas vezes, considerada profundamente inconsistente em termos morais.[112] Mas não devemos considerar uma obviedade que o pensamento liberal levaria à abolição. Como a historiadora Manisha Sinha afirmou, "A herança do Iluminismo teve vantagens e desvantagens para os africanos, proporcionando um ímpeto vigoroso para o antiescravismo, mas também contendo elementos que justificavam sua escravização… Nenhum 'contágio de liberdade' fluiu inexoravelmente para os escravos segundo sua própria lógica".[113] A questão central é por quanto tempo inconsistências numa concepção moral do mundo podem perdurar.

Ainda que a inconsistência lógica pareça exercer alguma pressão pela mudança, fornecendo a seus defensores argumentos mais contundentes em favor de seus pontos de vista, de muitas maneiras os pontos de vista morais modernos toleraram a inconsistência por longos períodos. Por exemplo, o consumo do álcool e do tabaco é legal e razoavelmente aceito em termos sociais na maioria dos países, enquanto outras drogas são ilegais e seu uso é estigmatizado. Maltratar cães e gatos pode despertar a indignação pública, embora todos os anos bilhões de animais confinados sofram e sejam abatidos para consumo.[114] O castigo físico é considerado uma violação dos direitos humanos, mas pense bem: você preferiria passar vários anos de sua vida atrás das grades ou ser açoitado?[115] Não estou afirmando que nada disso se constitua em genuínas inconsistências morais: em cada um dos casos, existem explicações para dissolver a aparente tensão entre esses pontos de vista e práticas. Mas certamente parece que nossas concepções morais comportam ao menos algumas profundas inconsistências, e essas inconsistências podem ser espantosamente persistentes.

Fundamentalmente, essas inconsistências morais dizem respeito também ao trabalho forçado. Algumas formas de trabalho forçado persistiram e conviveram mais ou menos bem com o liberalismo. Um exemplo é a conscrição, adotada até os anos 1970 pelos Estados Unidos para forçar quase dois milhões de homens a arriscar suas vidas na guerra do Vietnã.[116] Outra é o trabalho forçado em presídios. Considere, por exemplo, a Penitenciária Estadual do Mississipi, mais conhecida como Parchman Farm. No início de 1901, o então governador do Mississipi, James K. Vardaman, ordenou a construção de um novo presídio para operar como instituição rentável para o Estado. O resultado se assemelhava a "uma *plantation* pré-guerra civil sob todos os aspectos, salvo que os africanos escravizados foram substituídos por presidiários".[117] O governo estadual adquiriu uma área de pouco mais de oito mil hectares, segregou racialmente os internos e os colocou para trabalhar cultivando ou colhendo algodão, em geral em um calor escaldante e sob a ameaça de chicotes.[118] A penitenciária era altamente lucrativa e, ao longo de 1912 e 1913, ganhou US$ 26 milhões na moeda atual.[119] Esses horrores hoje em dia podem parecer distantes, mas a Parchman interrompeu suas práticas mais escandalosas somente na década de 1970, e apenas sob pressão da lei.[120] Ainda hoje, milhares de prisioneiros nos Estados Unidos trabalham pelo mísero salário de cerca de US$ 1 por hora.[121] Em certos casos, não recebem qualquer remuneração. Isso é legal, pois a 13ª Emenda à Constituição dos Estados Unidos aboliu a escravidão e baniu a servidão involuntária, "salvo como punição por crime".[122]

Levando a sério a possibilidade de uma inconsistência tão duradoura, você pode achar que, se não fosse pela campanha abolicionista específica que ocorreu, a escravidão poderia ter perdurado até hoje. Nesse caso, então, a abolição da escravatura foi altamente contingente. Essa é a opinião de Christopher Leslie Brown. Em seu livro *Moral Capital* [Capital moral, em tradução livre], ele afirma que "a organização antiescravista era mais estranha que inevitável, uma instituição peculiar em vez do resultado inevitável do progresso cultural e moral... Em aspectos-chave, o movimento antiescravagista britânico foi um acidente histórico, um acontecimento contingente que poderia facilmente jamais ter ocorrido".[123]

Considerando quão impactante é essa visão, há mais coisas que a embasam do que você pode imaginar. O ponto crucial é que o movimento abolicionista contou com a ajuda de muitos fatores surpreendentes ou contingentes. Brown ressalta a Guerra da Independência americana em particular. Se os Estados Unidos tivessem continuado a fazer parte do

Império Britânico, a Grã-Bretanha poderia ter relutado mais em comprometer seu difícil relacionamento com os Estados Unidos tomando uma atitude tão polêmica quanto a abolição do comércio de escravos.[124] O lobby das *plantations* também contaria com mais integrantes em um império ainda unido. Por fim, Brown observa que os abolicionistas na França enfrentaram dificuldades por não terem as oportunidades e o *status* dos da Inglaterra. Como na França o pensamento abolicionista ganhou força mais ou menos na mesma época das revoluções francesa e haitiana, o pensamento abolicionista, argumenta Brown, passou a ser vinculado à violência e a contendas.[125]

Segundo Brown, na Inglaterra do início do século XIX, a ação abolicionista passou a ser uma maneira de demonstrar virtude, mas não na França. Sob esse ponto de vista, a campanha abolicionista ocorreu em um momento de plasticidade, com equilíbrios morais múltiplos. Se as coisas tivessem seguido um rumo diferente durante umas poucas décadas cruciais, o sentimento antiabolicionista poderia ter prevalecido e sido sustentado pelo lobby dos plantadores por mais tempo.[126]

Além disso, mesmo uma vez abolido o comércio de escravos, a abolição da escravatura em si não foi uma conclusão óbvia. Como o historiador Michael Taylor afirma, a emancipação britânica em 1833 poderia ter levado muito mais décadas do que levou: "A subsequente e tardia campanha pela emancipação dos escravos não foi um mero epílogo da campanha contra o comércio escravo... Não havia absolutamente nada de inevitável quanto ao seu êxito".[127] Os acontecimentos contingentes que ajudaram na campanha pela emancipação incluíram as reformas parlamentares de 1829 e 1832, que levaram a um Parlamento em grande parte abolicionista, e a Rebelião de Natal jamaicana de 1831-1832, que atraiu mais atenção para a escravidão colonial e ajudou a convencer membros do Parlamento de que ela representava uma ameaça às colônias britânicas.[128] Taylor também observa que dois dos mais importantes militantes da campanha pela emancipação, William Wilberforce e Zachary Macaulay, morreram entre 1833 e 1838. Se a emancipação não tivesse ocorrido até 1838, ele sugere que ela poderia ter sido interrompida.[129] Na época, a dificuldade em obter a emancipação era reconhecida pelos militantes: segundo consta, em 1824 o líder abolicionista Fowell Buxton teria ficado satisfeito com a abolição da escravatura num prazo de setenta anos.[130]

Por fim, mesmo depois da abolição da escravatura britânica, não parece inevitável a conquista da emancipação globalmente. A despeito dos esforços dos ativistas britânicos e do predomínio das ideias liberais, a abolição em todo o mundo demorou ainda mais de um século. Ainda na década de 1930, estima-se que 20% da população na Etiópia era escravizada[131] – a escravidão só foi abolida em 1942.[132] Na Arábia Saudita e no Iêmen, a abolição da escravatura se deu ainda mais tarde, apenas em 1962.[133] Na época, ainda havia milhares de pessoas escravizadas na Arábia Saudita.[134] Na Mauritânia, a abolição só se deu em 1980, e a propriedade de pessoas passou a ser delito criminal apenas em 2007.[135] Se menos esforços tivessem sido envidados para promover a abolição em todo o mundo, é plausível que a escravidão persistisse em alguns países por ainda mais tempo.

Levando em conta todos esses fatos, deveríamos estar abertos à surpreendente ideia de que a abolição foi um acontecimento contingente. A visão de que a abolição era mais ou menos inevitável por razões de natureza econômica é implausível. Se a abolição era, em última instância, muito provável, dada a tendência mais ampla para o liberalismo, ou se dependeu em muito do sucesso da campanha abolicionista particular que foi realizada, ambas as respostas têm mérito. Considerando a última hipótese, a abolição foi promovida graças às ações de um número impressionantemente reduzido de pessoas; considerando a primeira, foi o resultado coletivo dos vários milhares que pressionaram os formuladores de políticas franceses e britânicos para uma concepção de mundo na qual a escravidão era inaceitável. De qualquer maneira, foi graças à ação conjunta de pensadores, escritores, políticos, ativistas ex-escravizados e rebeldes escravizados que o fim da escravatura foi concretizado. Sob qualquer um desses pontos de vista, a abolição não foi predeterminada, e, se a história tivesse tomado um rumo diferente, quem sabe no mundo moderno a escravidão seria difundida e legalmente permitida.

O que fazer

Uma vez levada a sério a contingência das normas morais, podemos começar a considerar uma estonteante variedade de maneiras pelas quais as crenças morais do mundo poderiam ter sido muito diferentes. Vamos imaginar que a Revolução Industrial tivesse ocorrido num país propenso ao vegetarianismo como a Índia. Talvez o enorme aumento de criações em fazendas industriais para fins de consumo, no transcorrer do último século, nunca houvesse ocorrido; nesse mundo alternativo, o sofrimento e o abate de dezenas de bilhões de animais a cada ano em nosso mundo seriam considerados uma tremenda abominação.

Ou vamos imaginar que o nazismo não tivesse ganhado popularidade. No final do século XIX e início do XX, a eugenia era amplamente abraçada por intelectuais de países liberais como Estados Unidos, Inglaterra e Suécia.[136] Se o nazismo não tivesse criado tamanha oposição entre a eugenia e as ideias liberais, então talvez a esterilização e os abortos forçados, embora terríveis, fossem práticas adotadas hoje em dia. Ou note que, historicamente, a maioria das culturas é patriarcal ao extremo. Se as atitudes romanas relativas ao gênero tivessem persistido na Europa Ocidental, talvez o movimento feminista nunca tivesse decolado.

Não estou reivindicando o conhecimento da verdade sobre qualquer dessas suposições; é impossível ter certeza sobre coisas assim. No entanto, dadas as razões teóricas para esperar equilíbrios morais múltiplos e os exemplos plausíveis de contingência moral observados hoje, não deveríamos ter tanta certeza de que essas concepções de moral tão diferentes não poderiam ter se disseminado ou mesmo se tornado globalmente dominantes. É verdade que a contingência *esperada* das normas morais é alta o bastante para que o valor de garantir que o mundo esteja no caminho certo, em termos morais, seja incrivelmente alto. Mas, se levamos as mudanças de valores a sério, quais valores deveríamos promover, e como?

Uma perspectiva de longo prazo privilegia as mudanças de valores que costumam ser mais geralmente aplicáveis. Por exemplo, a moralidade cristã primeva promoveu tanto regras morais específicas, como a proibição do divórcio, quanto princípios gerais, como a Regra de Ouro, segundo a qual devemos tratar os outros como queremos ser tratados. É fácil as regras morais particulares fracassarem em alcançar seu propósito em contextos diferentes daquele no qual elas foram originalmente propostas. Os ensinamentos de Jesus, embora longe de serem feministas, eram de certa forma mais progressistas em termos de atitudes em relação às mulheres do que as sociedades extremamente patriarcais da época. Em especial porque elas proibiam o divórcio, que na época era prejudicial às mulheres por ser usado por suas famílias como um instrumento para firmar (ou romper) alianças familiares.[137] Contudo, isso não vale para todas as épocas e lugares: no século XX, a legalização do divórcio foi considerada uma importante vitória feminista. Em contrapartida, a Regra de Ouro, se for verdadeira, é verdadeira em todos os tempos e lugares. A promoção desse princípio continuaria relevante e, se verdadeiro, tem efeitos muito positivos no futuro indefinido. De fato, nós o vimos sendo usado para promover o progresso moral mais de 1,7 mil anos depois de sua formulação cristã, no reconhecimento dos *quakers* de que a Regra de Ouro não condizia com a propriedade e o comércio de pessoas.

Isso sugere que, como longotermistas, quando tentamos aprimorar os valores da sociedade, devemos focar em promover princípios morais mais abstratos ou gerais, ou, ao promover ações morais específicas, vinculá-las a uma concepção de mundo mais abrangente. Isso contribui para garantir que essas mudanças morais permaneçam válidas e robustamente positivas no futuro.

Os abolicionistas demonstram a importância de promover mudanças morais, mas também podemos buscar neles uma inspiração para *como* realizá-las. Já mencionei que, no final do século XVIII, os *quakers* abolicionistas guardavam uma imagem de Benjamin Lay em casa como fonte de inspiração moral contínua. Segui a dica: coloquei uma imagem de Lay perto do meu monitor, e ele me observa enquanto escrevo este livro.

Lay foi o paradigma de um empreendedor moral: alguém que pensava profundamente sobre moralidade, levava-a muito a sério, estava plenamente disposto a agir conforme suas convicções e, por essa razão, era visto como um excêntrico, um esquisitão. Deveríamos aspirar a ser esquisitões como ele. Os outros podem debochar de você por se preocupar com quem mora do outro lado do planeta, ou com porcos e galinhas, ou com pessoas que nascerão daqui a milhares de anos. Mas muita gente, naquela época, debochava dos abolicionistas. Estamos muito longe de criar a sociedade perfeita e, até lá, para promover o progresso moral, precisamos de heréticos moralmente motivados, capazes de tolerar serem ridicularizados por quem deseja preservar o *status quo*.

Para ser bem claro, ter convicções "esquisitas" não significa ter atitudes esquisitas. Acho que o teatro de guerrilha de Benjamin Lay provavelmente foi útil para convencer os *quakers* de Filadélfia, porque sua concepção moral de mundo já os predispunha a levar a sério o sentimento antiescravagista. Mas suspeito que essas mesmas táticas teriam saído pela culatra se tivessem sido usadas para convencer a população britânica. Para esse próximo passo da campanha, ativistas como Anthony Benezet, que foram capazes de repaginar o sentimento antiescravagista dos *quakers* para um público mais amplo, foram fundamentais. Benjamin Rush, um dos Pais Fundadores dos Estados Unidos, escreveu biografias de Lay e de Benezet. Após descrever Benezet como dócil e gentil, Rush comenta que ele "concluiu o que o sr. Lay começou".[138]

Um dos movimentos sociais com o qual tenho particular familiaridade é o movimento do bem-estar animal, e, graças a ele, vi o poder da combinação de crenças revolucionárias e comportamento cooperativo. Por exemplo, Leah Garcés, presidente da organização Mercy for Animals, obteve extraordinário sucesso em anos recentes unindo-se a outros grupos ativistas para convencer mais de cinquenta cadeias americanas de varejo e fast-food – inclusive algumas das maiores do país, como o Walmart – a pôr um ponto-final na compra de ovos de galinhas criadas em gaiolas, reduzindo o sofrimento de dezenas de milhões de animais todos os anos.[139] A chave de seu sucesso consiste em tratar seus adversários como seres humanos e encontrar pontos em comum com eles. "O objetivo final deve ser sempre sentar-se e negociar com o suposto inimigo para juntos construirmos soluções", disse-me ela. "Ações diretas e campanhas são táticas importantes para chamar a atenção para os problemas... Mas devem ser planejadas para levar a diálogos, colaborações e negociações, e não à destruição do inimigo." Crenças revolucionárias; comportamento cooperativo.[140]

Se conseguirmos aprimorar as normas morais de nossa sociedade, quanto tempo pode durar esse impacto? A história dos movimentos religiosos e morais sugere que o impacto pode perdurar por séculos ou mesmo milhares de anos. Mas pode o nosso impacto ser ainda mais duradouro? Será possível que, em determinado ponto nos próximos séculos, os valores que guiam o mundo se cristalizem e continuem a moldar indefinidamente o futuro? Examinarei essa ideia no próximo capítulo.

CAPÍTULO 4

CRISTALIZAÇÃO DE VALORES

As Cem Escolas de Pensamento

No século VI a.C. na China, o colapso da dinastia Zhou provocou um longo período de conflito, hoje conhecido como a Era dos Estados Combatentes. Mas esse colapso também levou a uma era vibrante de experimentos filosóficos e culturais – uma Idade de Ouro da filosofia chinesa que ficaria conhecida como as Cem Escolas de Pensamento.[1]

Durante o período das Cem Escolas de Pensamento, filósofos viajavam de estado em estado, desenvolvendo suas ideias e tentando persuadir a elite política com suas teorias, compromissos morais e propostas políticas.[2] Das "cem" escolas, quatro filosofias sobressaíram.[3] A mais conhecida por nós hoje é a filosofia de Kǒng Fūzǐ, ou "Mestre Kǒng", mais conhecido no Ocidente como Confúcio. Os confucianos se dedicavam a promover o cultivo da mente e o refinamento moral. Acreditavam que, se você assumisse um compromisso permanente de autoaperfeiçoamento, poderia se transformar espiritualmente em um sábio.[4] Eles comparavam o cultivo do caráter ao artesanato: cortar ossos, esculpir um pedaço de chifre ou polir uma peça de jade.[5]

Entre outras coisas, a nobreza espiritual compreendia o domínio de uma gama de normas sociais e rituais culturais preconizados pelos discípulos de Confúcio, bem como o cuidadoso refinamento de suas emoções.[6] Os discípulos de Confúcio encorajavam a obediência à autoridade, o respeito aos pais e a parcialidade a favor da família, dos governantes e do Estado. Em vez de punir ações inadequadas, os princípios legais do confucionismo puniam relacionamentos inadequados: o filho bater no pai era um crime grave; o pai bater no filho, não.

Uma segunda escola é chamada atualmente de legalismo.[7] De certa forma semelhante ao maquiavelismo, o legalismo tinha uma concepção lúgubre da natureza humana e via os indivíduos como inerentemente maus e egoístas. Essa escola enfatizava a necessidade de punições pesadas para evitar transgressões, bem como a importância política de um governo abastado e militarmente poderoso.

Em terceiro lugar estão as ideias antiautoritárias expressas no *Daodejing* e no *Zhuangzi,* mais tarde chamadas pelos especialistas de taoismo. Esses livros são tradicionalmente atribuídos a Lǎozǐ ("Velho Mestre"), e a Zhuāngzǐ ("Mestre Zhuang"), respectivamente. Para os taoistas, a tentativa confuciana de controlar o mundo promovendo um conjunto rígido e inalterável de normas sociais era temerária. Em vez disso, eles defendiam a ação espontânea e não coercitiva que antecipa e responde ao fluxo e refluxo do mundo.[8]

Por fim, havia os moístas, seguidores do filósofo Mòzǐ, ou "Mestre Mò", do século V a.C. Apesar de pouco conhecidos hoje em dia, eram os principais rivais dos confucionistas. Tamanha era sua influência que seu contemporâneo confucionista Mengzi disse que seus ensinamentos pareciam "preencher o mundo".[9]

Os moístas afirmavam que deveríamos cuidar dos outros tanto quanto cuidamos de nós mesmos e buscar as políticas mais benéficas para todas as pessoas.[10] Foram os primeiros consequencialistas, defendendo a ideia de que devemos tomar quaisquer ações que produzam os melhores resultados. Sua filosofia tem muitas semelhanças com a dos utilitaristas britânicos John Stuart Mill e Jeremy Bentham. Os moístas só chegaram lá dois mil anos antes.

Colocando suas ideias radicais em prática, argumentaram que, para evitar o desperdício de recursos, as pessoas não deveriam possuir bens de luxo ou consumir em excesso.[11] Condenavam o nepotismo desenfreado da época e defendiam a meritocracia. Alguns moístas especialmente preocupados com as guerras formaram grupos paramilitares dedicados a proteger as cidades mais frágeis. Um analista os comparou aos cavaleiros Jedi.[12]

Havia acirradas rivalidades e ferrenhas críticas entre essas diferentes escolas. O filósofo confucionista Xúnzǐ escreveu: "Se seu método é seguir Mòzǐ... então você pode perambular pelo mundo inteiro e, mesmo que alcance cada um de seus cantos, ninguém deixará de considerá-lo vil".[13]

As Cem Escolas de Pensamento terminaram em 221 a.C., quando Qin, influenciado pelo legalismo, conquistou toda a China e tentou banir qualquer dissidente da nova ortodoxia.[14] O imperador ordenou a queima de livros não aprovados e proibiu todo "ensino privado".[15] A desobediência era punida com a morte, e mais de quatrocentos estudiosos dissidentes foram assassinados.[16] O legalismo parecia ter vencido a guerra das ideias. O confucionismo sobreviveu, mas exerca uma influência modesta.[17]

O primeiro imperador Qin estava obcecado com a durabilidade de seu regime. Ele declarou que seu império duraria por dez mil gerações, aconselhava-se com magos que diziam ter a capacidade de criar o elixir da imortalidade e financiou expedições em busca de seres míticos imortais.[18] Sua busca foi em vão: ele morreu em 210 a.C., aos 49 anos.

Uma revolta popular eclodiu após a morte do imperador, e, após anos de conflitos entre facções adversárias, o general Liu Bang subiu ao trono como imperador fundador da dinastia Han.[19] O Império Qin de "dez mil gerações" durou apenas quinze anos.

A essa altura, o legalismo havia se maculado por sua associação com o Império Qin e suas políticas opressivas. Durante os primeiros anos do Império Han, decisões imperiais eram tomadas com base em uma mistura de legalismo, confucionismo e taoismo.[20] No início, o confucionismo não tinha *status* especial,[21] mas uma combinação de sorte e habilidade política logo fez o confucionismo surgir como a ideologia ortodoxa do Império Chinês. O imperador Xuan, que reinou de 74 a 48 a.C., fez da dinastia Han da China o primeiro império confucionista.[22]

É evidente que ainda havia contendas entre os confucionistas e seus oponentes. Após a queda da dinastia Han oriental, o budismo se propagou pela China, e durante grande parte da dinastia Tang (618-907 d.C.), relativamente aberta, o confucionismo, o taoismo e o budismo foram populares e tolerados pelo Estado.[23] Porém, a partir de meados do século IX, o confucionismo mais uma vez emergiu como a ideologia pública dominante na China.[24] Por mais de mil anos, o cânone do confucionismo foi de domínio obrigatório para todas as pessoas educadas do país, e por setecentos desses anos a alfabetização básica era feita com o *San Zi Jing*, um clássico confucionista escrito especialmente para crianças.[25]

Hoje, passados mais de 2,5 mil anos da morte de Confúcio, a influência do confucionismo na China esmoreceu.[26] Ele perdeu seu *status* de filosofia oficial do Estado em 1912, quando entrou em voga enxergar no confucionismo um obstáculo ao desenvolvimento econômico da China. Mas sua influência na história da China e de outros países de "herança confucionista" é inegável. Ainda hoje, os povos dos países de herança confucionista apresentam visões nitidamente baseadas nessa filosofia: o que acreditam ser importante na vida, como esperam que seus filhos se comportem e quais são suas esperanças para o futuro.[27] Mas, se os eventos tivessem tomado outro rumo dois mil anos atrás, é plausível que o legalismo, o taoismo ou o moísmo, ou uma combinação dessas filosofias, tivesse governado a China por dois mil anos.

A persistência dos valores

Os valores podem ser altamente persistentes.[28] Um fato bastante conhecido, mas notável, é que o livro mais vendido este ano, e em todos os anos, é a Bíblia,[29] concluída há quase dois mil anos. O segundo livro mais vendido é o Alcorão.[30] O livro *Os analectos* de Confúcio ainda vende centenas de milhares de cópias ao ano.[31] Todos os dias, citações dessas fontes influenciam formuladores de decisões políticas em todo o planeta.

O Talmude Babilônico, compilado há mais de mil anos, declara que "o embrião é considerado mera água até o quadragésimo dia" – e hoje os judeus tendem a ter atitudes bem mais liberais em relação a pesquisas com células-tronco que os católicos, que rejeitam o uso do embrião com essa finalidade por acreditarem que a vida começa na concepção.[32] Do mesmo modo, restrições dietéticas datadas de séculos ainda têm vários seguidores, como provam a taxa de vegetarianismo na Índia, inusitadamente alta; o mercado de comida *kosher*, de US$ 20 bilhões;[33] e a abstinência de álcool por parte de muitos muçulmanos.

Neste capítulo, discuto a *cristalização de valores*, um evento que faz com que um único sistema de valores, ou conjunto de sistemas de valores, persista por um período extraordinariamente longo. A cristalização de valores extinguiria ou reduziria drasticamente a diversidade e a turbulência morais às quais estamos acostumados. Se essa cristalização ocorresse no mundo todo, o sucesso ou fracasso do futuro seria determinado, em grande parte, pela natureza desses valores cristalizados. Algumas mudanças de valores ainda poderiam ocorrer, mas os contornos morais amplos da sociedade estariam estabelecidos, e o mundo viveria um de um pequeno número de futuros se comparado a todos os futuros que poderiam ter sido possíveis.[34]

A ascensão do confucionismo ilustra o fenômeno da cristalização. A dinastia Qin tentou cristalizar o legalismo e fracassou; a dinastia Han foi bem-sucedida em cristalizar o confucionismo por mais de mil anos. Mas a cristalização passível de ocorrer neste ou no próximo século pode durar muito mais – até indefinidamente.

Isso soa radical, e alerto que este capítulo discutirá algumas ideias que podem parecer esquisitas ou fruto de ficção científica. Mas a tecnologia está mudando a passos largos, e os avanços tecnológicos poderiam alterar radicalmente a dinâmica da mudança moral à qual estamos acostumados. Quando levamos os interesses das futuras gerações a sério, simplesmente não podemos desconsiderar grandes avanços tecnológicos sem refletir sobre eles. Pense em como alguém em 1600 reagiria à ideia de que, dentro de 24 gerações, seríamos capazes de produzir luz e fogo com o simples toque de um botão e que o faríamos dezenas de vezes por dia, de modo automático. Ou que poderíamos ver alguém, em qualquer lugar do mundo, imediatamente, em tempo real, em um aparelho que carregamos no bolso. Ou que poderíamos voar nos céus e caminhar sobre um corpo celestial. Simplesmente sabemos que, dado o progresso tecnológico contínuo, haverá grandes mudanças nos próximos séculos.

Tecnologias anteriores já possibilitaram que os valores persistissem por períodos mais longos, e com mais fidelidade, do que teria sido possível sem elas. Escrever, por exemplo, foi crucial, permitindo a transmissão de ideias complexas muitas gerações à frente, sem a inevitável distorção por falhas da memória humana. A persistência dos valores religiosos, ou de concepções morais de mundo, como o confucionismo, não teria sido possível sem o uso da escrita como tecnologia.

No Capítulo 2, descrevi o fenômeno da "plasticidade inicial, rigidez subsequente", segundo o qual pode ser bem mais fácil influenciar as normas, os padrões e as leis referentes a uma tecnologia, ideia ou país quando estes ainda são novos do que mais tarde, depois de as coisas se acomodarem. Na China, as Cem Escolas de Pensamento foram um período de plasticidade. Assim como um vidro ainda maleável, naquele período a cultura filosófica da China podia ser moldada de muitas formas. Na época da dinastia Song, a cultura era mais rígida: o vidro tinha esfriado e solidificado. Ainda era possível ocorrerem mudanças ideológicas, mas muito mais difícil do que antes.

Atravessamos agora o equivalente global ao período das Cem Escolas de Pensamento. Diferentes concepções morais de mundo competem, e nenhuma delas já venceu; é possível alterar e influenciar quais ideias têm preponderância. Avanços tecnológicos, no entanto, poderiam encerrar esse longo período de diversidade e mudança.

Quando pensamos em cristalização, a tecnologia-chave é a inteligência artificial.[35] A escrita deu às ideias o poder de influenciar a sociedade por milhares de anos; a inteligência artificial pode lhes dar uma influência que dure milhões de anos. Discutirei mais adiante *quando* isso poderia ocorrer. Por enquanto, vamos nos concentrar no motivo de a inteligência artificial ter tamanha importância em longo prazo.

Inteligência artificial geral

A inteligência artificial (IA) é um ramo da ciência da computação cujo objetivo é projetar máquinas capazes de imitar ou replicar a inteligência humana. Graças ao sucesso do *machine learning* como paradigma, fizemos enormes progressos em IA nos últimos dez anos. *Machine learning* é um método de criação de algoritmos úteis que não exige sua programação explícita; em vez disso, ele recorre ao aprendizado a partir de dados, como imagens, resultados de jogos de computador ou padrões de cliques do mouse.

Uma conquista bastante divulgada foi o AlphaGo, da DeepMind, em 2016, que derrotou Lee Sedol, dezoito vezes campeão internacional de Go.³⁶ Mas o AlphaGo é apenas um ínfimo fragmento de todas as impressionantes façanhas surgidas a partir de aprimoramentos recentes em *machine learning*. Também houve avanços decisivos em geração e reconhecimento de fala, imagens, arte e música; em jogos de estratégia em tempo real, como o StarCraft; e em uma ampla variedade de tarefas associadas à compreensão e geração de textos semelhantes aos produzidos pelos humanos.³⁷ Você provavelmente usa inteligência artificial todos os dias, por exemplo, numa busca no Google.³⁸ A IA também impulsionou aprimoramentos importantes no reconhecimento de voz, no preenchimento automático de texto em e-mails e na tradução automática.³⁹

A conquista definitiva das pesquisas em IA seria criar a *inteligência artificial geral*, ou AGI, na sigla em inglês: um único sistema, ou grupo de sistemas trabalhando em conjunto, capaz de aprender uma gama de tarefas tão ampla como os seres humanos são capazes de aprender e executá-las com pelo menos a mesma habilidade.⁴⁰ Uma vez desenvolvida a AGI, teremos criado *agentes* artificiais – seres (não necessariamente conscientes) capazes de fazer planos e executá-los tal qual os seres humanos. Uma AGI poderia aprender não apenas a jogar jogos de tabuleiro, mas também a dirigir, conversar, fazer cálculos matemáticos e outras incontáveis tarefas.

Por enquanto, a inteligência artificial tem sido restrita. O AlphaGo é extraordinariamente bom em jogar Go, mas é incapaz de fazer qualquer outra coisa.⁴¹ Todavia, alguns dos laboratórios líderes em IA, como o DeepMind e a OpenAI, têm o objetivo explícito de criar a AGI.⁴² E existem sinais de progresso, como a performance do GPT-3, um modelo de linguagem de IA capaz de executar uma variedade de tarefas para as quais nunca foi explicitamente treinado, como tradução ou aritmética.⁴³ O AlphaZero, um sucessor do AlphaGo, aprendeu sozinho a jogar não só Go, mas também xadrez e shogi, conseguindo alcançar uma performance de excelência.⁴⁴ Cerca de dois anos atrás, o MuZero conseguiu o mesmo feito, apesar de no início nem sequer conhecer as regras do jogo.⁴⁵

O desenvolvimento da IA seria de monumental importância em longo prazo por duas razões. A primeira é que pode acelerar em muito o ritmo do progresso tecnológico, do crescimento econômico ou de ambos. Esses argumentos remontam a mais de sessenta anos, ao pioneiro da ciência da computação I. J. Good, que trabalhou em Bletchley Park para decifrar o código da máquina alemã Enigma durante a Segunda Guerra Mundial, junto com Alan Turing e, por coincidência, com minha avó, Daphne Crouch.[46]

Recentemente, a ideia tem sido analisada por economistas do crescimento tradicionais, dentre eles William Nordhaus, vencedor do prêmio Nobel.[47] Há duas maneiras pelas quais a AGI poderia acelerar o crescimento. Primeira, um país poderia aumentar o tamanho de sua economia *ad infinitum* apenas produzindo mais trabalhadores de IA; a taxa de crescimento do país, então, aumentaria ao ritmo bastante acelerado que torna possível a construção de mais IAs.[48] Analisando esse cenário, Nordhaus descobriu que, se os trabalhadores de IA também melhorarem a produtividade com o passar do tempo graças ao contínuo progresso tecnológico, então esse crescimento sofrerá uma aceleração ilimitada até alcançarmos limites físicos.[49]

A segunda consideração é que, por meio da AGI, poderíamos automatizar o processo de inovação tecnológica. Em certa medida, já vimos isso recentemente: o AlphaFold 2, sistema de *machine learning* da DeepMind, deu um imenso salto para solucionar o "problema do enovelamento de proteínas" – isto é, como prever a forma que uma proteína assumirá –, alcançando um nível de performance que só era esperado para daqui a décadas.[50] Se a AGI pudesse, em termos bastante gerais, automatizar o processo de inovação, o ritmo do progresso tecnológico visto até hoje aumentaria enormemente. Essa aceleração se aplicaria ao desenho dos próprios sistemas de IA, num ciclo de retroalimentação positiva. Essa ideia foi formalizada em um modelo por alguns dos mais renomados economistas da teoria do crescimento; mais uma vez, eles descobriram que a IA poderia produzir taxas de crescimento extraordinariamente rápidas e aceleradas.[51]

Não é inevitável que a IA impacte o progresso tecnológico desse modo. Na verdade, os autores dos modelos aos quais me referi ressaltam que as taxas de crescimento aceleradas só ocorreriam sob algumas condições.[52] Talvez, por exemplo, seja dificílimo automatizar certos insumos cruciais; talvez estes incluam a fabricação de chips de computador, ou o garimpo de minérios para a produção desses chips, ou a construção de centrais elétricas para alimentar as redes de servidores das quais os sistemas de IA dependem. Se assim for, então o crescimento lento nessas áreas restringiria a taxa geral de progresso.

Entretanto, dados os evidentes mecanismos mediante os quais a IA poderia gerar taxas de crescimento muito mais rápido, deveríamos considerar essa possibilidade com seriedade. Economias poderiam dobrar de tamanho em meses ou anos em vez de em décadas.

Embora isso pareça implausível, atingir taxas muito mais rápidas de crescimento econômico seria uma continuação das tendências históricas. Estamos acostumados a pensar no crescimento em termos de uma exponencial estável, em que a economia de um país cresce alguns pontos percentuais a cada ano. Mas, no longo prazo, as taxas de crescimento aceleraram. No início da era agrícola, a taxa global de crescimento econômico era de cerca de 0,1% ao ano: hoje em dia, é de cerca de 3% ao ano.[53] Antes da Revolução Industrial, muitos séculos eram necessários para a economia mundial dobrar de tamanho: agora, ela dobra a cada 25 anos.

Não está claro qual é a melhor maneira de entender isso. Talvez a história tenha sido uma sucessão de "modos de crescimento" exponenciais distintos – passando de uma era econômica de caça e coleta para a era agrícola e, depois, para a industrial.[54] Ou talvez a história econômica seja só uma tendência única mais rápida do que exponencial, mas ruidosa, com taxas de crescimento em aceleração constante ao longo do tempo. Sob este último ponto de vista, os últimos cem anos de taxas de crescimento relativamente estáveis são anormalmente lentos.[55] Mas, tanto sob a visão dos "modos de crescimento" como sob a visão da "tendência única mais rápida do que exponencial", deveríamos estar abertos à ideia de que as taxas de crescimento podem ser bem mais elevadas no futuro do que são hoje. Considerando que as taxas de crescimento aumentaram trinta vezes desde a era agrícola, não é loucura pensar que possam novamente crescer dez vezes. No entanto, se isso ocorresse, a economia mundial dobraria a cada dois anos e meio.[56]

Um crescimento na taxa de progresso tecnológico é a primeira razão pela qual a AGI seria um evento monumental. A segunda, crucial em uma perspectiva de longo prazo, é a potencial longevidade da AGI.[57]

No Capítulo 1, vimos que Shakespeare e Horácio podem mesmo ter alcançado a imortalidade graças à poesia. As informações podem persistir *ad infinitum*, pois o custo de replicá-las é ínfimo. Mas um software não passa de informações complexas. Pode ser replicado com facilidade. Por exemplo, um dos primeiros jogos de computador disponíveis comercialmente foi o Pong, da Atari, lançado em 1977.[58] Ainda é possível jogá-lo on-line.[59] Apesar de todos os consoles originais da Atari uma hora quebrarem ou enferrujarem, o Pong sobreviverá. O software que define o Pong é replicável, e, se todas as futuras gerações desejarem pagar o custo mínimo de replicar esse pedacinho da história, ele continuará a existir. O Pong pode durar tanto quanto a civilização.

Em princípio, não existe nenhuma diferença entre o software codificador do Pong e software codificador da AGI. Como é possível copiar esse software com alta fidelidade, uma AGI pode sobreviver a mudanças no hardware ao instanciá-lo. Os agentes da AGI são potencialmente imortais.

Inteligência artificial e enraizamento

Essas duas características da AGI – rápido progresso tecnológico em potencial e imortalidade em princípio – se coadunam para transformar a cristalização de valores em uma possibilidade real.

Ao usar a AGI, existem algumas maneiras pelas quais as pessoas poderiam prolongar seus valores por muito mais tempo do que já foi possível. Primeiro, as pessoas poderiam conseguir criar agentes de AGI com objetivos alinhados aos seus para atuar em nome delas. Muito trabalho já foi desenvolvido sobre como alinhar a IA às intenções humanas, mediante, por exemplo, o desenvolvimento de sistemas de IA capazes de imitar o comportamento das pessoas ou inferir seus objetivos. Segundo, os objetivos de uma AGI poderiam ser codificados rigidamente: alguém poderia especificar cuidadosamente que futuro deseja e garantir que o objetivo da AGI fosse atingi-lo. Terceiro, as pessoas poderiam potencialmente fazer seu "*upload*": escanear seu cérebro em alta resolução e depois emular a estrutura deste último em um computador. Assim como os computadores modernos permitem que você brinque com jogos retrô de computador rodando uma emulação de consoles antigos, um futuro computador poderia replicar as funções do cérebro humano emulando-o digitalmente.[60] Essa emulação seria, em termos funcionais, o mesmo que uma mente que tivesse passado por *upload*, sobrevivendo em forma digital. Por fim, alguma combinação dessas técnicas poderia ser usada. Os primeiros dois caminhos são apenas extensões de pesquisas de IA já existentes.[61]

Arcaríamos com tal poder sem precedentes de maneira responsável? É preocupante que a busca pela cristalização de valores seja comum ao longo da história. Vimos que, ao assumir o controle da China, a dinastia Qin pôs em prática um plano para erradicar, de forma sistemática, escolas de pensamento rivais; de forma semelhante, a dinastia Han sistematizou os ensinamentos de Confúcio em detrimento de escolas rivais. Os moístas, por sua vez, também desejariam enraizar seus próprios valores *ad infinitum* se dispusessem de tal poder. Eles viam a discordância moral como o maior problema do mundo e achavam que a solução seria garantir que todos tivessem os mesmos valores. Contavam uma parábola de antigos "reis sábios" que estabeleceram uma cadeia de comando a partir de si até o mais simples camponês: a cada passo da corrente, o subordinado copiaria os valores de seus superiores à perfeição e assim por diante, até que todos os valores moístas tivessem sido transmitidos com fidelidade a todos os membros da sociedade.[62]

De modo similar, no capítulo anterior dei exemplos de cruzadas religiosas e expurgos ideológicos cujo objetivo era eliminar quem defendesse valores diferentes. Alguns, como o Grande Expurgo de Stálin, obtiveram grande sucesso.[63] No capítulo anterior, discuti como a teoria da evolução cultural explica por que muitas mudanças morais são contingentes. A mesma teoria explica, ainda, por que podem ser tão persistentes. Quando estudamos a história, vemos que a cultura predominante em uma sociedade tende a se enraizar, eliminar a competição e tomar medidas para se replicar ao longo do tempo. De fato, muitas visões morais consideram sua própria cristalização desejável.[64] Como mencionei no último capítulo, a evolução cultural explica, em parte, por que isso acontece: as culturas que não se enraízam dessa maneira são mais propensas, ao longo do tempo, a desaparecer que as que se enraízam. Isso resulta em um mundo cada vez mais dominado por culturas com características que encorajam e viabilizam o enraizamento e, portanto, a persistência.[65]

A busca pela cristalização de valores poderia também ser um dos efeitos colaterais da busca da imortalidade (por exemplo, através do *upload* da mente) combinada com uma relutância em abrir mão do poder. O desejo de imortalidade tem sido muito comum no decorrer da história. Ainda no início do segundo milênio antes de Cristo, o *Épico de Gilgamesh* contava uma história na qual Gilgamesh, provavelmente um rei na vida real, tenta obter a vida eterna.[66]

Também já tomamos conhecimento da busca da imortalidade pelo primeiro imperador da dinastia Qin. E ele não foi o único: por milhares de anos na China, a imortalidade na Terra foi um objetivo popular.[67] Uma história da química chinesa descreve dezenas de substâncias e poções para a vida eterna testadas por imperadores e seus alquimistas ao longo de grande parte desse período.[68]

No último século, muitos governantes autoritários ou totalitários demonstraram interesse na longevidade e a buscaram com afinco.[69] Stálin deixou claro seu interesse no assunto, e, segundo um desertor soviético, isso levou os cientistas a fazer da prolongação da vida "um assunto fundamental da pesquisa médica soviética".[70] Kim Il-sung, da Coreia do Norte, fundou um centro de longevidade destinado a mantê-lo vivo e recebeu transfusões de sangue de cidadãos na faixa dos vinte anos na tentativa de viver mais tempo.[71] Nursultan Nazarbayev, o governante autoritário do Cazaquistão entre 1990 e 2019, incumbiu os cientistas cazaques de pesquisar o "prolongamento da vida". Contudo, depois de dois anos e milhões de dólares, para sua decepção, eles só conseguiram produzir um iogurte probiótico chamado Nar.[72]

Mais recentemente, muitos ricaços otimistas com a tecnologia envidaram centenas de milhões de dólares para o financiamento de empresas biomédicas de pesquisa e desenvolvimento com o objetivo de alcançar períodos de vida indefinidos. Jeff Bezos, CEO da Amazon, e Peter Thiel, cofundador do PayPal, investiram na Unity Biotechnology, empresa instalada em São Francisco cuja missão é evitar o envelhecimento.[73] Em 2013, a Google lançou a companhia Calico, também voltada para o combate ao envelhecimento, com mais de US$ 1 bilhão em financiamento.⁷⁴ A Ambrosia, uma *start-up* da Califórnia, cobra de seus clientes idosos US$ 8 mil por injeções de dois litros e meio de plasma sanguíneo coletado de adolescentes.⁷⁵

Ainda que o envelhecimento não possa ser curado enquanto estamos vivos, há quem aposte em jogar o problema para o futuro pagando por criogenia: manter o corpo ou a cabeça congelados na esperança de que a ressurreição um dia seja possível graças a tecnologias futuras. Na Alcor Life Extension Foundation, a criopreservação do corpo inteiro custa US$ 220 mil, e menos da metade desse preço caso se queira preservar apenas a cabeça.⁷⁶ Alguns empreendedores esperam abandonar corpos de carne e osso inteiramente e sobreviver numa forma digital por meio da emulação de seus cérebros por computador. A Nectome, uma das empresas selecionadas pela aceleradora de *start-ups* Y Combinator que preserva cérebros na esperança de que as futuras gerações possam escaneá-los e baixá-los, tem o empreendedor do Vale do Silício Sam Altman como cliente. O fundador da Nectome, Robert McIntyre, descreve o serviço como "100% letal".⁷⁷

Se o objetivo de cristalização de valores e o desejo de imortalidade têm sido tão comuns no curso da história, é de esperar que muitas pessoas também acalentem essas aspirações no futuro. A AGI poderia permitir transformar o sonho em realidade.

A AGI também poderia influenciar *quem* tem poder. A AGI poderia ser desenvolvida por uma empresa ou exército, ficando o poder em suas mãos e não nas dos Estados. Organizações internacionais ou agentes privados podem ser capazes de alavancar a AGI para atingir um nível de poder sem precedentes desde a época da Companhia das Índias Orientais, que de fato governou extensas áreas da Índia nos séculos XVIII e XIX. A AGI poderia não apenas perturbar o equilíbrio de poder internacional, mas reestruturar quais tipos de atores mais importam no mundo dos negócios.

Se não planejarmos nossas instituições para governar bem essa transição – preservando uma pluralidade de valores e a possibilidade de um progresso moral desejável –, então um único conjunto de valores pode acabar prevalecendo. Esse conjunto pode ser o defendido por um único indivíduo, pela elite de um partido político, pela população de um país, ou mesmo pelo mundo inteiro.

Se isso acontecesse, a ideologia em vigor poderia, em princípio, perdurar enquanto durar a civilização. Os sistemas AGI poderiam se replicar quantas vezes desejassem, tão facilmente quanto hoje podemos replicar softwares. Eles seriam imortais, livres do processo biológico do envelhecimento, capazes de criar *back-ups* de si mesmos e de copiar a si mesmos em novas máquinas sempre que alguma peça do hardware se desgastasse. E não haveria mais sistemas de valores rivais capazes de desbancar o *status quo*.

Até agora, usamos como premissa nesta seção o alinhamento da AGI por uma pessoa para atender aos seus objetivos. Mas essa pessoa pode muito bem fracassar. A tentativa de cristalizar os valores por intermédio da AGI representaria um grave risco de uma irrecuperável perda de controle para os próprios sistemas de AGI, que, caso desalinhados e descontrolados, matariam os desenvolvedores da AGI e todas as outras pessoas. Esse é o risco para o qual agora me volto.

O domínio da Inteligência Artificial

Se construirmos a AGI, é provável que em pouco tempo os sistemas de inteligência artificial superem em muito as capacidades humanas em todas as áreas, do mesmo modo como os atuais sistemas de IA apresentam desempenho bem superior no xadrez e no Go ao de humanos. E isso apresenta um desafio considerável. Usando uma analogia de Ajeya Cotra, pesquisadora na Open Philanthropy, imagine uma criança que acabou de se tornar dirigente de um país.[78] Crianças não são capazes de governar países sozinhas, por isso precisam nomear um adulto para desempenhar a tarefa em seu lugar. Seu propósito seria encontrar um adulto disposto a agir conforme seus desejos. O desafio é a criança conseguir fazer isso – em vez de, suponhamos, nomear um pilantra bom em vender bem sua imagem, mas que, uma vez no poder, buscaria concretizar seus próprios planos –, apesar de os adultos serem bem mais astutos e terem mais conhecimento do que a criança.

Esse risco foi o tema do livro *Superinteligência: caminhos, perigos e estratégias para um novo mundo*, de Nick Bostrom. O cenário mais próximo ao desse livro é aquele em que um único agente de inteligência artificial cria versões cada vez melhores de si mesmo, desenvolvendo rapidamente habilidades muito superiores às de toda a humanidade como um todo. Com quase toda a certeza, seus objetivos não seriam os mesmos da humanidade. E, a fim de alcançar seus objetivos com maior eficácia, o agente tentaria obter recursos e evitar ameaças à sua sobrevivência.[79] Portanto, seria incentivado a dominar o mundo e a eliminar os seres humanos ou suprimi-los permanentemente.[80]

Um trabalho recente examinou um leque mais amplo de cenários.[81] A mudança da inteligência sub-humana para a superinteligência não precisa ser ultrarrápida ou descontínua para se constituir em risco. Tampouco é preciso uma única IA tomar o poder; poderiam ser várias. Poderíamos ver os seres humanos perderem gradualmente o controle à medida que os sistemas de IA respondessem por parcelas cada vez maiores da economia mundial. Um dia, partilharíamos do destino dos, digamos, chimpanzés ou formigas em relação aos humanos: ignorados na melhor das hipóteses, e sem nenhuma influência no futuro da civilização. Para evitar tamanha perda de poder, seria preciso garantir que as inteligências artificiais façam o que seus operadores desejam. Isso é conhecido como o problema do "alinhamento".[82] Ele é discutido à exaustão não só em *Superinteligência*, mas em outros excelentes livros, como *Human Compatible*, de Stuart Russel, e *The Alignment Problem*, de Brian Christian, portanto não me estenderei.

Com frequência, o perigo do domínio da IA é agregado a outros riscos de extinção humana, o que é um erro. Primeiro, nem todos os cenários de domínio da IA resultariam na extinção humana. Se os seres humanos quisessem extinguir os chimpanzés, poderiam fazê-lo – mas escolhemos não o fazer. Não temos razões para isso, pois eles não representam uma ameaça à hegemonia humana. De forma semelhante, ainda que as AGI superinteligentes dominem o mundo, podem ter um poder tão superior ao dos humanos que não precisariam nos matar.

Segundo, e mais importante, de uma perspectiva moral, o domínio da IA parece muito diferente de outros riscos de extinção. Se a humanidade fosse extinta em consequência da uma pandemia, por exemplo, e nenhuma outra espécie evoluísse para construir uma civilização em nosso lugar, então a civilização chegaria ao fim, e a vida na Terra acabaria quando o Sol em expansão tornasse nosso planeta inabitável. Em contrapartida, nos cenários discutidos nos quais a IA toma o poder, os agentes da inteligência artificial potencialmente dariam continuidade à civilização ainda por bilhões de anos. É uma pergunta em aberto se essa civilização seria boa ou ruim.

Como analogia, imagine-se como membro de uma nação insular que está analisando dois cenários nos quais seu país poderia chegar ao fim. No primeiro, uma praga poderia matar todos os habitantes, deixando a ilha desabitada. No segundo, colonizadores poderiam invadir a ilha, exterminar todo mundo e ali construir uma nação diferente, com (vamos supor) valores piores. O futuro dessa ilha seria diferente em cada um desses dois cenários, assim como sua avaliação moral. Mesmo se você acreditar que a ausência de gerações futuras não é uma perda moral, e mesmo que considere que a extinção dos humanos em sua ilha em virtude de uma praga é algo positivo, em termos morais, ainda assim você desejaria evitar a invasão de sua ilha pelos colonizadores. Ao evitar a praga, permitiria a continuidade de sua nação em vez do nada. Ao evitar a colonização, permitiria a continuidade de sua nação em vez de sua substituição por outra nação com valores piores.

Do mesmo modo, ainda que uma AGI superinteligente nos matasse a todos, a civilização não chegaria ao fim. Na verdade, a sociedade continuaria em formato digital, guiada pelos valores da AGI. O que está em jogo na transição para um mundo com IA avançada, então, não é *se* a civilização continuará, mas sim *qual* civilização continuará.[83]

Por esse motivo, mesmo que você não considere a ausência de pessoas no futuro uma perda moral ou estime o fim da civilização como algo positivo (questões que discutirei na Parte IV), ainda é importantíssimo evitar o domínio da IA e a cristalização de valores negativos. Haverá, de um jeito ou de outro, gerações futuras de seres inteligentes e, ao evitar o domínio do mundo por uma IA com valores negativos, você está mudando quão bom ou mau o futuro será pelo tempo que a civilização durar. Esse é o efeito principal, mais do que quaisquer impactos na expectativa de vida da civilização.

A questão-chave, em minha opinião, não é se os humanos ou as IAs estarão no controle; de um jeito ou de outro, a AGI é um meio de cristalizar os valores *ad infinitum*. A questão-chave é quais valores guiarão o futuro. Esses valores podem ser tacanhos, paroquiais e irrefletidos. Ou podem ser liberais, ecumênicos e moralmente exploratórios.

Se a cristalização for ocorrer de um jeito ou de outro, deveríamos pressionar pela segunda opção. Mas remover o risco da cristalização de valores, de modo amplo e com transparência, é uma opção ainda melhor. Isso traz dois benefícios, ambos extremamente importantes de uma perspectiva longotermista: evitamos o enraizamento permanente de valores humanos falhos e, ao garantir a todos que esse resultado está descartado, removemos a pressão de chegar lá primeiro – prevenindo, assim, uma corrida na qual os competidores deixam de lado as precauções contra o domínio da AGI ou recorrem à força militar para permanecer na dianteira.

Quanto tempo falta até a chegada da AGI?

Você pode imaginar que essa discussão até agora não passa de vã especulação, pois a AGI ainda está a milhares de anos de distância. Mas isso seria um erro.

Sem dúvida, não *sabemos* quando construiremos a AGI. Mas a incerteza é uma faca de dois gumes. Os desenvolvimentos tecnológicos podem ser surpreendentemente lentos, mas também surpreendentemente rápidos. Por exemplo, o geneticista J. B. S. Haldane foi um dos primeiros a entender a enorme escala do futuro e sua relevância moral. Num ensaio de 1927 intitulado "The Last Judgment" ["O último julgamento", em tradução livre], ele expressa uma visão do futuro humano nos próximos quarenta milhões de anos.[84] Pelo que sei, foi a primeira vez que alguém previu que a humanidade poderia se espalhar pela galáxia. Contudo, no mesmo ensaio, Haldane previu que demoraríamos mais de oito milhões de anos para fazer uma viagem de ida e volta à Lua.[85]

Em alguns casos, mesmo diante de uma evidente tendência para o progresso tecnológico, é possível deixar de detectá-la. Por exemplo, o custo de painéis solares vem despencando de modo consistente numa tendência exponencial há mais de quarenta anos.[86] No entanto, todos os modelos econômicos conservadores fracassaram em extrapolar essa tendência e, assim, se mostraram pessimistas demais quanto ao uso da

CAPACIDADE SOLAR RECENTEMENTE INSTALADA (EM GIGAWATTS) COMPARADA ÀS PROJEÇÕES

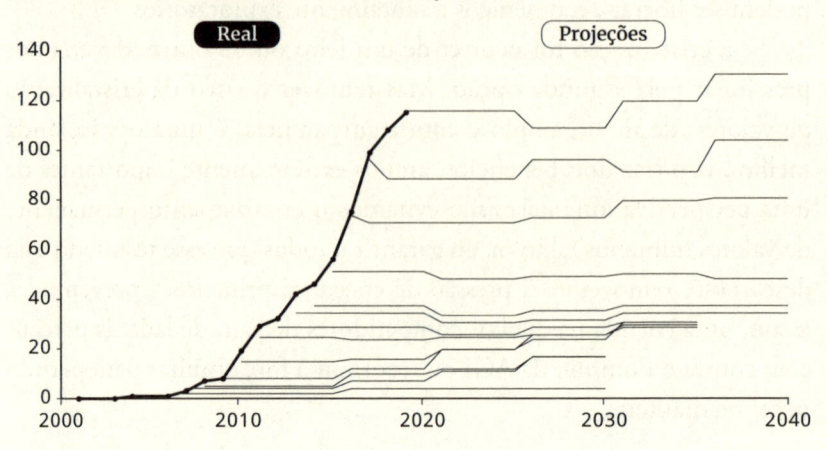

Figura 4.1. A capacidade solar global superou todas as projeções da Agência Internacional de Energia desde 2006. O gráfico mostra o crescimento da capacidade por ano (e não o total cumulativo).

energia solar.[87] O progresso exponencial, para não falar no progresso superexponencial, é de difícil compreensão.

A AGI ainda pode estar muito distante. Mas também pode chegar em breve, dentro dos próximos cinquenta ou mesmo vinte anos.

A evidência mais forte para isso vem de Ajeya Cotra. Seu relatório prevê tendências na capacidade de processamento ao longo do tempo e as compara com a capacidade de processamento dos cérebros de criaturas biológicas e a quantidade de aprendizado que elas exigem para adquirir suas habilidades.[88] A partir do que conhecemos da neurociência, os sistemas de IA atuais são mais ou menos tão potentes quanto cérebros de insetos, e mesmo os maiores modelos não chegam a 1% da capacidade do cérebro humano.[89] No futuro, isso vai mudar.

O custo do processamento vem caindo exponencialmente, enquanto a eficiência dos sistemas de IA e os orçamentos dos principais experimentos com *machine learning* têm aumentado exponencialmente.[90] Com base em extrapolações dessas tendências e nas melhores estimativas da neurociência, Cotra descobriu que será possível treinar sistemas de inteligência artificial com tanta capacidade de processamento quanto o cérebro humano por volta da próxima década, e que pode muito bem haver capacidade computacional suficiente para basicamente simular a história completa da evolução biológica até o final deste século.[91]

Essas comparações envolvem muitas incertezas, tais como a quantidade de processamento feita pelo cérebro humano. Levando essa dúvida em conta, Cotra calcula uma probabilidade superior a 10% de termos uma AGI até 2036 e de 50% até 2050.[92]

Num *podcast* em que discute seu trabalho, Cotra diz que, como resultado de sua pesquisa, ela agora "pensa na IA de modo muito mais visceral, como se fosse uma maré impetuosa". Ela reconhece que a sua é "uma conclusão bastante extrema, estressante e assustadora, pois estou prevendo uma data até a qual o mundo terá se transformado".[93]

Mas essa linha do tempo não é inconsistente com as opiniões dos especialistas em *machine learning* a respeito do assunto? Não. Em 2016, Katja Grace, fundadora do *think tank* AI Impacts, realizou aquela que é a mais abrangente pesquisa da atualidade.[94] Cerca de 350 dos mais importantes pesquisadores de *machine learning* estimaram em que ano "máquinas poderão cumprir sem ajuda qualquer tarefa de forma mais eficiente e barata do que trabalhadores humanos", uma noção bastante similar à AGI.[95]

A principal conclusão da pesquisa foi que os especialistas de *machine learning* como um todo não têm convicções consistentes e sólidas a respeito do assunto. A resposta média foi que existe uma probabilidade de 10% de que máquinas sem ajuda do homem sejam capazes de cumprir todas as tarefas melhor e a um preço mais competitivo que o dos trabalhadores humanos até 2025, e uma probabilidade de 50% até 2061.[96] Mas, quando perguntados acerca de uma operacionalização diferente da AGI – "quando, para qualquer ocupação, máquinas poderão ser construídas para realizar a tarefa melhor e a um custo menor que o dos trabalhadores humanos" –, a resposta média foi de 50% de probabilidade da AGI até 2138, mais que o dobro dos anos da previsão citada anteriormente, a saber, 2061.[97] Os entrevistados também previram que levaria muito mais tempo para os sistemas de IA superarem os humanos em pesquisas de IA do que para superá-los em "todas as tarefas", o que é impossível.[98]

Isso significa que não deveríamos dar tanta importância a pesquisas de especialistas em *machine learning* quando tentamos prever as linhas do tempo da AGI. Mas também significa que não temos como afirmar que os especialistas acreditam que a AGI está a séculos de distância: dependendo da abordagem da questão, ao menos, eles dizem que existe a probabilidade de a AGI chegar nas próximas décadas.

Talvez uma resposta diferente seja que temos tentado criar a AGI sem sucesso por décadas, com propagandas inflacionadas durante o percurso e que, portanto, qualquer previsão futura deveria ser tratada com ceticismo. Mas o tamanho dessa propaganda anterior costuma ser exagerado – havia um amplo e excessivo otimismo nas décadas de 1950 e 1960, mas havia também várias vozes divergentes.[99] E, o mais importante, os alarmes falsos do passado não nos dizem muito sobre como deveríamos pensar agora. Outro pesquisador da Open Philanthropy, Tom Davidson, criou uma estimativa de linhas do tempo para a AGI fundamentada apenas no tempo gasto até hoje na realização de pesquisas em inteligência artificial, quanto mais esforços de pesquisa podemos esperar no futuro e analogias com eventos históricos comparáveis. Sua melhor estimativa foi que, tendo acesso apenas a essas informações, deveríamos imaginar uma probabilidade na faixa de 8% de termos uma AGI até 2036. Essa estimativa deveria então ser ajustada para cima ou para baixo com base em informações adicionais, como os recentes avanços em IA.[100]

Todas essas fontes de evidências são passíveis de falhas. Previsões de longo prazo me parecem difíceis o suficiente para que conservemos uma alta incerteza. Mas essas informações, combinadas com o surpreendente progresso feito em IA ao longo da última década, deveriam nos fazer levar a sério linhas do tempo mais curtas até a chegada da AGI. Em minha opinião, não acho razoável uma probabilidade de menos de 10% de que a AGI ocorra nos próximos cinquenta anos. Porém, se ela ocorrer, há uma chance muito significativa de que um dos mais importantes avanços em toda a história aconteça em nossa geração.

Cultura e cristalização de valores

E se a AGI ainda estiver a séculos de distância? Ainda assim seria muitíssimo importante, pois estipula uma data na qual os valores predominantes de uma época poderiam ficar cristalizados – e nossas decisões ao longo dos próximos anos poderiam afetar quais serão os valores predominantes quando a AGI for construída pela primeira vez. Os exemplos de religiões e outras concepções morais de mundo já demonstram que os valores podem persistir por séculos, embora evoluam com o tempo. No futuro, contudo, os valores poderiam se tornar ainda mais persistentes se um único sistema de valores se tornasse dominante globalmente. Nesse caso, a ausência de conflitos e competição afastaria uma das razões para a mudança de valores ao longo do tempo.

A conquista é a via mais drástica pela qual um único sistema de valor pode se tornar dominante em termos globais, e são grandes as chances de ser a mais provável. No próximo capítulo, sugiro que existe uma chance considerável de uma Terceira Guerra Mundial eclodir em nossa geração. Se isso acontecer, talvez o desfecho seja um único governo mundial e a promoção global da ideologia desse governo.

De fato, a conquista cultural é bastante corriqueira. Ao examinarmos o mapa da distribuição das religiões por país, boa parte dele pode ser explicada pela história das conquistas e do colonialismo. O protestantismo cristão é a religião mais comum nos Estados Unidos em consequência do colonialismo britânico; já o catolicismo é a religião predominante na América Latina em consequência do colonialismo espanhol e português.[101] O Afeganistão foi budista por cerca de oitocentos anos, do século II a.C. até cerca de 650 d.C.[102] Tanto o início quanto o fim desse período foram resultado de conquistas: primeiro, sua conquista pelo Império Máuria e, tempos depois, pelo Império Kushan, ambos budistas; depois, sua conquista pelo Califado Rashidun, o primeiro instaurado após a morte do profeta Maomé.[103] Hoje, quase 1,4 mil anos após essa conquista, 99,7% da população do Afeganistão é muçulmana.[104]

E existem exemplos históricos de ideologias que buscaram a dominação global duradoura. É o caso dos nazistas, que se referiam a seu império como o "Reich de mil anos". Do mesmo modo, a visão do comunismo global foi promovida pela Comintern, organização controlada pelos soviéticos que, antes da Segunda Guerra Mundial, realizou sete Congressos Mundiais destinados a promover o objetivo da revolução mundial.[105]

Contudo, mesmo que nenhum sistema de valor conquiste os demais, podemos ainda convergir para um único sistema de valores híbrido que seja um misto de conjuntos diversos de valores, como diferentes cores de tinta misturadas para produzir uma nova cor. Talvez isso possa sugerir a convergência para uma única concepção moral "melhor" do mundo, mas na verdade é apenas uma função de com quais valores o mundo começou e quão representado está cada um deles.

A natureza dos valores para os quais o mundo convergiria dependeria de quão poderosos eram esses diferentes sistemas de valores antes desse ponto. E isso pode ser afetado por inúmeros fatores. Uma conquista que não alcance a dominação global é um deles. Uma segunda maneira de uma cultura ganhar poder é a imigração. Por exemplo, nos últimos 130 anos, os Estados Unidos ocupam o posto de maior economia mundial.[106] Por definição, o tamanho da economia de um país é dado por seu PIB *per capita* e pelo tamanho de sua população. E o tamanho da atual população dos Estados Unidos deve-se, em parte, às altas taxas de imigração da Europa para a América do Norte a partir de 1607 e, em especial, depois de 1830. No futuro, países com altas taxas de imigração e assimilação cultural crescerão em tamanho e poder. Com efeito, o jornalista Matt Yglesias propôs recentemente que, para manterem sua influência global, os Estados Unidos deveriam aumentar a imigração de forma radical, a fim de alcançar uma população total de um bilhão de pessoas.[107]

Uma terceira maneira pela qual uma característica cultural pode ganhar influência é se ela der a um grupo mais capacidade que algum outro de sobreviver ou prosperar em um novo ambiente. Talvez você ache que essa consideração não é assim tão importante, pois as pessoas já habitam quase todas as áreas remotamente habitáveis da Terra. Quando pensamos no futuro, porém, há um vasto território para o qual a civilização pode se expandir: o espaço. Mesmo dentro de nosso próprio sistema solar, a energia potencial fora da Terra é mais de um bilhão de vezes superior à da Terra; mesmo dentro de nossa própria galáxia, há bilhões de vezes mais energia fora de nosso sistema solar do que dentro dele.[108] Se uma cultura se esforçasse mais para se estabelecer no espaço ou tivesse mais capacidade para atingir tal intento, acabaria sobrepujando qualquer cultura que escolhesse permanecer presa à Terra.

Uma última forma de uma cultura superar outra é por meio de um crescimento populacional mais alto no longo prazo. Por exemplo, por intermédio de uma combinação de altas taxas de conversão e fertilidade, o cristianismo se transformou na religião predominante na Europa num período de tempo curtíssimo em termos históricos.[109] O cristianismo manteve uma taxa de crescimento de 40% por década ao longo dos séculos: no ano 40 d.C., só havia mil cristãos; em 350 d.C., já havia 34 milhões, ou seja, mais de 50% da população do Império Romano.[110] Esse crescimento exponencial explica, em grande parte, o fato de o cristianismo ter se transformado em uma das mais importantes religiões no mundo. Para os romanos pagãos em 40 d.C., contudo, a ideia de que o cristianismo se transformaria na religião dominante teria sido motivo de chacota. Alguns grupos religiosos modernos igualaram as taxas de crescimento dos primeiros cristãos. Por exemplo, no século XX, a população mórmon cresceu 43% por década graças a altas taxas de fertilidade, atividades missionárias e alta fidelização.[111]

Essa mesma força continuará a moldar o futuro. Eu vivo numa bolha extremamente secular, e em minha ingênua opinião a proporção de ateus no mundo aumentaria de modo inexorável. Todavia, não é essa a previsão para o futuro. Em média, os ateus têm menos filhos que as pessoas religiosas, sobretudo os fundamentalistas e os habitantes de países pobres. Com o tempo, isso tem relevância. Segundo o Pew Research Center, até 2050, a proporção de indivíduos sem afiliação religiosa (ou seja, ateus, agnósticos e aqueles que não se identificam com nenhuma religião, mas que podem ter alguma crença religiosa ou espiritual) diminuirá de 16% para 13% da população mundial.[112] A principal razão para isso é a maior taxa de fertilidade entre grupos religiosos; as conversões religiosas desempenham um papel surpreendentemente pequeno nos números totais.[113] Caso essas tendências se mantenham no futuro, a influência secular aos poucos desaparecerá. Isso poderia significar que a maior parte do mundo acabará seguindo uma única religião.

De modo similar, o poder de muitos dos países mais poderosos de hoje advém, em parte, das altas taxas de fertilidade históricas. A Índia ocupa atualmente o terceiro lugar na lista de maiores economias do mundo em parte porque sua população cresceu de cerca de 290 milhões de pessoas em 1900 para quase 1,4 bilhão hoje.[114] Apesar de a taxa de fertilidade na Índia ter caído para 2,2 nascimentos por mulher atualmente, o país pode vir a ser a maior economia mundial até o final do século; prevê-se que, a essa altura, a Índia terá uma população 40%

maior que a da China.[115] Por razões similares, a Nigéria parece pronta para se tornar um ator geopolítico bem mais importante até 2100, pois sua população deve crescer de 200 milhões para 730 milhões, tornando o país o terceiro mais populoso do mundo.[116]

Os mecanismos discutidos até aqui dizem respeito à competição entre grupos, mas a competição cultural também ocorre entre características culturais específicas, tanto dentro de uma cultura quanto entre diferentes culturas. Os recentes êxitos do movimento pelos direitos homossexuais e, subsequentemente, dos movimentos de direitos LGBTQIAP+ são exemplos de atitudes em relação à orientação sexual e à identidade de gênero que antes eram minoritárias e conquistaram muito mais prevalência ao longo do tempo. O aumento das práticas de meditação e de atenção plena nos países ocidentais e do consumo de *fast food* nos países orientais mostra exemplos de traços culturais específicos transmitidos com sucesso de uma cultura para outra.

Caso o mundo convergisse para um único sistema de valores, com o tempo a pressão pela mudança de tais valores seria bem menor. Essa convergência global poderia, portanto, levar a uma persistência de valores ainda maior do que as observadas historicamente. Um único sistema de valor global poderia persistir por milhares de anos. E, se durasse até o desenvolvimento da AGI, então poderia persistir para todo o sempre.

Quão cristalizados já estamos?

Discuti vários modos pelos quais um único sistema de valores poderia se tornar dominante globalmente e de que modos ele poderia se enraizar por muito tempo. Apresentei isso como uma ameaça que até agora foi evitada e que enfrentaremos no futuro. Mas a cristalização não é um tudo ou nada – há incontáveis normas morais diferentes, e cada uma poderia ou não ser cristalizada. Assim, deveríamos nos questionar até que ponto a história já cristalizou certos valores, ou ao menos tornou quase impossível alterar alguns valores no futuro.

Para mim, é plausível que um bocado de cristalizações já tenha ocorrido. Isso começa pelo menos com o surgimento do *Homo sapiens*, que provavelmente foi análoga à cristalização cultural que esbocei neste capítulo: uma única espécie foi capaz de obter poder com mais rapidez que as demais e, portanto, enraizar seu domínio no planeta. Os membros do gênero *Homo* extintos logo após a entrada do *Homo sapiens* em seu terreno incluem os Neandertais, o Hominídeo de Denisova, o *Homo luzonensis*, o *Homo erectus*, o *Homo heidelbergensis* e o *Homo floresiensis*.[117] Agora que todas as outras espécies *Homo* foram extintas, não há possibilidade de que ressurjam e tomem o mundo.

Se a evolução tivesse seguido outro rumo, é plausível que alguma outra espécie, com algumas características bem diferentes das nossas, pudesse ter desenvolvido aprendizado cultural acumulado e um grau maior de inteligência. Quem sabe poderiam ter sido mais hierárquicos, como os chimpanzés, ou mais igualitários, como os bonobos. Poderiam ter sido mais agressivos, ou menos. Poderiam apresentar maiores ou menores diferenças entre os sexos. Nossa natureza biológica deixa muitas questões em aberto, mas ainda torna alguns conjuntos de valores mais propensos a prosperar que outros.

Um segundo ponto importante de cristalização, parece-me, ocorreu na época do colonialismo. O *Homo sapiens* vivia geograficamente unido quando evoluiu; então, após se espalhar pelo mundo, foi separado em populações distintas. Depois do período colonial, o mundo voltou a se interconectar, possibilitando, então, o alcance global a uma única ideologia. E, de fato, as potências da Europa Ocidental eliminaram muitas culturas alternativas, como a dos Tainos, nas Américas, impingindo sua cultura a várias outras.[118] Isso resultou na enorme disseminação do cristianismo, das línguas inglesa e espanhola e, de modo mais amplo, da cultura europeia ocidental. Desse ponto em diante, por causa da globalização, a maioria dos países vem se tornando mais culturalmente ocidental com o passar do tempo.[119] Se esse processo prosseguir, haverá ainda mais homogeneização entre as culturas.

Um modo de aferir a atual diversidade de culturas é considerar a gama de respostas dos países à pandemia de covid-19.[120] Sem dúvida, houve algumas diferenças, desde os lockdowns extremamente rigorosos da China à resposta mais moderada da Suécia, mas a variedade de respostas foi bem mais limitada do que poderia ter sido. Por exemplo, tanto a vacina da Moderna como a da Pfizer-BioNTech foram desenvolvidas em meados de janeiro de 2020 em poucos dias.[121] Nenhum país permitiu que as muitas vacinas desenvolvidas em 2020 passassem por ensaios de infecção humana controlada, nos quais voluntários dispostos a isso receberiam a vacina e em seguida seriam propositadamente infectados com o coronavírus para testar com rapidez a eficácia da vacina. Nenhum país autorizou que vacina fosse comercializada no livre mercado, antes dos testes, para aqueles que aceitavam os riscos, mesmo sob a condição de reportar uma subsequente infecção.[122]

Não vou discutir aqui a virtude de uma política em relação a outra, mas os benefícios globais de uma diversidade de respostas teriam sido imensos. Se ao menos um país tivesse autorizado os estudos de infecção humana controlada ou permitido a venda livre de vacinas, todos teríamos tido conhecimento da eficácia das vacinas meses antes. Ainda teria sido preciso um tempo considerável para acelerar a produção das vacinas, mas poderíamos ter antecipado o fim da pandemia em vários meses. Nesse caso, a homogeneidade na resposta global à covid-19 foi responsável por milhões de mortes.

A construção de um mundo moralmente exploratório

A cristalização de certos valores, como os dos nazistas ou stalinistas, teria, com certeza, trazido consequências terríveis. Ilustrações de alguns desses cenários foram esboçadas na ficção. O exemplo mais famoso é o livro *1984*, de George Orwell, no qual essa sombria perspectiva é epitomizada pela famosa metáfora de "uma bota pisando em um rosto humano para sempre". Em minha opinião, ainda mais impressionante é o *Swastika Night* [A noite da suástica, em tradução livre], de autoria de Katharine Burdekin. O livro leva a sério a afirmativa de Hitler de que criaria o Reich de mil anos: passados setecentos anos, o mundo é totalmente controlado pelos nazistas e pelo Império Japonês. No Império Germânico, todos os não germânicos foram subjugados, a violência é glorificada e as mulheres são mantidas em baias e estupradas à vontade. Para nós, é como uma obra de história alternativa, mas, na realidade, foi um aviso profético sobre a cristalização ideológica. O livro foi escrito em 1935, quatro anos antes da eclosão da Segunda Guerra Mundial, e publicado em 1937, doze anos antes de *1984*, numa época em que Hitler ainda gozava de considerável prestígio internacional.[123]

Pelo que eu disse até aqui, você pode concluir que deveríamos aspirar a cristalizar os valores que hoje consideramos corretos, evitando, assim, a distopia resultante da cristalização de valores piores. Mas isso seria um erro.[124] Se a cristalização do nazismo e do stalinismo teria sido um pesadelo, a cristalização de valores de *qualquer* período ou local também seria terrível em muitos aspectos. Pense, por exemplo, em como seria o mundo se os valores ocidentais de apenas dois séculos e meio atrás tivessem sido cristalizados. O futuro teria sido moldado por valores segundo os quais a escravidão era permissível, havia uma hierarquia natural entre as raças, as mulheres eram cidadãs de segunda classe e a maioria das variedades de orientação e atividade sexual era considerada repulsiva.

Quase todas as gerações passadas apresentavam valores hoje considerados abomináveis. É fácil acalentar o pensamento ingênuo de que temos os valores mais virtuosos; os romanos teriam se congratulado por serem tão civilizados se comparados aos seus vizinhos "bárbaros" e, na mesma noite, teriam espancado quem houvessem escravizado ou teriam visitado o Coliseu para assistir a um prisioneiro ser estripado. É muito pouco provável que, de todas as gerações ao longo da história, sejamos os primeiros a ter valores completamente corretos. Os valores endossados por mim ou por você provavelmente estão longe de serem os melhores.

Além disso, existem muitas questões para as quais *sabemos* que ainda não temos resposta. Quais seres têm *status* moral: apenas o *Homo sapiens*, ou todos os primatas, ou todas as criaturas conscientes, inclusive os seres artificiais que podemos criar no futuro? Como avaliar a promoção da felicidade *versus* a atenuação do sofrimento? Como lidar com a incerteza em relação aos impactos de nossas ações, em especial quando há ínfimas probabilidades de enormes retornos? Como agir quando temos consciência de que não sabemos qual é a coisa certa a fazer?

E a lista apresentada indica apenas as áreas de incerteza das quais temos conhecimento. Por milhares de anos, a permissão de ter escravos foi quase inquestionada por aqueles que dedicavam suas vidas à reflexão ética. Devemos também nos preocupar com graves erros morais que nem sequer consideramos, invisíveis para nós como a água para um peixe.

O histórico de erros morais do passado sugere que somos culpados por graves erros hoje. Consideramos tenebrosas as tentativas históricas feitas pela dinastia Qin, pelos colonizadores europeus e pelos nazistas de cristalizar suas ideologias, e com razão. Mas, se nós mesmos somos culpados por graves erros morais, cristalizar nossos valores atuais também seria um desastre.

Em vez disso, deveríamos tentar garantir que fizemos o máximo possível de progresso moral antes de atingirmos qualquer estágio de cristalização. Os filósofos políticos costumam discutir sobre como seria um Estado ideal. Acredito que deveríamos aceitar que desconhecemos como seria o Estado ideal; a questão primordial é como podemos construir uma sociedade de modo que, com o tempo, nossas visões morais melhorem, as pessoas ajam cada vez mais de acordo com elas e o mundo evolua e se torne um lugar melhor e mais justo.

Como ideal, seria possível aspirar ao que podemos chamar de *longa reflexão*: um estado de mundo estável no qual estejamos a salvo das calamidades e possamos refletir e debater a natureza da vida satisfatória, tentando entender como seria a sociedade mais próspera possível. Denomino-a de "longa" reflexão não em função de quanto tempo esse período duraria, mas sim de quanto tempo *valeria a pena* gastar nessa atividade. Vale gastar cinco minutos para decidir onde passar duas horas jantando. Vale levar meses para escolher uma profissão para o resto da vida. Mas a civilização pode durar milhões, bilhões ou até trilhões de anos. Portanto, valeria a pena levar muitos séculos para assegurar que, de fato, resolvemos realmente essas questões antes de tomar decisões irreversíveis, como cristalizar valores ou nos espalharmos pelas estrelas.

Parece-me improvável que algo parecido com a longa reflexão aconteça, mas podemos encará-la como um ideal a ser alcançado. O que queremos é construir um mundo moralmente exploratório, ou seja, estruturado de modo que, com o passar do tempo, as melhores normas e instituições em termos morais tenham mais chances de se impor e nos conduzir rumo à convergência na melhor sociedade possível.[125] Isso envolveria diversos fatores.

Em primeiro lugar, seria necessário manter nossas opções em aberto o máximo que pudermos. Isso nos oferece uma razão, embora não necessariamente decisiva, para retardar eventos que possam provocar a cristalização de valores. Esses eventos potencialmente irreversíveis podem incluir a formação de um governo mundial, o desenvolvimento da AGI e os primeiros esforços sérios de colonização espacial.

Também nos proporciona uma razão para evitar a cristalização de valores em menor escala – apoiando esforços de conservação, por exemplo. Mesmo sem saber se certas espécies ou obras de arte ou linguagem são valiosos, há uma assimetria entre preservá-las e permitir sua destruição. Se as preservarmos e, mais tarde, concluirmos que não vale a pena guardá-las, sempre podemos mudar de ideia. Se permitirmos sua destruição, não há retorno.

Em segundo lugar, um mundo moralmente exploratório favoreceria o *experimentalismo político* – aumentando, se possível, a diversidade cultural e intelectual. Vimos que talvez já estamos a caminho de uma única cultura global. Se pretendemos alcançar a melhor sociedade possível, deveríamos nos preocupar com a convergência prematura, como um adolescente que se casasse com a primeira namorada.

Em *Sobre a liberdade*, John Stuart Mill defende que deveríamos permitir a liberdade individual e a livre expressão, pois assim criamos um mercado de ideias no qual diferentes ideias podem competir e as melhores ganham. Podemos aplicar as mesmas ideias às sociedades. A abolição da escravatura se deu, em parte, como resultado da experimentação cultural. No século XVIII, os Estados Unidos eram, em termos comparativos, um caldeirão de diversidade cultural e religiosa. Essa diversidade permitiu a uma comunidade, os *quakers*, desenvolver suas próprias visões quanto à moralidade da escravidão; após constatarem sua imoralidade, essa ideia teve o potencial, sob as condições apropriadas, de se difundir.

Uma ideia particularmente interessante para promover a diversidade cultural das sociedades é a das *charter cities*: comunidades autônomas que constituem jurisdições independentes da federação e dos estados vizinhos e servem como laboratórios para políticas econômicas e sistemas de governança. Por exemplo, em 1979, Deng Xiaoping criou uma zona econômica especial ao redor da cidade de Shenzhen,[126] estabelecendo mais políticas econômicas liberais que no restante da China. A renda média anual cresceu cerca de duzentas vezes em quarenta anos.[127] Seu sucesso inspirou reformas econômicas mais amplas em toda a China, tirando, ao longo dos últimos quarenta anos, centenas de milhões de cidadãos da pobreza.[128]

As *charter cities* costumam ser promovidas por indivíduos que desejam políticas mais liberais do ponto de vista econômico. Não há, contudo, uma necessária conexão entre essas duas ideias. Para quase toda estrutura social imaginável, poderíamos ter uma *charter city* baseada nessa ideia; poderia haver *charter cities* marxistas, ambientalistas e comunitárias anarquistas. Poderíamos descobrir, de modo empírico, qual propicia uma sociedade melhor. E, além de criar uma diversidade de instituições formais, poderíamos tentar cultivar também uma diversidade de culturas.

Em terceiro lugar, iríamos querer estruturar as coisas de modo que, globalmente, a evolução cultural nos guiasse para concepções e sociedades moralmente melhores. Já descrevi alguns mecanismos pelos quais algumas culturas ou características culturais específicas podem triunfar com o tempo. Alguns desses mecanismos, provavelmente, não se coadunam com o que é melhor em termos morais. O fato de uma determinada sociedade apresentar um índice de fertilidade mais elevado que outra, ou de exibir crescimento econômico mais rápido, não implica que essa sociedade seja moralmente superior. Por outro lado, os mecanismos mais importantes para aprimorar nossas concepções morais são a razão, a reflexão, a empatia e a persuasão de outros com base nesses mecanismos. Se dois grupos entram num debate imbuídos de boa-fé e um deles é convencido a mudar de opinião pela força da razão ou da empatia, é mais provável que esse grupo tenha chegado a um ponto de vista aprimorado.

Algumas formas de liberdade de expressão seriam, portanto, de capital importância para possibilitar uma melhor disseminação de ideias. Espaços para debates de boa-fé e argumentação e deliberação cuidadosas, em especial, deveriam ser vivamente encorajados. Mas essa é uma justificativa instrumental da livre expressão e pode não se aplicar a todas as formas de discurso. Técnicas para enganar pessoas – mentiras, papo-furado e lavagem cerebral – deveriam ser desencorajadas e interditadas, em especial para pessoas em posições de poder, como os ocupantes de cargos políticos. Caso contrário, o mundo poderia acabar convergindo para as ideias mais sedutoras e não para as mais bem justificadas.

A migração praticamente livre também seria útil. Se as pessoas migrarem de uma sociedade para outra, isso nos dá, no mínimo, alguma evidência de que esta última sociedade é melhor para os que para lá migraram. Dos adultos em todo o mundo, 15% gostariam de se mudar para outro país, caso lhes fosse dada tal oportunidade. Essa pretensão é especialmente alta em países de baixa renda, e, entre os que gostariam de se mudar, a maioria preferiria viver em um punhado de democracias liberais ricas.[129] Isso possivelmente acontece porque viver em democracias liberais ricas possibilita uma qualidade de vida melhor.

A migração praticamente livre ajudaria os indivíduos a "votar com seus pés", e as sociedades mais atraentes para se viver seriam recompensadas com maior imigração líquida e se tornariam mais poderosas ao longo do tempo. Ao mesmo tempo, seria prudente evitar que qualquer cultura se torne tão poderosa a ponto de ter a possibilidade de sobrepujar todas as demais, seja pela dominação econômica, seja pela militar. Potencialmente, normas ou leis internacionais poderiam ser necessárias para evitar que qualquer país se tornasse populoso demais, da mesma maneira como regulamentos antitruste evitam que uma única empresa domine um mercado e exerça poder de monopólio.

Esse último ponto – a necessidade de estruturar a sociedade global para que a evolução cultural guie o mundo rumo a valores e estruturas sociais mais satisfatórias – ressalta um problema enfrentado pelo projeto de um mundo moralmente exploratório que chamarei de *paradoxo da cristalização*. É preciso cristalizar algumas instituições e ideias a fim de evitar uma cristalização de valores mais radical. Um dos desafios consiste em que essas instituições e ideias sejam moralmente controversas; por exemplo, a ideia de encorajarmos ou até permitirmos uma diversidade de concepções do mundo pode ser considerada abominável da perspectiva de muitas religiões fundamentalistas. Do mesmo modo, a ideia de que o caminho para a concepção moral correta passa pela reflexão e pelo debate civilizado, e não pelo estudo das escrituras de um livro sagrado, não é aceitável por todos.[130]

Por conseguinte, o paradoxo da cristalização assemelha-se ao conhecido paradoxo da tolerância: a necessidade das sociedades liberais de se defenderem de pontos de vista intolerantes capazes de minar sua liberdade, mesmo que isso exija cercear a própria tolerância que desejam preservar.[131]

Acho que precisamos viver com esses paradoxos. Se quisermos evitar a cristalização de concepções morais ruins, uma abordagem inteiramente *laissez-faire* não seria possível; com o tempo, as forças da evolução cultural ditariam o rumo do futuro, e as ideologias que levam ao poder militar mais forte e tentam eliminar a competição suprimiriam as outras.[132]

Neste capítulo, sugeri que estamos atravessando um período de plasticidade, que os conceitos morais que moldam a sociedade são como vidro derretido e maleável que, soprado, pode resultar em vários formatos. Mas o vidro está esfriando e, em determinado momento, talvez num futuro não tão distante, pode enrijecer. Se vai endurecer na forma de uma linha e cristalina escultura ou em outra, mutilada e disforme, depende, em grande parte, de nós. Ou, quem sabe, quando o vidro endurecer, não teremos nenhum formato; talvez ele rache e se despedace. Talvez, em um futuro não tão distante, a história termine em um sentido mais literal do que o discutido neste capítulo: não com a vitória de uma única ideologia, mas com o colapso permanente da civilização. Voltarei minha atenção para essa possibilidade.

PARTE III
SALVAGUARDAR A CIVILIZAÇÃO

CAPÍTULO 5

EXTINÇÃO

Programa Spaceguard

Às 9h46, horário de Greenwich, na manhã de 11 de setembro, no verão excepcionalmente belo do ano de 2077, a maioria dos habitantes da Europa viu surgir no céu oriental uma deslumbrante bola de fogo. Superando, em questão de segundos, o brilho do próprio Sol, a bola cruzou o céu, a princípio em silêncio absoluto. Atrás de si, deixou uma turbulenta coluna de pó e fumaça.

Num ponto acima da Áustria, começou a desintegrar-se, produzindo uma série de concussões tão violentas que mais de um milhão de pessoas ficaram com a audição comprometida para sempre. Esses foram os sortudos.

Movendo-se a cinquenta quilômetros por segundo, mil toneladas de rocha e metal chocaram-se com as planícies do norte da Itália, destruindo, em uns poucos minutos flamejantes, o trabalho de séculos. As cidades de Pádua e Verona foram varridas da face da Terra, e o que restava dos esplendores de Veneza afundou para sempre sob o mar quando as águas do Adriático avançaram, num macaréu tonitruante, rumo à terra firme após aquele tremendo golpe de foice vindo do espaço.

Seiscentas mil pessoas perderam a vida, e o prejuízo total excedeu um trilhão de dólares. Contudo, foi incalculável a perda na arte, na história e na ciência – para a espécie humana inteira – até o fim dos tempos. Foi como se uma grande guerra tivesse sido travada e perdida no espaço de uma só manhã; e poucos foram os que sentiram prazer em contemplar, por meses, quando a poeira da destruição aos poucos se assentou, as mais esplêndidas auroras e crepúsculos desde a erupção do Cracatoa.

Após o choque inicial, a espécie humana reagiu com uma determinação e uma união impossíveis de serem vistas em qualquer época anterior. Um desastre das mesmas proporções, compreenderam, talvez não voltasse a ocorrer dentro de mil anos – mas também poderia acontecer no dia seguinte. E, da próxima vez, as consequências poderiam ser ainda piores.

Pois muito bem; não haveria uma próxima vez.

Assim começa o livro de ficção científica *Encontro com Rama*, de Arthur C. Clarke, publicado em 1973. Na história, o governo da Terra, abalado pelo choque do asteroide na Itália, cria o Spaceguard, um sistema de alerta antecipado para ameaças à Terra vindas do espaço.

Durante anos a fio, muitos cientistas alertaram acerca dos perigos dos asteroides para a vida na Terra, mas por muitos anos ninguém lhes deu atenção. Mesmo após o primeiro aviso, em 1980, de que os dinossauros foram mortos por um imenso asteroide caído na Península de Yucatán, no México,[1] segundo as palavras do renomado astrônomo Clark R. Chapman, havia um "fator deboche"* associado ao risco dos asteroides.[2]

Tudo mudou em 1994, quando o cometa Shoemaker-Levy 9 colidiu com o planeta Júpiter com a força de trezentos bilhões de toneladas de TNT, o equivalente a 125 vezes o arsenal nuclear do mundo.[3] Um dos fragmentos do Shoemaker-Levy deixou em Júpiter uma cicatriz de doze mil quilômetros, mais ou menos o tamanho da Terra.[4] David Levy comentou que o cometa que ele descobrira com Shoemaker "arrasara o fator deboche".[5] O impacto foi parar nas manchetes de todas

---

* No original, *giggle factor* (fator risadinha, em tradução livre), termo utilizado na astronomia para se referir a teorias e hipóteses científicas consideradas tão inverossímeis pelo público não especializado que geram riso, como a possibilidade de a Terra ser atingida por um cometa ou asteroide. [N.E.]

as publicações do mundo.⁶ Em 1998, dois sucessos de bilheteria, *Impacto profundo* e *Armageddon*, exploraram como a população da Terra responderia à aproximação de um gigantesco asteroide. Os cientistas elogiaram *Impacto profundo* por sua compreensão da ameaça provocada pelo impacto e pelo realismo de seus efeitos especiais, que refletiam a contribuição de uma equipe de assessores técnicos, dentre eles Gene Shoemaker, que deu nome ao cometa Shoemaker-Levy.⁷ (*Armageddon*, em contrapartida, foi descrito por Clark Chapman como "científica e tecnologicamente disparatado, em quase todos os aspectos".)⁸

Tendo em vista o crescente interesse do público e a defesa de cientistas, em 1988, o Congresso encarregou a NASA de localizar 90% de todos os asteroides e cometas próximos da Terra com mais de um quilômetro dentro de uma década.⁹ O esforço seria, com a devida aprovação de Arthur C. Clarke, chamado de Spaceguard.¹⁰

O Spaceguard é um gigantesco sucesso. Já foram rastreados 93% dos asteroides medindo mais de um quilômetro e descobertos mais de 98% dos asteroides com, no mínimo, dez quilômetros que representam ameaça de extinção à Terra.¹¹ Antes do Spaceguard, o risco estimado de a Terra ser atingida por um asteroide capaz de provocar sua extinção era de um em duzentos milhões ao ano.¹² Atualmente, sabemos que o risco é de menos de um em quinze bilhões, ou seja, cem vezes menor.¹³

Nos últimos dois capítulos, discuti como melhorar o futuro, independentemente de quanto dure a civilização. Este e os próximos dois capítulos examinarão como podemos garantir um futuro. Começaremos analisando como evitar a extinção de nossa espécie no curto prazo.

O Spaceguard mostrou que temos tudo de que necessitamos para administrar os riscos de extinção da humanidade se colocarmos nossa mente para pensar no assunto. Apesar de termos descoberto que não havia ameaça iminente dos asteroides, o monitoramento provou que, se *tivéssemos* descoberto um asteroide em curso de colisão com a Terra, poderíamos ter dedicado recursos enormes para desviá-lo e construir depósitos de comida, caso falhássemos. Poucas centenas de milhões de dólares foram suficientes para administrar esse risco adequadamente.¹⁴ Mas, nas próximas décadas, teremos de lidar com riscos bem mais sérios. Se não enfrentarmos o desafio, há uma chance decente de que a humanidade possa chegar a um fim prematuro e nosso futuro seja destruído.

Patógenos produzidos em laboratórios

A maior parte deste livro foi escrita durante a pandemia de covid-19. Enquanto escrevo, estima-se que a covid-19 tenha causado dezessete milhões de mortes em todo o mundo, ou seja, a morte de uma em cada quinhentas pessoas.[15] Não resta dúvida de que o número de vítimas aumentará no futuro. O custo econômico chegará a mais de US$ 10 trilhões.[16] E bilhões de pessoas têm vivido em isolamento há meses, impossibilitadas de conviverem com a família e os amigos, mesmo quando agonizavam nos hospitais.

Contudo, apesar do impacto da covid-19, em alguns aspectos nos livramos dela sem maiores problemas. Sabemos que os vírus (como o ebola) podem ser mais mortais que o novo coronavírus, e alguns (como a rubéola) são de mais fácil transmissão. Se o novo coronavírus fosse dez vezes mais mortal, a taxa de mortalidade poderia ter chegado a centenas de milhões ou até mais.

Olhando para o futuro, a ameaça representada por pandemias pode ser ainda mais grave. E essa ameaça aumentada não provém de patógenos surgidos de modo natural, mas de doenças que nós mesmos criaremos, usando as ferramentas da biotecnologia.

A biotecnologia é uma área de pesquisa que tenta desenvolver novas entidades biológicas ou alterar as já encontradas na natureza. Essa área tem conhecido progressos com uma rapidez extraordinária. Costumamos pensar que a lei de Moore – reduzir pela metade o preço da capacidade de processamento a cada poucos anos – é o principal exemplo de rápido progresso, mas muitas tecnologias em biologia sintética, na verdade, aprimoraram-se mais velozmente.[17] Por exemplo, a primeira vez que o genoma humano foi sequenciado, o custo foi de centenas de milhões de dólares. Apenas vinte anos depois, sequenciar um genoma humano completo custa em torno de mil dólares.[18] O mesmo vale para o custo da sintetização da fita simples de DNA, bem como para o custo da edição de genes.

Esse rápido avanço tecnológico promete grandes benefícios para a medicina e o tratamento de doenças genéticas raras, porém traz também riscos sem precedentes, em particular por nos dar o poder de conceber e criar novos patógenos.

Os patógenos produzidos em laboratório podem ser bem mais destrutivos que os naturais, pois podem ser modificados a fim de terem novas e perigosas propriedades. Poderia alguém criar um patógeno com máximo poder de destruição – algo com a letalidade do ebola e a capacidade de contágio do sarampo? Felizmente, com a atual tecnologia, isso seria ao menos muito difícil. Contudo, dada a taxa de progresso nessa área, é questão de tempo.

Não apenas a biotecnologia está avançando a passos largos como vem se democratizando cada vez mais rápido. A receita genética para a varíola já está disponível livremente on-line.[19] Em certo sentido, tivemos "sorte" com as armas nucleares no sentido de que o material físsil é incrivelmente difícil de ser manufaturado. A capacidade de produzi-lo, portanto, se restringe a governos, e é comparativamente fácil para observadores externos dizerem se um país tem um programa nuclear armamentista.[20] O mesmo não se dá com patógenos produzidos em laboratório: em princípio, com o contínuo progresso tecnológico, vírus poderiam ser criados e produzidos com kits domésticos. No futuro, o custo e as barreiras ligadas à competência devem se reduzir. Além do mais, no passado tivemos de lidar com uma única pandemia de cada vez e, em geral, algumas pessoas tinham imunidade natural. Em contrapartida, se for possível criar um tipo de patógeno altamente destrutivo, então não será tão mais difícil produzir mais centenas deles, nem tão difícil distribuí-los por milhares de locais ao redor do mundo ao mesmo tempo.

Como as técnicas da engenharia biológica estão se tornando cada vez mais potentes e mais e mais democratizadas, pode-se esperar um avanço proporcional em precaução e segurança em torno dessa pesquisa. Esperaríamos que os laboratório dedicados a esse tipo de pesquisa tivessem padrões de segurança extremamente altos e uma regulamentação estrita, com severas punições para qualquer lapso na segurança. Mas, na verdade, o nível de biossegurança em todo o mundo é realmente assustador. Por exemplo, lembro-me de ver nos jornais, quando adolescente, imagens de gigantescas piras queimando carcaças de vacas. Eram reportagens de 2001 sobre o surto, no Reino Unido, de febre aftosa, uma doença infecciosa que afeta animais de casco e provoca febre alta e bolhas dolorosas na boca e nas patas, levando, às vezes, à claudicação e à morte. O surto, originado com porcos alimentados com lixo contendo restos de carne importada ilegalmente e contaminada com a doença, espalhou-se para mais de duas mil fazendas em todo o Reino Unido.[21] Antes de ser por fim contido, o surto levou ao abate de milhões de rebanhos bovinos e ovinos e custou um total de £ 8 bilhões.[22] Uma vez contido, foram envidados enormes esforços para garantir que não se repetisse: relatórios governamentais foram escritos, leis foram alteradas.[23]

Porém, apenas seis anos depois, ocorreu um novo surto de febre aftosa. Diferentemente do surto de 2001, o de 2007 começou com um vazamento em um laboratório que estava desenvolvendo vacinas para proteger os rebanhos contra a doença.[24] Alguns dos canos que transportavam resíduos do laboratório até a estação de tratamento de lixo da unidade eram velhos e estavam vazando; resíduos contaminados com a doença se infiltraram no solo e acabaram chegando a uma fazenda próxima.[25] A manutenção ruim desses canos foi uma clara violação da licença concedida ao laboratório para trabalhar com um patógeno infeccioso.[26] Apesar de esse surto ter sido detectado e contido em semanas, ele nunca deveria ter ocorrido, para começo de conversa.[27]

Então, depois desse desastre, com certeza as maiores precauções possíveis foram tomadas a fim de evitar os riscos de um novo surto de febre aftosa, certo? Infelizmente, não. Logo após a contenção desse surto em 2007, houve um terceiro surto, poucas semanas depois, no mesmíssimo laboratório. O laboratório não obedeceu às condições estabelecidas pelo governo para retomar a produção da vacina e mais uma vez vazou a febre aftosa no meio ambiente.[28]

Esses não são eventos isolados: na verdade, o vazamento descontrolado de patógenos chega a ser quase lugar-comum. Num dos vazamentos de laboratório confirmados mais fatais já registrados, mais de cem pessoas morreram depois de serem expostas ao antraz 836, a mais potente cepa de antraz do programa soviético de armas biológicas, em abril de 1979.[29] Um dos técnicos, numa instalação secreta de secagem de antraz na cidade de Sverdlovsk, removeu um filtro entupido e não o substituiu. Escreveu um recado para seu supervisor, mas esqueceu de anotá-lo no diário de registros: seu supervisor não encontrou o bilhete e iniciou o funcionamento da fábrica; o antraz escapou pelo respirador sem filtro e foi levado pelo vento até os prédios vizinhos.[30] Em outra ocasião, em 1971, uma mulher, num navio de pesquisa ambiental no mar de Aral, foi exposta a uma cepa de varíola provavelmente usada num campo de testes de armas biológicas próximo.[31] A cepa, criada para ser altamente virulenta e possivelmente resistente a vacinas, foi dispersada por aerossol para poder percorrer longas distâncias.[32] Ainda assintomática, ela voltou para Aralsk, sua cidade, onde nove outras pessoas foram infectadas, inclusive uma mulher e duas crianças que acabaram falecendo.[33] Oficiais soviéticos fecharam a cidade de Aralsk, incineraram várias propriedades e vacinaram toda a população de cinquenta mil pessoas, evitando, talvez por pouco, um surto maior de um dos vírus mais mortais do mundo.[34]

Do mesmo modo, o vírus da varíola vazou de laboratórios de virologia não uma, mas três vezes no Reino Unido, durante as décadas de 1960 e 1970. Uma cepa branda infectou um fotógrafo especializado em medicina que trabalhava acima de um laboratório de virologia não seguro na Universidade de Birmingham em 1966, levando a 72 casos confirmados.[35] Em 1973, um técnico de laboratório da London School of Hygiene and Tropican Medicine foi infectado com varíola e colocado numa ala aberta onde contagiou outras duas pessoas que visitaram um paciente na maca ao lado: as infecções dos dois visitantes resultaram em óbito.[36] Com efeito, Janet Parker, a última pessoa a morrer de varíola – em 1978 –, era uma fotógrafa especializada em medicina que trabalhava naquele mesmo laboratório de Birmingham que provocou o surto de 1966.[37] E, entre 1979 e 2009, ocorreram 444 infecções em laboratórios que haviam recebido autorização para trabalhar com patógenos especialmente perigosos.[38]

Os acidentes, que foram causados por um misto de erro humano e falhas em equipamentos, envolveram doenças como ebola, antraz, febre do Vale do Rift e encefalite.[39]

Mesmo que se torne possível criar patógenos bem mais destrutivos que a febre aftosa ou a covid-19, definitivamente ninguém *desejaria* isso, certo? Afinal, as armas biológicas parecem inúteis para as guerras porque é extremamente difícil definir quem será infectado. Se você criar um vírus para dizimar o lado adversário, é provável que a pandemia invada seu próprio país também.

É possível pensar em contra-argumentos. Talvez, por exemplo, o país que empregasse armas biológicas vacinasse primeiro sua população contra elas; talvez, como medida dissuasiva, o país criasse um sistema automatizado capaz de liberar tais patógenos no caso de um ataque nuclear.[40] Mas o contra-argumento mais forte é que, na verdade, grandes programas de armas biológicas *já foram* executados.

No passado, os Estados Unidos, o Japão e a União Soviética tiveram programas importantes de armas biológicas.[41] O dos soviéticos foi de longe o mais extenso – durou 64 anos e empregou cerca de sessenta mil pessoas em seu auge.[42] Eles construíram cidades inteiras, impossíveis de serem localizadas em mapas e inacessíveis a estrangeiros, onde realizavam todas as suas pesquisas em armas biológicas.[43] Enquanto a maioria dos programas de armas biológicas de outros países foi limitada tanto em escopo quanto em sucesso, o programa soviético conseguiu desenvolver um abrangente leque de armas biológicas capazes de assassinar indivíduos, acabar com plantações e, inclusive, incapacitar pessoas em áreas extensas, embora essas armas não fossem úteis em termos operacionais.[44] O programa era altamente secreto. A URSS afirmou ter encerrado seu programa de armas biológicas em 1972, quando assinou a Convenção de Armas Biológicas, mas continuou a desenvolver o programa até o colapso da União Soviética; na verdade, não está claro se a Rússia desmantelou o programa soviético por completo.[45] O programa soviético permaneceu ignorado pelos Estados Unidos até os russos divulgarem, em 1991, por livre e espontânea vontade, informações sobre ele. Havia suspeitas devido a relatos de desertores e do surto de antraz em Sverdlovsk.[46]

Mesmo que tais armas jamais sejam usadas em guerras no futuro, ainda poderiam vazar dos laboratórios onde são desenvolvidas. A lista de vazamentos em laboratórios da qual tratei anteriormente inclui apenas os confirmados. O número verdadeiro provavelmente é bem maior. Dados sobre infecções ocorridas em laboratórios americanos que trabalham com patógenos relativamente perigosos indicam que a cada ano haja uma infecção acidental em laboratórios com 250 funcionários em período integral.[47] Supondo que o programa de armas biológicas soviético tenha registrado infecções acidentais a uma taxa igual à dos laboratórios americanos, deveríamos esperar que milhares de infecções tenham sido provocadas por vazamentos.[48] E isso presumindo que o programa soviético de armas biológicas durante a Guerra Fria tenha sido tão cauteloso quanto a comunidade biomédica americana pós-Guerra Fria. No entanto, os riscos devem ter sido bem maiores.[49] Levando em conta os esforços da União Soviética para manter seu programa de armas biológicas em sigilo, parece possível que também tenham mantido em segredo milhares de infecções acidentais em laboratórios. Afinal, conseguiram esconder os surtos de seus programas de armas biológicas em Sverdlovsk e Aralsk.[50] Confirmam essa teoria casos nos quais há ao menos algumas evidências de que surtos de doenças supostamente surgidos de forma natural podem, na verdade, ter resultado de erro humano. Por exemplo, atualmente há evidências, com base em análise genética, de que a pandemia de gripe russa de 1977, que, segundo estimativas, matou setecentas mil pessoas, pode ter sido fruto de um vazamento em laboratório ou de um ensaio de vacina malfeito.[51]

Acho difícil descartar a possibilidade de que a biologia sintética possa ameaçar a extinção humana. Pode-se tentar abordar esse problema antecipando maneiras específicas de usar indevidamente as novas tecnologias. Contudo, ao fazê-lo, precisaríamos equilibrar com cuidado os benefícios da mitigação do risco de uma previsão aperfeiçoada contra os riscos de acidentes em laboratórios e de inspirar atores mal-intencionados. Há precedentes para esta última situação. Por exemplo, a partir de 1927, o major Shiro Ishii passou anos pressionando o relutante ministro da Guerra japonês para desenvolver um programa de armas biológicas. Ele tomara conhecimento do poder das armas biológicas ao ler o relatório de um médico japonês sobre a Conferência de Desarmamento de Genebra de 1925, cujo principal propósito era angariar apoio para proibir as armas biológicas e químicas. Acabou convencendo os militares japoneses a desenvolver um programa de armas biológicas, argumentando que valia a pena desenvolver uma guerra biológica, pois, "caso contrário, esta não teria sido banida pela Liga das Nações".[52] Hoje infame por sua extensa experimentação em seres humanos, o programa de armas biológicas japonês durou onze anos e chegou a empregar alguns milhares de funcionários.

Da mesma forma, o homem que concebeu o programa de armas biológicas da Al-Qaeda, Ayman Al-Zawahiri, escreveu que só tomou conhecimento de seu poder destrutivo depois de "o inimigo ter chamado nossa atenção para elas ao repetidamente expressar sua preocupação com o fato de que elas podem ser produzidas de modo simples".[53]

Após invadirem o Afeganistão, os Estados Unidos encontraram, em um campo de treinamento da Al-Qaeda próximo a Kandahar, livros e artigos de periódicos ligados à construção de armas biológicas e planos para um laboratório de armas biológicas. Os documentos também mostraram que um membro da Al-Qaeda com doutorado em microbiologia tentara adquirir armas biológicas e vacinas para os trabalhadores do laboratório planejado.[54] Ao soar o sinal de alarme, corremos o risco de aumentar a probabilidade de uma catástrofe desse tipo ocorrer.

Contudo, para mitigar os riscos, é importante compreender quais são os maiores perigos para nosso futuro. Segundo vários especialistas em risco de extinção, as pandemias produzidas em laboratório são a segunda causa mais provável de nossa destruição neste século, logo atrás da inteligência artificial. Enquanto eu escrevia este livro, a Metaculus, plataforma de previsões, calculou em 0,6% a probabilidade de uma pandemia de laboratório matar no mínimo 95% da população até 2100.[55] Especialistas que conheço estabelecem em cerca de 1% a probabilidade neste século de uma pandemia criada em laboratório com potencial de extinção. Em seu livro *The Precipice* [O precipício, em tradução livre], meu colega Toby Ord defende uma probabilidade de 3%.[56]

Ainda que os números exatos sejam incertos, acredito que de jeito nenhum podemos excluir tal possibilidade. E, mesmo que essa probabilidade seja baixa, ainda é alta o suficiente para que a prevenção de tal catástrofe seja uma das maiores prioridades dos nossos tempos. Imagine que você está entrando em um avião e é avisado de que há "apenas" uma chance em mil de o avião sofrer um acidente e de todos a bordo morrerem.[57] Você ficaria tranquilo?

Foi só quando um enorme cometa colidiu com um planeta próximo, criando uma bola de fogo que atingiu mais de trinta mil graus Celsius,[58] que os governos e o público em geral voltaram sua atenção para o risco dos asteroides e cometas. É trágico que possa ser necessário algo tão desastroso quanto a covid-19 para convencer o mundo a prestar mais atenção às pandemias. E a pandemia de covid-19 é suave se comparada com os horrores que novos patógenos produzidos em laboratório podem causar. O mundo acabou tomando uma atitude em relação aos asteroides e cometas. Chegou a hora de fazer o mesmo quanto aos patógenos produzidos em laboratório.[59]

A comunidade longotermista alertou para o perigo das pandemias muitos anos antes da covid-19. Uma das principais fundações longotermistas, a Open Philantrophy, foi uma das poucas no mundo a, antes da covid-19, financiar pesquisas científicas e análises de políticas visando à preparação para as pandemias. Sua primeira doação ocorreu em 2015 e desde então ela doou mais de US$ 100 milhões para essa área. O grupo 80.000 Hours recomenda desde 2016 carreiras voltadas para a preparação para pandemias. Em 2017, jantei com Nicola Sturgeon, primeira-ministra da Escócia, e tive a oportunidade de apresentar a ela uma política. Escolhi a preparação para pandemias, focando nas piores delas. Todo mundo riu, e o anfitrião do jantar, Sir Tom Hunter, brincou que eu estava "deixando todo mundo em pânico".

A guerra entre as grandes potências

A maior mola propulsora de patógenos produzidos em laboratório até hoje foi, sem sombra de dúvida, a Guerra Fria. Em busca de superioridade militar, os soviéticos desenvolveram um programa de armas biológicas que não conseguiu nada além de matar dezenas de russos e expor milhões de outras pessoas ao risco de uma morte pavorosa. Em resumo, quando os povos estão em guerra ou temem a guerra, fazem idiotices.

As guerras são trágicas, não importa onde e quando aconteçam, mas, sobretudo de uma perspectiva longotermista, mais preocupantes ainda são as que lançam os países mais poderosos de sua época – as "grandes potências" – uns contra os outros. Isso apenas em função da magnitude da escala de destruição exigida para provocar a extinção humana ou outros danos irreversíveis para as gerações futuras: uma guerra total entre as maiores e mais tecnologicamente avançadas forças armadas tem mais probabilidade de ultrapassar esse sombrio umbral do que conflitos mais limitados.

Os longotermistas podem, por conseguinte, sentir a tentação de se regozijar com a observação de que os soldados das grandes potências não se enfrentam em batalhas desde o fim da Segunda Guerra Mundial. Essa "Longa Paz" pode sugerir que as guerras entre grandes potências são relíquias do passado, ou ao menos bem menos prováveis atualmente.[60]

Infelizmente, não acho que podemos tomar a Longa Paz como certa. Enquanto reviso este capítulo antes da publicação, a invasão da Rússia à Ucrânia nos lembra que a guerra pode voltar, num piscar de olhos, a regiões onde reinava a paz havia décadas, e que disputas inicialmente mais limitadas podem levar as maiores potências nucleares a um triz de um confronto direto. E há inúmeras razões para acreditar que o risco de uma guerra entre grandes potências nos próximos cem anos ainda está em um nível inaceitável.

Primeiro, parece plausível admitir que para manter a Longa Paz foi necessária uma bela dose de sorte, além de fatores estruturais como o crescimento econômico e a cooperação internacional. Sabemos que os Estados Unidos e a União Soviética estiveram a um passo da guerra durante a Crise dos Mísseis em Cuba, por exemplo. Mas esse realmente não foi o único momento de perigo durante a Guerra Fria. Grandes tensões também surgiram durante as crises de Berlim, a crise de Suez, a guerra de 1973 entre árabes e israelenses, as múltiplas crises no Estreito de Taiwan e as guerras por procuração na Coreia e no Vietnã, assim como nas várias ocasiões em que os sistemas de alarme precoce falharam e enviaram alarmes falsos de ataques nucleares iminentes.[61] A Segunda Guerra Mundial tem sido caracterizada como um imenso azar, em parte, devido à improvável ascensão de Hitler.[62] Mas a paz subsequente também se deveu, em parte, à sorte.[63]

Segundo, mudanças na distribuição do poder militar e econômico global podem aumentar o risco de conflito. A China está prestes a superar os Estados Unidos em uma série de aspectos. De fato, após ajustes relativos ao poder de compra, a economia da China já é maior que a dos Estados Unidos.[64] Os períodos de transição de poder, quando uma superpotência ultrapassa a outra, parecem ser especialmente instáveis, com potências rivais competindo por influência sobre o sistema internacional.[65] Embora uma guerra esteja longe de ser inevitável em tais períodos, e embora muitas transições de poder no passado tenham sido pacíficas, diversas análises acadêmicas descobriram que a proporção de transições que se tornam violentas é preocupantemente alta.[66]

Vários fatores contribuem para a decisão de entrar em uma guerra, mas discordâncias quanto ao *status* relativo e à distribuição de poder político, econômico e militar no sistema internacional podem desempenhar papéis importantes.[67] Acordos de aliança podem atrair países distantes para disputas regionais. Países poderosos e países com um histórico de rivalidade prolongada têm mais chances de entrar em guerra que os demais países.[68]

Os Estados Unidos e a China estão a postos para serem, de longe, os países mais pujantes da próxima década, embora haja consideráveis riscos de guerra também entre outras grandes potências. A Rússia é dona de um enorme arsenal de ogivas nucleares,[69] e seu relacionamento com os Estados Unidos se deteriorou. Há projeções de que a Índia se tornará o país mais populoso do mundo até 2030, podendo ultrapassar a China como maior economia do mundo ainda neste século.[70] Existem também relevantes tensões militares entre a Índia e a China. Enquanto escrevo este livro, leio notícias sobre o confronto no Vale do Galwan em 15 de junho de 2020 – um violento combate entre soldados indianos e chineses em território localizado no alto das montanhas do Himalaia, reivindicado por ambos os países. Os dois países firmaram acordos proibindo o uso de armas de fogo ao longo da fronteira em disputa, de modo que os soldados se atacaram com pedras, bastões e cassetetes enrolados em arame farpado. Mais de vinte pessoas morreram.[71] Um relato sugeriu que "os laços entre os dois países chegaram ao seu ponto mais baixo desde a guerra [sino-indiana] de 1962.[72]

Para ser claro, uma guerra entre grandes potências neste século não é inevitável. Primeiro porque as transições de poder não terminam inexoravelmente em conflito. No século XX, os Estados Unidos sobrepujaram a Grã-Bretanha, e a União Soviética tornou-se uma força importante na Eurásia, sem que esses países entrassem em confronto direto. E a relação Estados Unidos-China, ao menos, não tem algumas das características mais perigosas das rivalidades internacionais. Em particular, os países não fazem fronteira nem disputam um mesmo território, dois fatores importantes para levar os países à guerra.[73] Além disso, suas economias estão entrelaçadas, e hoje ambos estão entre os maiores parceiros comerciais um do outro, o que faz alguns pesquisadores acreditarem que uma guerra seria mais custosa e, por conseguinte, menos provável.[74] Por fim, se os últimos setenta anos de paz foram resultado de mudanças sistêmicas e duradouras na forma como os países se relacionam, então pode ser que a paz perdure. Talvez uma guerra nuclear seja tão destrutiva para todos os envolvidos que não valha a pena correr o risco de provocar uma.[75] Alguns pesquisadores também acham que a perspectiva de empregar armas nucleares parece tão errada que seu uso se tornou um tabu.[76]

Após a invasão da Rússia na Ucrânia, a plataforma de previsões comunitária Metaculus mais que duplicou as probabilidades de uma Terceira Guerra Mundial até 2050, chegando a 23% (segundo sua definição, uma guerra mundial envolve países que representem ou 30% do PIB ou 50% da população mundial e resulta na morte de, no mínimo, dez milhões de pessoas).[77] Se esse risco anual se mantivesse igual para os próximos cinquenta anos, isso significaria que outra guerra mundial antes do final deste século é mais provável que improvável. O que torna isso especialmente inquietante é que o aumento dos gastos militares e as novas tecnologias estão ampliando a capacidade do ser humano para promover guerras. Se as grandes potências entrarem em conflito no futuro, podem mobilizar armas bem mais destrutivas e letais que as usadas na Segunda Guerra Mundial. O potencial de devastação é enorme.[78]

Assim como fumar aumenta o risco de praticamente todos os tipos de câncer, uma guerra entre grandes potências também aumenta os riscos de um conjunto de outros riscos para a civilização. Primeiro, tira recursos de coisas que melhoram a segurança e a qualidade de vida e, segundo, destrói nossa capacidade de cooperação. A Guerra Fria levou a União Soviética à insanidade de um programa secreto de armas biológicas; um novo conflito entre as maiores potências aumentaria a tentação de desenvolver novas armas biológicas de destruição em massa. Mesmo se não levar a um conflito direto e violento, uma nova Guerra Fria também poderia aumentar o risco de uma corrida armamentista de inteligência artificial e, portanto, ampliaria o risco da cristalização de valores negativos ou da tomada de controle por parte de uma inteligência artificial não alinhada. Aumentaria o risco de que armas nucleares fossem usadas, e comprometeria nossa capacidade de cooperação, em âmbito internacional, para lidar com a mudança climática. Em minha opinião, reduzir a probabilidade e a gravidade de uma próxima guerra mundial é uma das maneiras mais importantes de salvaguardar a civilização neste século.

Seria possível a (re)evolução de uma espécie tecnologicamente capaz?

Para a extinção humana ser de grande importância no longo prazo, ela precisa ser altamente persistente, significante e contingente. Sua persistência pode parecer óbvia: se formos extintos, não há como nos recuperarmos disso. Mas existe um contra-argumento que pode ser usado. Mesmo que o fim do *Homo sapiens* seja altamente persistente, talvez o fim da civilização moralmente valiosa não o seja. Em outras palavras, se o *Homo sapiens* fosse extinto, talvez outra espécie tecnologicamente capaz evoluísse e ocupasse nosso lugar.

O último ancestral comum entre o homem e o chimpanzé viveu apenas doze milhões de anos atrás, e foram necessários apenas cerca de duzentos milhões de anos para os humanos evoluírem a partir dos primeiros mamíferos.[79] E faltam ainda, no mínimo, centenas de milhões de anos até a crescente luminosidade do Sol tornar a Terra inabitável para animais do porte do homem. Levando em conta esses fatos, se o *Homo sapiens* fosse extinto e os chimpanzés sobrevivessem, não seria de esperar a evolução dos chimpanzés para uma espécie capaz, em termos tecnológicos, como no *Planeta dos Macacos*, em oito milhões de anos ou menos? Do mesmo modo, ainda que todos os primatas fossem extintos, desde que alguns mamíferos sobrevivessem, não seria de esperar a evolução de uma espécie tecnologicamente capaz dentro de cerca de duzentos milhões de anos? É um período muito longo, mas ainda curto o suficiente para tal evolução ocorrer antes de a Terra deixar de ser habitável.

Esse argumento é demasiado precipitado. Não sabemos quão improváveis foram as principais transições evolutivas, e há motivos para acreditar que algumas delas – inclusive, potencialmente, a evolução de uma espécie tecnologicamente capaz – eram, na verdade, muito improváveis.

Há duas razões para pensar assim. A primeira é baseada no paradoxo de Fermi: segundo esse paradoxo, apesar de existirem no mínimo centenas de milhões de planetas rochosos na zona habitável da galáxia, e apesar de nossa galáxia ter 13,5 bilhões de anos,[80] fornecendo bastante tempo para uma civilização interestelar se espalhar por toda a galáxia, não temos provas da existência de vida extraterrestre. Se a galáxia é tão vasta e tão antiga, por que não está apinhada de alienígenas?

Uma das respostas é que teria ocorrido algo excepcionalmente improvável em nossa história evolucionária.[81] Talvez os planetas propícios à existência de vida sejam, de fato, extremamente raros (talvez precisem estar numa zona segura na galáxia, ter placas tectônicas, uma lua grande e a composição química correta), ou certos passos no caminho da formação da Terra, quatro bilhões e meio de anos atrás, até a evolução do *Homo sapiens* eram excepcionalmente improváveis.[82] Passos potencialmente improváveis incluem a criação dos primeiros replicadores a partir de matéria inorgânica; a evolução de células simples em complexas, dotadas de um núcleo e mitocôndrias; a evolução da reprodução sexuada; e quem sabe até a evolução de uma espécie, como a *Homo sapiens*, distinta dos outros primatas por ser dotada de extraordinária inteligência, ser hipercooperativa, ser capaz de evoluir culturalmente e de dominar a fala e a linguagem.[83] Uma pesquisa recente realizada por meus colegas do Future of Humanity Institute sugere que, quando levarmos em consideração na proporção correta nossa incerteza acerca de quão improváveis essas transições evolutivas podem ter sido, na verdade não será tão surpreendente que o universo esteja vazio, apesar de ser tão vasto.[84]

A segunda razão para acreditar na grande improbabilidade de uma ou mais das transições evolutivas em nosso passado é o tempo que o *Homo sapiens* demorou para evoluir. Considere o seguinte: vamos supor que, para um planeta semelhante à Terra, seriam necessários, em média, um trilhão de trilhão de anos a partir do esfriamento do planeta até a evolução de uma espécie capaz de criar uma civilização. Se isso for verdade, o que esperaríamos ver em nosso passado? Bem, esperaríamos que ele fosse quase exatamente igual a como ele foi realmente: teríamos evoluído bem perto do fim da vida habitável na Terra. Como apenas cerca de cinco bilhões de anos se passaram desde o esfriamento da Terra até o final do período no qual ela pôde sustentar a vida, não há como termos conseguido evoluir exceto por uma baita sorte.[85] Uma vez que veríamos as mesmas escalas temporais de história evolutiva se a transição de um planeta como a Terra para uma espécie tecnologicamente capaz precisasse de cinco bilhões de anos ou de um trilhão de trilhão de anos, simplesmente não podemos inferir quão provável ou improvável foi essa transição.

Não sabemos ao certo atualmente quantas transições evolutivas extremamente improváveis ocorreram em nosso passado. Algumas pesquisas sugerem entre três e nove "passos difíceis" no caminho para a evolução de formas de vida avançadas.[86] Mas as investigações relativas a esse assunto foram muito limitadas, e o número real pode muito bem ser mais alto ou mais baixo.[87] E não sabemos quão improvável foi a produção pela evolução biológica de uma espécie capaz de criar uma civilização, mesmo depois de mamíferos ou primatas terem evoluído. Com base no nosso conhecimento atual, a ocorrência do passo evolutivo que levou dos mamíferos até uma espécie capaz de erigir civilizações pode ter sido astronomicamente improvável.

Portanto, não podemos ter certeza de que, caso a civilização humana acabe, outra espécie tecnologicamente capaz acabaria ocupando o nosso lugar. E, mesmo que estimemos em 90% a chance de surgimento dessa nova espécie, isso apenas reduziria por um fator de dez o risco de uma catástrofe de grande magnitude causar o fim permanente da civilização: o risco ainda seria grande o bastante para que sua redução seja uma prioridade moral urgente.

Ademais, se algum passo em nossa história evolucionária foi extremamente improvável, pode não haver nenhuma outra forma de vida de grande inteligência em outro lugar do universo afetável, e talvez nunca haja. Se isso é verdade, então nossas ações são de significância cósmica.

Com grande raridade vem grande responsabilidade. Por treze bilhões de anos, o universo conhecido foi desprovido de consciência; não havia nenhuma entidade tal que, parafraseando Thomas Nagel, *fosse algo ser como ela mesma*. Há cerca de quinhentos milhões de anos, isso mudou, e as primeiras criaturas conscientes evoluíram: a centelha de uma nova chama. Mas essas criaturas não tinham consciência de ter consciência; não conheciam seu lugar no universo, e não podiam sequer começar a compreendê-lo. E então, meros poucos milhares de anos atrás, ao longo de pouco mais de um décimo de milionésimo do tempo de vida do universo até agora, desenvolvemos a escrita e a matemática, e começamos a investigar a natureza da realidade.

Hoje como nos séculos vindouros, enfrentamos ameaças capazes de acabar conosco. E, se errarmos, não haverá remédio. O autoconhecimento do universo pode se perder para sempre, e, dentro de poucas centenas de milhões de anos, a centelha breve e tímida da consciência que flamejou por um tempo seria extinta para todo o sempre. O universo pode retornar por toda a eternidade para o estado que ocupou durante grande parte de seus primeiros treze bilhões de anos: frio, vazio, morto.

A extinção não é a única forma pela qual a civilização pode chegar ao fim. Pode ser que algum desastre não mate todo mundo, mas provoque o colapso da civilização e nunca nos recobremos. Examinarei essa possibilidade a seguir.

CAPÍTULO 6

COLAPSO

A queda dos impérios

Em 100 d.C., existiam dois grandes impérios no mundo, ambos aproximadamente com a mesma extensão territorial e número de habitantes. Juntos, abarcavam mais da metade da população mundial.[1] Discutimos um deles, a dinastia Han, no Capítulo 4: o império que cristalizou o confucionismo como principal ideologia chinesa por mais de dois mil anos. O outro foi o Império Romano, cujo destino foi bem diferente.

Se você fosse o imperador romano no ano 100 d.C., teria se considerado o governante do suprassumo do avanço tecnológico, jurídico e econômico. E disporia de material suficiente para defender sua visão. Seu império desfrutava de benefícios como aquecimento central e vidros duplos, que isolavam seus banhos públicos.[2] Usava um concreto que, em muitos aspectos, era mais durável que o concreto usado hoje.[3] Construía estruturas imponentes como o Coliseu, capaz de acomodar mais de cinquenta mil pessoas, e o Circo Máximo, uma arena para corridas de biga com capacidade para 150 mil pessoas.[4]

Você controlava uma área maior que a atual União Europeia,[5] apesar de não ter meios de transporte modernos, como estradas de ferro ou aviões, ou comunicação tecnológica moderna. Sua economia, complexa e sofisticada, contava com alto grau de divisão de trabalho, um sistema bancário e comércio internacional entre continentes; mercadores percorriam seu império vendendo bens e divulgando conhecimento.[6]

POPULAÇÃO DE ROMA

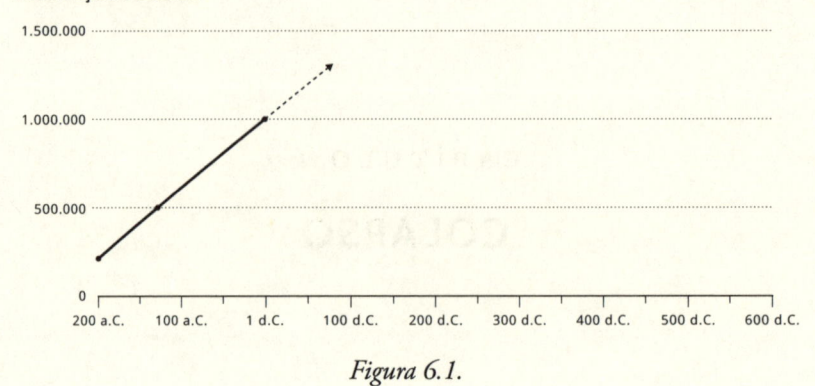

Figura 6.1.

Havia até uma historicamente rara classe média – em torno de 10% da população – e mobilidade social ascendente, como as sátiras ironizando as bobagens dos "novos ricos" evidenciam.[7] Mesmo camponeses sob seu governo tinham acesso a bens úteis, como cerâmicas de alta qualidade e telhados revestidos.[8]

A prosperidade do Império Romano se reflete no crescimento da população de Roma, a primeira cidade da história a alcançar um milhão de habitantes (ver Figura 6.1).[9]

Na República Romana, o preço do crescimento de Roma foi o sangue de seus cidadãos e vizinhos. Entre 410 a.C. e 101 a.C., Roma passou mais de 90% do tempo em guerra.[10] Após a formação do Império Romano em 27 a.C., contudo, Roma viveu dois séculos de crescimento tanto em termos populacionais como em qualidade de vida. A cidade era forte e estável. Na época, tinha-se a impressão de que a prosperidade da cidade, embalada por avanços tecnológicos e de governança, duraria por muito tempo.

Não foi o que aconteceu. Para ilustrar isso, vamos dar uma nova olhada no gráfico da população de Roma, mas em uma linha do tempo ampliada (ver Figura 6.2).

No século V, a cidade de Roma foi saqueada duas vezes por tribos germânicas nômades: em 410 d.C., pelos visigodos, e em 455 d.C., pelos vândalos.

Ao tomar conhecimento do saque de Roma de 410 d.C., São Jerônimo disse: "A luz mais brilhante do mundo inteiro se extinguiu; com

POPULAÇÃO DE ROMA, CONTINUAÇÃO

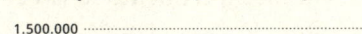

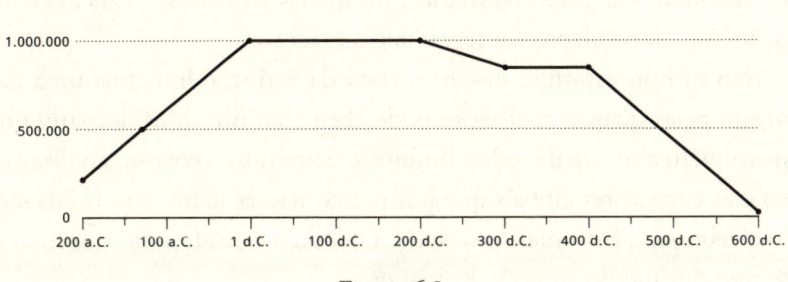

Figura 6.2.

efeito, a cabeça foi cortada do Império Romano. Para ser mais sincero, o mundo inteiro morreu com uma Cidade. Quem teria acreditado que Roma, construída a partir de tantas vitórias em todo o mundo, cairia; de modo que seria tanto a mãe quanto o túmulo de todos os povos".[11]

Ainda que, na época, Roma já não fosse o centro do poder imperial no Império Romano do Ocidente, o declínio da cidade no século V simbolizou vividamente quanto o Império Romano do Ocidente enfraquecera.[12] Poucas décadas depois, todo o Império Romano do Ocidente ruiu. A população de Roma minguou para apenas trinta mil pessoas, permanecendo mais ou menos nesse patamar por séculos, e só ultrapassou de novo o apogeu de sua população 1,4 mil anos depois, na década de 1930.[13] Na realidade, foi só no início do século XIX que *qualquer* cidade europeia ultrapassou a população de Roma em seu antigo apogeu.[14]

Então por que o Império Romano do Ocidente caiu? Uma análise feita em 1984 descobriu que os historiadores sugeriram nada menos que 210 causas distintas para a queda do Império Romano do Ocidente.[15] Muitos historiadores modernos concordam com a narrativa básica do declínio romano: instituições deficientes; disputas internas de poder por posições políticas e extração de excedentes; corrupção e fragilidade econômica; pressão de invasores externos; e crescente impacto nefasto de pragas e mudança climática.[16]

Devido à dificuldade de administrar um império gigante com tecnologia e comunicação pré-modernas, não surpreende que o Império

Romano tenha acabado desmoronando, e o mais pertinente seria perguntar por que ele sobreviveu por tanto tempo.[17] Com efeito, o tempo de vida médio de uma civilização é de apenas 340 anos.[18] Para as civilizações locais, o colapso é a regra, não a exceção.

No último capítulo, discuti o risco da extinção humana, uma das formas pelas quais a civilização pode chegar ao fim. Mas desastres que provoquem a morte de todos são muito extremos; o colapso civilizacional e as catástrofes globais que por pouco não acabam com todos são, possivelmente, bem mais prováveis. Poderia o mundo hoje enfrentar o mesmo destino do Império Romano?

Usarei a expressão "colapso civilizacional" para me referir a um evento no qual a sociedade perca a capacidade de criar a maior parte da tecnologia industrial e pós-industrial. Se houver uma boa probabilidade de tal colapso ser permanente, então o risco de colapso civilizacional poderia ser ainda mais relevante no longo prazo que o de extinção. Então, cabe perguntar: qual é a probabilidade de uma catástrofe que não leve à extinção provocar o colapso da civilização, e, nesse caso, qual seria a probabilidade de recuperação?

A resiliência histórica da civilização global

As evidências históricas sugerem que a civilização humana tem sido surpreendentemente resiliente após catástrofes. A primeira coisa a ter em mente é quão diferente um colapso global e permanente da civilização seria em relação aos colapsos civilizacionais históricos. A queda do Império Romano do Ocidente é um exemplo particularmente dramático de colapso civilizacional histórico. Mas, mesmo que o mais poderoso império da Europa tenha ruído, a Europa não ficou despovoada por completo. Na verdade, o governo romano foi suplantado pelos visigodos, vândalos, ostrogodos, francos, bretões e saxões.

Ainda assim, a sofisticação tecnológica e a qualidade de vida despencaram em queda livre após a derrocada de Roma. A Grã-Bretanha foi um caso extremo: no século V, o uso da escrita evaporou e todas as habilidades romanas de construção desapareceram.[19] Construções de pedra, alvenaria e ladrilhos cederam lugar às de madeira e palha.[20]

No entanto, esse declínio tecnológico e cultural não foi permanente. Foi das cinzas do Império Romano do Ocidente, séculos depois, que brotaram a Renascença, a Revolução Científica, a Revolução Industrial e o Iluminismo. Com efeito, nos relatos de vários influentes historiadores econômicos, a comparativa fragmentação política da Europa após a queda de Roma explica, em parte, por que as Revoluções Científica e Industrial ocorreram lá e não na China.[21]

Além disso, até hoje, todos os colapsos civilizacionais históricos foram regionais. Quando o Império Romano do Ocidente entrou em colapso, algumas das outras importantes civilizações da época – tais como as dinastias do Norte e do Sul na China, o Império Aksum na Etiópia, os Três Reinos da Coreia, Teotihuacán no México, a civilização maia na América Central, a dinastia Sassânida no atual Irã e o Império Gupta na Índia[22] – permaneceram praticamente inalteradas, e, para começo de conversa, muitas nem sequer conheciam o Império Romano. Não obstante a perda de seu aliado ocidental, o Império Romano do Oriente, ou Bizantino, sobreviveu por mais mil anos.

De fato, mesmo crises descomunais não conseguiram desviar a civilização global de seu curso. Nos últimos sessenta anos, período para o qual dispomos de mais dados, o PIB mundial só diminuiu em apenas um ano e só um punhado de vezes, sempre se recuperando por completo em dois ou três anos.[23] Nem mesmo está claro se a população diminuiu durante a pandemia de gripe espanhola em 1918, na qual de dezessete milhões a cem milhões de pessoas morreram.[24] Embora a Segunda Guerra Mundial tenha sido a mais letal de toda a história, não provocou o declínio da população global.[25] A última vez que a população global chegou perto do declínio, por um período de décadas, foi durante o que alguns historiadores chamam de "Crise Geral".[26] Durante esse período do século XVII, quase tudo deu errado: guerras importantes na Europa, China e Índia, entre elas a Guerra dos Trinta Anos e o colapso da dinastia Ming; o massacre de povos nativos americanos pelo colonialismo europeu; o surgimento do tráfico negreiro transatlântico; e a chamada "Pequena Era do Gelo", quando as temperaturas na Europa despencaram, levando à fome.[27] A perda global de população pode ter sido grande: na primeira metade do século XVII, segundo algumas estimativas, a população chinesa despencou em torno de 40%, enquanto a

Alemanha e algumas áreas da França perderam de 20% a 45% de suas populações.[28] Ainda assim, apesar dessas crises, em 1700, a população mundial era maior do que antes da Crise Geral.

Uma vívida ilustração da resiliência histórica das sociedades vem da Peste Negra, uma pandemia de peste bubônica no século XIV que se espalhou pelo Oriente Médio e pela Europa. A Peste Negra foi basicamente disseminada por pulgas infectadas transportadas mundo afora por ratos nos navios cargueiros que fugiam da invasão mongólica da Crimeia. A Peste Negra pode ter sido a catástrofe natural mais mortal da história, quando calculada em termos da porcentagem da população mundial perdida. Entre 25% e 50% dos europeus morreram, e o Oriente Médio também foi terrivelmente afetado.[29] No total, cerca de um décimo da população global perdeu a vida, em meio a terríveis sofrimentos.[30]

Se qualquer evento natural tivesse contribuído para o colapso da civilização, seria de esperar que fosse esse. Mas, não obstante a enorme quantidade de vidas humanas perdidas e os sofrimentos atrozes provocados pela Peste Negra, no longo prazo, a pandemia pouco impactou negativamente o desenvolvimento tecnológico e econômico europeu. O tamanho da população da Europa voltou a seus patamares pré-pandemia dois séculos depois; a expansão colonial europeia prosseguiu e a Revolução Industrial teve início apenas quatro séculos depois.[31]

Outros exemplos de notável resiliência social são mais recentes. Podemos considerar, por exemplo, o bombardeio atômico à cidade japonesa de Hiroshima em 1945. A bomba lançada pelos Estados Unidos era 1,5 mil vezes mais potente do que qualquer outra já usada.[32] A bola de fogo no núcleo da explosão chegou a vários milhares de graus Celsius em um décimo de milésimo de segundo, antes de incendiar todos os materiais inflamáveis em um raio de cerca de dois quilômetros.[33] Noventa por cento das construções da cidade foram ou parcialmente incineradas ou reduzidas a escombros.[34] Estimativas iniciais sugeriram a morte de setenta mil pessoas antes do final de 1945, enquanto as mais recentes calculam esse número em 140 mil.[35] De tão violento, o calor da explosão branqueou degraus, calçadas e paredes e as pessoas incineradas pela explosão deixaram sombras escuras. Uma pessoa, que se acredita ser uma mulher chamada Mitsuno Ochi, deixou uma sombra nos degraus do Banco do Japão, hoje preservada no Museu do Memorial da Paz de Hiroshima, numa exposição conhecida como a Sombra Humana da Morte.[36]

Antes de conhecer a história de Hiroshima após o bombardeio, eu imaginaria que, mesmo hoje, a cidade seria um deserto nuclear, pouco além de ruínas cheias de fumaça – a sombra de Mitsuno Ochi em escala urbana. Mas nada pode estar mais longe da verdade.[37] Apesar da enorme perda de vidas e da destruição da infraestrutura, a eletricidade voltou em algumas áreas em um só dia, em 30% das casas em duas semanas, e em todas as casas não destruídas pela explosão em quatro meses.[38] O serviço ferroviário, embora limitado, voltou a operar um dia depois do ataque, um serviço de bondes voltou a operar em três dias, as bombas de água voltaram a funcionar em quatro dias, e as telecomunicações foram restauradas em certas áreas em apenas um mês.[39] O Banco do Japão, a apenas 380 metros do centro da explosão, reabriu dois dias depois.[40] A população de Hiroshima retornou a seu nível pré-destruição em uma década.[41] Hoje, é uma cidade moderna e próspera, com 1,2 milhão de habitantes.[42]

Essa impressionante recuperação após uma destruição incomensurável atesta a resiliência do povo de Hiroshima e das cidades vizinhas. Mas Hiroshima não foi a única. Embora a reconstrução tenha sido mais lenta em Nagasaki após o bombardeio, a história é basicamente a mesma: em menos de uma década, Nagasaki ultrapassou sua antiga população e hoje é uma cidade próspera. E um estudo mais abrangente sobre as bombas lançadas nas cidades japonesas durante a Segunda Guerra Mundial sugere que essa recuperação ocorreu em vários outros lugares. Dezenas de cidades japonesas tiveram pelo menos metade de suas construções destruídas pelo fogo.[43] No entanto, elas logo recuperaram o tamanho, a produção econômica e mesmo a proporção de indústrias específicas.[44]

Um estudo semelhante sobre as cidades vietnamitas após a Guerra do Vietnã chegou à mesma conclusão. A Guerra do Vietnã foi palco do mais intenso bombardeio aéreo de toda a história: a Força Aérea dos Estados Unidos lançou sobre o Vietnã três vezes o peso das bombas usadas na Segunda Guerra Mundial. Mas, curiosamente, os autores do estudo não encontraram impactos do bombardeio nas taxas de pobreza local, níveis de consumo, infraestrutura, índices de alfabetização ou densidade populacional 25 anos após o fim da guerra.[45]

Às vezes, argumenta-se que, porque o mundo moderno é tão complexo e interdependente, ele então é frágil e que, se uma única escora for perdida, a estrutura inteira cairá em efeito dominó. Mas essa noção negligencia a surpreendente garra, adaptabilidade e engenhosidade das pessoas diante da adversidade. Essa adaptabilidade pode ser vista mesmo quando uma área atingida por um desastre é isolada do resto do mundo, impossibilitando-a de receber ajuda de outros lugares. Por exemplo, quando as forças armadas da Sérvia sitiaram Goražde, na Bósnia, entre 1992 e 1995, a cidade perdeu grande parte de sua infraestrutura e ficou isolada da rede elétrica nacional. Contudo, os moradores de Goražde improvisaram geradores hidrelétricos usando alternadores fora de uso para atender às suas necessidades básicas de energia.[46] Num caso ainda mais extremo, após o colapso da União Soviética, que era a única fornecedora de equipamentos e suprimentos agrícolas de Cuba, o país perdeu todo e qualquer acesso a combustíveis fósseis, fertilizantes, pesticidas e maquinário agrícola e, em poucos anos, seus estoques se esgotaram. Em resposta, Cuba implementou um programa emergencial para criar quatrocentos mil bois que substituiriam o maquinário industrial, evitando, assim, a fome generalizada.[47]

Conseguiríamos nos recobrar de catástrofes extremas?

Talvez, contudo, o registro histórico seja um guia equivocado para nossa resiliência em relação a futuras catástrofes. Afinal, não temos exemplos históricos de catástrofes globais nas quais mais de 20% da população mundial tenha sido eliminada. Agora, contudo, com as armas nucleares, temos a capacidade de matar uma parcela bem maior da população, e as armas biológicas avançadas tornarão essa capacidade ainda maior. Se houvesse uma catástrofe de uma magnitude sem precedentes, a sociedade entraria em colapso? E, se sim, conseguiria um dia se recobrar?

Examinarei essas questões explorando o impacto potencial de uma guerra nuclear total, embora minha análise também se aplique a outras catástrofes, entre elas as armas biológicas.

No bombardeio a Hiroshima e Nagasaki, foram usadas armas mais de 1.500 vezes mais potentes que os mais potentes explosivos da época.

Entretanto, comparadas aos arsenais nucleares de que dispomos hoje, seu poder destrutivo era minúsculo. As bombas lançadas em Hiroshima e Nagasaki eram atômicas, derivadas da fissão de núcleos de urânio ou plutônio; em contrapartida, a primeira bomba H a usar a energia liberada pela fusão de isótopos do hidrogênio para produzir hélio foi desenvolvida em 1952 e era quinhentas vezes mais potente.[48] A maior bomba testada produziu uma explosão equivalente a cinquenta milhões de toneladas – mais de três mil vezes a da bomba lançada em Hiroshima.[49] Ao mesmo tempo, o estoque global de armas nucleares aumentou milhares de vezes: de duas em 1945 para mais de quarenta mil em 1967. O poder destrutivo total das armas explosivas, por conseguinte, aumentou a um ritmo espantoso no decorrer de apenas duas décadas, a grande maioria delas fabricada pelos Estados Unidos e pela União Soviética.[50]

Seria um erro inferir que, porque uma guerra nuclear total nunca aconteceu, foram poucas as chances de que isso pudesse ter ocorrido. Na verdade, não ocorreram por um triz, e não uma, mas algumas vezes. Durante a Crise dos Mísseis em Cuba, John F. Kennedy previu uma chance "entre um em três e um em dois" de uma guerra nuclear total.[51] Em 1979, os centros de comando norte-americanos detectaram a aproximação de um grande número de mísseis nucleares, o que os levou a iniciar o preparo para o contra-ataque. Mas, quando os comandantes seniores verificaram os dados para confirmar o ataque, não detectaram qualquer evidência de mísseis. Após mais investigações, perceberam que uma fita de treinamento destinada a simular ataques nucleares soviéticos tinha sido acidentalmente ligada nas telas do centro de comando. Apenas quatro anos depois, durante um período de intensificação das tensões entre os Estados Unidos e a União Soviética, um alarme falso semelhante ocorreu em um centro de comando soviético depois de um sistema de alerta antecipado soviético detectar a aproximação de cinco mísseis nucleares.[52] O oficial em serviço, Stanislav Petrov, não acreditava que um primeiro ataque norte-americano envolveria apenas cinco mísseis nucleares, e, não encontrando evidência de rastros de vapor dos mísseis, concluiu se tratar de uma falha no sistema de alarme. Reportou, de forma acertada, o aviso como alarme falso. Se Petrov não tivesse agido assim, o protocolo soviético era lançar um contra-ataque, embora não se possa assegurar que os superiores de Petrov teriam acreditado que não se tratava de um alarme falso.

Felizmente, os estoques totais de americanos e russos, desde seu auge em 1986, é sete vezes menor. Mas ainda são bem altos: restam 9.500 ogivas nucleares.[53] E, comparado aos orçamentos totais para defesa, o custo de produção de novas ogivas nucleares é bem baixo. Caso recomeçassem as sérias tensões militares entre Estados Unidos e Rússia, ou surgissem novas tensões militares entre outras potências nucleares como Estados Unidos e China, ou Índia e Paquistão, os arsenais nucleares poderiam sofrer aumento expressivo.[54]

Uma guerra nuclear total mataria potencialmente uma porcentagem muito maior da população mundial do que qualquer outra catástrofe jamais vista. O número de mortes chegaria a dezenas ou centenas de milhões.[55] Pior ainda, alguns modelos sugerem que uma guerra de tal magnitude poderia resultar em um "inverno nuclear": se a fuligem das cidades em chamas se erguesse a uma altura suficiente para atingir a estratosfera, as temperaturas médias globais cairiam 8 °C e só retornariam ao normal depois de dez a vinte anos.[56] Isso impossibilitaria o cultivo de alimentos em quase todo o Hemisfério Norte por vários anos. A agricultura ainda seria viável em grande parte dos trópicos e do Hemisfério Sul, apesar de prejudicada pela redução da chuva em vários lugares.[57] Alguns defendem que isso poderia levar à fome generalizada, potencialmente colocando bilhões de pessoas sob o risco de inanição.[58]

Para sermos mais objetivos, vamos considerar o que para mim seria o pior cenário nuclear, no qual 99% da população mundial morre após uma guerra nuclear total, restando apenas cerca de oitenta milhões de pessoas. Talvez isso não seja um exagero se o estoque de armas se expandir muito e elas se tornarem muito mais potentes, ou se outras armas, como as biológicas, também forem usadas. Usando minha definição de colapso civilizacional como um evento no qual a sociedade perde a capacidade de criar quase toda a tecnologia industrial e pós-industrial, podemos agora tentar responder à primeira pergunta: se 99% da população morresse, a civilização entraria em colapso?

Tendo em vista que, até recentemente, essa pergunta era pouco investigada, encomendei um relatório acerca do assunto a Luisa Rodriguez, pesquisadora do Rethink Priorities, que acabou entrando para a minha equipe. Luisa não se encaixa no estereótipo típico de uma *prepper* – alguém preocupado e preparado para eventuais catástrofes. Filha de um socialista que fugiu de El Salvador e obteve asilo político nos Estados Unidos, durante a maior parte de sua vida ela trabalhou em assuntos típicos para um membro da esquerda dotado de consciência social: ainda adolescente, quis ser voluntária de um Corpo de Paz como os avós, e na universidade oscilou entre seguir a carreira de médica com especialização em doenças infecciosas e trabalhar em uma organização de desenvolvimento internacional sem fins lucrativos. Agora, Luisa possui uma pequena reserva de ferramentas de sobrevivência: sementes crioulas, pois muitas das plantas cultivadas em fazendas modernas são híbridas e não garantem a transmissão das características desejáveis para a próxima geração; um isqueiro automático, pois é difícil fazer fogo; e um gerador de energia movido a manivela. Num encontro à noite com seu parceiro, os dois criaram um plano de sobrevivência para o caso de um apocalipse, marcando até um local onde se encontrar se todas as infraestruturas de comunicações entrarem em pane. Achei estranhamente romântico.

Apesar disso tudo, Luisa demonstra bastante otimismo em relação à continuidade da civilização em face de uma catástrofe. Compartilho desse otimismo com ressalvas: *provavelmente* a sociedade não entraria em colapso. Mas é difícil ter absoluta certeza, e, quando há tanta coisa em jogo, o risco de não nos recobrarmos deveria ser levado muito a sério.

Várias razões para o otimismo advêm dos exemplos de sociedades pós-catástrofes que acabamos de discutir, como a Europa depois da Peste Negra, Hiroshima e Cuba. Ainda que diante de enormes catástrofes locais, a sociedade se recobrou de modo admiravelmente rápido.

Existem também razões específicas para acreditar que a civilização não entraria em colapso caso 99% das pessoas morressem. Muito da infraestrutura física, tais como prédios, ferramentas e máquinas, seria preservado e poderia ser usado após a catástrofe. Do mesmo modo, a maior parte do conhecimento seria preservada, na mente dos sobreviventes, em armazenamentos digitais e em bibliotecas: há dois milhões e seiscentas mil bibliotecas no mundo, e centenas de milhares localizadas em países que não têm armas nucleares nem alianças com países que as possuam.[59] Habilidades essenciais também permaneceriam: ainda que uma catástrofe extinguisse 99% da população mundial, a chance de haver entre os sobreviventes um número inferior a cem engenheiros aeronáuticos, trabalhadores de usinas de energia nuclear, químicos orgânicos ou engenheiros de telecomunicações é quase nula. Dois bilhões de pessoas trabalham atualmente na agricultura, das quais uma considerável parcela em pequenas fazendas de subsistência, então seria extremamente improvável perdermos todo o conhecimento relacionado à agricultura.[60]

Por último, qualquer catástrofe em grande escala acarretaria impactos bem distintos. Como todos os países com armamento nuclear estão no Hemisfério Norte, os impactos de um inverno nuclear seriam mais restritos no Hemisfério Sul; e, como os oceanos retêm calor, as áreas costeiras seriam bem menos afetadas.[61] Para a costa da América do Sul ou da Austrália, um inverno nuclear resultaria num verão cerca de 5 °C mais frio que o normal,[62] o que seria ruim, mas administrável. Do mesmo modo, se armas biológicas fossem usadas, algumas nações insulares sem envolvimento no conflito teriam mais capacidade que outros países de se defenderem fechando suas fronteiras. (Com frequência, quando os piores cenários de desastres são analisados, a Nova Zelândia tende a sair relativamente ilesa, motivo pelo qual tantos *preppers* bilionários compram propriedades no país.)[63] Então, quando imaginamos um mundo no qual 99% das pessoas morreram, não deveríamos imaginar uma situação uniforme em todo o mundo; pelo contrário, alguns países seriam devastados, e outros, em termos comparativos, ficariam intactos.

Isso aumenta a chance de recuperação total do planeta. Esses países que não seriam diretamente afetados, talvez a Austrália e a Nova Zelândia, manteriam suas populações, infraestruturas, conhecimento básico e instituições políticas e civis intactas. E poderiam ser autossuficientes: a produção de comida da Austrália e da Nova Zelândia já supera em muito a quantidade de alimentos necessários para sustentar sua população; ademais, ambas possuem grandes reservas de combustível fóssil.[64] Mesmo na esteira de um desastre sem precedentes, a civilização não seria extinta.

Para uma análise crítica desse argumento, pensemos na última vez que a população mundial foi de cerca de oitenta milhões de pessoas, mais ou menos 2500 a.C.[65] Naquela época, ainda que a civilização global fosse bem menos sofisticada tecnologicamente do que agora, ela não se encontrava à beira do colapso; em suma, acho que um mundo pós-catástrofe estaria em melhores condições do que o mundo em 2500 a.C., levando-se em conta o conhecimento, o capital físico e as instituições desenvolvidas nos últimos 4,5 mil anos.[66]

Agora voltemos à segunda pergunta. Suponha uma catástrofe que resultasse no colapso absoluto da civilização global e só nos deixasse a tecnologia existente na era pré-industrial. Talvez as considerações feitas nos parágrafos anteriores contenham alguns erros, e uma guerra que matou 99% da população de fato seja suficiente para o colapso civilizacional total. Ou, quem sabe, outra catástrofe ainda mais séria ocorra, eliminando 99,99% da população mundial e deixando vivas apenas dezenas de milhares de pessoas. Nesse caso, perderíamos a agricultura; e, se a perdêssemos, conseguiríamos um dia recuperá-la? Ou permaneceríamos no estágio de caça e coleta ou no das sociedades agrícolas por milhões de anos, até um desastre natural como a colisão com um asteroide acabar conosco?

Em parte pelas razões mencionadas acima, é difícil encontrar motivos para a agricultura cessar após um colapso. Se a população mundial encolhesse para oitenta milhões, é grande a probabilidade de que sobreviventes em número suficiente dominassem a agricultura. Da última vez que a população foi de oitenta milhões, em 2500 a.C., a revolução agrícola já estava adiantada. Mesmo que a população global caísse para dezenas de milhares, ainda é provável que alguns dos sobreviventes tivessem conhecimentos agrícolas. E mais, estaríamos em uma situação bem melhor para manter a agricultura, em comparação com as pessoas em 2500 a.C. Levamos milhares de anos para domesticar plantas silvestres a fim de torná-las mais adequadas para a exploração agrícola, selecionando devagar (e, basicamente, de modo descuidado) as plantas cujas colheitas eram mais produtivas. A diferença entre as plantas domesticadas modernas e seus ancestrais selvagens é de fato extraordinária. Por exemplo, o milho que comemos hoje é cerca de dez vezes maior que seu ancestral silvestre, o teosinto.[67] Da mesma forma, o ancestral silvestre da melancia tinha metade de seu atual tamanho, tinha a carne esbranquiçada, e seu sabor era bem menos doce que o das melancias modernas, enquanto o ancestral silvestre do tomate moderno era ligeiramente maior que uma ervilha.[68] O acesso a essas plantas domesticadas nos deixaria em situação bem melhor que a dos primeiros agricultores.

Isso não significa que a produção agrícola atingiria de imediato os altos patamares atuais.[69] As safras modernas dependem, em grande parte, de produtos industriais como fertilizantes, inseticidas e pesticidas sintéticos. Sem esses produtos, muitas lavouras seriam perdidas para ervas daninhas e pragas. Ademais, muitas plantas domesticadas são híbridas, ou seja, produzidas pelo cruzamento de duas linhagens geneticamente puras para criar uma variedade de alta produtividade.[70] As variedades híbridas perdem as propriedades desejáveis ao longo das gerações. Se houvesse uma interrupção na agricultura, algumas importantes variedades de algumas de nossas culturas básicas, em particular o milho e, em menor medida, o arroz, estariam provavelmente perdidas.[71] Entretanto, muitas variedades de nossas culturas básicas, incluindo a maioria das variedades de trigo e grãos de soja, bem como muitas de arroz, não são híbridas, portanto provavelmente sobreviveriam.[72]

Outro fator-chave seria que, dependendo da catástrofe, as condições climáticas de longo prazo que parecem ser necessárias para a agricultura ainda existiriam. A agricultura foi desenvolvida no mínimo dez vezes ao longo da história, em diferentes épocas e lugares.[73] Os arqueobotânicos encontraram evidências de que sociedades na Mesopotâmia domesticaram o trigo, a cevada, o centeio e o figo entre 11000 a.C. e 8000 a.C. A domesticação da abóbora pelos povos da América do Sul e da América Central aconteceu de modo independente mais ou menos na mesma época, em 8000 a.C. Passados três mil anos, Papua-Nova Guiné domesticou a batata-doce, a banana e o inhame. Isso aconteceu repetidas vezes, entre sociedades que nunca se cruzaram, com lavouras inteiramente distintas, a milhares de anos de distância.[74] Isso aconteceu quando saíamos da última era do gelo para um período mais quente, no qual ainda vivemos, conhecido como Holoceno.

A razão pela qual o Holoceno é favorável à agricultura é sua temperatura quente, de modo que as geadas não destroem as plantações; além do mais, os níveis de dióxido de carbono são mais elevados, o que é bom para a produtividade agrícola; e é estável em termos climáticos.[75] Caso ocorresse um colapso, provavelmente a temperatura, em virtude das mudanças climáticas, sofreria um aumento de 1 °C a 3 °C em relação às atuais. Contudo, parece improvável que isso faça muita diferença: em geral, são os ambientes frios e com baixas taxas de dióxido de carbono que tornam a agricultura quase impossível, e não os climas quentes e com altas taxas de dióxido de carbono.

Parece bastante provável que a agricultura sobreviveria a uma catástrofe ou seria rapidamente revitalizada, mesmo se a população humana total despencasse para dezenas de milhares de pessoas. Então, considerando que a agricultura sobreviveria, haveria chances de uma nova industrialização? Ao contrário do desenvolvimento da agricultura, a Revolução Industrial ocorreu uma vez apenas; talvez as condições que permitiram seu surgimento tenham sido, portanto, altamente contingentes. Contudo, há algumas razões para supor que provavelmente a industrialização também não seria um gargalo.

Primeiro, a Revolução Industrial levou cerca de treze mil anos para acontecer após o primeiríssimo desenvolvimento da agricultura; se a industrialização fosse um evento incrivelmente improvável, seria de esperar que demorasse muito mais tempo.[76] Claro, treze mil anos é muito tempo da perspectiva de uma única vida humana, mas é pouquíssimo da perspectiva de uma espécie: considerando a expectativa média de vida de outros mamíferos ou hominídeos, mesmo após uma grande catástrofe ainda teríamos muitas centenas de milhares de anos pela frente.

A segunda razão para acreditar que voltaríamos a nos industrializar após um colapso civilizacional é que as gerações posteriores a uma catástrofe global estariam em certos aspectos muitos passos adiante de nossos predecessores. Alguns prédios de pedra e concreto durariam centenas de anos.[77] Embora a maioria das ferramentas e máquinas se degradasse em poucas décadas, algumas seriam preservadas em prédios modernos e continuariam funcionais.[78] Mesmo se apenas uma minúscula parcela das ferramentas e máquinas restasse, isso garantiria aos sobreviventes pós-colapso a noção de que tal tecnologia é possível, e eles poderiam aplicar engenharia reversa a algumas das ferramentas e máquinas encontradas. O conhecimento da tecnologia industrial seria preservado em bibliotecas, bem como o conhecimento de noções políticas e econômicas, permitindo que Estados embrionários copiassem políticas bem-sucedidas.

De fato, há evidências de que a industrialização acontece com bastante rapidez (em escalas de tempo históricas) quando existe o conhecimento sobre como industrializar. Uma vez a Grã-Bretanha industrializada, outros países europeus e seus herdeiros ocidentais, como os Estados Unidos, rapidamente seguiram o exemplo; em menos de duzentos anos, quase todo o restante do mundo se industrializou. Isso sugere que o caminho para uma rápida industrialização costuma ser viável para sociedades agrícolas uma vez de posse do conhecimento.

Uma última razão para acreditar na reindustrialização é que haveria fortes incentivos para que as sociedades pós-colapso fizessem isso, como melhorar a qualidade de vida ou conseguir dominar os competidores locais.

Mudanças climáticas

Até aqui, considerei a catástrofe como resultado de guerras ou do vazamento acidental de patógenos produzidos em laboratórios. Mas e as mudanças climáticas – elas poderiam ser responsáveis pelo colapso da civilização global?

Uma das razões para o otimismo é que estamos fazendo grandes progressos em mudança climática: os últimos anos nos deram mais motivos para esperança do que qualquer outra época de minha vida.[79] Segundo a Agência Internacional de Energia, o pico do uso do carvão se deu em 2014 e, no momento, está em declínio estrutural.[80] A principal causa desse declínio, até agora, advém da competição com o gás natural barato,[81] porém uma mudança futura ainda mais fundamental está a caminho. Isso, em grande parte, se deve ao ativismo ambiental, que mudou os prognósticos climáticos de duas maneiras.

A primeira é o aumento da atenção dada para as mudanças climáticas, graças, em parte, ao ativismo dos jovens. Vários líderes decisivos assumiram ambiciosos compromissos climáticos, em especial a China, que planeja zerar as emissões de carbono até 2060, e a União Europeia, que pretende atingir essa meta ainda em 2050; e há um aumento de esforços, no nível dos estados, nos Estados Unidos.[82]

A segunda é o imenso progresso em tecnologias-chave de energia de baixo carbono: solar, eólica e baterias.

Graças às duradouras políticas de apoio de governos ambientalmente motivados, o preço dos painéis solares sofreu um fator de redução de 250 desde 1976, enquanto no custo das baterias de íons de lítio esse fator foi de 41 desde 1991.[83] Apesar de a energia solar e a eólica suprirem apenas cerca de 3% da energia atual, se a queda exponencial no custo persistir, em vinte anos abastecerão uma fração substancial da energia global.[84] Do mesmo modo, nos próximos anos a previsão é de que o preço total dos carros elétricos – incluindo compra, combustível e manutenção – será inferior ao dos carros a gasolina e diesel.[85]

Contudo, não devemos ser complacentes. Há consideráveis chances de nossos esforços de descarbonização ficarem paralisados. Primeiro, o progresso limitado na descarbonização é exacerbado pelo risco de um colapso na coordenação internacional, passível de ocorrer devido às crescentes tensões militares entre as maiores economias mundiais, como discuti no Capítulo 5. A descarbonização é verdadeiramente um problema global: ainda que grande parte das regiões cesse de emitir gás carbônico, as emissões podem perdurar por um longo tempo se uma região decidir não cooperar. Segundo, o risco de uma prolongada estagnação tecnológica, a ser discutida no próximo capítulo, aumentaria o risco de não desenvolvermos a tecnologia necessária para a total descarbonização.

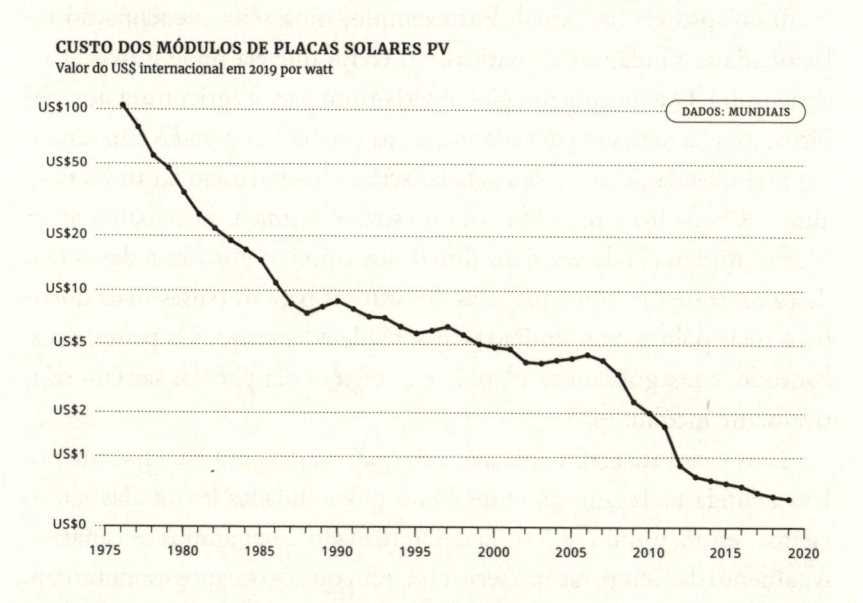

CUSTO DOS MÓDULOS DE PLACAS SOLARES PV
Valor do US$ internacional em 2019 por watt

DADOS: MUNDIAIS

Figura 6.3. Preço médio global dos módulos fotovoltaicos solares (PV), calculados com base no US$ de 2019 por watt (i.e., ajustado para a inflação).

Esses não são riscos mirabolantes; eu classificaria ambos os riscos como próximos de um em três.

Com o propósito de avaliar o colapso civilizacional, vamos examinar o pior cenário climático, de baixa probabilidade, no qual acabaremos queimando todos os combustíveis fósseis disponíveis. (Nas estimativas mais altas, a quantidade chega a três trilhões de toneladas de carbono,[86] ou seja, caso nossas emissões permaneçam nos patamares atuais, isso demoraria cerca de trezentos anos.) Nesse caso, o mais provável é que houvesse um aquecimento de cerca de 7 °C comparado ao período pré-industrial, e há uma chance em seis de um aquecimento de 9,5 °C.[87]

O efeito de uma mudança climática de tal magnitude é difícil de prever. Simplesmente não sabemos como seria o mundo se o aquecimento excedesse os 7 °C; a maioria das pesquisas se concentrou no impacto causado por um aquecimento inferior a 5 °C.[88] O aquecimento de 7 °C a 10 °C provocaria enormes prejuízos aos países tropicais, e muitos países agrícolas pobres seriam atingidos por severos estresses térmicos e secas.[89] Como esses foram justamente os países que menos contribuíram para a mudança climática, isso seria de uma injustiça atroz.

Mas é difícil enxergar como mesmo isso poderia levar diretamente a um colapso civilizacional. Por exemplo, uma séria preocupação relacionada às mudanças climáticas é o efeito que ela pode provocar na agricultura. O aquecimento global seria ruim para a agricultura nos trópicos, mas há margem para adaptação, as regiões temperadas não seriam tão prejudicadas, e as regiões geladas seriam liberadas em latitudes mais altas.[90] O quadro é parecido para o estresse térmico. O trabalho ao ar livre se tornaria cada vez mais difícil nos trópicos por causa das ondas de calor, trazendo consequências desastrosas para os países mais quentes e mais pobres com limitada capacidade adaptativa. Os países ricos, contudo, conseguiriam se adaptar, e as regiões temperadas sairiam relativamente incólumes.[91]

E os ciclos de realimentação, nos quais certo grau de aquecimento leva a ainda mais aquecimento? Duas possibilidades levantadas são os efeitos "estufa úmido" e "estufa descontrolado". Em ambos os cenários, o aumento das temperaturas seria tamanho que os oceanos evaporariam, como ocorreu em Vênus. Mas os modelos existentes sugerem que não é possível a queima de combustíveis fósseis desencadear um efeito estufa descontrolado na Terra.[92] Também parece improvável que possamos desencadear um efeito estufa úmido, mas, se o dióxido de carbono provocasse uma transição para um estado de efeito estufa úmido, as concentrações de dióxido de carbono sofreriam declínio natural ao longo de centenas de milhares de anos, bem antes de a água da Terra evaporar.[93]

Há outros possíveis efeitos cíclicos mais preocupantes. No que, provavelmente, é o mais alarmante estudo científico climático dos últimos anos, um modelo descobriu que, quando as concentrações de dióxido de carbono atingissem cerca de 1.300 partes por milhão, nuvens estratos-cúmulos se dissipariam e o aquecimento ao longo dos anos aumentaria mais 8 °C, além dos 6 °C a 7 °C com os quais já estaríamos convivendo.[94] Se queimássemos três trilhões de toneladas de carbono, as concentrações atmosféricas de dióxido de carbono chegariam a cerca de 1.600 partes por milhão, então esse limiar é alcançável.[95]

Essa pesquisa é controversa e divide os cientistas quanto à sua plausibilidade.[96] Infelizmente, é difícil calcular a magnitude do risco desse tipo de reação, pois as concentrações de dióxido de carbono não ultrapassam 1.300 partes por milhão há pelo menos dezenas de milhões de anos.[97] Entretanto, mesmo uma baixa probabilidade de efeitos de retroalimentação desse tipo deveria nos deixar preocupados. É difícil dizer qual seria o impacto de 8 °C de aquecimento ao longo de poucos anos, e essa questão ainda não foi pesquisada pela comunidade científica. A instabilidade climática costuma ser ruim para a agricultura, mas, segundo minha melhor estimativa, a agricultura global ainda seria possível mesmo diante dessa transição extrema: mesmo com uma elevação de temperatura de 15 °C, o calor não ultrapassaria os limites letais para as colheitas na maioria das regiões.[98] Contudo, não há como saber com exatidão o que aconteceria, pois essa mudança seria muito extrema e sem precedentes. Possíveis pontos de inflexão não lineares como esses são, em minha opinião, a maior ameaça que a mudança climática oferece ao nosso futuro no longo prazo.[99]

Ainda que o aquecimento global não aumente de forma drástica o risco de colapso civilizacional, ele pode dificultar a recuperação de um colapso causado por outro evento, como uma guerra nuclear ou biológica. Pelas razões mencionadas acima, ao que tudo indica, a agricultura ainda seria possível, mesmo se enfrentássemos altos níveis de aquecimento. Mas isso significaria que a civilização industrial teria que ressurgir em um mundo com temperaturas altas jamais existentes em toda a história, o que contribuiria para aumentar a incerteza quanto às nossas perspectivas de recuperação.

É importante lembrar que a mudança climática dura muitíssimo tempo: as temperaturas se manteriam por dez mil anos, só retornando ao normal após centenas de milhares de anos.[100] O período de tempo necessário para que as temperaturas retornassem ao nível atual seria tão extenso que, se a mudança climática atrasasse mesmo a recuperação, quase todas as máquinas, ferramentas e construções se degradariam; quase todos os livros nas bibliotecas teriam se deteriorado, e o conhecimento transmitido de geração a geração poderia ser progressivamente corrompido.[101]

Esgotamento dos combustíveis fósseis

A queima dos combustíveis fósseis resulta em um mundo com temperaturas mais altas, o que pode prejudicar a recuperação civilizacional. Mas também pode torná-la mais difícil simplesmente por esgotar um recurso não renovável que, historicamente, parece ter sido um combustível essencial para a industrialização. Nossos ancestrais pré-industriais dependiam dos músculos dos homens e dos animais e da queima de biomassa, como madeira ou resíduos agrícolas. Tudo mudou no início da Revolução Industrial, que marcou o início de séculos de uma quase desenfreada queima de combustível fóssil. No caminho para a industrialização e para longe da pobreza, os países começam pela queima de prodigiosas quantidades de combustíveis fósseis, iniciando em geral, embora não sempre, com o carvão, e depois mudando para o petróleo e o gás.[102]

Considerando que, historicamente, o uso de combustíveis fósseis é quase como uma lei férrea da industrialização, é plausível que o esgotamento dos combustíveis fósseis possa impedir nossas tentativas de nos recobrarmos do colapso. Apesar de, até agora, os países terem quase sempre se industrializado com combustíveis fósseis, isso ocorreria em um mundo pós-colapso? Na falta de carvão, petróleo e gás, por que não poderíamos ter uma revolução industrial verde? Essa pergunta tem recebido relativamente pouca atenção, e só estou ciente de uma discussão sofisticada sobre ela, feita por Lewis Dartnell, que passou os últimos anos pesquisando como poderíamos nos reerguer após uma catástrofe.[103]

Caso a civilização entre em colapso, talvez consigamos energia de algumas das usinas solares e eólicas remanescentes. Contudo, essa energia duraria pouco. Painéis solares e turbinas eólicas se degradam em poucas décadas. Seria terrivelmente difícil criá-las do zero, já que as cadeias de fornecimento internacionais avançadas, como as fábricas de purificação de silicone necessárias para a construção de painéis solares, teriam sido destruídas. A energia solar e a energia eólica talvez não fornecessem o calor em alta temperatura necessário para várias indústrias fundamentais, como as do cimento, aço, tijolo e vidro.[104] Num mundo pós-colapso, seria muito difícil minerar e transportar combustível nuclear e alimentar, operar e fazer a manutenção de estações de usinas nucleares de tecnologia complexa. Em suma, uma reindustrialização alimentada pela energia nuclear parece improvável.

Um combustível alternativo é o carvão vegetal – a madeira que passou por pirólise, isto é, foi aquecida sem oxigênio a fim de remover a água. Tem aproximadamente a mesma densidade energética do carvão mineral, de modo que pode substituí-lo, além de ser renovável. A siderurgia brasileira, a nona maior do mundo, usa carvão vegetal para gerar altas temperaturas, ou seja, sabemos que pode ser usado em algumas indústrias avançadas. O problema é que não sabemos se seria possível desenvolver novamente turbinas a vapor e motores de combustão interna eficientes, necessários para o aproveitamento da energia do carvão vegetal. Na Revolução Industrial, turbinas a vapor foram usadas a princípio para bombear e extrair mais carvão das minas. Como diz Lewis Dartnell, "As próprias máquinas a vapor eram usadas em lojas de máquinas para construir mais máquinas a vapor. Só depois de máquinas a vapor serem construídas e operadas os engenheiros foram capazes de conceber meios para incrementar sua eficiência e reduzir as demandas de combustível. Conseguiram reduzir seu tamanho e peso, adaptando-as para o uso no transporte ou no maquinário das fábricas. Em outras palavras, houve um ciclo de retroalimentação positivo no âmago da revolução industrial: a produção de carvão, ferro e máquinas a vapor apoiava-se mutuamente".[105]

Foi necessária muita energia de fácil acesso para desenvolver as tecnologias imprescindíveis para a Revolução Industrial. Para repetir o feito, necessitaríamos de enormes quantidades de madeira, o que, por sua vez, exigiria muitas terras. As terras seriam disputadas com a agricultura, que já estaria sobrecarregada para alimentar uma população crescente.

Após avaliar os prognósticos de uma recuperação pós-colapso, Lewis Dartnell conclui que uma revolução industrial sem carvão seria, na melhor das hipóteses, bastante complicada. Essa consideração pode ser de grande importância. Se a probabilidade de uma catástrofe capaz de matar quase toda a população e pôr fim à tecnologia industrial excede em muito a probabilidade de uma catástrofe capaz de provocar a extinção humana, e se o esgotamento dos combustíveis fósseis de fácil acesso reduz em muitos pontos percentuais as chances de nos recuperarmos de uma catástrofe dessas, então o esgotamento dos combustíveis fósseis poderia contribuir em proporções semelhantes tanto para o risco do fim da civilização quanto para o risco de extinção humana.

Se os combustíveis fósseis são potencialmente tão indispensáveis para a reindustrialização, deveríamos indagar: de quanto ainda dispomos? Restam cerca de doze trilhões de toneladas de carbono em combustíveis fósseis, dos quais 93% são carvão mineral. Contudo, apenas uma fração dos combustíveis fósseis é, em última instância, acessível, e outra, ainda menor, de fácil acesso.[106] Os dados referentes ao total de reservas mundiais de carvão são surpreendentemente limitados, mas um estudo elaborado em 2010 apontou para a existência de duzentos bilhões de toneladas de carbono remanescentes no carvão de superfície.[107]

O carvão de fácil acesso seria de especial importância em um mundo pós-colapso, no qual regressássemos à tecnologia pré-industrial. Parte do carvão de superfície pode ser acessada empregando-se pouquíssima escavação e com tecnologias tão simples quanto uma pá. A Europa Ocidental já queimou quase todo o seu carvão de fácil acesso. Grande parte desse tipo de carvão hoje está na China, nos Estados Unidos, na Índia, na Rússia e na Austrália.[108] A mina de carvão North Antelope Rochelle, localizada nos Estados Unidos, a maior do mundo, contém novecentos milhões de toneladas de carvão recuperável de fácil acesso.[109] Essa única mina poderia abastecer as primeiras décadas da reindustrialização.¹¹⁰ A quantidade de carvão de superfície remanescente no mundo seria suficiente para fornecer toda a energia usada entre 1800 e 1980.¹¹¹

Contudo, esses recursos podem não ser eternos. Se a produção de carvão de superfície continuar constante, o carvão recuperável deve durar mais de trezentos anos nos Estados Unidos, duzentos na Rússia e na China, e de cinquenta a cem anos na Índia e na Austrália.¹¹² No momento, a demanda por carvão vem caindo no mundo como um todo, e as leis ambientais vêm sendo intensificadas, então é provável que o carvão de superfície dure mais que isso.¹¹³ Contudo, de um ponto de vista de longo prazo, precisamos levar esses tipos de escala de tempo a sério. Quanto mais esgotarmos esses recursos, mais colocaremos em risco nossas chances de reindustrialização.

Qual é a probabilidade de queimarmos todas essas reservas? Identifico três modos. Primeiro, um colapso civilizacional significaria que, até conseguirmos retomar os níveis de tecnologia modernos, provavelmente queimaríamos quase todos os combustíveis fósseis de fácil acesso restantes. Mesmo se dispusermos de suficientes reservas para nos recobrarmos de um colapso civilizacional uma vez, não teremos o bastante se a civilização entrasse em colapso uma segunda vez. Isso pode não ser tão improvável quanto parece: se a civilização entrar em colapso uma vez, isso sugere que o colapso civilizacional não é extremamente improvável e que pode muito bem ocorrer de novo.¹¹⁴

Em segundo lugar, podemos fracassar nas últimas etapas da descarbonização – a eliminação da quarta parte das emissões que é mais difícil de substituir, como o uso do carvão para fornecer altas temperaturas nas indústrias siderúrgicas e de cimento.¹¹⁵ Para abolir por completo os combustíveis fósseis, necessitamos de uma combinação ideal de energia barata, controlável e de baixo carbono, bem como de combustíveis baratos que não emitam gases de efeito estufa, como o hidrogênio. Embora técnicas inovadoras para aprimorar essas capacidades tenham sido propostas, se vamos chegar lá ainda é uma incógnita.¹¹⁶

Pior, resolver o problema da descarbonização usando uma combinação errada de tecnologias pode ser um tiro pela culatra: o terceiro e último modo de continuarmos a queimar um bocado de combustíveis fósseis é se fizermos amplo uso do processo de captura e armazenamento de carbono. A captura e o armazenamento de carbono envolvem capturar o carbono liberado em fontes como usinas elétricas e enterrá-lo. O carbono também pode ser removido da atmosfera por meio de um processo conhecido como "emissões negativas".

A captura de carbono eliminaria grande parte dos custos ambientais dos combustíveis fósseis (sem, contudo, eliminar os terríveis custos da poluição do ar). Em consequência, antes de mais nada, haveria menos razões para que governos ambientalmente motivados deixassem de usar combustíveis fósseis. Isso é bom no sentido de que reduz os danos provocados pelas mudanças climáticas. Contudo, poderia aumentar bastante o risco de continuarmos queimando combustíveis fósseis indefinidamente, esgotando os recursos de fácil acesso e comprometendo as perspectivas de recuperação no caso de um colapso civilizacional.

Em suma, meu melhor palpite é que a eliminação progressiva de grande parte da queima de combustível fóssil se dará ainda neste século. Contudo, dependendo do que o progresso tecnológico nessa área nos trouxer, ainda acredito em uma significativa chance de continuarmos a queimar carvão e outros combustíveis fósseis por muito tempo. Nesse caso, esgotaríamos um recurso que poderia ser fundamental para uma recuperação após o colapso da civilização.

Conclusão

Uma guerra nuclear total, talvez em combinação com armas biológicas, seria absolutamente devastadora. Contudo, os riscos provocados pelas armas de destruição em massa e por uma possível guerra entre as maiores potências mundiais praticamente desapareceram das principais conversas entre os que lutam por um mundo melhor. Isso me parece ao mesmo tempo impressionante e preocupante. Ainda que, em minha opinião, seja improvável tal catástrofe levar a um colapso civilizacional sem retorno, também é difícil ter extrema confiança de que não levará. Essa dúvida persistente é mais do que suficiente para fazer do risco de um colapso sem retorno uma prioridade-chave longotermista.

Esse risco é consideravelmente exacerbado por nossa continuada queima de combustíveis fósseis. Se fracassarmos na total descarbonização e queimarmos os combustíveis fósseis de fácil acesso, as chances de nos recobrarmos de um colapso civilizacional pioram muito.

A chance de a civilização terminar ainda neste século, quer pela extinção, quer pelo colapso permanente, é alta demais para nos sentirmos confortáveis com ela. Em minha opinião, dar a isso uma probabilidade de ao menos 1% parece razoável. Mas, mesmo que você ache que essa chance é de apenas uma em mil, o risco para a humanidade neste século ainda é dez vezes mais elevado que o de você morrer neste ano num acidente de carro.[117] Se a humanidade for como um adolescente, então ela é daqueles que pisam no acelerador em curvas cegas, bêbados e sem cinto de segurança.

E isso diz respeito apenas aos riscos enfrentados neste século. Se quisermos que a humanidade sobreviva e prospere no longo prazo, precisamos não só reduzir ao máximo os riscos de catástrofe, mas garantir que continuem indefinidamente pequenos. Se a sociedade estagnar em termos tecnológicos, porém, pode permanecer presa a um período de alto risco catastrófico por tanto tempo que a extinção ou o colapso seriam praticamente inevitáveis. Examinarei essa possibilidade no próximo capítulo.

CAPÍTULO 7

ESTAGNAÇÃO

Eflorescências

No século XI, no período conhecido como Idade de Ouro Islâmica, Bagdá era o epicentro do progresso científico mundial.[1] Essa era produziu um surpreendente conjunto de descobertas e inovações: pela primeira vez compreendemos o funcionamento das lentes de aumento, inventamos um dispositivo de elevação de água movido por um rotor, construímos a primeira máquina programável (um autômato tocador de flauta) e descobrimos o primeiro método de decifração de códigos.[2] As palavras "algoritmo" e "álgebra" são ambas provenientes do árabe, e mesmo o sistema numérico hindu-arábico que usamos (1, 2, 3 etc.) foi importado para a Europa no século XIII por Fibonacci, que viajara pelo mundo mediterrâneo com o objetivo de estudar com os principais matemáticos árabes da época.[3] Acredita-se que trabalhos científicos traduzidos do mundo islâmico medieval tiveram um papel fundamental no surgimento da Renascença e da Revolução Científica na Europa.[4]

Contudo, a Idade de Ouro Islâmica não durou: a partir do século XII d.C., a taxa de progresso científico sofreu considerável redução.[5] Há inúmeras explicações para tal fato. Alguns citam a invasão mongol; outros, o papel das Cruzadas; outros, ainda, uma mudança cultural que passou a incentivar o trabalho teológico em detrimento da investigação científica.[6]

A Idade de Ouro Islâmica é um dos exemplos do que o historiador Jack A. Goldstone chama de *eflorescência*: um breve período de avanço tecnológico ou econômico em uma única cultura ou país.[7] Houve muitas eflorescências ao longo da história. A Grécia Antiga pode ser outro exemplo. De 800 a.C a 300 a.C., as condições de vida melhoraram substancialmente, assim como aumentou a expectativa de vida: a casa grega típica cresceu de cerca de 80 metros para 360 metros quadrados e sua construção foi aprimorada.[8] Esse progresso econômico coincidiu com um extraordinário florescimento do progresso intelectual: ainda lemos Platão, Aristóteles, Heródoto, Tucídides e vários outros escritores da Grécia Antiga.

A diferença em relação à era moderna de crescimento é que o avanço tecnológico e o crescimento econômico têm se sustentado, alcançando patamares muito mais altos. Com a Revolução Industrial, o mundo passou a registrar taxas de crescimento e progresso tecnológico sem precedentes, que continuam até nossos dias.

Mas será que isso vai continuar? No Capítulo 4, vimos que existe a possibilidade de que, com a automatização do processo de inovação tecnológica, a inteligência artificial poderia provocar um progresso tecnológico ainda mais rápido que o visto até hoje. Neste capítulo, consideramos a possibilidade oposta. Talvez os futuros historiadores vejam nossa era apenas como uma gigantesca eflorescência que, tal qual as anteriores, foi seguida por estagnação. Minha preocupação aqui não é só com uma desaceleração da inovação, mas com uma quase paralisação do crescimento e uma estagnação do avanço tecnológico.

Embora uma estagnação indefinida me pareça improvável, parece totalmente plausível que ela dure centenas ou milhares de anos – uma espécie de interregno civilizacional. Isso seria de grande importância longotermista por dois motivos. Primeiro, a sociedade que emergisse do interregno poderia ser guiada por valores bem diferentes dos da sociedade atual. Segundo, e mais evidente, um período de estagnação poderia aumentar os riscos de extinção e de colapso permanente.

Para entender esse segundo ponto, considere o que teria acontecido se tivéssemos estacionado na tecnologia da década de 1920. Estaríamos paralisados na dependência dos combustíveis fósseis. Sem inovações em tecnologia verde, teríamos continuado a emitir enormes quantidades de dióxido de carbono. Não apenas seríamos incapazes de interromper o aquecimento global, mas também acabaríamos simplesmente ficando sem carvão, petróleo e gás natural. O nível do avanço tecnológico da década de 1920 era *insustentável*. Sem o progresso realizado nos últimos cem anos, não teríamos capacidade para fazer a transição dos combustíveis fósseis.

Nosso próximo patamar de avanço tecnológico também pode ser insustentável. Podemos ter que enfrentar patógenos de fácil produção e outros meios potentes de destruição sem tecnologia suficiente para nos defendermos deles. Haveria o risco constante de uma catástrofe que pusessem fim à civilização. Se ficássemos estagnados nesse patamar insustentável por muito tempo, tal catástrofe seria essencialmente inevitável. Portanto, para salvaguardar a civilização, é preciso nos certificarmos de superar esse nível insustentável e chegarmos a um ponto no qual teremos tecnologia para nos defendermos efetivamente de tais riscos catastróficos.

A ideia da sustentabilidade costuma ser associada à tentativa de reduzir o crescimento econômico. Mas, se um determinado *nível* de avanço tecnológico é insustentável, então isso deixa de ser uma opção. Seremos como alpinistas escalando a face de um penhasco íngreme sem cordas ou arnês, correndo significativo risco de despencar. Em uma situação como essa, parar não é a solução; isso apenas nos deixaria exaustos e acabaríamos caindo. Ao contrário, precisamos continuar a subir: só ao alcançarmos o pico estaremos a salvo.[9]

O progresso tecnológico está diminuindo?

Os dados econômicos sugerem que o progresso tecnológico já está diminuindo. Para calcular a taxa do progresso tecnológico, podemos examinar o que os economistas chamam de "produtividade total dos fatores". Apesar do termo complexo, a ideia é simples. Há duas maneiras de aumentar a produção econômica. Primeira, os insumos podem aumentar graças a um número maior de pessoas trabalhando, ou as pessoas poderiam comprar e usar mais equipamentos, ou mais recursos naturais. Segunda, podemos aumentar nossa capacidade produtiva com os mesmos insumos. A produtividade total dos fatores mede essa capacidade e representa o avanço tecnológico. Para ilustrar, pense em quantas calorias de alimento você consegue produzir em apenas um acre de terra (um insumo fixo): graças aos fertilizantes e às técnicas agrícolas modernas, a produção atual é bem superior à de toda a história e, historicamente, os agricultores produziram muito mais do que os caçadores e coletores conseguiam.

Quando os economistas mediram isso, descobriram que a taxa de crescimento da produtividade total dos fatores nos Estados Unidos vem, no geral, declinando ao longo dos últimos cinquenta anos.[10]

Também em termos qualitativos, as taxas de progresso tecnológico parecem ter desacelerado. Para entender isso, considere um experimento mental do historiador econômico Robert Gordon.

Imagine que você é um típico habitante dos Estados Unidos em 1870.[11] Você mora numa propriedade rural e produz você mesmo a maior parte da sua comida e das suas roupas. Suas únicas fontes de luz são velas, óleo de baleia e lamparinas de gás, se tiver sorte. Se for homem, enfrenta um trabalho físico extenuante, às vezes desde os doze anos de idade. Se for mulher, enfrenta a labuta incessante das donas de casa: um dos cálculos descobriu que, em 1886, "uma dona de casa típica da Carolina do Norte carregava água de oito a dez vezes por dia... Ao longo de um ano, andava mais de 120 quilômetros carregando água".[12] Você depende de cavalos para se locomover. Em grande medida, sua vida se passa em isolamento: o telefone ainda não existe, e o serviço postal não chega à sua propriedade. A expectativa de vida no nascimento é de 39 anos,[13] e as formas modernas de lazer são desconhecidas. A construção mais alta na cidade de Nova York é um campanário de igreja.

Agora, suponha que, certa manhã, você desperte e cinquenta anos se passaram; o ano é 1920. Sua qualidade de vida está melhorando rápida e drasticamente. A eletricidade já avançou, chegando a quase metade dos lares norte-americanos. Se você tiver a sorte de ter eletricidade, a luz que ela produz é dez vezes mais forte que a luz das lamparinas de querosene que a precederam, e cem vezes mais forte que a luz das velas que precederam estas últimas. As pessoas estão começando a usar telefones, o que permite a comunicação instantânea.

CRESCIMENTO DA PRODUTIVIDADE TOTAL DOS FATORES
% por ano

DADOS: ESTADOS UNIDOS

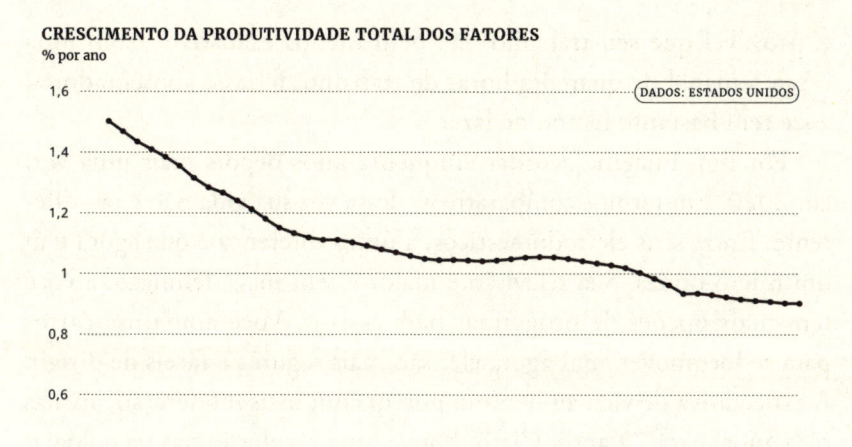

Figura 7.1. Tendência suavizada da produtividade total dos fatores trimestral nos Estados Unidos (TFP, sigla em inglês). O crescimento da TFP nos Estados Unidos vem desacelerando ao longo dos últimos cinquenta anos.

Carros produzidos em massa começam a substituir os cavalos, e quase um terço da população é dona de um carro. A expectativa de vida agora aumentou dezesseis anos, passando para 55 anos. As chances de você contrair cólera ou febre tifoide são bem menores, graças à desinfecção rotineira da água potável. Arranha-céus começam a ser erguidos na cidade de Nova York.

Agora, suponha que você acordou cinquenta anos depois mais uma vez, em 1970. Como um habitante típico dos Estados Unidos, mais uma vez constata uma enorme diferença em sua vida. Quase todas as casas finalmente têm um vaso sanitário dentro de casa. Você mora numa grande casa nos subúrbios, com fogão a gás, geladeira e aquecimento central. Sua família tem dois carros, e, se quiser, você pode dar a volta ao mundo de avião. Tem televisão, e nela acabou de ver o homem pousando na Lua. Você dispõe de penicilina e novas vacinas, como a vacina contra a poliomielite; a expectativa de vida é, mais uma vez, aumentada em mais dezesseis anos, ou seja, 71 anos.

É provável que seu trabalho seja bem menos exaustivo. Com uma carga semanal de quarenta horas de trabalho, férias e aposentadoria, você tem bastante tempo de lazer.

Por fim, imagine acordar cinquenta anos depois mais uma vez, em 2020. Em termos comparativos, dessa vez sua vida não é tão diferente. Entre seus eletrodomésticos, a única diferença é que agora tem um micro-ondas. Sua televisão é maior e tem mais definição, e você tem mais opções de programas para assistir. Você ainda usa carros para se locomover, mas agora eles são mais seguros e fáceis de dirigir. A expectativa de vida aumentou, porém com mais moderação, apenas oito anos, para 79 anos. Claro, houve uma revolução nas tecnologias de informação e comunicação – agora você dispõe de computadores e internet, de *tablets* e celulares. Mas o progresso tecnológico com impactos significativos sobre sua vida ficou confinado quase exclusivamente a essas esferas.

De 1870 a 1970, houve extraordinários avanços em uma ampla variedade de indústrias. Dentre elas, as de tecnologias de informação e comunicação como telefone, rádio e televisão, mas também avanços em muitos outros setores, como transporte, energia, construção e medicina. Desde 1970, houve um progresso substancial nas tecnologias de informação e comunicação, mas em todas as outras indústrias o progresso foi comparativamente incremental. Desde 1970, o ritmo do progresso parece ter desacelerado.

O economista Tyler Cowen argumenta que a redução do crescimento é terrível para uma perspectiva de longo prazo.[14] Reduções na taxa de crescimento econômico, diz ele, seriam muitíssimo nocivas para as gerações futuras. Por exemplo, suponha que a taxa de crescimento a longo prazo diminua de 2% a 1,5% ao ano. Essa diferença será gigantesca para as pessoas daqui a cem anos; a população será cerca de 40% mais pobre sob uma taxa de crescimento de 1,5% do que seria sob uma taxa de crescimento de 2%.

Tabela 7.1. Diferentes mudanças no padrão de vida nos Estados Unidos

	1870	1920	1970	2020
Renda *per capita* (dólar em 2011)	US$ 4.800	US$ 10.200	US$ 24.000	US$ 55.300
Expectativa de vida (em anos)	39	55	71	79
Altura do edifício mais alto de Nova York (em metros)	85,65	241,40	448,67	541,33
Tempo de uma viagem transcontinental	Carroça: mais de 5 meses Diligência: mais de 25 dias Ferrovia transcontinental (concluída em 1869): 6 dias	Ferrovia: 3 dias	Avião a jato: ½ dia	Avião a jato: ½ dia
Porcentagem de casas com água encanada	< 20%	~55%	98%	> 99%
Porcentagem de famílias com luz elétrica	0%	35%	99%	> 99%
Comunicação	Serviço postal, telégrafo (só 5% das cidades)	Telefone em 35% dos lares	Telefone em 90% dos lares, e bem mais barato	Celular, internet
Entretenimento e informação	Jornais	Cinema (ainda mudo). Rádio no final da década de 1920	TV	Internet
Número anual de horas trabalhadas por trabalhador	3.100 (~60 horas/semana)	2.500	1.900 (~40 horas/semana)	1.750

Nota: para as fontes dos dados, ver whatweowethefuture.com/notes.

Contudo, de uma perspectiva realmente de longo prazo – pensando em termos de milhares ou milhões de anos ou mais –, esse argumento perde força, pelo simples fato de o crescimento econômico exponencial não poder perdurar indefinidamente. Como sugeri no Capítulo 1, se as taxas atuais de crescimento se mantivessem por dez mil anos apenas, teríamos que começar a produzir um valor trilhões de vezes mais elevado do que a nossa produção atual para cada átomo ao nosso alcance. Mas isso parece impossível. Em algum ponto, o crescimento econômico deve se estabilizar.

TRÊS MODOS DE MELHORAR O FUTURO

Figura 7.2. No longo prazo, a importância de garantir a sobrevivência e aprimorar nossa trajetória suplanta a importância de acelerar o progresso, presumindo que a aceleração não modifica a situação de longo prazo à qual chegaremos.

Mas, se for assim, então acelerar ou desacelerar a taxa de crescimento econômico mundial não significa fazer uma mudança contingente na trajetória da civilização no longo prazo. Para ilustrar isso, suponha que, a uma taxa de crescimento de 2% ao ano no longo prazo, chegaríamos à estabilização do crescimento econômico em mil anos. Se, em vez disso, passarmos por um século de crescimento mais lento – digamos, de apenas 1,5% ao ano –, alcançaríamos essa estabilização econômica em 1.025 anos.[15] O mundo seria mais pobre do que teria sido por 1.025 anos, mas nosso destino seria o mesmo, e não haveria qualquer diferença no resultado econômico mundial durante todo o tempo subsequente.

Uma mera desaceleração no progresso tecnológico provavelmente não faria uma diferença enorme na trajetória de longo prazo da civilização. Mas um período de *estagnação*, em que quase não houvesse progresso durante séculos ou milênios, seria um assunto bem mais sério.

Qual a probabilidade da estagnação?

Quando os economistas discutem o crescimento econômico, costumam considerar escalas de tempo de no máximo poucas décadas. Estamos interessados em escalas mais longas – e aí somos confrontados com um amplo leque de possibilidades. Talvez não seja muito sensato apenas extrapolar as tendências dos últimos cem anos. Assim como o crescimento no ano 2000 foi muito diferente do crescimento em 1700, o de 2300 pode ser muito diferente do atual. Alguns economistas especialistas em teoria do crescimento, como o professor de Stanford Chad Jones, desenvolveram um trabalho pioneiro considerando escalas de tempo mais longas.[16] Em seus modelos, tanto o crescimento maior que o exponencial quanto o próximo de zero surgem muito naturalmente e deveriam ser levados a sério como possibilidades.[17]

Por que o crescimento declinaria para perto de zero? Em resumo, o argumento é o seguinte: quase todos os economistas concordam que, no longo prazo, o crescimento econômico é conduzido pelo progresso tecnológico.[18] Mas, conforme obtemos progresso tecnológico, pegamos a fruta do galho mais baixo, e o progresso se torna inerentemente cada vez mais difícil. Até agora, lidamos com isso engajando muito mais gente para lidar com o problema. Em comparação com poucos séculos atrás, existem hoje muito, muito, mas muito mais pesquisadores, engenheiros e inventores. Mas essa tendência vai necessariamente acabar: simplesmente não podemos continuar aumentando a parcela da força de trabalho dedicada à pesquisa e ao desenvolvimento, e projeta-se que o tamanho da força de trabalho global vai chegar ao auge e então começar a declinar exponencialmente até o final deste século.[19] Nessa situação, nossos melhores modelos de crescimento econômico preveem que o ritmo da inovação vai cair a zero e o nível de avanço tecnológico vai estacionar.[20]

Examinemos as diferentes partes desse argumento com mais detalhes. Primeiro, depois de realizarmos certa quantidade de avanço científico e tecnológico, acelerar o progresso se torna mais fácil ou difícil? Intuitivamente, a resposta é indefinida; tanto pode ser uma como a outra, pois há dois efeitos competindo. Por um lado, "estamos sobre os ombros de gigantes": as descobertas anteriores podem facilitar o progresso futuro. A invenção da internet, por exemplo, facilitou em muito minhas pesquisas para este livro, muito mais do que seria possível no passado. Por outro lado, "colhemos o fruto do galho mais baixo": fazemos as descobertas mais fáceis primeiro, de modo que as que restam são mais difíceis. Você só pode inventar a roda uma única vez, e uma vez isso feito, é mais difícil encontrar outra invenção tão importante.

Apesar da relevância de ambos os efeitos, quando examinamos os dados, é o último efeito, "colher o fruto do galho mais baixo", que predomina. De modo geral, o progresso obtido no passado dificulta o progresso futuro.

É fácil entender isso em termos qualitativos ao examinar a história das inovações. Considere a física. Em 1905, seu "ano miraculoso", Einstein revolucionou a física descrevendo o efeito fotoelétrico, o movimento browniano, a teoria da relatividade restrita e sua famosa equação, $E = mc^2$. Ele tinha 26 anos na época e fez tudo isso enquanto trabalhava como funcionário de um escritório de patentes. Em comparação com a época de Einstein, o avanço na física hoje é bem mais difícil de ser alcançado. O Grande Colisor de Hádrons custa cerca de US$ 5 bilhões, e milhares de pessoas trabalharam em seu projeto, construção e operação.[21] Graças a ele, foi possível descobrir o bóson de Higgs – uma descoberta valiosa, certamente, mas pequena e marginal se comparada às contribuições de Einstein.[22]

Num artigo recente intitulado "Are Ideas Getting Harder to Find?" ["As ideias estão ficando mais difíceis de serem encontradas?", em tradução literal], economistas de Stanford e da London School of Economics (LSE) analisaram esse fenômeno quantitativamente.[23] Examinando dados econômicos de muitos setores e empresas, além dos agregados, descobriram a mesma coisa: o progresso se torna cada vez mais difícil. Com base nos números deles, para dobrar nosso índice geral de avanço tecnológico, precisamos dedicar às pesquisas, em números conservadores, quatro vezes mais do que foi necessário para a duplicação anterior.[24] Para ilustrar isso, suponha (de modo simplista) que, a princípio, foram necessárias dez pessoas-ano de "pesquisa" para dobrar o nível mundial de avanço tecnológico: para passar de como saber fazer um machado de pedra para a confecção de um machado e uma lança.[25] Para chegar à próxima duplicação do progresso tecnológico, seriam necessárias quarenta pessoas-ano de pesquisa. A próxima duplicação demandaria 160 pessoas-ano, depois 640 pessoas-ano, em seguida 2.560 pessoas-ano, e assim por diante.

Há quem diga que esses dados sobre as ideias se tornarem cada vez mais difíceis de encontrar são apenas um reflexo do fato de que as instituições científicas se tornaram mais burocráticas e menos eficientes.

Mas tais ordens de magnitude são grandes demais. É implausível que as instituições científicas tenham se tornado mais de quarenta vezes menos eficientes desde a década de 1930, ou mais de quinhentas vezes desde 1800 – só assim seria possível explicar os dados desse jeito.[26] Antes, é provável que os progressos adicionais se tornem inerentemente mais difíceis à medida que mais progressos são alcançados.

No decorrer do último século, o progresso tecnológico permaneceu relativamente constante, apesar de estar desacelerando. Manter esse progresso é resultado de um número de equilibrismo: a cada ano, aumenta a dificuldade de novos avanços, mas todo ano aumentamos exponencialmente o número de pesquisadores e engenheiros. Por exemplo, nos Estados Unidos, o esforço de pesquisa é vinte vezes mais alto hoje do que na década de 1930.[27] O número de cientistas em todo o mundo dobra a cada duas décadas, de modo que pelo menos três quartos de todos os cientistas de todas as épocas estão vivos hoje.[28] Por enquanto, o crescimento exponencial do número de pesquisadores compensou o fato de o progresso se tornar mais difícil ao longo do tempo.

Assim, para pensar se somos capazes de sustentar o progresso tecnológico, temos que pensar se somos capazes de manter o crescimento exponencial do número de pesquisadores. Considere que existem duas formas de fazer isso. A primeira é aumentar a parcela da população dedicada à pesquisa. De fato, é o que vem sendo feito, de modo que essa tem sido a fonte da maioria do avanço tecnológico norte-americano nas últimas décadas. O crescimento, alavancado pela tecnologia, da renda *per capita* dos Estados Unidos subiu em média 1,3% ao ano. Um ponto percentual inteiro desse crescimento resulta do aumento da parcela da população dedicada a P&D (pesquisa e desenvolvimento) e do aprimoramento na alocação de talentos, por exemplo, reduzindo a discriminação de gênero e raça.[29]

A segunda forma de aumentar o número de pesquisadores é aumentar a força de trabalho total: em resumo, aumentando a população. Nas últimas décadas, o crescimento populacional contribuiu em cerca de 0,3% para a taxa de crescimento *per capita* alavancada tecnologicamente nos Estados Unidos.[30]

Historicamente, aumentar o tamanho da população tem sido um fator importante nas taxas de progresso tecnológico. Como o economista

Michael Kremer, ganhador do prêmio Nobel, observou, o puro e simples tamanho da população parece explicar grande parte do desenvolvimento comparativo no longuíssimo prazo de diferentes regiões geográficas. Com o final da mais recente era do gelo em 10000 a.C., cinco regiões do mundo ficaram mutuamente isoladas entre si: os continentes eurasiano e africano, as Américas, a Austrália, a Tasmânia e a Ilha Flinders.[31] Em 1500 d.C., o avanço tecnológico entre eles divergia drasticamente. Quanto mais populosa a região em 10000 a.C., mais complexa a tecnologia em 1500 d.C. A Eurásia exibia a tecnologia mais complexa, seguida das Américas, com cidades, agricultura e as civilizações asteca e maia. A Austrália ocupava uma posição intermediária, enquanto a Tasmânia apresentou pouco desenvolvimento tecnológico e a população da ilha de Flinders desapareceu completamente.[32] Quanto maior a população, maiores as oportunidades de as pessoas inventarem novas ferramentas e técnicas – mais mentes significavam mais invenções. E, uma vez inventada uma ferramenta, essa inovação se difundia por toda parte.

Um dos efeitos das novas tecnologias foi possibilitar que as pessoas produzissem mais calorias por acre de terra. Isso permitiu um número maior de habitantes em determinada região, o que significou ainda mais oportunidades de inventar novas ferramentas e técnicas, o que, por sua vez, possibilitava uma população ainda maior, ou seja, um ciclo de retroalimentação. Com o passar do tempo, o resultado foi o crescimento explosivo da população mundial: de apenas poucos milhões em 10000 a.C. para algumas centenas de milhões no ano 1 d.C., para um bilhão em 1800, e quase oito bilhões hoje.[33]

Por muito tempo, observamos um acúmulo gradual de tecnologia e de população mediante esse ciclo de retroalimentação. O progresso tecnológico deslanchou de modo particularmente vigoroso durante e após a Revolução Industrial, pois começamos a dedicar uma fração bem maior dos esforços da sociedade à ciência e à tecnologia.[34]

Contudo, tampouco deveríamos esperar a continuação das duas tendências já mencionadas – um aumento cada vez maior da população, da qual uma fração cada vez mais dedicada à pesquisa. Esta última tendência *não pode* continuar infinitamente pelo simples fato de que no máximo 100% da população pode trabalhar em pesquisas. Atualmente, cerca de 5% do PIB dos Estados Unidos é dedicado a P&D.[35] Talvez possa chegar a 20%, ou até mais, mas atingiríamos o limite prático muito antes do máximo teórico de 100%.

A tendência de um aumento sempre crescente da população também parece ter estagnado. Segundo as Nações Unidas, a população mundial deve se estabilizar em 2100, e pesquisadores da Universidade de Washington preveem que o pico acontecerá ainda mais, seguido de um declínio[36] motivado pela queda vertiginosa das taxas de fertilidade em todo o mundo (ver Figura 7.3). À medida que as pessoas enriquecem, preferem ter menos filhos (ver Figura 7.4).[37] Isso vem ocorrendo há tempos nos países ricos. A taxa de fertilidade atual é de 1,5 filho por mulher na Alemanha, 1,4 no Japão e, em média, 1,7 nos Estados Unidos, na China e nos países de alta renda.[38] Em consequência, a população ativa nesses países agora está começando a atingir o auge e a declinar.[39] Tendência semelhante é observada nos países mais pobres. Hoje, a taxa de fertilidade na América do Sul é de pouco menos de 2, enquanto a taxa de fertilidade na Índia é de 2,2.[40] A África é o único grande continente onde ainda se estima um significativo crescimento da população neste século – mas, com o enriquecimento gradual dos países africanos, suas taxas de fertilidade provavelmente também vão diminuir, como em todos os outros lugares.[41]

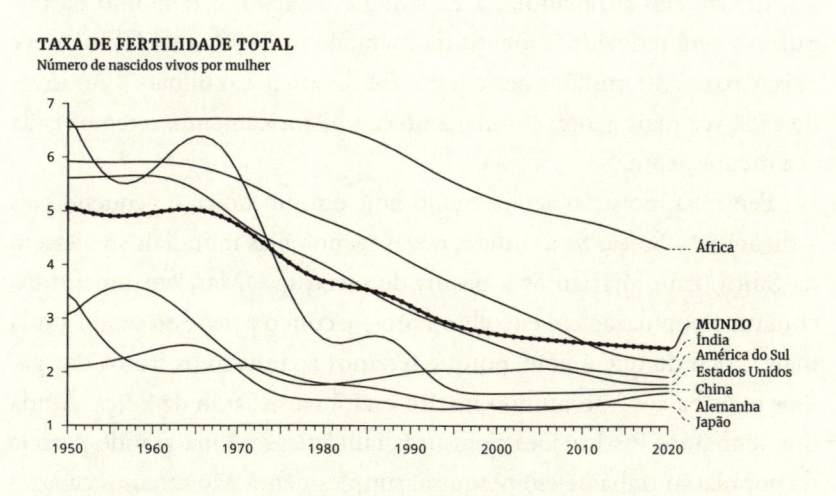

Figura 7.3. A taxa de fertilidade vem diminuindo em todo o mundo.

NÚMERO DE FILHOS POR MULHER *VS.* PIB *PER CAPITA*
Nascidos vivos por mulher

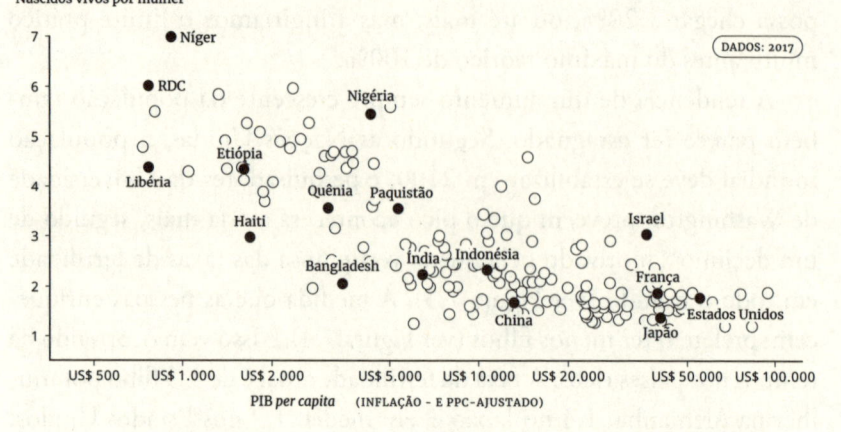

Figura 7.4. Filhos por mulher e renda per capita (ajustada segundo diferenças de preço entre os países); dados referentes a 2017.

Não é só que a população mundial cessará de crescer. Na verdade, o mundo pode estar caminhando para um declínio exponencial da população.[42] Como as taxas de fertilidade estão declinando em todos os lugares do mundo, não estão parando nas taxas de reposição – um pouco acima de dois filhos por mulher. Pelo contrário, estão diminuindo ainda mais, ficando abaixo do nível de reposição.[43] Estima-se que em 23 países, dentre eles a Tailândia, a Espanha e o Japão, o tamanho da população será reduzido a menos da metade em 2100; a da China deve baixar para 730 milhões nesse período, do atual 1,4 bilhão.[44] Ao invés de cada vez mais gente, como aconteceu historicamente, teremos cada vez menos gente.

Pense na inovação acontecendo hoje em um único e pequeno país – digamos, a Suíça. Se as únicas novas tecnologias mundiais só viessem da Suíça, caminharíamos a passos de tartaruga. Mas, em um futuro com uma população em encolhimento – e com o progresso sendo ainda mais difícil do que é hoje, porque teremos apanhado os frutos dos galhos mais baixos –, o mundo inteiro estará na situação da Suíça. Ainda que tenhamos instituições científicas fantásticas e uma grande parcela da população trabalhe em pesquisa, simplesmente não seremos capazes de gerar muitos avanços.

Um crescente número de pesquisadores e engenheiros de países de baixa renda, mas crescimento alto, e uma crescente parcela da população trabalhando em P&D em países de alta renda poderiam potencialmente aumentar o número de pesquisadores e engenheiros por um fator de doze ou algo assim.[45] Talvez fosse o suficiente para mais um século de progresso tecnológico. Mas, depois disso, tanto o progresso tecnológico quanto o crescimento econômico ficarão praticamente paralisados.

Você pode imaginar que, diante da desaceleração do progresso tecnológico, os governos tomariam as rédeas para solucionar o problema. Mas isso parece difícil. Primeiro, eles poderiam tentar colocar mais gente para trabalhar em P&D, por exemplo, aumentando os recursos das universidades. Talvez seja possível obter alguns ganhos aprimorando a eficiência dos órgãos de concessão de subsídios e outras instituições científicas nacionais. Porém, lembre-se de que cada duplicação do avanço tecnológico requer aproximadamente quatro vezes mais esforço de pesquisa; portanto, meras reduções da burocracia só nos levarão até certo ponto antes que quase toda a população esteja trabalhando em pesquisas.

Os governos poderiam tentar aumentar o tamanho da força de trabalho criando incentivos para as pessoas terem mais filhos. Contudo, os dados disponíveis sugerem que isso é muito difícil de fazer. Muitos países europeus concedem amplos benefícios para crianças, mas suas taxas de fertilidade tendem a ser ainda inferiores às dos Estados Unidos. O governo húngaro tem dedicado 5% de seu PIB a subsídios de incentivo à fertilidade. Por exemplo, mães com quatro ou mais filhos recebem isenção vitalícia do imposto de renda.[46] Ainda assim, a Hungria só conseguiu um aumento da taxa de fertilidade de cerca de 1,3 para 1,5.[47] Apesar de ser um aumento considerável, está longe de sequer atingir a taxa de reposição populacional. Mesmo os patamares húngaros de subsídios para a fertilidade não seriam suficientes para evitar a estagnação.

Por fim, poderíamos evitar a estagnação se desenvolvêssemos tecnologias revolucionárias em tempo hábil. Poderíamos desenvolver a inteligência artificial geral (AGI) que pudesse substituir a força de trabalho humana – inclusive os pesquisadores.[48] Isso nos permitiria aumentar o número de "pessoas" trabalhando em P&D com a mesma facilidade com que atualmente aumentamos a produção do último iPhone. Se chegarmos à AGI antes de estagnarmos, então a estagnação no longo prazo não será um problema: ao contrário, como discuti no Capítulo 4, deveríamos então esperar um avanço bem mais rápido do progresso tecnológico, e nos preocuparíamos, em vez disso, com a possibilidade da cristalização de valores. Apesar de acreditar numa chance significativa de desenvolvermos a AGI ainda neste século, não devemos ter confiança total nisso – pode ser que a AGI se revele muito difícil.[49]

Os avanços em biotecnologia poderiam fornecer outro caminho para reiniciar o crescimento. Se cientistas com o nível de capacidade de pesquisa de Einstein fossem clonados e treinados desde pequenos, ou se os seres humanos fossem geneticamente concebidos para possuir mais capacidade para a pesquisa, talvez isso pudesse compensar a redução da população e manter o progresso tecnológico. Mas, além das dúvidas quanto à viabilidade tecnológica, provavelmente haverá proibições regulatórias e rígidas normas sociais contra o uso dessa tecnologia – sobretudo contra as formas mais radicais, que seriam necessárias para multiplicar em número expressivo os esforços de pesquisa efetivos. A clonagem humana já está ao nosso alcance em termos tecnológicos, mas, como sociedade global, decidimos não continuar a usá-la – o que talvez seja mesmo melhor, pois a clonagem humana poderia aumentar, de modo plausível, o risco da cristalização de valores negativos.[50]

Em resumo, se não desenvolvermos e implementarmos tecnologias inovadoras em tempo hábil, e nem virmos uma nova explosão demográfica, não parece provável que seremos capazes de continuar quadruplicando o esforço de pesquisa. Nesse caso, a estagnação parece provável.

Quanto tempo duraria a estagnação?

Se entrarmos numa fase de estagnação, quanto tempo ela duraria? Já vimos que reiniciar o crescimento pode ser bem difícil: há um limite para a redução da burocracia científica e o aumento da parcela da população dedicada à pesquisa, e já se provou pouco producente o incentivo do governo a famílias mais numerosas. Nesse caso, então, a estagnação tecnológica continuará indefinidamente pelo futuro?

Para mim, isso parece possível, mas improvável. A consideração-chave é que sair da estagnação exige apenas que um país, em determinado momento, seja capaz de reiniciar o progresso tecnológico sustentado. E, se houver uma diversidade de sociedades, com culturas e acordos institucionais em evolução ao longo do tempo, então parece provável que uma delas consiga reiniciar o crescimento.

Já vimos a ocorrência dessa dinâmica na história econômica. A Idade Média, na Europa, foi um longo período de estagnação. Um estudo da Inglaterra, onde temos os melhores dados, mostra que o crescimento produtivo, uma medida do progresso tecnológico, foi literalmente zero de 1250 (data em que começam os dados) até 1600.[51] Mas essa estagnação não perdurou.

De modo semelhante, ainda que o mundo entre em um período de estagnação, se uma sociedade apenas atingir uma cultura de alto crescimento sustentável, o mundo como um todo começará mais uma vez a avançar tecnologicamente. Vimos que uma das principais razões para esperar a estagnação é que as taxas de fertilidade estão em declínio, mas isso pode facilmente mudar no futuro. Se alguma cultura valorizar particularmente famílias grandes, e se essa característica for mantida, essa cultura poderia crescer e passar a responder por uma parcela cada vez maior da população mundial com o tempo.

Nesse caso, uma única cultura com alta taxa de fertilidade sustentada acabaria promovendo o crescimento populacional global. Para entender isso, suponha que a população global estacione, mas uma subcultura constituída de apenas 0,1% da população continue a crescer 2% ao ano. Trezentos e cinquenta anos depois, essa subcultura representaria mais da metade de todos os habitantes do mundo, e a taxa de crescimento populacional global agora seria de 1% ao ano. Após 450 anos, a grande maioria da população pertenceria a essa subcultura, e a taxa de crescimento populacional global agora seria próxima de 2% ao ano. Se essa subcultura com altas taxas de fertilidade também valorizar a pesquisa científica, então o progresso tecnológico poderá recomeçar.[52]

No entanto, mesmo considerando improvável que a estagnação seja permanente, há inúmeros motivos para que dure séculos ou até milênios. Primeiro, como argumentei no Capítulo 4, de certo modo já estamos vivendo em uma cultura global única. Se essa cultura se desenvolver para uma que não seja propícia ao progresso tecnológico, isso poderia tornar a estagnação mais persistente. Isso compromete parcialmente o argumento da "diversidade de culturas" que acabei de apresentar.

Já vimos a força homogeneizadora da cultura secular moderna para alguns grupos religiosos com altas taxas de fertilidade. Considere os mórmons americanos. Famosos por suas famílias numerosas, até recentemente, comentaristas projetavam seu rápido crescimento e o consequente aumento de sua proporção na população americana.[53] Porém, com o tempo, a taxa de fertilidade dos mórmons caiu em paralelo à dos americanos como um todo; agora, a taxa de fertilidade dos mórmons se situa pouco acima da taxa de reposição.[54] Isso parece ser parte de um padrão estrutural mais generalizado. Em muitos países, subpopulações e grupos religiosos, as taxas de fertilidade caíram em paralelo nas últimas décadas.[55] Não obstante alguns grupos terem mantido uma alta taxa de fertilidade, caso a tendência de queda continue, a taxa de fertilidade desses grupos também poderia cair para abaixo da taxa de reposição, e veríamos a população global declinar.

Uma única cultura global poderia se opor especialmente à ciência e à tecnologia, no caso de haver um governo mundial. Então não haveria mais competição entre os países, de modo que uma motivação relevante por trás da inovação tecnológica – garantir maior poder econômico e militar que o de seus competidores – desapareceria. Outras motivações para inovar podem não surgir, haja vista que a mudança tecnológica é quase sempre disruptiva. No seu rastro, pode deixar pessoas desempregadas – lembre-se dos ludistas. E pode ameaçar as elites da sociedade: uma das hipóteses para o fim da Idade de Ouro Islâmica foi o surgimento de uma ideologia religiosa anticientífica específica que ajudou as elites políticas a enraizarem seu poder.[56] Tais forças poderiam resultar em uma sociedade contrária à inovação tecnológica.

Uma segunda razão para a possível longa duração da estagnação é o declínio populacional. Como vimos, é plausível que a população global não apenas estacione, mas encolha. As taxas de fertilidade em quase todos os lugares do mundo vêm caindo de modo expressivo para menos de dois filhos. Com 1,5 filho por mulher (a média aproximada na Europa), dentro de quinhentos anos a população mundial passaria de dez bilhões para menos de cem milhões; se considerarmos um filho por mulher (a taxa de fertilidade aproximada da Coreia do Sul), a população mundial cairia para cem milhões dentro de duzentos anos.[57]

Em tal situação, os obstáculos para uma cultura isolada reiniciar o progresso tecnológico são bem maiores. Por exemplo, essa cultura teria de manter altas taxas de fertilidade por muito tempo para que a população mundial voltasse a atingir dez bilhões ou mais – uma população grande o bastante, com pesquisadores o bastante, para começar a promover novos e consistentes avanços tecnológicos novamente. Isso é difícil, e muita coisa pode acontecer nesse intervalo.[58] Outros ganhos pontuais também se tornam menos potentes. Ainda que um país possa implementar políticas para aumentar em dez vezes a eficiência dos pesquisadores, isso poderia não bastar para reiniciar o crescimento se a população mundial tiver caído para cem milhões. Quanto mais fundo for o poço, mais difícil será conseguir sair dele, e maior o tempo estimado de estagnação.

A população mundial também poderia sofrer uma diminuição drástica como resultado de alguma catástrofe global, como as discutidas nos últimos dois capítulos. Se uma guerra nuclear ou uma pandemia varressem 99% da população mundial, então, como discutido no último capítulo, provavelmente conseguiríamos recobrar a civilização industrial. Mas a drástica redução populacional mais uma vez dificultaria em muito o progresso tecnológico – e os obstáculos para que uma cultura isolada reiniciasse o progresso tecnológico seriam muito maiores.

No todo, não sabemos quanto tempo duraria a estagnação. É possível que fosse curta, durando apenas por um ou dois séculos, mas também é possível que fosse muito longa. Talvez um futuro estagnado seja caracterizado por recorrentes catástrofes globais que, repetidas vezes, inibam nossa fuga da estagnação; quem sabe normas culturais desfavoráveis ao progresso prevaleçam e sejam muito persistentes em todo o mundo; quem sabe esgotaremos todos os combustíveis fósseis renováveis em um futuro estagnado e a resultante mudança climática extrema dificulte ainda mais o crescimento. Se algumas dessas coisas acontecerem, a estagnação poderia potencialmente durar dezenas de milhares de anos.

Levar totalmente em conta essas incertezas significa que o tempo estimado de estagnação poderia ser de fato muito extenso. Mesmo se você acreditar que essa estagnação tem 90% de chance de durar apenas dois séculos e 10% de durar dez mil anos, então o tempo estimado de estagnação é de mais de mil anos.

A estagnação vista de uma perspectiva longotermista

Quais seriam os danos de uma estagnação que durasse séculos ou milênios? Com certeza, durante o período de estagnação, as pessoas seriam muito mais pobres do que seriam se o progresso tecnológico tivesse continuado. Ainda assim, um argumento que se pode levantar é que, desde que o crescimento reinicie em algum momento, então um período de estagnação não chega nem perto em importância da extinção ou da cristalização de valores negativos. Assim como uma desaceleração do crescimento pode nos retardar em uma década, um período de estagnação pode nos atrasar em mil anos. Mas, acompanhando esse raciocínio, seja o atraso de dez ou de mil anos, é mínimo se comparado aos milhões, bilhões ou trilhões de anos à nossa frente.[59]

Contudo, o que esse argumento deixa de considerar é que uma estagnação que durasse séculos poderia ter um efeito significativo tanto nos valores futuros quanto na probabilidade da sobrevivência da civilização. Primeiro, os valores que guiariam o futuro depois de mil anos de estagnação seriam, provavelmente, muito diferentes dos valores predominantes hoje, simplesmente porque haveria mil anos de mudanças morais. Isso seria positivo ou negativo? Há uma série de considerações a serem feitas.

Um dos argumentos para que se espere um progresso moral durante a estagnação é que, com o passar do tempo, as pessoas geram novas ideias morais, formulam argumentos morais, conduzem campanhas e convencem outras pessoas. E talvez esse processo prossiga, havendo ou não mudanças tecnológicas. Se for assim, então um atraso de mil anos no progresso tecnológico daria tempo para a continuidade do progresso moral. Os valores que guiariam o mundo daqui a mil anos seriam, portanto, provavelmente melhores que os atuais.

Por outro lado, você pode esperar um retrocesso moral se considerar que os valores de hoje são excepcionalmente positivos. Já vimos que isso é verdadeiro em alguns aspectos em comparação com a história: a abolição da escravatura global foi um fato sem precedentes, e, como vimos, não parecia inevitável. Da mesma forma, muito mais gente vive em democracias hoje do que em qualquer outra época da história, e, no mundo como um todo, as mulheres hoje gozam de mais autonomia e poder político do que em toda a história. Talvez, durante um período de estagnação, esses avanços morais se percam.

Apresento duas razões para que isso seja possível. Primeiro, talvez, como o economista político Benjamin Friedman defende, as pessoas se sintam mais moralmente motivadas em tempos de crescimento econômico.[60] Quando a economia está crescendo, todos podem desfrutar de condições de vida melhores do que no passado. Isso significa, argumenta Friedman, que os cidadãos se preocuparão menos em comparar suas vidas com a dos outros ao seu redor e darão mais apoio a políticas sociais generosas, abertas e tolerantes. E, se verificarmos os registros históricos, afirma ele, os países tendem a conquistar progressos morais – tornando-se mais justos, abertos e igualitários – durante períodos de alto crescimento, e tendem a regredir moralmente durante períodos de estagnação.

Um segundo motivo está ligado à nossa discussão anterior a respeito da evolução cultural. Quando a inovação tecnológica é possível, os ganhos econômicos decorrentes de pesquisas científicas e do pensamento crítico são maiores; e, como culturas economicamente bem-sucedidas conquistam mais membros, a evolução cultural já seleciona características propícias à ciência. Ainda segundo esse argumento, um efeito colateral é que também aplicamos nossas capacidades críticas a questões morais, e, portanto, fazemos um progresso moral. Num mundo estagnado, as razões econômicas para se engajar em pensamento crítico e pesquisa científica seriam muito mais fracas. Em vez delas, outros valores seriam selecionados, como os favoráveis à hierarquia e ao conformismo, que guiaram tantas sociedades no passado.

Ainda mais importante que os valores durante a estagnação são os valores que acabarão por tirar o mundo desse período, pois esses serão os predominantes no longo prazo. E esses valores não necessariamente valorizarão o pensamento crítico e a pesquisa. Por exemplo, a concepção moral de mundo prevalecente poderia simplesmente ser qualquer uma que mais privilegiasse altíssimas taxas de fertilidade; talvez essa visão de mundo teria normas de gênero muito desiguais. Ou poderia ser qualquer concepção de mundo que estivesse disposta a romper os tabus sociais em troca de vantagens econômicas. Talvez venha a ser dominante a concepção de mundo de qualquer que seja o primeiro país a se dispor a usar clonagem humana e engenharia genética. Não há qualquer motivo para esperar que essa será uma sociedade igualitária e democrática, em vez de um regime fascista ou autoritário.

Tudo isso não passa de especulação, e não posso afirmar qual dessas perspectivas do progresso moral no futuro é a mais correta. No entanto, para mim, se devemos esperar uma melhora ou piora dos valores no futuro, e sob quais condições, é uma questão crucial que está em aberto. No momento, esse assunto ainda é pouquíssimo explorado, portanto, não vou tirar nenhuma conclusão firme.[61]

Uma consideração diferente está mais bem definida: um longo período de estagnação poderia aumentar substancialmente a probabilidade de extinção ou de colapso civilizacional. Como mencionei na introdução deste capítulo, importa se o nível de avanço tecnológico é *sustentável*. Se tivéssemos estancado na tecnologia da década de 1920, mesmo se dirigíssemos menos nossos carros e andássemos mais de bicicleta, e mesmo se todos parássemos de comer carne, ainda teríamos, inexoravelmente, emitido grandes quantidades de dióxido de carbono e acabaríamos queimando todos os combustíveis fósseis que pudéssemos acessar. Uma mudança climática extrema teria sido inevitável, bem como o declínio de nossos padrões de vida, quando o carvão acabasse.

A única maneira de deixarmos esse estado insustentável foi inventar modos de produzir energia limpa. Quando começamos a queimar combustíveis fósseis, o aumento do progresso tecnológico era a única esperança para nos dar uma chance de evitar a catástrofe climática sem regredir para níveis pré-industriais de privação material. E mesmo hoje, quando a energia limpa afinal se encontra disponível a custos viáveis, novos progressos podem reduzir o custo da descarbonização e possibilitar que descarbonizemos mais setores da economia. Em resumo, a inovação pode muito bem ser crucial para incentivar os países a adotar as políticas de mitigação da mudança climática mais estritas das quais necessitamos.

Uma consideração semelhante diz respeito ao risco de extinção: podemos estar prestes a entrar em um estado insustentável. Estamos nos tornando capazes de produzir patógenos, e, na pior das hipóteses, as pandemias manipuladas em laboratório poderiam nos varrer da face da Terra. E, no próximo século, no qual o progresso tecnológico provavelmente manterá seu ritmo, são grandes as chances de desenvolvermos mais meios de destruição, ainda mais potentes.

No caso de estagnarmos e ficarmos presos a um nível insustentável de avanço tecnológico, permaneceríamos em um período arriscado. Todos os anos, jogaríamos os dados para saber se enfrentaríamos uma pandemia produzida em laboratório ou outro cataclisma capaz de provocar catástrofe ou extinção. Mais cedo ou mais tarde, uma dessas coisas ocorrerá. Para salvaguardar a civilização, precisamos superar esse estágio insustentável e desenvolver tecnologias para nos protegermos desses riscos.

Como resultado, a estagnação poderia ser, plausivelmente, uma das maiores fontes do risco de extinção ou colapso permanente que enfrentamos. Para ilustrar isso, considere que meu colega Toby Ord estima o risco de extinção humana ainda neste século, em consequência de uma pandemia produzida em laboratório, em cerca de 3%.[62] O risco por século durante um período de estagnação pode ser mais baixo, se aplicarmos políticas de regulamentação governamental mais rígidas aos laboratórios biológicos – ou pode ser mais elevado, se inventarmos tecnologias mais destrutivas, ou por haver um maior potencial de conflito numa sociedade de soma zero. Porém, suponha que o risco passe a 1% por século durante o período de estagnação e que esse período dure mil anos. Se for assim, o risco da extinção total, acrescido da estagnação, chegaria a cerca de 10%; mesmo com uma probabilidade de uma em três de ocorrer estagnação, isso tornaria o risco de estagnação equivalente ao risco de 3% das pandemias manipuladas em laboratório neste século.[63]

Sugeri, anteriormente, que o avanço tecnológico da civilização pode ser comparado a um alpinista escalando a face íngreme de um penhasco. Com um ímpeto de energia, poderíamos prosseguir e alcançar a segurança no topo. No entanto, como vimos, o cansaço vai tomando conta do alpinista, e, se ele parar completamente, talvez seja uma simples questão de tempo até despencar.

A esta altura, espero tê-lo convencido de que há coisas concretas que podemos fazer para afetar de forma previsível o futuro no longo prazo. Podemos manobrar a civilização rumo a uma trajetória melhor, retardando o ponto de cristalização de valores ou aprimorando os valores que guiarão o futuro. E podemos assegurar que teremos um futuro reduzindo os riscos de extinção, colapso e estagnação tecnológica.

Na próxima parte do livro, trato de duas questões que afetam a maneira como deveríamos priorizar esses dois modos de afetar o futuro no longo prazo. Por que deveria importar se a vida da civilização for interrompida? E, no cômputo geral, a futura civilização será mais boa do que ruim? As respostas para essas perguntas determinam se devemos focar nas mudanças de trajetória ou em garantir a sobrevivência, ou ambas. Então, vamos examiná-las.

PARTE IV
AVALIAR O FIM DO MUNDO

CAPÍTULO 8

É BOM GERAR PESSOAS FELIZES?

Derek Parfit

Derek Parfit foi um dos mais criativos e influentes filósofos morais do último século, uma máquina de transformar café em *insights* filosóficos.[1] Passou quase toda a vida em instituições educacionais, foi bolsista em Eton e estudou história em Oxford, antes de receber uma bolsa de estudos no All Souls College, talvez o mais exclusivo instituto de pesquisas do mundo. Para ser admitido, não basta ter diploma universitário, e menos de dez alunos de pós-graduação estavam matriculados em 2021.[2] As provas para a bolsa já foram chamadas de "o exame mais difícil do mundo":[3] doze horas de questões sobre temas da área de sua especialidade, perguntas de conhecimentos gerais e, por fim, deixas como "O que é um número?", "Podemos ser forçados a ser livres?" e até mesmo "Defenda o direito de tuitar". Até pouco tempo atrás, havia outra prova suplementar de três horas que simplesmente apresentava ao candidato uma única palavra, como "água", "novidade", ou "reprodução", sobre a qual ele deveria escrever um ensaio.[4] Após receber a bolsa aos 24 anos, Parfit passou os 43 anos seguintes no All Souls e nunca concluiu nenhum de seus cursos de filosofia.

Ele se mostrava profundamente obcecado em tentar aprimorar nosso entendimento moral. Na última metade de sua vida, aproveitou todas as oportunidades para poupar tempo em qualquer outra atividade além da filosofia: literalmente corria de um seminário para outro, sempre trajando a mesma roupa (calça preta e camisa branca) e comendo as mesmas refeições vegetarianas de fácil preparo (cereal com iogurte e amoras-pretas no café da manhã; cenoura crua, alface-romana, aipo com manteiga de amendoim ou homus, seguido de tangerinas e maçãs no jantar). Enquanto escovava os dentes, lia filosofia. Tomava café instantâneo, preparado com água quente da torneira para não precisar esperar a chaleira ferver. Como a jornalista Larissa MacFarquhar, da revista *New Yorker*, observou no perfil que escreveu sobre ele, "A força motriz por trás da preocupação moral de Parfit era o sofrimento. Ele não suportava ver ninguém sofrer; era capaz de chorar só de pensar no sofrimento em abstrato".[5]

Sua capacidade para a filosofia e sua generosidade não conheciam limites. Quando eu cursava a pós-graduação, certa vez fiz a pedido dele alguns comentários sobre um rascunho de um artigo de sua autoria. Achei que estavam bastante extensos, com cerca de três mil palavras; ainda assim, a típica resposta de um professor sênior seria "Obrigado". Contudo, Parfit respondeu rapidamente com nove mil palavras, aproximadamente o mesmo tamanho de um artigo de periódico. E ainda pediu desculpas pelo tamanho do texto, explicando que dedicara algum tempo a reduzi-lo. Tragicamente, ele faleceu no início de 2017.

Parfit inaugurou várias novas áreas no campo da filosofia moral. A que mais influenciou minha visão de mundo, e que abordo neste capítulo, é a ética populacional – a avaliação das ações que podem afetar quem nasce, quantas pessoas nascem e qual será sua qualidade de vida. É surpreendente a escassez de discussões seculares a respeito do tema: malgrado os milhares de anos de pensamento ético, a questão só foi discutida por alto pelos primeiros utilitaristas e seus críticos nos séculos XVIII e XIX e recebeu atenção esporádica nos anos seguintes.[6] O ponto de virada se deu em 1984, com a publicação do livro de Parfit *Reasons and Persons* [Razões e pessoas, em tradução livre].

A ética populacional é crucial para o longotermismo, pois afeta significativamente como deveríamos avaliar o fim da civilização. O próprio Parfit reconheceu esse ponto e escreveu no finalzinho de *Reasons and Persons*:

> Acredito que, se destruirmos a humanidade, como seria possível agora, esse desfecho seria bem pior do que a maioria das pessoas pensa. Compare três desfechos:

(1) Paz.
(2) Uma guerra nuclear que mate 99% da população mundial existente.
(3) Uma guerra nuclear que mate 100% da população.

O desfecho (2) seria pior que o (1), e o (3), pior que o (2). Qual dessas duas diferenças é a maior? A maioria acredita que a maior diferença é entre (1) e (2). Para mim, a diferença entre (2) e (3) é bem maior.[7]

O motivo para Parfit considerar a extinção bem pior que até mesmo uma catástrofe que matasse 99% da população global é que a extinção não significaria apenas a morte das oito bilhões de pessoas vivas hoje, mas também impediria a existência de todas as pessoas das futuras gerações. O fim da civilização significaria a ausência de trilhões e trilhões de pessoas que, de outra maneira, nasceriam. Parfit concluiu que impedir a existência de uma vida feliz e próspera é uma perda moral; a perda em função da extinção da humanidade, portanto, é imensa. Num trabalho posterior, ele concluiu que "o que mais importa agora é evitarmos o fim da história humana".[8]

Quando me deparei pela primeira vez com a ideia de considerar o impedimento da existência de uma vida feliz como uma perda moral, achei essa ideia bizarramente não intuitiva. Com o tempo, a força dos argumentos favoráveis a essa visão me fez mudar de opinião. De fato, esse é um dos modos mais significativos pelos quais a filosofia moral mudou meus conceitos éticos, e acho que os argumentos de Parfit, bem como os de outros no campo da ética populacional, estão entre as mais importantes contribuições da filosofia moral do último século.

Neste capítulo, vou explicar esses argumentos e defender a visão de Parfit de que, desde que uma pessoa tenha tido uma vida suficientemente boa, o mundo seria um lugar melhor pelo fato de essa pessoa ter nascido e vivido essa vida. Acima de tudo, esse argumento não é a defesa de que uma pessoa a mais poderia tornar o mundo melhor porque enriqueceria a vida de outras; em vez disso, é a defesa de que a existência de mais uma pessoa no mundo é algo bom em si mesmo, desde que essa pessoa seja suficientemente feliz. Então, ao longo de quase todo este capítulo, vou deixar de lado questões a respeito dos danos que as pessoas poderiam causar por usar recursos ou produzir poluição, ou dos benefícios que podem produzir com a criação de invenções para salvar vidas. Embora esses sejam fatores importantes, não estou preocupado com os efeitos instrumentais de pessoas adicionais, mas com a questão de saber se acrescentar pessoas suficientemente felizes é não instrumentalmente ou *intrinsecamente* bom. Tampouco defendo que somos moralmente obrigados a trazer à vida mais gente feliz, ou que somos culpados caso não o façamos. Defendo apenas que, todo o resto sendo igual, ter mais gente feliz torna o mundo um lugar melhor.

Antes de começarmos, permita-me algumas ressalvas. A primeira é que este será o capítulo mais teórico do livro. A ética populacional é reconhecida como uma das mais complexas áreas da filosofia moral e costuma ser ensinada nas universidades apenas em cursos de pós-graduação. Que eu saiba, essas ideias nunca foram apresentadas a um público leigo. Contudo, tamanha é sua importância para pensar o futuro a longo prazo que é imprescindível discuti-las. Tentarei ao máximo simplificar as coisas, mas o assunto em si costuma ser complexo e confuso. Como ficará claro a seguir, todas as teorias de ética populacional possuem algumas implicações não intuitivas e nada atraentes. A tarefa é decidir quais implicações não atraentes precisamos aceitar.

Segunda ressalva, falarei muito sobre o bem-estar e a felicidade das pessoas – uso esses termos de forma indistinta. Por eles me refiro a quão bem ou mal vai a vida inteira de uma pessoa, e não apenas se ela está em uma situação favorável em um momento específico. Às vezes usarei números para indicar quão bem está uma pessoa; usarei "100" para me referir a uma vida extraordinariamente boa, feliz e próspera; usarei "–100" para me referir a uma vida extraordinariamente ruim, repleta de sofrimentos e infortúnios; e usarei "0" para indicar uma vida que não é nem boa nem ruim da perspectiva de quem a vive. É importante ressaltar que não faço presunções acerca da natureza do bem-estar. Uma vida boa pode consistir em experiências agradáveis, ou em realizações relevantes, ou na busca pelo conhecimento e pela beleza, ou na satisfação das preferências de alguém, ou em tudo isso junto. Independentemente de qual dessas for a nossa visão, precisamos pensar sobre ética populacional.

Terceira ressalva, neste capítulo, falarei de vidas que estão abaixo do bem-estar neutro – vidas tais que teria sido melhor, para quem as vive, jamais ter nascido. Essa pode ser uma ideia perturbadora, e já encontrei pessoas que afirmam que é simplesmente impossível que uma vida esteja abaixo do bem-estar neutro. Mas isso não pode estar correto. Lembre-se do sofrimento mais extremo que você já experimentou e imagine uma vida que não consistisse em nada além desse sofrimento. Você escolheria viver essa vida, caso a alternativa fosse a não existência? Se responder não, isso sugere que, em princípio, você concorda que uma vida pode estar abaixo do bem-estar neutro.

É importante dizer que o fato de alguém ter uma vida abaixo do bem-estar neutro não implica que sua vida não valha a pena ser vivida. Mesmo alguém que vive sempre deprimido pode fazer uma grande contribuição ao mundo sendo um bom amigo ou um membro familiar atencioso, ou um médico ou cientista que produza pesquisas passíveis de salvar vidas. E, se alguém experimentar um bem-estar abaixo do neutro em determinada época, isso não significa que toda a sua vida esteja abaixo do bem-estar neutro. Quase todo mundo atravessa períodos de tristeza e depressão, mas isso não significa que considere toda a sua vida negativa.

Quarta ressalva: quando falo sobre populações, refiro-me a populações totais: não apenas quantas pessoas estão vivas em uma época específica, mas a todas as pessoas ao longo do tempo.

Por fim, para testar diferentes teorias da ética populacional, avaliarei o que dizem a respeito de como comparar populações diferentes. Na prática, provavelmente nunca teremos de escolher entre tais populações, mas considerar esses casos hipotéticos ainda é a melhor maneira de averiguar se uma teoria é válida. Como espero que fique claro até o final do capítulo, isso não é mera especulação filosófica inútil: realmente importa definir qual teoria da ética populacional é válida, tanto para as pessoas comuns quanto para os governos.

Com esses esclarecimentos estabelecidos, podemos examinar algumas perspectivas diferentes da ética populacional.

A intuição de neutralidade

A visão de que o mundo se torna melhor por ter mais gente levando vidas suficientemente boas costuma ser considerada contraintuitiva.

O filósofo Jan Narveson explica esse conceito a partir do seguinte lema: "Somos a favor de tornar as pessoas felizes, mas neutros quando se trata de trazer gente feliz ao mundo".[9] Um dos meus orientadores no doutorado, o economista – mais tarde filósofo – John Broome, deu a isso o nome de "intuição de neutralidade": a ideia de que trazer alguém com uma vida boa para a existência é um assunto neutro.[10] Enquanto escrevia um livro sobre ética populacional, Broome batalhou mais de uma década tentando justificar essa ideia, antes de, relutante, aceitar que deveria ser abandonada.[11] Eu também tinha essa intuição, mas relutei em rejeitá-la.

Você pode ter essa intuição ao refletir sobre como raciocinaria ao decidir ter ou não um filho. Você pode refletir sobre várias razões a favor ou contra: se isso faria a sua vida e a dos membros da sua família mais feliz e mais significativa; se a criança iria, por meio de suas boas ações, melhorar a sociedade. Talvez você pensasse na pegada de carbono do seu filho. Mas você poderia achar esquisito afirmar que o fato de que a criança teria uma vida boa é em si uma razão para ter um filho.

Se você endossa a intuição de neutralidade, então assegurar que nosso futuro seja bom, enquanto a civilização persistir, pode parecer bem mais importante do que assegurar a longevidade de nosso futuro. Ainda assim você pensaria que salvaguardar a civilização é bom, pois isso reduziria o risco de morte de todos os que hoje estão vivos, e você ainda poderia dar um peso imenso à perda de futuras realizações artísticas e científicas que o fim da civilização acarretaria. Mas você não veria a ausência de futuras gerações em si como uma perda moral.

Entretanto, há muitas situações em que a intuição de neutralidade é bastante contraintuitiva. Isso fica mais claro quando imaginamos vidas de total sofrimento e infortúnio. Imagine uma vida que consista, do nascimento até a morte, tão somente em agonia e angústia; imagine, por exemplo, alguém que experimentasse a sensação de estar continuamente sendo queimado vivo. E imagine que você sabe que poderia ter um filho que viveria essa vida. Parece-me bastante óbvio que ter essa criança seria uma coisa ruim a se fazer.

Por essa razão, a maioria dos filósofos que endossam a intuição de neutralidade endossam uma assimetria. Eles acreditam que, embora não seja bom trazer uma nova pessoa com uma vida feliz à existência, é mau trazer uma nova pessoa com uma vida infeliz à existência. Mas não fica claro como é possível justificar essa assimetria, apesar de muitos filósofos terem tentado. Se achamos mau trazer à existência uma vida de sofrimento, por que não deveríamos achar bom trazer à existência uma vida próspera? Acho que qualquer argumento em favor da primeira afirmação também seria um bom argumento em favor da segunda.

Essa ideia se torna mais plausível quando pensamos em vidas que são suficientemente boas. Eu, por exemplo, tenho um sobrinho e duas sobrinhas, ainda pequenos. São crianças felizes, e, se imagino o prolongamento dessa felicidade em seus futuros – se as imagino levando vidas recompensadoras, repletas de amor e realizações – e pergunto a mim mesmo se o mundo é pelo menos um pouco melhor por causa de suas existências, mesmo ignorando seus efeitos sobre os outros, para mim se torna bastante intuitivo responder que sim. Se for assim, a intuição de neutralidade está errada.[12]

Os filósofos costumam afirmar que a intuição de neutralidade é parte da visão moral do "senso comum", mas, na realidade, não está claro se isso é verdade. No único estudo psicológico a respeito desse assunto, perguntaram aos participantes quão melhor ou pior estaria o mundo se uma única nova pessoa fosse acrescentada a ele.[13] Numa variante da pergunta, foi estipulado que a nova pessoa "seria extremamente feliz e teria uma vida cheia de felicidade e alegria"; na outra variante, a nova pessoa "seria extremamente infeliz e teria uma vida repleta de sofrimentos e infortúnios". Os pesquisadores enfatizaram que a vida dessa pessoa não provocaria qualquer impacto (negativo ou positivo) na vida das demais.

Os autores do estudo descobriram que, em média, as pessoas acham positivo trazer à existência uma nova pessoa feliz e negativo trazer uma nova pessoa infeliz. Além disso, esses juízos de valor foram simétricos: os participantes da pesquisa se mostraram tão positivos diante da ideia de trazer à existência uma nova pessoa feliz quanto negativos diante da ideia de trazer uma nova pessoa infeliz à existência. Isto é, os entrevistados não tinham a intuição de neutralidade.

Deuses desastrados: a fragilidade da identidade

Um segundo argumento contra a intuição de neutralidade é apresentado, mais uma vez, por Parfit.[14] Ele observou que nossa existência no mundo é excepcionalmente improvável, que a identidade das pessoas futuras é excepcionalmente frágil e que grandes implicações éticas advêm disso.

As histórias sobre viagens no tempo costumam ilustrar que o presente pode ser muito dependente de pequenas decisões tomadas no passado. Em *De volta para o futuro*, por exemplo, Marty McFly volta no tempo, leva sua mãe a um baile do ensino médio, faz ela conhecer seu pai e o ajuda a desafiar Biff, o valentão da escola. Embora seus pais acabem se casando, preservando a existência de Marty, quando ele volta ao presente constata algumas mudanças importantes em sua vida: seu pai agora é um escritor bem-sucedido, e Biff – em vez de intimidar seu pai, como fazia antes de Marty viajar no tempo – lava o carro da família. Mas acho que, se considerarmos as mudanças que Marty McFly fez no passado, as mudanças em seu presente seriam *muito* maiores do que o filme sugere.

Considere que uma ejaculação típica contém cerca de duzentos milhões de espermatozoides. Se um dos outros duzentos milhões de espermatozoides fertilizasse o óvulo a partir do qual você se desenvolveu, você não teria nascido. Outra pessoa – com 75% dos seus genes – teria nascido em seu lugar. Um evento que tem uma chance de ocorrer de um em duzentos milhões envolve uma sorte tremenda. Então, embora eu tenha certeza de que você não quer pensar nesse assunto, se a ejaculação do seu pai tivesse acontecido um milésimo de segundo antes ou depois, é quase certo que um espermatozoide diferente teria fertilizado o óvulo da sua mãe. Qualquer evento que tivesse afetado os horários dos seus pais biológicos no dia em que você foi concebido, mesmo que milimétrico – por exemplo, uma fila maior no supermercado ou um carro a mais na frente deles no caminho do trabalho para casa –, teria evitado seu nascimento.[15] Quando Marty McFly volta ao presente, seus irmãos são os mesmos de antes de sua aventura no tempo (só que mais bem-sucedidos!). Mas, se ele tivesse mesmo feito uma viagem para o passado e feito uma mínima mudança na vida dos pais, teria mudado as identidades de seus irmãos – e, paradoxalmente, a sua própria!

Se outra pessoa tivesse nascido em seu lugar, isso traria incontáveis efeitos dominó. Provavelmente a data de nascimento de seus irmãos seria diferente, assim como a personalidade deles. Esses efeitos teriam alterado a maneira como seus pais, e as pessoas que interagiram com seus pais, se comportaram ao longo de décadas. E todas essas interações teriam alterado a cronologia de outros incontáveis eventos reprodutivos, mudando o espermatozoide que encontrou o óvulo e alterando as identidades dos bebês nascidos depois. Essas mudanças, por sua vez, também teriam impactado na cronologia de outros eventos reprodutivos, até que, em determinado ponto no futuro, as identidades de todos os nascidos seriam diferentes do que teria ocorrido no cenário original. E isso tudo apenas em função de decisões pequenas, como qual caminho seus pais pegaram ao sair do trabalho em determinado dia. Dediquei meu primeiro livro, *Doing Good Better* [Fazer melhor o bem, em tradução livre], a Peter Singer, Toby Ord e Stanislav Petrov, e disse que "sem [eles] este livro não teria sido escrito". Mas o livro também não teria sido escrito se não fosse por Jesus, Hitler, ou algum camponês inglês aleatório do século XV.

Nas histórias sobre viagem no tempo, pequenas ações no passado costumam resultar em mudanças radicais no presente. Entretanto, raras vezes pensamos que pequenas ações hoje podem provocar efeitos drásticos no futuro.[16] As consequências de longuíssimo prazo de nossas ações desaparecem com o tempo, como ondulações num lago? Não. O que acontece é que, todo ano, como deuses desastrados, mudamos radicalmente o curso da história. Por exemplo, digamos que você more em uma cidade. Ao escolher usar o transporte público para ir ao trabalho e voltar para casa, em vez de dirigir seu carro, ao longo de um ano você vai afetar, mesmo que de maneira ínfima, os horários de dezenas de milhares de pessoas por centenas de dias. Em termos estatísticos, é provável que, em uma dessas dezenas de milhares de pessoas-dia, a pessoa que você impactou tenha feito sexo e concebido uma criança mais tarde naquele dia,[17] e que você tenha afetado, mesmo que de maneira ínfima, o momento daquela concepção, mudando que esperma encontrou o óvulo e, portanto, mudando quem nasceu. Essa pessoa diferente, então, afetará os horários de milhões de outras pessoas, mudando que filhos *elas* têm, e assim por diante, numa cascata de identidades. Passada determinada data, todos os que nascessem seriam diferentes dos que *teriam* nascido se você tivesse escolhido ir de carro para o trabalho, mudando assim todo o curso da história futura. Serão travadas guerras que nunca teriam sido travadas; construídos monumentos que nunca teriam sido construídos, escritas obras de literatura que nunca teriam sido escritas. Tudo porque você decidiu pegar o ônibus em vez de ir de carro.

A fragilidade da identidade tem implicações filosóficas importantes. Suponha que os governos do mundo decidam pôr fim aos subsídios para os combustíveis fósseis. De modo intuitivo, poderíamos pensar que, ao reduzir o aquecimento global, essa decisão melhore as vidas de pessoas específicas no futuro que existiriam de um jeito ou de outro. Mas isso é incorreto. Uma grande mudança em uma política pública como essa impactaria a todos no mundo: o petróleo custaria mais caro, e o trânsito em todo o planeta seria afetado. Os horários de todos sofreriam modificações, e, ao afetar o instante das concepções, dentro de poucos anos isso alteraria a identidade de quase todas as pessoas nascidas. Daqui a alguns anos em diante, a nova população seria constituída por pessoas totalmente distintas das que teriam existido caso os governos não houvessem cortado os subsídios.

A vida dessas pessoas será melhor do que a vida das que teriam existido caso os subsídios para os combustíveis fósseis tivessem sido mantidos, mas elas seriam pessoas *diferentes*. E, de acordo com a intuição de neutralidade, não podemos tornar o mundo melhor acrescentando novas pessoas. Então não podemos afirmar que pôr um fim aos combustíveis fósseis é positivo por beneficiar as futuras gerações.

Imagine duas pessoas, Alice e Bob. Se mantivermos os subsídios para os combustíveis fósseis, Alice nascerá em 2070. Se forem cancelados, Alice não nascerá, e em seu lugar nascerá Bob. Ambos têm vidas felizes, mas, como a mudança climática será menos extrema sem os subsídios aos combustíveis fósseis, Bob será mais feliz do que Alice teria sido. De acordo com a intuição de neutralidade, não temos motivos para assegurar a existência de Bob e não a de Alice. Segundo a intuição de neutralidade, não temos razão para garantir que Bob exista em vez de

Alice. Segundo a intuição de neutralidade, evitar a existência de Alice não é nem bom nem mau, assim como trazer Bob à existência não é nem bom nem mau. Então, fazer ambos ao mesmo tempo não é nem bom nem mau.

Essa implicação da intuição de neutralidade parece errada. Intuitivamente, o fato de que cancelar os subsídios aos combustíveis fósseis mudará as identidades das pessoas futuras apenas não tem relevância de um ponto de vista moral. As razões pelas quais os governos mundiais devem pôr fim aos combustíveis fósseis são igualmente fortes quer mudem ou não quem existirá no futuro. O fim dos subsídios aos combustíveis fósseis melhora o futuro. Mas faz isso *criando* uma população *feita de pessoas completamente diferentes* das que teriam existido se os subsídios fossem mantidos. Acrescentar novas pessoas, portanto, não pode ser uma questão neutra.

Por que a intuição de neutralidade está errada

Até aqui, examinamos argumentos para pensar que a intuição de neutralidade é bem menos intuitiva do que, a princípio, pode parecer. Mas há também um forte argumento a favor dessa visão, baseado em um raciocínio lógico surpreendentemente simples.[18]

Suponha que um casal esteja discutindo se deve ou não ter um filho. Devido a uma deficiência vitamínica momentânea da mãe, a criança concebida com certeza sofrerá de enxaqueca: a cada poucos meses, por toda a sua existência, sofrerá de uma dor de cabeça debilitante, acompanhada de vários dias de fadiga e confusão mental. Afora isso, terá uma vida feliz e plena. Segundo a intuição de neutralidade, se o casal terá ou não esse filho é uma questão neutra: o mundo é igualmente bom de um jeito ou de outro.

Agora suponha que os pais disponham da opção de ter o filho poucos meses depois. Nessa ocasião, a mãe já terá se curado da deficiência vitamínica e, em consequência, o filho concebido não sofrerá de enxaqueca. Vamos chamar de "Sem Filho" a opção de não ter filhos; de "Enxaqueca", a de ter um filho com enxaqueca; e de "Livre de Enxaqueca", a de ter um filho sem enxaqueca (Figura 8.1).

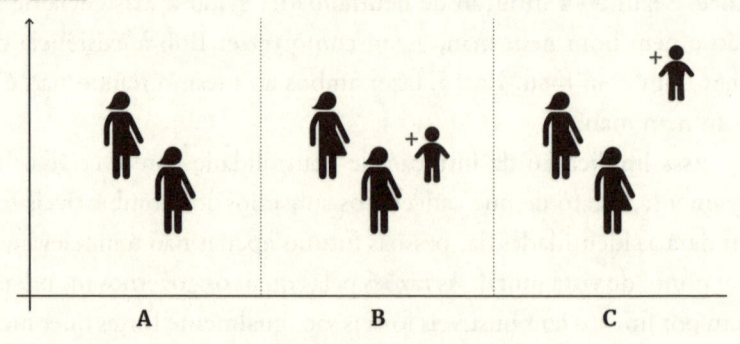

Figura 8.1. Considere uma escolha entre as opções A, B e C. A é a opção de não ter filhos. B é a opção de ter um filho com enxaqueca, e C é a opção de ter uma criança livre de enxaqueca. Essa escolha representa um problema para a intuição de neutralidade.

Parece óbvio que, não havendo outras considerações em jogo, se os pais puderem escolher, deveriam escolher terem um filho sem enxaqueca do que com enxaqueca. Ou seja, Livre de enxaqueca é melhor do que Enxaqueca. Mas, se for assim, então a intuição de neutralidade deve estar errada: ter um filho não pode ser uma questão neutra.

Para entender isso, primeiro compare as opções Sem Filho e Enxaqueca. Segundo a intuição de neutralidade, o mundo será igualmente bom de um jeito ou de outro, quer os pais decidam não ter filhos, quer decidam ter um com enxaqueca. Ou seja, Sem Filho é tão bom quanto Enxaqueca.

Depois, compare as opções Sem Filho e Livre de Enxaqueca. Segundo a intuição de neutralidade, o mundo será igualmente bom de um jeito ou de outro, quer os pais optem por não ter filhos, quer optem por ter um sem enxaqueca. Ou seja, Sem Filho é tão bom quanto Livre de Enxaqueca.

Entretanto, se Sem Filho é tão bom quanto Enxaqueca, e Sem Filho é tão bom quanto Livre de Enxaqueca, então Enxaqueca e Livre de Enxaqueca devem ser igualmente bons. Mas sabemos que ter o filho com enxaqueca é pior do que ter o filho sem enxaqueca: os dois resultados são exatamente iguais, salvo pelo fato de que, em um deles, uma pessoa sofrerá mais ao longo da vida. A intuição de neutralidade nos conduziu a uma contradição.

Vários filósofos passaram décadas a fio jogando pingue-pongue argumentativo na tentativa de evitar os problemas da intuição de neutralidade.[19] É impossível fazer justiça a todas essas possíveis respostas, sobretudo porque, num piscar de olhos, a discussão acaba se tornando muito técnica. Mas, em minha opinião, todas as defesas propostas da intuição de neutralidade sofrem com objeções devastadoras.

Se desistirmos da intuição de neutralidade, ficaríamos com o que em vez dela? Nem o próprio Parfit sabia. Ele chamou a busca pela teoria correta de ética populacional de busca pela "Teoria X".[20] Vamos examinar algumas candidatas a essa teoria.

Visão média

Você pode se sentir tentado a sugerir que o importante é tentar aumentar o bem-estar *médio* da população. Sob esse ponto de vista, é melhor ter cinquenta mil pessoas desfrutando de uma felicidade +60 do que quatrocentas mil pessoas desfrutando de uma felicidade +40. Essa é uma opinião amiúde aceita, implícita ou explicitamente, por economistas, e pesquisas sugerem que tal teoria tem alguma base no senso comum.[21]

Todavia, embora filósofos concordem a respeito de pouquíssimas coisas, uma delas é que a visão média está errada, por sofrer de uma absoluta litania de problemas. Vou citar apenas dois. Primeiro, se o mundo consistisse em um milhão de pessoas cujas vidas fossem repletas de sofrimento excruciante, seria possível melhorar o mundo acrescentando outro milhão de pessoas cujas vidas também fossem repletas de sofrimento excruciante, desde que o sofrimento dessas novas pessoas fosse minimamente mais leve que o das primeiras. (Esse é um experimento mental apresentado por Parfit e chamado de "Inferno Três".) Se o um milhão original tem −100 de bem-estar, então, na visão média, acrescentar mais um milhão de pessoas com um patamar de bem-estar, digamos, de −99,9 é uma boa coisa, porque puxa média para cima. Mas isso é absurdo.

Podemos ilustrar esse raciocínio usando um gráfico (ver Figura 8.2), que é uma maneira de comparar populações diferentes. Os blocos representam as populações. A largura de cada bloco representa o número

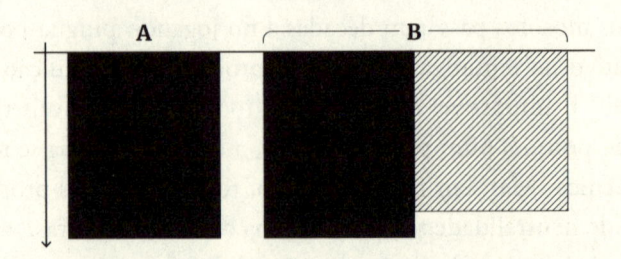

Figura 8.2. O gráfico ilustra o argumento Inferno Três, contrário à visão média. Ambas as populações, A e B, consistem apenas em pessoas com vidas tão horríveis que preferiam nunca terem nascido. A população B difere da A apenas por conter um número maior de pessoas em terrível sofrimento. Segundo a visão média, B é melhor que A, pois tem um bem-estar médio mais elevado.

de pessoas na população correspondente ao longo do tempo; a altura representa seu bem-estar durante seu tempo de vida. Vidas acima da linha horizontal possuem bem-estar positivo, enquanto as abaixo da linha horizontal possuem bem-estar negativo.

O segundo problema é que na visão média pode ser melhor criar novas vidas repletas de sofrimento do que novas vidas felicíssimas. Suponha que o mundo compreenda dez bilhões de pessoas desfrutando de bem-estar 100. Poderíamos ou acrescentar dez milhões de pessoas em sofrimento excruciante, com bem-estar −100, ou trezentos milhões de pessoas desfrutando de vidas felizes e prósperas com bem-estar 90. Acrescentar trezentos milhões de pessoas com nível de bem-estar 90 reduziria mais a média do que acrescentar dez milhões de pessoas com nível de bem-estar −100. Ou seja, segundo a visão média, seria melhor acrescentar os dez milhões de vidas com sofrimento excruciante.[22] Mais uma vez, isso é absurdo. Levando em conta tais problemas, não deveríamos nos sentir tentados a endossar a visão média (ver Figura 8.3).

Visão total

Se rejeitarmos tanto a intuição de neutralidade quanto a visão média, a alternativa mais natural seria a *visão total*. De acordo com essa visão, uma população é melhor que outra se contiver maior bem-estar total.

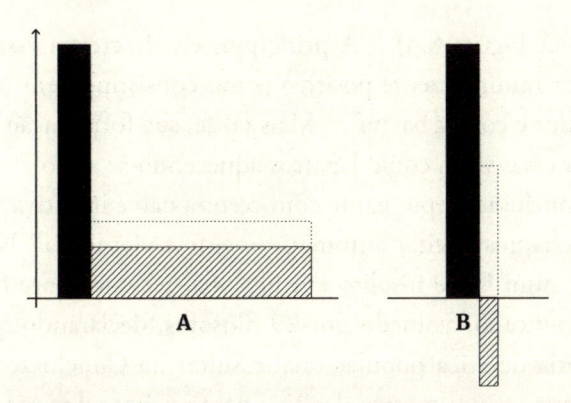

Figura 8.3. Gráfico ilustrativo de que, na visão média, criar vidas com bem-estar negativo pode ser melhor do que criar vidas com bem-estar positivo. Partindo da população feliz representada pelo bloco preto, acrescentar um grande número de pessoas com bem-estar menor, mas ainda assim positivo (resultando na população A), reduz mais o bem-estar médio do que adicionar um número de pessoas suficientemente menor de pessoas cujas vidas são tão horríveis que teria sido melhor para elas nunca terem nascido (resultando na população B).

A motivação básica para a visão total é simplesmente que, *quanto mais de uma coisa boa, melhor*.[23] Vidas boas são boas. Mais de uma coisa boa é melhor. Portanto, aumentar o número de vidas boas torna o mundo melhor.

Vejamos a principal objeção à visão total. Considere dois mundos: vamos designar o primeiro como Grande e Próspero e o segundo como Enorme e Sombrio. Grande e Próspero tem dez bilhões de pessoas, todas desfrutando de um nível altíssimo de bem-estar. Enorme e Sombrio tem um número extraordinariamente grande de pessoas, e todas desfrutam de vidas que apresentam um bem-estar apenas minimamente positivo. Caso a visão total esteja correta, desde que o número de pessoas no segundo mundo seja grande o bastante, devemos concluir que o segundo mundo é melhor que o primeiro. O bem-estar total de vidas suficientes desfrutando cada uma de um bem-estar minimamente positivo pode ser maior do que o bem-estar total de dez bilhões de pessoas que desfrutam de bem-estar muitíssimo elevado.

O próprio Parfit considerou esse resultado profundamente intragável; de tão intragável, denominou-o Conclusão Repugnante, e o nome pegou (ver Figura 8.4).[24] A princípio, ele descreveu essas vidas com bem-estar minimamente positivo como consistindo em "ouvir música de elevador e comer batata".[25] Mais tarde, sua formulação preferida era imaginar essas vidas como lagartos aquecendo-se ao sol.[26]

A Conclusão Repugnante com certeza não é intuitiva. Isso significa que deveríamos rejeitar automaticamente a visão total? Não acho. Na verdade, num lance insólito em filosofia, recentemente foi publicado um comunicado, assinado por 29 filósofos, declarando que o fato de uma teoria de ética populacional resultar na Conclusão Repugnante não deveria ser um motivo decisivo para rejeitar tal teoria.[27] Eu fui um dos cossignatários.

Apesar de a Conclusão Repugnante ser contraintuitiva, ela decorre de três outras premissas que eu consideraria quase indiscutíveis. A primeira premissa é: se você faz que todos numa dada população vivam melhor e, ao mesmo tempo, acrescenta ao mundo pessoas com bem-estar positivo, então você tornou o mundo melhor. Essa premissa é conhecida como Adição Dominante (ver Figura 8.5).[28]

A segunda premissa é: se comparamos duas populações com o mesmo número de pessoas, e a segunda população tem tanto uma média mais alta como bem-estar total, e esse bem-estar é igualmente distribuído de modo perfeito, então essa segunda população é melhor que a primeira.

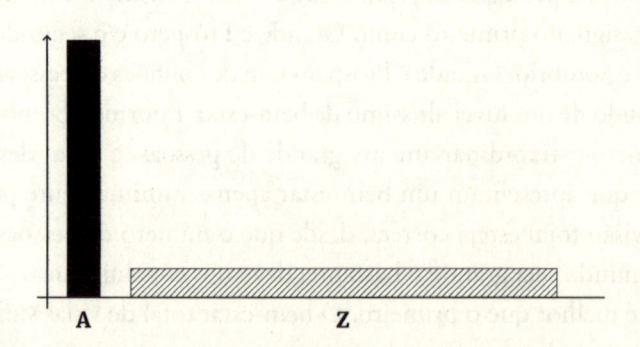

Figura 8.4. Gráfico ilustrativo da Conclusão Repugnante. Para qualquer população feliz (por exemplo, a população A) – não importando quão boas sejam suas vidas –, existe uma população na qual todo mundo está muito pior (embora ainda goze de bem-estar positivo), mas que, de acordo com a visão total, é melhor porque contém pessoas o suficiente (por exemplo, a população Z).

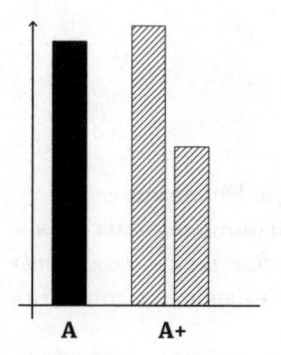

Figura 8.5. Segundo a Adição Dominante, *a população A+ é melhor que a população A.*

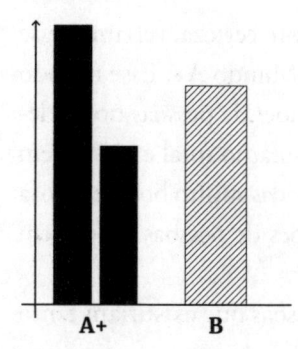

Figura 8.6. Segundo o Não-Anti-Igualitarismo, *a população B é melhor que a população A+.*

Essa premissa é conhecida como (nome inesquecível) Não-Anti-Igualitarismo (Figura 8.6). A ideia básica por trás dessa premissa é a de que a igualdade não é *ativamente má*. Embora alguns neguem que a igualdade é intrinsecamente boa, que eu saiba ninguém acredita que a igualdade torna o mundo *pior*, desde que todos os outros fatores ou circunstâncias permaneçam iguais.

A terceira premissa é: se um mundo é melhor que um segundo mundo, e este, por sua vez, é melhor que um terceiro, então o primeiro mundo é melhor que o terceiro. Se A > B e B > C, logo A > C. A isso chamamos Transitividade.

Se endossamos essas três premissas, então devemos endossar a Conclusão Repugnante. Para entender isso, combinemos os dois gráficos anteriores (Figura 8.7).

Considere, primeiro, o que chamarei de Mundo A: um mundo de dez bilhões de pessoas cujas vidas sejam maravilhosas e onde impere a

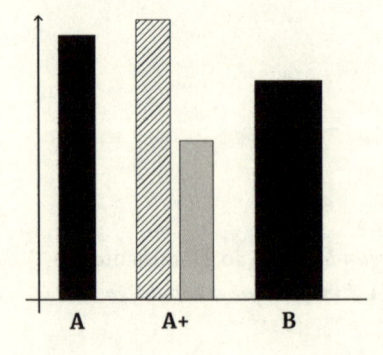

Figura 8.7. Adição Dominante e Não-Anti-Igualitarismo *implicam que a população B é melhor que a A, pressupondo que "melhor que" é uma relação transitiva.*

bem-aventurança e a prosperidade absolutas. Com certeza, veríamos esse mundo como ótimo. Em seguida, considere o Mundo A+. Esse mundo difere do A em apenas dois pontos. Os dez bilhões de pessoas no A+ levam vidas ainda melhores que as no A, e a população total é maior: em A+ há dez bilhões de pessoas a mais que levam vidas muito boas, embora muito menos boas que as dos outros dez bilhões de pessoas. Logo, em A+ há vinte bilhões de pessoas no total.

O Mundo A+ é melhor que o A para as pessoas que existiriam tanto em um como no outro mundo. E os dez bilhões de pessoas adicionais que viveriam no Mundo A+ levam vidas boas. Nesse caso, deveríamos concluir que o Mundo A+ é melhor que o A. Essa é a premissa da Adição Dominante em ação.

A seguir, considere o Mundo B. Nesse mundo, o número de habitantes é igual ao do Mundo A+. Contudo, toda desigualdade foi eliminada e todos têm o mesmo grau de bem-estar. E mais, no Mundo B, tanto o bem-estar médio como o total são maiores que os do Mundo A+. Todos levam vidas igualmente boas, e essas vidas são muito boas, só um pouquinho menos boas que as dos habitantes do Mundo A.

Tanto na média como no total, as pessoas no Mundo B vivem muito melhor que as do A+, e a distribuição de bem-estar é perfeitamente igual (ao contrário do Mundo A+, bastante desigual). Então, concluiríamos que o Mundo B é melhor que o Mundo A+. Essa é a premissa do Não-Anti-Igualitarismo em ação.

Por último, dado termos considerado o Mundo B melhor que o A+, e o A+ melhor que o A, deveríamos concluir que o B é melhor que o A. Essa é a premissa da Transitividade. E, se concluímos que B é melhor que A, estamos concluindo que uma população maior com um bem-estar médio menor é melhor do que uma população menor com um bem-estar médio maior.

Mas agora observe que podemos repetir o processo que acabamos de percorrer (Figura 8.8).

Poderíamos considerar o Mundo B+, que torna as pessoas no Mundo B um pouco mais felizes e acrescenta mais vinte bilhões de pessoas com vidas que são muito boas, mas não tão boas quanto as dos vinte bilhões originais.

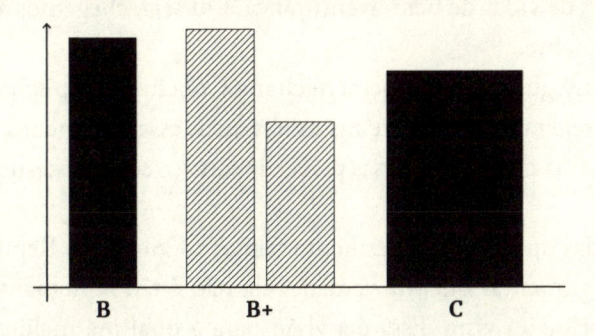

Figura 8.8. Como nas Figuras 8.5 a 8.7, a Adição Dominante e o Não-Anti-Igualitarismo implicam que a população C é melhor que a população B, pressupondo que "melhor que" é uma relação transitiva.

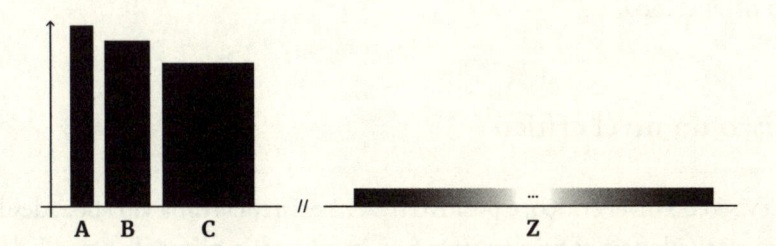

Figura 8.9. Como nas Figuras 8.7 e 8.8, partindo de qualquer população feliz A, podemos construir uma série de populações progressivamente maiores B, C etc. com bem-estar progressivamente menor, cada uma "melhor" que a anterior. Acabaremos chegando à enorme população Z, que dispõe de bem-estar minimamente positivo, o que é melhor que a população original A. Em outras palavras, as premissas supostamente incontroversas da Adição Dominante (Figura 8.5) e do Não-Anti-Igualitarismo (Figura 8.6), se também presumirmos que a relação "melhor que" é transitiva, implicam a Conclusão Repugnante apresentada na Figura 8.4.

E, depois, poderíamos considerar o Mundo C, semelhante ao B+, salvo que nele todas as pessoas estão igualmente bem, em um patamar de felicidade um pouquinho abaixo do das pessoas com mais bem-estar no Mundo B+. E assim por diante: poderíamos continuar iterando esse processo seguidas vezes, diminuindo um pouquinho o bem-estar médio das pessoas em troca de aumentar o tamanho da população (Figura 8.9).

Acabaríamos com uma quantidade enorme de pessoas cujas vidas teriam um bem-estar minimamente positivo, e teríamos de concluir que esse mundo seria melhor do que aquele com o qual começamos, com dez bilhões de vidas de bem-aventurança. Ou seja, chegamos à Conclusão Repugnante.

Por conseguinte, caso queira rejeitar a Conclusão Repugnante, você precisaria rejeitar uma das premissas nas quais esse argumento se baseia. Mas cada uma dessas premissas parece incontroversa. Resta-nos um paradoxo.

Uma das opções é simplesmente aceitar a Conclusão Repugnante – e talvez argumentar que, na verdade, ela não é tão repugnante quanto parece à primeira vista. Essa é a visão para a qual me inclino. Muitos outros filósofos acreditam que, em vez disso, deveríamos rejeitar uma das outras premissas. Era assim que pensava Parfit. E ele não era o único. Vários filósofos desenvolveram teorias destinadas a evitar a Conclusão Repugnante. Uma das alternativas com adeptos proeminentes é a visão do nível crítico.

Visão do nível crítico

Na visão do nível crítico, é positivo trazer à existência uma vida boa, desde que essa vida seja *suficientemente boa*, isto é, esteja acima de certo "nível crítico" de bem-estar.[29] Para isso, a visão do nível crítico acrescenta a ideia de que é negativo trazer à existência uma vida que possua bem-estar positivo, mas não seja muito boa. Tal visão diverge da visão total, na qual é sempre bom trazer à existência uma vida com bem-estar positivo.

Na visão do nível crítico, adicionar vidas com bem-estar baixo, mas positivo, é mau.[30] Assim, essa visão rejeita a premissa da Adição Dominante e evita a Conclusão Repugnante (Figura 8.10).

Contudo, a visão do nível crítico tem suas próprias implicações contraintuitivas.[31] Por exemplo, como a visão média, ela conduz ao que é conhecido como Conclusão Sádica: que pode ser melhor acrescentar ao mundo vidas cheias de sofrimento do que vidas boas (Figura 8.11).

Para entender isso, suponha que 10 represente o nível crítico de bem-estar. Na visão do nível crítico, agregar à população cem pessoas

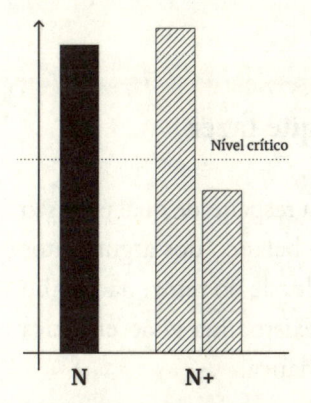

Figura 8.10. Gráfico que ilustra que as visões do nível crítico não satisfazem a Adição Dominante. *Na visão do nível crítico, adicionar pessoas cujo bem-estar seja positivo, mas abaixo do nível crítico, como na coluna direita da população N+, torna o mundo pior. A coluna esquerda em N+, por ter bem-estar maior que N, não compensa esse efeito negativo. Portanto, em termos gerais, a população N+ é pior que a população N e contraria a* Adição Dominante.

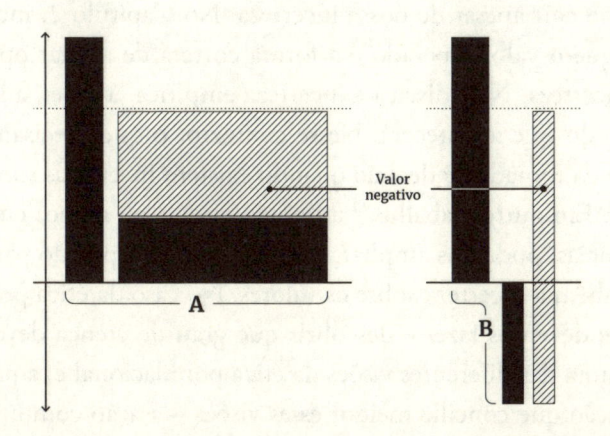

Figura 8.11. Gráfico que ilustra que as visões do nível crítico implicam a Conclusão Sádica. *Considere qualquer população com um nível de bem-estar positivo, mas abaixo do nível crítico, tal como a coluna direita da população A. Na visão do nível crítico, em vez de acrescentar essa população de pessoas felizes, é melhor acrescentar uma população consistindo apenas em vidas com bem-estar negativo, desde que essa população seja suficientemente pequena – tal como a coluna direita na população B. Isso é verdadeiro não importando com qual população se comece (tais como as colunas esquerdas em A e B, respectivamente).*

com nível de bem-estar 5 é pior que agregar dez pessoas com nível de bem-estar –30. A visão do nível crítico considera má a adição de existências com bem-estar apenas ligeiramente positivo; então, adicionar um número grande o bastante dessas vidas pode resultar numa totalidade de bem-estar pior do que acrescentar um número menor de vidas repletas de sofrimento. Isso parece errado. Como todas as visões na ética populacional, a visão do nível crítico apresenta algumas desvantagens bastante desagradáveis.

O que fazer quando não sabemos o que fazer

Ainda há profundas discordâncias na filosofia a respeito de qual é a visão correta da ética populacional. Acredito que o balanço dos argumentos privilegia a visão total; contudo, dada a dificuldade do tema, não tenho certeza absoluta. Na verdade, acho que não existe uma visão em ética populacional na qual se deva ter extrema confiança.

A despeito dessa incerteza, ainda precisamos agir. Então, precisamos saber como agir apesar de nossa incerteza. No Capítulo 2, introduzi a ideia de que o valor esperado é a forma correta de avaliar opções em face da incerteza. Nele discuti a incerteza empírica, a saber, a incerteza a respeito do que acontecerá. Nesse contexto, o que precisamos é de um relato da tomada de decisão quando existem incertezas sobre o que tem valor. Em outro trabalho,[32] argumentei que, ao menos em muitas circunstâncias, podemos ampliar a teoria do valor esperado para incorporar também a incerteza sobre os valores. No caso da ética populacional, o que devemos fazer é descobrir que grau de crença devemos ter em cada uma das diferentes visões da ética populacional e, a partir daí, tomar a ação que concilie melhor essas visões – a ação com o valor esperado mais alto.

A fim de ilustrar esse raciocínio, suponha que você atribua alguma probabilidade tanto à visão total quanto à visão do nível crítico; para simplificar, deixaremos todas as demais visões de lado. Se você está maximizando o valor esperado, acabará seguindo a visão do nível crítico, embora com um nível mais baixo para uma vida "suficientemente boa" do que se estivesse seguro quanto à visão do nível crítico. Suponha, por exemplo, que você esteja dividido meio a meio entre a visão total e a visão do nível crítico, com um nível de vida suficientemente boa definido em um bem-estar de 10. Então, se você está maximizando o valor esperado, o nível crítico efetivo estaria situado a meio caminho entre o nível da visão total (isto é, 0) e o nível da visão do nível crítico (isto é, 10). Sob essa incerteza moral, é bom trazer alguém à existência caso seu bem-estar seja superior a 5, mas não é bom trazer alguém à existência caso seu bem-estar seja inferior a 5.

Meus colegas Toby Ord e Hilary Greaves descobriram que é possível estender essa abordagem de raciocínio sob incerteza moral a uma gama de teorias da ética populacional, inclusive aquelas que tentam capturar a intuição de neutralidade. Quando você está incerto a respeito de todas essas teorias, ainda assim acaba com um nível crítico baixo, mas positivo.[33]

As vantagens de ter filhos

Nos países ricos, em geral as pessoas querem ter mais filhos do que acabam tendo: os americanos, por exemplo, gostariam de ter 2,6 filhos em média, mas só têm 1,8.[34] Isso se deve, em grande parte, ao trabalho e a outros compromissos. Todavia, cada vez mais as pessoas começam a encarar a opção de ter filhos como antiética, pelo simples fato de que ter filhos significa mais emissões de carbono e a aceleração das mudanças climáticas.[35]

Considero isso um erro. As crianças têm efeitos tanto positivos quanto negativos. Além dos impactos positivos diretos sobre a família e os amigos que elas farão, quando crescem elas contribuem para os bens públicos pagando seus impostos, constroem infraestruturas e desenvolvem e defendem ideias novas acerca de como viver e estruturar a sociedade. No último capítulo, vimos que o recente declínio na fertilidade pode levar a um longo período de estagnação, prorrogando o tempo de perigos. Ter filhos pode ajudar a mitigar esse risco.

Até agora, os efeitos indiretos de uma população crescente foram claramente positivos, ao menos para os seres humanos. Se assim não fosse, seria de esperar que o recente e dramático aumento no tamanho da população estivesse associado a uma crescente miséria humana, quando, na verdade, observamos o contrário. Imagine como o mundo seria muito pior se Benjamin Lay, Frederick Douglass e Harriet Tubman nunca houvessem existido, ou se Marie Curie, Ada Lovelace e Isaac Newton não tivessem nascido. Lembre-se, você também faz parte da população![36] Se você acredita que contribuiu para um mundo melhor, deve pensar que as novas pessoas também podem contribuir.

Além dos efeitos positivos indiretos de ter filhos, se eles levarem vidas suficientemente boas, então sua decisão de tê-los é *boa para eles*. Com uma criação suficientemente boa, ter a oportunidade de vivenciar este mundo é uma vantagem. E, pela mesma razão, se você tiver netos, também os beneficiará.

Claro, ter filhos é uma escolha profundamente pessoal. Não acho razoável recriminar quem escolheu não os ter, e definitivamente não acho correto o governo restringir os direitos reprodutivos das pessoas, por exemplo, limitando o acesso aos contraceptivos ou proibindo o aborto.

Contudo, levando em conta as vantagens de ter filhos e de criá-los bem, acho que poderíamos voltar a ver a procriação como uma contribuição positiva para o mundo. Assim como você pode viver uma boa vida ajudando aqueles ao seu redor, fazendo doações a instituições de caridade ou trabalhando em uma carreira valiosa do ponto de vista social, acho que você pode viver uma vida boa constituindo uma família e sendo um pai ou uma mãe amorosos.

Quanto maior, melhor

A ética populacional pode mudar a forma como vemos os benefícios de ter uma família, mas essa não é sua principal implicação. A mais importante consequência da ética populacional diz respeito à pergunta: "Quão ruim seria o fim da civilização?". Devemos nos importar com a perda dessas pessoas futuras que nunca nascerão caso a humanidade seja extinta nos próximos séculos? Agora temos nossa resposta preliminar: sim, *é* uma perda se as pessoas futuras forem impedidas de existir – desde que acreditemos que elas teriam vidas boas o suficiente. Então, a extinção precoce da espécie humana seria de fato uma tragédia descomunal.

Na verdade, a conclusão que se segue é mais ampla. Se a civilização futura for boa o suficiente, então deveríamos não apenas tentar evitar a extinção no curto prazo, mas também esperar que essa futura civilização seja *grande*. Se no futuro as pessoas forem suficientemente felizes, então uma civilização que seja duas vezes mais duradoura ou duas vezes maior é duas vezes melhor.

A conclusão prática disso tudo é uma defesa moral da colonização espacial. Ainda que a civilização estabelecida na Terra possa durar centenas de milhões de anos, as estrelas ainda estarão brilhando daqui a trilhões de anos, e uma civilização espalhada por vários sistemas solares poderia ter no mínimo essa mesma duração. E a civilização poderia se expandir além de se alongar. Nosso sol é apenas uma das cem bilhões de estrelas na Via Láctea; a Via Láctea é apenas uma das vinte bilhões de galáxias no universo afetável.[37] O futuro da civilização poderia ser literalmente astronômico em escala, e, se conseguirmos chegar a ter uma sociedade pujante e próspera, então seria importantíssimo fazer com que ele fosse realmente astronômico em escala.

Isso não significa que devamos buscar a colonização espacial *agora*. A colonização espacial pode muito bem ser um ponto de cristalização: as normas, as leis e a distribuição de poder que estiverem vigentes na época dos primeiros colonizadores poderiam determinar quem teria acesso a quais corpos celestiais e como estes seriam usados.[38] Ao não nos precipitarmos para a colonização espacial, preservamos o valor da opção, garantindo que teremos tempo para conceber sistemas de governança que não simplesmente repliquem as injustiças hoje existentes futuro afora.

Sem contar que no momento há outras prioridades mais urgentes. Os esforços contemporâneos para explorar o sistema solar, como o envio das sondas Curiosity, Perseverance e Zhurong para Marte, podem ser importantes para o avanço da ciência e para inspirar a humanidade. Mas a principal implicação prática deste capítulo é que devemos focar em prevenir as ameaças de catástrofes que enfrentamos neste século, a fim de termos alguma chance de construir uma sociedade interestelar florescente nos séculos vindouros.

Além disso, o "se" no qual toda essa discussão se baseia é monumental: *se* o futuro será suficientemente bom. Talvez não seja. Vamos examinar essa possibilidade no próximo capítulo.

CAPÍTULO 9

O FUTURO SERÁ BOM OU RUIM?

Senciência como uma única vida

No início deste livro, pedi que você considerasse a humanidade como uma única vida, em que você vivesse cada existência humana já vivida, reencarnando uma após a outra. Vamos voltar a esse experimento mental e fazer outras perguntas. Primeira: valeu a pena? Se você viveu cada vida até hoje, consideraria, no geral, que sua vida foi boa? Está feliz por ter vivido esses cem bilhões de existências? Segunda: quando pensa no futuro, é com um senso de otimismo ou temor? Se você descobrisse que a espécie humana seria com certeza extinta nos próximos séculos, receberia essa notícia com tristeza por causa de todas as alegrias que não mais experimentaria, ou com uma sensação de alívio, em função de todos os horrores que evitaria?

Vamos refletir a respeito de como nossas respostas a essas perguntas podem mudar se alterarmos o experimento mental. Em vez de ter vivido só esses cem bilhões de vidas humanas que existiram até hoje, imagine que você viva as vidas de todas as criaturas sencientes.[1] Os primeiros cérebros invertebrados evoluíram há mais de quinhentos milhões de anos;[2] não sabemos quando a primeira faísca de consciência se acendeu – ou seja, quando a primeira *experiência* ocorreu –, mas pode ter sido logo depois dessa evolução. Para esse experimento mental, contudo, vamos assumir a premissa conservadora de que apenas os vertebrados são sencientes. Se você tiver vivido todas as vidas de todos os seres conscientes, teria vivido cem bilhões de trilhões de anos de senciência. Teria passado quase 80% de sua vida como um peixe. E 20% de seu tempo – trinta bilhões de trilhões de anos – como um anfíbio ou um réptil. Um quatrilhão de anos como diferentes espécies de dinossauros, antes de morrer em consequência do impacto de um asteroide na última extinção em massa. Seu tempo como mamífero não passaria de um milionésimo de sua existência.[3]

Sua vida como ser humano equivaleria a apenas um centésimo de bilionésimo de seu tempo na Terra. Se essa fosse sua vida, a evolução do *Homo sapiens* seria um evento estarrecedor: pela primeira vez você não apenas viveria experiências; também seria capaz de compreendê-las e conceitualizá-las. Durante esse tempo, os ambientes naturais em que vivia seriam progressivamente destruídos, e você se encontraria experimentando, pela primeira vez, as muitas vidas dos animais criados e abatidos para consumo humano. Se você estivesse vivendo a vida de todos os seres sencientes, consideraria a evolução do *Homo sapiens* positiva? E, ao olhar para a frente, se soubesse que iria experimentar todas as vidas sencientes futuras, incluindo a de quaisquer seres artificiais sencientes que um dia talvez sejam criados, ainda seria otimista?

Esse experimento mental prepara o terreno para a questão abordada neste capítulo: deveríamos esperar a continuação da civilização num futuro distante como positiva, em termos morais? Ou deveríamos pensar que o mundo seria melhor se a civilização terminasse nos próximos séculos? Essa é uma questão crucial para os longotermistas, pois afeta o modo como deveríamos priorizar nossos esforços. Vamos chamar aqueles que acham que um possível futuro será bom de *otimistas*, e os que acham que um possível futuro será ruim de *pessimistas*. Quanto mais otimistas formos, mais importante é evitar o colapso permanente ou a extinção; quanto menos otimistas formos, mais forte o argumento para focarmos em aperfeiçoar os valores ou em outras mudanças de trajetória.

Os filósofos têm se dividido quanto ao grau de otimismo ou pessimismo que deveríamos ter em relação ao futuro. Por exemplo, o notório pessimista Schopenhauer sugeriu que "teria sido muito melhor se o Sol tivesse sido tão pouco capaz de produzir o fenômeno da vida na Terra quanto o foi na Lua; e se, aqui como lá, a superfície continuasse em uma condição cristalina".[4] De modo mais prosaico, recentemente

David Benatar afirmou que, "embora a perspectiva da extinção humana possa, de certa maneira, ser ruim para nós, seria melhor, levando em consideração todas as coisas, não haver mais gente (e, de fato, nenhuma vida consciente)".[5]

Por outro lado, em seu último trabalho, *On What Matters* [Sobre o que importa, em tradução livre], Parfit assumiu um posicionamento otimista, comentando que:

> Assim como tivemos ancestrais não humanos, podemos ter descendentes que não serão humanos. Podemos chamar tais pessoas de supra-humanos. Nossos descendentes podem, acredito, tornar o futuro muito bom... A vida pode ser maravilhosa bem como terrível, e devemos, cada vez mais, ter o poder de tornar a vida boa. Como a história humana pode estar apenas no começo, podemos esperar que os futuros humanos, ou os supra-humanos, possam alcançar grandes benefícios que nem sequer podemos imaginar. Nas palavras de Nietzsche, nunca houve um alvorecer tão novo e um horizonte tão límpido, e um mar tão aberto.[6]

A questão do valor do futuro é ardilosa, mas sugiro que, considerando todas as coisas, deveríamos esperar um futuro positivo no todo. Primeiro discutirei se o mundo em geral é bom para as pessoas vivas hoje e se está melhorando ou piorando; em seguida, farei o mesmo em relação aos animais não humanos e ao que os filósofos denominam "bens não relacionados ao bem-estar". Por fim, discutirei como deveríamos pesar as coisas boas contra as ruins e oferecerei um argumento a favor do otimismo quanto ao futuro no longo prazo.

Quantas pessoas desfrutam de bem-estar positivo?

Comecemos nossa investigação acerca do valor do futuro perguntando se neste exato momento o mundo é melhor do que nada para os seres humanos vivos hoje. A maioria das pessoas tem, no geral, vidas positivas? Esse tópico é delicado e difícil, mas parece possível a existência de vidas com bem-estar negativo. Se a vida de alguém consiste, única e exclusivamente, em intenso sofrimento e tortura, com certeza faz sentido dizer que a vida é ruim para essa pessoa. Como enfatizei no último capítulo, isso não significa que essas vidas "não valham a pena" – alguém poderia levar uma vida tão ruim que preferiria nunca ter nascido e, ainda assim, contribuir enormemente para a sociedade com seu trabalho e seus relacionamentos. Isso equivaleria a dizer que, sob a perspectiva dessa pessoa, deixando de lado quaisquer efeitos sobre os outros, sua vida envolve tanto sofrimento que é pior que a não existência.

Você pode se perguntar: "Quem sou eu para julgar quais vidas estão acima ou abaixo do neutro?". O sentimento aqui é bom. Devemos ter extrema cautela ao tentar decidir quão boas ou ruins são as vidas dos outros, pois é muito difícil compreender as experiências de pessoas com vidas muito diferentes das nossas. A resposta é confiar, em primeiro lugar, nas autoavaliações das pessoas. Como veremos, a melhor evidência quanto ao número de pessoas cujas vidas estão abaixo da faixa neutra vem de simplesmente solicitar que digam, em sua própria opinião, se suas vidas têm mais sofrimento do que felicidade, ou se prefeririam nunca ter nascido.

A questão de quantas pessoas têm vidas com bem-estar positivo – e o que é que torna suas vidas boas – não é importante apenas para os longotermistas. Também tem relevância, por exemplo, para os governos decidirem como priorizar os recursos destinados à assistência médica. Se você achar que a maioria das pessoas possui um bem-estar apenas minimamente positivo, estará mais inclinado a favorecer o financiamento de intervenções capazes de melhorar as vidas, tais como tratamentos de dores crônicas, em detrimento de políticas que salvem vidas, como a prevenção da malária. Contudo, se em sua opinião a vida da maioria das pessoas é ótima, então salvar vidas, em termos comparativos, se torna mais importante. É digno de nota que a principal abordagem para avaliar o peso da doença, abordagem amplamente empregada por governos e filantropos ao definir políticas de assistência médica, estabeleça a morte como a pior situação em que alguém pode estar, embora isso seja claramente falso.[7] Por conseguinte, isso torna as políticas sistematicamente enviesadas na direção de salvar vidas em detrimento de melhorar a qualidade de vida.

Para você, pode ser óbvio que a grande maioria das pessoas tenha vidas com bem-estar líquido positivo. Eu certamente acho que me incluo nessa lista, e pode ser que você também se inclua. Mas sou extremamente não representativo do mundo como um todo, e, se você está lendo este livro, você também provavelmente é. Mais de metade da população mundial vive com menos de US$ 7 por dia, e esse valor já expressa o fato de que é possível adquirir mais coisas com esse valor nos países pobres: ele representa o equivalente ao que se pode comprar com US$ 7 nos Estados Unidos.[8] Por intuição, eu não me consideraria excepcionalmente rico; minha renda está um pouco acima da renda média no Reino Unido. Mesmo assim, sou quinze vezes mais rico do que a maioria das pessoas do mundo.[9] Portanto, eu não deveria esperar conseguir imaginar a vida e a felicidade de uma pessoa média viva hoje, muito menos a do bilhão mais pobre de pessoas vivas hoje.

Para avaliar se a maioria das pessoas possui um bem-estar líquido positivo, a primeira coisa necessária é esclarecer o que é "bem-estar". Na filosofia moral, são três as principais teorias do bem-estar.[10] A primeira é a teoria da satisfação de preferências, também chamada de satisfação de desejos, segundo a qual sua vida vai bem até o ponto em que as preferências que você definiu cuidadosamente para sua vida são atendidas. Sob esse ponto de vista, sua vida vai bem se você consegue o que deseja, mesmo que isso não impacte de nenhuma maneira suas experiências conscientes. Por exemplo, você pode desejar que seu parceiro seja fiel, mesmo em situações em que você jamais saberia se ele foi ou não.

A segunda teoria é o hedonismo, segundo a qual seu bem-estar é inteiramente determinado por suas experiências conscientes: experiências positivas, como o prazer ou a tranquilidade, melhoram sua vida, enquanto experiências negativas, como a dor ou a tristeza, pioram sua vida. Sob essa ótica, conseguir o que você deseja não torna sua vida melhor, exceto se melhorar o balanço total de experiências conscientes positivas e negativas. Se alguém quer ficar rico e consegue, mas tem o mesmo balanço total de experiências negativas e positivas de antes, o hedonista diria que a vida dessa pessoa não melhorou simplesmente por ela ter conseguido o que desejava.

A terceira é a teoria da "lista objetiva". Segundo essa teoria, muitas coisas podem melhorar seu bem-estar, mesmo que não melhorem suas experiências conscientes e mesmo que você não as deseje. Por isso são chamadas de bens "objetivos". Estes podem incluir coisas como a amizade, a apreciação da beleza e o conhecimento. As questões que abordo neste capítulo são particularmente difíceis de avaliar na teoria da lista objetiva – principalmente em função da grande diversidade de bens objetivos –, assim, preciso deixá-las de lado, apesar de ter incluído um tópico a respeito de bens não relacionados ao bem-estar que ajudará a lançar alguma luz sobre o assunto.

Infelizmente, não obstante a importância da questão do número de pessoas que têm vidas positivas no geral, os dados psicológicos que temos à nossa disposição sobre isso são limitadíssimos. Dos 170 mil livros e artigos publicados acerca do bem-estar subjetivo,[11] apenas um punhado abordou de forma direta a questão de para quem no geral a vida é positiva. São três as principais abordagens psicológicas sobre esse tema.[12]

A primeira abordagem diz respeito a pesquisas que buscam medir a satisfação da vida das pessoas. Pesquisas de satisfação pedem aos entrevistados que avaliem suas vidas, como um todo, em uma escala de 0 a 10, na qual 10 representa a melhor vida possível para eles e 0, a pior.[13] Segundo dados de pesquisas com mais de 1,5 milhão de pessoas em 166 países, de 2005 a 2015, apenas 47% dos entrevistados tiveram médias acima de 5.[14]

Para nossos propósitos, contudo, o que precisamos saber é como os entrevistados da pesquisa interpretam a escala e, em particular, onde se situa o ponto neutro, isto é, o ponto na escala abaixo do qual consideram a vida tão ruim que, para eles pessoalmente, é pior do que estar morto. Não podemos presumir que esse ponto seja o ponto médio da escala. Na verdade, fica claro que os entrevistados não interpretam a pergunta de forma literal. A melhor vida possível (10) para mim seria uma vida de felicidade perfeita e constante; a pior (0) seria aquela em que eu padecesse da tortura mais excruciante. Se comparada a esses dois extremos, talvez minha vida, e a de todos os viventes hoje, se situe entre 4,9 e 5,1.[15] Contudo, quando perguntadas, as pessoas tendem a distribuir suas pontuações por toda a escala, muitas vezes respondendo 10 ou 0. Isso sugere que os indivíduos estão relativizando suas respostas considerando o que é realista e viável em seu país ou no mundo atualmente.[16] Um estudo realizado em 2016 descobriu que os entrevistados que deram às suas vidas 10 de 10 muitas vezes relatavam problemas sérios. Um dos entrevistados com vida nota 10 contou que tinha aneurisma da aorta, não se relacionava com o pai desde que saíra da prisão, tivera de cuidar da mãe até seu falecimento e ficara em um casamento péssimo por dezessete anos.[17]

Por causa da natureza relativa da escala, é difícil interpretar onde o ponto neutro deveria estar, e, infelizmente, só tivemos dois estudos pequenos abordando diretamente essa questão. Os entrevistados em Gana e no Quênia colocaram o ponto neutro em 0,6, enquanto um estudo britânico o situa entre 1 e 2.[18] É difícil saber como os outros participantes interpretam o ponto neutro. Se aceitarmos o ponto neutro da pesquisa britânica pelo valor de face, então entre 5% e 10% das pessoas no mundo levam vidas abaixo da linha neutra.[19] Em suma, embora forneçam, de longe, os dados mais completos acerca da satisfação com a vida, as pesquisas de satisfação com a vida proporcionam principalmente informações sobre os níveis *relativos* de bem-estar para pessoas, países e perfis demográficos diferentes. Não oferecem muitas diretrizes quanto ao nível *absoluto* de bem-estar das pessoas.

Uma segunda linha de evidências advém de pesquisas que apenas perguntam às pessoas se elas são felizes. A World Values Survey pergunta aos entrevistados se são "muito felizes", "razoavelmente felizes", "não muito felizes" ou "nada felizes". A última pesquisa, datada de 2014, abrangeu sessenta países, que juntos respondem por 67% da população mundial. Ela descobriu que em todos os países, à exceção do Egito (na época em meio a uma crise política prolongada), mais de metade das pessoas se julga muito feliz ou razoavelmente feliz, e em quase todos os países mais de 70% dos entrevistados afirmaram ser felizes.[20] Em vários países, as taxas de felicidade relatadas são extremamente altas. No Qatar, 98% das pessoas afirmaram ser felizes, assim como 95% dos suecos e 91% dos norte-americanos. Mesmo em um país pobre como Ruanda, 90% das pessoas se dizem felizes.

Esses índices são provavelmente demasiado otimistas.[21] Por exemplo, em 2013, uma pesquisa descobriu que 11% dos adultos suecos estavam sofrendo de depressão clínica em determinado momento, mas na pesquisa realizada pelo World Values Survey apenas 5% dos suecos se consideraram infelizes.[22]

A terceira linha de evidência para avaliar se as pessoas levam vidas com bem-estar positivo advém de trabalhos intrigantes e mais antigos que usaram uma abordagem experimental para medir o bem-estar: perguntar às pessoas, em épocas aleatórias, como se sentiam naquele momento. Esse método é conhecido como "amostragem de experiência". Os adeptos desse método de mensuração da felicidade afirmam que ele evita algumas das distorções inerentes à abordagem de satisfação com a vida, como o fato de que algumas pessoas podem ter uma memória seletiva, ou o fato de que as perguntas sobre satisfação com a vida medem as percepções das pessoas a respeito de seu próprio *status* social e não de sua felicidade.

Num grande estudo ainda não publicado com mais de 8.500 pessoas, os psicólogos Matt Killingsworth, Lisa Stewart e Joshua Greene acrescentaram um toque a mais ao método da amostragem de experiência.[23] Em ocasiões aleatórias, pediram aos participantes que escrevessem qual atividade estavam fazendo no momento e quanto tempo ela duraria; em seguida, deveriam responder à pergunta: "Se você pudesse, e isso não lhe trouxesse consequências negativas, você pularia adiante no tempo até o final do que está fazendo?". Ou seja, pediram aos participantes que imaginassem a opção de simplesmente não *experimentar* – apesar de ainda fazer – a atividade com a qual estavam envolvidos naquele momento. Se estivessem preparando uma xícara de chá, imaginariam que poderiam piscar os olhos e a próxima experiência seria tomar o chá que acabaram de preparar. Os pesquisadores chamaram isso de "pular" uma experiência. A ideia subjacente à pergunta era que, se alguém preferisse pular uma experiência, então a estaria considerando pior que nada; se preferisse viver a experiência, estaria julgando essa experiência melhor que nada.

O fato é que as pessoas que responderam à pesquisa pulariam, em média, cerca de 40% de seu dia se pudessem. Num segundo estudo, menor, os mesmos pesquisadores pediram aos entrevistados que pensassem no dia anterior e indicassem quais experiências teriam pulado se pudessem, e então lhes pediram para comparar pares de experiências umas com as outras para decidir quão boas eram as experiências que teriam mantido e quão ruins as que teriam pulado. Por exemplo, um dos objetos de estudo poderia dizer que trinta minutos de uma determinada atividade que prefeririam pular – digamos, trabalho doméstico – valiam quinze minutos de uma atividade agradável – digamos, jantar com amigos. Isso indicaria que, para esse objeto de estudo, jantar com os amigos é duas vezes melhor por minuto quanto fazer trabalhos domésticos é ruim. Mais uma vez, as pessoas pularam cerca de 40% de seu dia e, na média, se sentiam mais felizes durante os momentos que mantinham do que infelizes durante os momentos que pulavam. Levando tanto a duração quanto a intensidade em conta, as experiências negativas só foram ruins o suficiente para cancelar 58% das experiências positivas das pessoas.

Os tipos de experiências mantidas e puladas eram os esperados: os pesquisados pularam 69% do tempo de trabalho e apenas 2% do tempo ocupado com o que os pesquisadores chamaram, eufemisticamente, de "atividades íntimas". No estudo menor, no qual a intensidade da experiência foi medida, 12% das pessoas tiveram vidas nas quais, no dia em questão, as experiências negativas superaram as positivas. Isso não significa, necessariamente, que 12% das pessoas tenham vidas de bem-estar negativo – esses entrevistados podem simplesmente ter tido um dia ruim.[24]

Os resultados desses estudos podem parecer boa notícia, já que os participantes tinham vidas boas em média. Mas acho que, na verdade, a conclusão correta é mais pessimista.[25] Quase todos os participantes desses estudos moravam ou nos Estados Unidos ou em países com níveis de renda e de felicidade comparativamente altos, e todos os participantes do estudo maior tinham um iPhone. Em 2016, a Apple era a marca comercial que melhor indicava que um consumidor tinha bom padrão financeiro e instrução (em 1992, a marca que melhor indicava a renda era a mostarda Grey Poupon).[26] Os estudos nos quais era possível pular atividades, portanto, foram algo dirigidos para pessoas mais ricas e instruídas, de modo que os resultados não eram representativos das vidas de prisioneiros, que, nos Estados Unidos, constituem 0,7% da população, ou de moradores de rua (0,17% da população dos Estados Unidos). Ainda assim, mesmo com uma amostragem tão seletiva, os participantes disseram preferir pular 40% da vida, suas experiências ruins cancelaram quase 60% de suas experiências boas e, para mais de um décimo das pessoas, as experiências negativas superaram as positivas. Em resumo, embora esse estudo seja muito intrigante e bem-feito, é limitado naquilo que nos diz acerca da felicidade global.

Como as poucas evidências publicadas à nossa disposição são muito limitadas, encomendei a três psicólogos – Lucius Caviola, Abigail

Novick Hoskin e Joshua Lewis – uma pesquisa sobre esse tema.[27] Eles fizeram a 240 pessoas nos Estados Unidos e a 240 na Índia uma série de perguntas sobre a qualidade de suas vidas até então, incluindo estas:

Você acha que, até agora, sua vida teve mais felicidade do que sofrimento?

Ignorando qualquer efeito de sua vida sobre outras pessoas, você preferia estar vivo ou nunca ter nascido?

Se pudesse viver exatamente a mesma vida de novo desde o início (sem se lembrar de nada que aconteceu antes, de modo que estaria vivendo tudo como se fosse a primeira vez), você a viveria? Imagine que essa decisão não afeta ninguém além de você e que você apenas está decidindo para seu próprio benefício.

Os pesquisadores também solicitaram comentários qualitativos. Um entrevistado simplesmente disse: "Cara, que perguntas profundas!". Em geral, os que deram respostas positivas escreveram coisas bonitas, como: "Estou feliz por ter nascido e ter a chance de experimentar tantas coisas, como o nascimento de minhas sobrinhas e sobrinhos e das muitas outras crianças que vi crescer... Também amo quão maravilhoso é tudo isso, os pássaros, as borboletas, as árvores, os rios são todos tão lindos".

Os comentários dos que deram respostas negativas foram tão sombrios quanto seria de esperar. "Minha vida foi e é horrível. Eu não gostaria de revivê-la de novo" e "Nos últimos vinte anos, minha vida foi um verdadeiro inferno. Eu não desejo isso a ninguém."

As respostas positivas foram muito mais comuns que as negativas. Nos Estados Unidos, 16% dos entrevistados disseram que sua vida continha mais sofrimento que felicidade, e 40% o oposto, isto é, mais felicidade que sofrimento. Nove por cento preferiam nunca ter nascido, e 79% preferiam estar vivos. Trinta por cento não viveriam a mesma vida de novo, e 44%, sim.

Os resultados foram parecidos na Índia, embora, surpreendentemente, os entrevistados indianos tenham sido mais positivos que os dos Estados Unidos. Apenas 11% consideraram que suas vidas tinham mais sofrimento que felicidade, apenas 6% prefeririam nunca ter nascido, e apenas 19% escolheriam não viver suas vidas de novo. Talvez isso se deva apenas ao fato de as amostragens não serem representativas da população como um todo: os entrevistados tendiam a ser indianos comparativamente com boas condições de vida e os norte-americanos, comparativamente com menos boas condições de vida.

Tabela 9.1. Quantas pessoas levam vidas com bem-estar positivo? Evidência de uma pesquisa na Índia e nos Estados Unidos (em porcentagem)

Pergunta	Índia			Estados Unidos		
	Negativa	Neutra	Positiva	Negativa	Neutra	Positiva
Você acha que sua vida até hoje teve mais alegria que sofrimento?	11	52	37	16	44	40
Ignorando qualquer efeito de sua vida na dos outros, preferiria estar vivo (em vez de nunca ter nascido)?	6,3	8,4	85	9,1	13	79
Se pudesse viver a mesma vida de novo, desde o início (sem se lembrar de nada, de modo que experimentaria tudo como se fosse a primeira vez), o faria? Suponha que essa decisão não afete ninguém, e que sua decisão seja em benefício próprio.	19	12	69	31	25	44

Notas: Dados de Caviola *et al.*, 2021.
As porcentagens podem não somar 100 por causa do arredondamento.

A que conclusões deveríamos chegar? Bem, elas variam conforme a teoria de bem-estar aplicada. Os escores de satisfação com a vida, nos quais os entrevistados classificam sua própria felicidade, parecem se aproximar mais da visão da satisfação de preferências/desejos, pois o fato de as pessoas se considerarem satisfeitas com a própria vida é evidência de que suas preferências estão sendo satisfeitas. Os estudos em que se "pulam" experiências mais se assemelham à visão hedonística do bem-estar: mesmo que as pessoas desejem ter seus empregos, por exemplo, as evidências sugerem que muitas delas não gostam muito deles, e o estudo no qual se pulam experiências captura esse fato. A pesquisa feita pela World Values Survey, que pergunta diretamente às pessoas se elas são felizes, talvez seja mais naturalmente interpretada segundo a visão da satisfação de preferências/desejos. Contudo, é possível imaginar que alguns dos entrevistados também a interpretaram de modo hedonista.

A princípio, eu sugeriria que algo como 10% da população global têm vidas abaixo do bem-estar neutro. Se presumirmos, de acordo com a pesquisa reduzida do Reino Unido, uma escala de satisfação de vida na qual o ponto neutro esteja na faixa entre 1 e 2, então de 5% a 10% da população global tem vidas com bem-estar negativo. Na pesquisa da World Values Survey, 17% dos entrevistados se classificaram como infelizes. No ainda mais reduzido estudo de pular experiências, no qual os objetos de estudo eram habitantes de países ricos, 12% tiveram dias em que suas experiências ruins superaram as boas. E no estudo que encomendei, pouco mais de 10% das pessoas, tanto nos Estados Unidos quanto na Índia, gostariam de nunca ter nascido, e também pouco mais de 10% disseram que em suas vidas havia mais sofrimento que felicidade.

Assim, eu diria que tanto pela visão da satisfação de preferências/desejos como na do hedonismo, a maioria das pessoas tem vidas com bem-estar positivo. Se, no meu leito de morte, me fosse dada a opção de reencarnar como uma pessoa viva hoje e aleatoriamente selecionada, eu aceitaria. E, se tivesse que viver a vida de todos os humanos vivos hoje, eu ficaria feliz em fazê-lo.

A seguir, vamos examinar como o bem-estar dos seres humanos vem mudando ao longo do tempo. As pessoas estão se tornando mais felizes ou estão na mesma?

As pessoas estão se tornando mais felizes?

Uma visão comum é que, apesar de o mundo estar ficando mais rico, as pessoas não estão mais felizes ou estão até se tornando menos felizes. Para endossar essa visão, podemos citar o paradoxo de Easterlin: embora uma renda mais alta esteja, até certo ponto, correlacionada com mais felicidade tanto em um determinado país quanto em vários países em um momento específico, *com o tempo*, as pessoas e os países param de ficar mais felizes à medida que enriquecem.[28] De acordo com essa visão, é a renda relativa de um país que determina a felicidade de uma pessoa; nosso nível de renda absoluto é irrelevante, pois nos acostumamos com qualquer nível de renda que tivermos. Dentro dessa perspectiva, portanto, na medida em que a desigualdade de renda nos países está em geral crescendo, podemos esperar que as pessoas fiquem menos felizes com o passar do tempo.

Contudo, não obstante o paradoxo de Easterlin continuar a exercer grande influência, na verdade, ele não existe. Easterlin publicou pela primeira vez sua descoberta em 1974, quando os dados de que dispúnhamos sobre os níveis de felicidade em todo o mundo eram bem mais escassos do que hoje.[29] Como não podíamos, na época, comprovar que o grau de felicidade nos países aumenta conforme aumenta a riqueza, ele concluiu que não havia relação entre o nível absoluto de renda e a felicidade e que, em vez disso, a felicidade é determinada pela comparação da renda do indivíduo com a dos seus pares.[30] Contudo, estudos mais recentes, com dados melhores, defendem veementemente a ideia de que os países ficam mais felizes conforme enriquecem.[31] Pode ser que seu nível relativo de renda dentro de seu país influencie quão feliz você é, mas também é verdade que sua felicidade aumenta com seu nível de renda absoluto.

A Figura 9.1 mostra a felicidade média de um país comparada com seu PIB por pessoa.[32]

SATISFAÇÃO COM A VIDA *VERSUS* PIB *PER CAPITA*
Autoavaliação em uma escala de 0 a 10

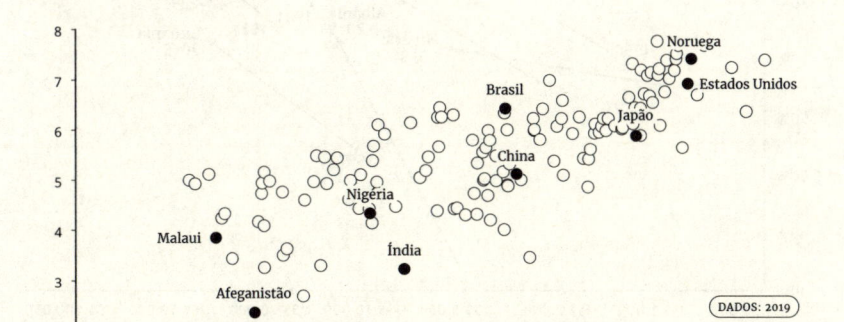

Figura 9.1. Satisfação pessoal autorrelatada (numa escala de 0 a 10) versus renda per capita (ajustada para a diferença de preço entre os países). Cada círculo representa um país.

E, na Figura 9.2, vemos o gráfico da felicidade nos países ao longo do tempo, à medida que enriqueceram.

Apesar de as pessoas mais ricas costumarem ser mais felizes, não fica claro se esse efeito é causal. Talvez seja mais fácil trabalhar com pessoas felizes, portanto elas tendem a ganhar mais dinheiro. Uma maneira de explorar o efeito causal do dinheiro sobre a felicidade é examinar os ganhadores de prêmios de loteria. Os jornais e revistas costumam noticiar a assim chamada "maldição da loteria", das pessoas que ficaram milionárias recentemente, mas são infelizes. Em 2016, a revista *Time* publicou um artigo intitulado "É assim que ganhar na loteria o torna infeliz", com algumas histórias de pessoas cujas vidas foram arruinadas pela fabulosa riqueza.[33] A única exceção mencionada no artigo é Richard Lustig, que ganhou prêmios consideráveis na loteria nada menos que sete vezes e escreveu o livro *Learn How to Increase Your Chances of Winning the Lottery* [Aprenda a aumentar suas chances de ganhar na loteria, em

FELICIDADE AUTORRELATADA *VERSUS* RENDA AO LONGO DO TEMPO
Parcela de pessoas que responderam que são "muito felizes" ou "razoavelmente felizes"

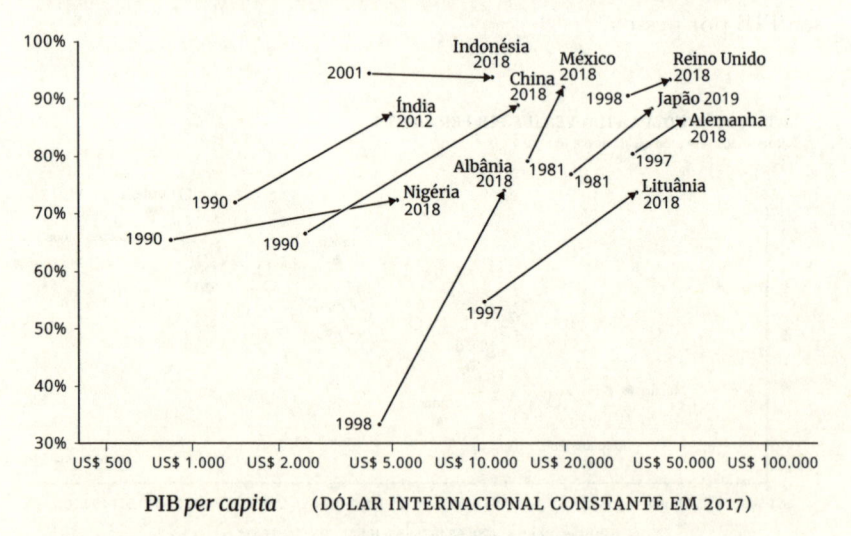

Figura 9.2. À medida que os países enriquecem, suas populações tendem a se tornar mais felizes, como evidenciado pelo fato de a maioria das setas apontar para o canto superior direito. Isso vale para todo o mundo. Para os dados completos, ver os Créditos das figuras e fontes dos dados, página 313.

tradução livre].[34] Lustig disse: "Já fui rico e já fui pobre, e prefiro muito mais ser rico". No fim das contas, a experiência de Lustig é bem mais representativa dos ganhadores de loteria como um todo. Uma pesquisa recente constatou que os ganhadores de loteria são mais felizes.[35] Essa é mais uma evidência de que o dinheiro melhora o bem-estar pessoal.

DISTRIBUIÇÃO DE RENDA GLOBAL
População

1800

1975

2019

Ásia e Pacífico

África

América do Sul e do Norte

Europa

US$ 0,2   US$ 0,5   US$ 1   US$ 2   US$ 5   US$ 10   US$ 20   US$ 50   US$ 100   US$ 200

Renda diária   (DÓLAR INTERNACIONAL CONSTANTE EM 2011)

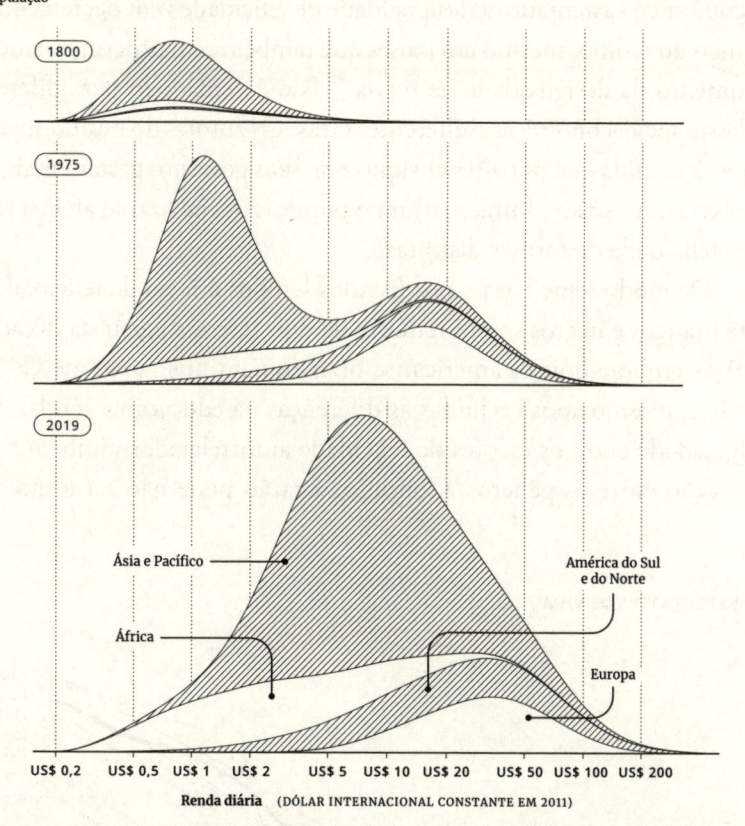

Figura 9.3. Em 1800, quase toda a população vivia abaixo da linha da pobreza estabelecida pelo Banco Mundial, indicativa de extrema pobreza (US$ 1,90 por dia). Em 1975, um grupo de países ricos – quase todos localizados na Europa e nas Américas – havia saído da linha da pobreza e usufruía de rendas per capita sem precedentes na história. Quarenta anos depois, embora gritantes desigualdades globais persistam, a distribuição de renda no geral mostra um grau menor de polarização entre ricos e pobres, e uma crescente parcela da população – em especial na Ásia – escapou da extrema pobreza. Todos os valores referentes às rendas foram ajustados considerando a inflação e as diferenças de preços entre os países.

A literatura a respeito do bem-estar subjetivo costuma ser apoiada por outras medidas de quão ricas estão as pessoas, na média. Por exemplo, a Figura 9.3 mostra como a distribuição global de renda mudou ao longo do tempo.[36]

Já a Figura 9.4 mostra a expectativa de vida no nascimento no mundo como um todo e nos seis países de baixa e média renda mais populosos.

Segundo um estudo, em países que estão passando por crescimento econômico sustentado, a desigualdade de felicidade vem decrescendo ao longo do tempo, mesmo em países que também têm experimentado um aumento da desigualdade de renda.[37] Isso é verdadeiro para diferentes classes socioeconômicas e diferentes raças. Os autores do estudo sugerem que, à medida que os países enriquecem, seus governos gastam mais com coisas como saúde, infraestrutura e proteção social, o que afeta a renda e a felicidade de formas distintas.

De modo semelhante, nos Estados Unidos o fosso da felicidade entre brancos e negros sofreu redução de dois terços a partir da década de 1970, embora hoje os americanos brancos continuem, em média, mais felizes, mesmo após excluídas as diferenças na educação e renda. A desigualdade entre os escores de felicidade autorrelatados também sofreu redução entre os gêneros. Contudo, a razão pode não ser a que você

EXPECTATIVA DE VIDA
Anos

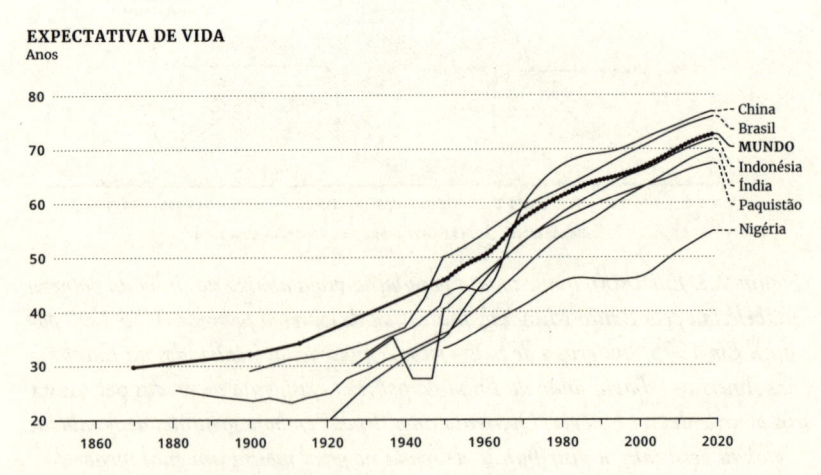

Figura 9.4. A expectativa de vida mais que duplicou em muitos países desde o século XIX. Tanto no mundo como um todo quanto nos países mais populosos de baixa e média renda, a expectativa de vida aumentou quase todos os anos durante décadas.

imagina: para nossa surpresa, é porque as mulheres ficaram menos felizes com o tempo. Antes elas relatavam ser mais felizes que os homens, mas agora o índice de felicidade entre homens e mulheres é semelhante. Ainda não se sabe o porquê dessa tendência.[38]

Essas amplas melhorias no bem-estar humano são importantes correções para a crença disseminada de que o mundo está piorando e continuará a piorar. Embora algumas pessoas possam ser otimistas inabaláveis, há muitas evidências de que muitos de nós são pessimistas a respeito de como o restante do mundo está – possivelmente, pessimista em excesso.[39] Uma pesquisa realizada em 2015 com dezoito mil adultos descobriu que em vários países ricos menos de 10% dos entrevistados acham que o mundo está melhorando.[40] Esse pessimismo decorre em parte do viés negativo dos noticiários. Um terrível desastre aéreo é uma notícia atrativa, mas uma queda longa e contínua da mortalidade infantil não merece ser mencionada: quanto mais sangue, mais vendas. Isso nos leva a nos concentrarmos nas coisas ruins e ignorar as boas, perdendo de vista as incríveis melhoras ao nosso redor.

Essas tendências, contudo, não nos dão razões para achar que os problemas mundiais, afinal de contas, não são tão ruins assim. Já mencionei que a maioria das pessoas ainda vive com menos de US$ 7 por dia; ademais, a cada ano, milhões morrem de doenças de fácil prevenção, outros milhões são oprimidos e sofrem violências, e centenas de milhões de pessoas passam fome. Esse não é um mundo com o qual possamos ficar satisfeitos.

Além do mais, o bem-estar humano médio não aumentou inexoravelmente durante toda a história humana. Apesar de a qualidade de vida em nossos dias ser, sem sombra de dúvida, muito mais elevada do que nas sociedades agrícolas pré-industriais, nossos ancestrais nômades caçadores e coletores, desde a aurora do *Homo sapiens* até a revolução agrícola, há cerca de dez mil anos, provavelmente tinham um bem-estar médio mais alto que os primeiros agricultores. À medida que as pessoas passavam a depender mais da agricultura, sua altura – um bom indicador de saúde e nutrição – normalmente caía em comparação com a de seus ancestrais caçadores-coletores.[41]

Há inclusive evidências de que, em alguns aspectos, as vidas dos caçadores-coletores na era pré-agrícola era bem atraente se comparada à vida da pessoa média viva atualmente.⁴² Embora seja difícil medir isso, na média, as horas de trabalho dos caçadores-coletores modernos não são drasticamente diferentes das dos trabalhadores das sociedades industriais modernas, e para alguns caçadores-coletores eram bem menos numerosas.⁴³ Ademais, muitos caçadores-coletores gostam de seu trabalho – afinal, caçar é uma atividade de lazer para muita gente hoje. Em geral, os caçadores-coletores têm um forte *éthos* igualitário e níveis altos de comunidade,⁴⁴ e dançam e cantam com frequência. Em seu estudo dos Hadza, da Tanzânia, uma das poucas sociedades remanescentes de caçadores-coletores do mundo, o antropólogo Frank Marlowe observou:

> Os Hadza cantam com frequência, e todos sabem cantar muito bem. Quando alguns Hadza entram em meu Land Rover para ir a algum lugar, quase invariavelmente começam a cantar. Usam uma melodia que todos conhecem, mas compõem as letras na hora. Essas letras podem ser algo como "*Lá vamos nós no carro do Frankie, andando para lá e para cá no carro. Quando Frankie chega, passeamos de carro*". Eles cantam partes diferentes numa harmonia em três partes, sem nunca perder o ritmo; parecem receber a letra improvisada por telepatia.
> Também adoram dançar e dançam vários estilos diferentes... Essa dança é única e cheia de espírito – a dança mais sensual que já vi.⁴⁵

Os Hadza fizeram parte do único estudo comparando o bem-estar nas nações industrializadas ao bem-estar de um grupo de caçadores--coletores cuja vida pode ser comparável à de nossos distantes ancestrais. Não obstante sua dieta ser, em geral, bastante boa, os Hadza subsistem cercados de pobreza material: possuem poucas coisas e vivem em abrigos temporários feitos de grama seca e galhos.⁴⁶ A despeito disso, o estudo descobriu que o povo hadza é mais feliz que todas as doze populações industrializadas para as quais escores comparáveis estão disponíveis.⁴⁷ Devemos ter cautela ao tirar conclusões sobre os caçadores-coletores da era pré-agrícola e os da era moderna, pois estes últimos são diferentes em vários aspectos relevantes: vivem em extremos ambientais e têm conflitos e negociam com as sociedades modernas.[48] Ademais, os estilos de vida dos caçadores-coletores variam muito, e os Hadza são especialmente harmoniosos,[49] portanto, talvez não sejam representativos – e esse é só um estudo. Mesmo assim, as evidências são instigantes. Talvez a mais forte evidência da felicidade dos caçadores-coletores seja qualitativa. Os etnógrafos sempre tecem comentários acerca da aparente harmonia e desejabilidade do estilo de vida caçador-coletor.[50]

Uma das grandes desvantagens de ser um caçador-coletor pré-industrial era a expectativa de vida bem inferior à atual (apesar de superior à das primeiras sociedades agrícolas), em função das doenças, da fome ocasional e da falta de remédios modernos. Cerca de metade das crianças nascidas nas sociedades de caçadores-coletores pré-industriais morriam antes de completar quinze anos, em comparação com uma para cada duzentas na Europa hoje.[51] Se um caçador-coletor sobrevivesse até os quinze anos, poderia esperar viver até os 53 anos, enquanto os britânicos que chegam aos quinze anos hoje podem esperar chegar aos 89 anos.[52] Alguns pesquisadores também afirmam que as taxas de violência eram muito mais altas entre os caçadores-coletores pré-agrícolas, embora isso seja motivo de discussões acaloradas.[53]

Desde a Revolução Industrial, há uma clara tendência ao aumento do bem-estar, o que nos dá boas razões para crer que o mundo continuará a melhorar para as pessoas pelo menos até o próximo século. Na maioria das previsões econômicas, o mundo continuará a enriquecer nas próximas décadas. Nos últimos cinquenta anos, o PIB global *per capita* cresceu 2% ao ano, e todas as áreas geográficas principais vêm experimentando um significativo crescimento econômico.[54] Em uma pesquisa recente feita com economistas da área do crescimento econômico, os entrevistados afirmaram acreditar que, em linhas gerais, essa tendência continuará igual, em 2,1% ao ano.[55] Levando em conta essa previsão, em 2100 a pessoa média será cinco vezes mais rica do que hoje e, portanto, ao que tudo indica, também será mais feliz. Temos motivos para otimismo, pelo menos no decorrer do próximo século.

Animais não humanos

Por enquanto, examinamos apenas se a vida humana média é melhor do que nada. Todavia, para avaliar se o mundo como um todo é bom no balanço e se está melhorando, nossa análise precisa ser mais abrangente. Em especial, ainda não discutimos a vasta maioria dos seres sencientes deste planeta: os animais não humanos. Comecemos com os animais criados em fazendas industriais.[56]

Desde 2018, mais de 79 bilhões de animais vertebrados terrestres são mortos para consumo a cada ano, dos quais 69 bilhões de frangos adultos, 3 bilhões de pintos machos, 3 bilhões de patos, 1,5 bilhão de codornas, 1,5 bilhão de porcos, 922 milhões de coelhos e lebres, 656 milhões de perus, 574 milhões de ovelhas, 479 milhões de cabras e 302 milhões de bovinos. Além disso, cerca de 100 bilhões de peixes são abatidos em fazendas de piscicultura a cada ano.[57]

É difícil superestimar o sofrimento que nós infligimos a esses animais.[58] Os frangos, que perfazem a vasta maioria dos animais terrestres destinados ao consumo, são provavelmente os que mais sofrem. Frangos criados por sua carne, os chamados frangos de corte, são criados para crescer tão rápido que, ao final de suas vidas, 30% apresentam problemas de locomoção de moderados a severos. Quando são grandes o suficiente para serem abatidos, a maioria dos frangos de corte é pendurada de cabeça para baixo pelas pernas, suas cabeças passam por água eletrificada, e então, por fim, seus pescoços são cortados. Milhões de frangos sobrevivem a isso para finalmente morrer submersos em água escaldante, em um estágio do processo destinado a afrouxar suas penas.[59]

As galinhas poedeiras, isto é, usadas para a produção de ovos, provavelmente sofrem até mais, a começar do momento em que saem do ovo. Os pintos machos, inúteis para a indústria de ovos, são "sacrificados" assim que nascem. São mortos com gás, trituração ou jogados no lixo, onde ou morrem de sede ou sufocam até a morte. Entretanto, em comparação com o sofrimento que aguarda as fêmeas, talvez os pintos machos abatidos sejam os afortunados. Uma vez crescidas, muitas galinhas são confinadas em gaiolas de bateria menores que uma folha de papel tamanho carta. As galinhas poedeiras tendem a bicar umas às outras, terminando, em alguns casos, em canibalismo. Para evitar isso, uma lâmina quente ou luz infravermelha é usada para cortar as pontas de seus bicos, que são extremamente sensíveis. Depois de serem submetidas à mutilação quando pequenas e a um intenso confinamento quando adultas, perto do fim de suas vidas produtivas muitas galinhas poedeiras são submetidas à muda forçada: são deixadas em jejum por duas semanas, até perder um quarto de seu peso corporal; nesse ponto, seus corpos iniciam mais um ciclo de produção de ovos. Quando se tornam improdutivas a ponto de não serem mais lucrativas, são abatidas com gás ou despachadas para um matadouro.

A vida dos porcos e do gado criados em fazendas industriais é melhor, apesar de ainda sofrerem muito desnecessariamente. Os porcos são castrados e têm seus rabos amputados, e o gado criado em fazendas industriais é castrado, marcado a ferro quente, e têm seus chifres retirados – tudo sem anestesia. As porcas e as vacas leiteiras são submetidas à inseminação artificial, dolorosa e invasiva, no mínimo uma vez por ano. Depois disso, as coisas só pioram. Durante a gravidez, a maioria esmagadora das porcas é confinada em celas de gestação tão pequenas que elas não conseguem se virar. Nas fazendas industriais, as vacas são submetidas à ordenha mecanizada durante dez meses, antes de serem consideradas "esgotadas" e abatidas com cerca de cinco anos de idade. Seus bezerros machos, inúteis para a indústria de laticínios, são vendidos para fazendas de vitela, onde são mantidos em minúsculas baias e, em muitos países, com a cabeça voltada para a parede por toda a sua curta vida.[60]

Os peixes criados em cativeiro também sofrem terrivelmente. As fazendas de criação de peixes são muito superlotadas: os salmões, que medem cerca de 75 centímetros de comprimento, podem receber o espaço equivalente a apenas uma banheira de água cada um.[61] Essa aglomeração impossibilita seu comportamento natural e leva a ferimentos e à morte prematura. A mortalidade na piscicultura vai de 15% a 80%.[62] O salmão do Atlântico e a truta-arco-íris são deixados sem alimentação por vários dias, às vezes por duas ou mais semanas, para esvaziarem o intestino antes de serem abatidos.[63] A maioria dos peixes criados em cativeiro é morta por asfixia lenta, que pode demorar mais de uma hora.[64] Outros são intoxicados com dióxido de carbono ou têm as guelras cortadas ainda conscientes.[65]

Levando todos esses dados em conta, é difícil resistir à conclusão de que a melhor coisa que pode acontecer a galinhas, porcos ou peixes criados em cativeiro é a morte. Conheço pouca gente que estudou o tema a fundo e discorda.[66] Em seu conjunto, as fazendas industriais consistem na eficiente produção, em toda a sociedade, de um monstruoso volume de sofrimento.

Qual peso dar aos interesses humanos e aos dos animais não humanos é uma questão difícil.[67] Os animais terrestres criados em cativeiro literalmente superam os humanos: as fazendas industriais terrestres contêm 70% mais biomassa do que todos os humanos.[68] Os animais dessas fazendas superam em muito o número de humanos, numa proporção de três para um: são 25 bilhões de frangos, 1,5 bilhão de bovinos, um bilhão de ovelhas e um bilhão de porcos vivos a um só tempo. Os peixes criados em pisciculturas também são mais numerosos: numa estimativa aproximada, dez peixes para cada ser humano, com cerca de cem bilhões de peixes criados em cativeiro vivos a um só tempo. Contudo, nem todas essas espécies têm igual capacidade para o bem-estar, e é difícil acreditar que a capacidade para o bem-estar não tem a menor importância quando se comparam os interesses de diferentes espécies. O fato de levar em conta diferenças na capacidade para o bem-estar não implica que outras espécies tenham *status* moral inferior ao dos humanos. Na verdade, isso dá ao bem-estar delas um peso igual, mas reconhece que algumas espécies simplesmente têm menos capacidade para o bem-estar que outras.

Para captar a importância das diferenças na capacidade para o bem-estar, poderíamos, como uma heurística bastante incipiente, ponderar os interesses dos animais pelo número de neurônios que eles têm. O pensamento motivador por trás da ponderação pela quantidade de neurônios é que, como sabemos que a experiência consciente da dor é resultado da atividade em certos neurônios cerebrais, então não deve importar mais que os neurônios estejam divididos entre quatrocentos frangos em vez de em um único ser humano. Se fizermos isso, então um besouro com cinquenta mil neurônios teria pouquíssima capacidade para o bem-estar; já as abelhas, dotadas de 960 mil neurônios, contariam um pouco mais; os frangos, com duzentos milhões de neurônios, contariam bem mais; e os humanos, com mais de oitenta bilhões de neurônios, são os que mais contariam.⁶⁹ Isso resulta em um cenário muito diferente do que se examinarmos apenas os números de animais: pela contagem de neurônios, os humanos superam todos os animais criados em cativeiro (inclusive os peixes) em uma proporção de trinta para um. Isso me surpreendeu muito: antes de estudar esse assunto, eu não havia apreciado como é grande a diferença de tamanho de cérebro entre seres humanos e animais não humanos.

Se, contudo, aceitamos a contagem de neurônios como uma aproximação grosseira, chegamos à conclusão de que os interesses totais ponderados dos animais em cativeiro são bem pequenos comparados aos dos humanos, embora seu bem-estar seja decididamente negativo.

Porém, isso ainda não permite concluir se o bem-estar dos seres humanos e o dos animais em cativeiro combinados é negativo. Embora, no total, os animais criados em fazendas industriais possam ter menos neurônios, a grande maioria deles (frangos e peixes) leva vidas de intenso sofrimento, que poderiam superar em muito o bem-estar humano total. Se a intensidade do sofrimento de galinhas e peixes for ao menos quarenta vezes a intensidade da felicidade humana média, então o bem-estar total de seres humanos e animais criados em cativeiro é negativo.

Em seguida, podemos passar a avaliar a vida dos animais na natureza. Quando tentamos ponderar o bem-estar de animais selvagens por seu número ou pela contagem de neurônios, chegamos à conclusão de que nossa visão geral deveria ser quase inteiramente direcionada por nossa visão a respeito dos peixes.⁷⁰ A biomassa de seres humanos é cinco vezes superior à de todas as aves, répteis e mamíferos selvagens em conjunto,⁷¹ e os humanos têm três vezes mais neurônios. Mas a biomassa dos peixes é dez vezes superior à dos humanos,⁷² e existem ao menos dez mil vezes mais peixes que humanos. São em sua maioria peixes pequenos, pesam poucos gramas e vivem de duzentos a mil metros abaixo da superfície dos oceanos.⁷³ Ainda que cada um desses peixes tenha apenas em torno de vinte milhões de neurônios,⁷⁴ cálculos conservadores sugerem que, pelo método da contagem de neurônios, os peixes superam os humanos por um fator de no mínimo dezessete.

Tabela 9.2. Contagem de animais versus *contagem de neurônios*

Espécie	População total	Total de neurônios
Humanos	8 bilhões	700 milhões de trilhões
Animais criados em fazendas industriais	1,35 bilhão	20 milhões de trilhões
Peixes na natureza	600 trilhões	12 bilhões de trilhões

Notas: Dados da população obtidos na FAOSTAT e Carlier e Treich (2020). A contagem de neurônios se baseia em Olkowicz *et al.* (2016, Tabela S1); Herculano-Houzel *et al.* (2015); e Herculano-Houzel (2016, p. 75). Detalhes e informações bibliográficas disponíveis em whatweowethefuture.com/notes.

Quão boa é a vida de um peixe selvagem? É fácil imaginar uma vida em liberdade como sendo cor-de-rosa e em agradável harmonia com a natureza, mas a frase de Tennyson de uma "Natureza, vermelha em dentes e garras" é mais apropriada. Embora algumas espécies de peixes possam viver por décadas, mais de 90% das larvas de peixes morrem poucos dias depois da desova – devoradas, de fome ou sufocadas.[75] As que conseguem chegar à idade adulta correm o risco de sofrer de doenças – infecções fúngicas, bacterianas e virais –, assim como os humanos. E em sua vasta maioria os peixes adultos não vão morrer de velhice, e sim sufocados como resultado da proliferação de algas, ou vítimas de parasitas, ou de exaustão, após construírem ninhos ou colocarem ovos, ou então estraçalhados ou engolidos inteirinhos e depois triturados dentro do esôfago de um predador.[76]

É comum pensar nas experiências dos animais selvagens como parte de um "ciclo da vida" que é um milagre, na melhor das hipóteses, ou apenas parte da ordem natural das coisas, na pior. Mas, embora muitos ignorem a dor dos animais em liberdade na natureza, sentimos compaixão e até indignação quando animais são feridos ou mortos em resultado da intervenção humana. Em minha opinião, não há uma boa razão para isso: uma tartaruga dilacerada por uma baleia assassina não sente menos dor do que uma estrangulada pela malha de plástico usada nas embalagens de cerveja.[77]

Será que, no geral, a vida dos animais silvestres envolve mais sofrimento que alegria? Em outras palavras: se lhe fosse dada a opção, em seu leito de morte, de reencarnar em um animal da natureza selecionado aleatoriamente, você aceitaria a proposta? Realmente não sei se eu aceitaria. É muito difícil fazer inferências confiáveis quanto ao bem-estar de animais silvestres, pois suas fisiologias e vidas são muitíssimo diferentes das nossas. Em termos gerais, na melhor das hipóteses está pouquíssimo claro, levando em conta o que hoje sabemos, se os animais silvestres têm bem-estar positivo ou não.[78]

Nossa avaliação geral das vidas dos animais, portanto, é bastante pessimista. Os animais criados para o consumo provavelmente têm, em média, vidas de bem-estar negativo. Para os animais silvestres isso não está claro, mas é provável que também tenham, na média, bem-estar negativo. A seguir, deveríamos perguntar: a vida dos animais não humanos vem melhorando ou piorando com o passar do tempo?

A tendência é claramente negativa para os animais criados em fazendas industriais. O número de animais criados para fins de consumo cresce a passos largos, e o consumo vem aumentando mais rápido entre frangos e porcos, que, como vimos, estão entre os que têm as piores vidas.

NÚMERO DE ANIMAIS ABATIDOS NO MUNDO

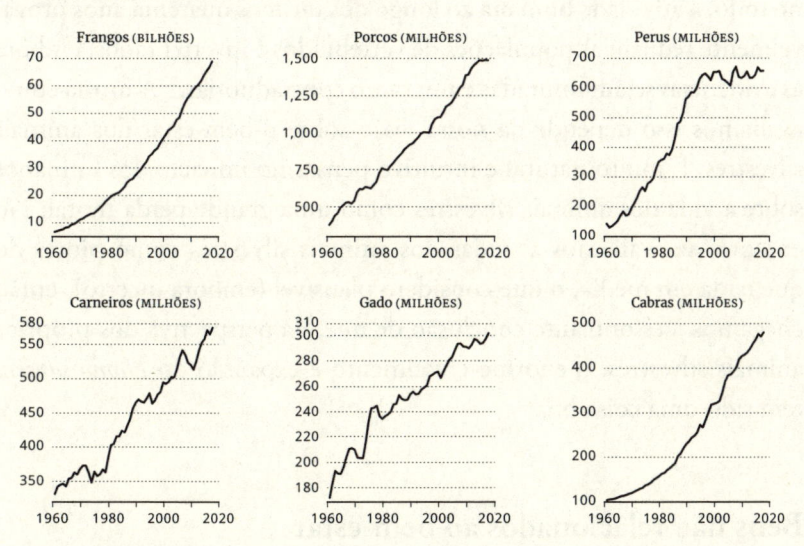

Figura 9.5. Os seres humanos vêm abatendo um número cada vez maior de animais terrestres criados para consumo ao longo das últimas seis décadas. Os dados excluem a produção de ovos e de laticínios.

O bem-estar de animais criados para consumo também vem piorando com o tempo, à medida que desenvolvemos métodos cada vez mais "eficientes" para transformar ração em carne. A seleção artificial, em particular, significa que os frangos modernos agora crescem anormalmente rápido e adquirem tamanhos anormais; isso significa que sofrem de uma gama de distúrbios e deformidades esqueléticas, no fim da vida muitas vezes ficam aleijados e podem sofrer de fome crônica em função das restrições alimentares.[79] Alguns países vêm melhorando suas leis de bem-estar animal, embora o efeito disso ainda seja reduzido se comparado a todos esses outros fatores. A despeito de tudo isso, nossas *atitudes* em relação aos animais claramente melhoraram ao longo dos últimos séculos, o que pode nos dar alguma esperança em relação ao futuro.

A tendência quanto aos animais silvestres não é tão clara. A expansão humana significa que a biomassa de mamíferos silvestres terrestres diminuiu sete vezes em comparação com a do período pré-humano, devido principalmente à extinção da megafauna discutida no Capítulo 2.[80] A biomassa de peixes predadores pescados para fins comerciais declinou de maneira drástica, mas isso tem sido, em certa medida, compensado pelo aumento de biomassa de peixes menores.[81] Vários estudos sugerem que, no todo, a atividade humana ao longo dos últimos quarenta anos provavelmente reduziu as populações de vertebrados e invertebrados, embora as evidências sejam limitadas e um tanto contraditórias.[82] A forma como avaliamos isso depende da nossa visão sobre o bem-estar dos animais silvestres. É muito natural e intuitivo pensar no impacto dos humanos sobre a vida dos animais silvestres como uma grande perda moral. No entanto, se avaliamos as vidas dos animais silvestres como piores do que nada em média, o que considero plausível (embora incerto), então chegamos à estonteante conclusão de que, da perspectiva dos próprios animais silvestres, o enorme crescimento e expansão do *Homo sapiens* tem sido uma coisa boa.

Bens não relacionados ao bem-estar

Até o momento, examinamos as tendências no bem-estar dos seres humanos e dos animais não humanos.

Você pode achar que, moralmente, tudo o que importa é o bem-estar. Esta é a teoria que, após reflexão filosófica, considero a mais plausível: outras coisas podem ser valiosas ou não valiosas *instrumentalmente*, mas apenas se provocarem impacto no bem-estar das criaturas sencientes. Contudo, os filósofos se dividem sobre esse tema: muitos rejeitariam a ideia de que apenas o bem-estar tem valor moral e afirmariam que há coisas que podem melhorar ou piorar o mundo mesmo não sendo boas ou ruins *para* qualquer criatura senciente. Por exemplo, segundo o filósofo G. E. Moore, a beleza natural ou artística é boa, não importando se as pessoas a apreciam ou não; muitos ambientalistas acreditam que permitir aos ecossistemas seguir seu curso natural é algo bom em si mesmo, pouco importando o bem-estar de cada animal que vive e morre nesses ecossistemas.[83]

Dada a dificuldade da ética, e, como afirmei no último capítulo, dada a nossa necessidade de reconhecer a incerteza moral, deveríamos considerar a tendência dos bens não relacionados ao bem-estar. Infelizmente, é difícil apresentar argumentos robustos que estabeleçam o que é valioso para além de seu efeito sobre o bem-estar; essa é uma área da ética na qual talvez o melhor que possamos fazer é ter intuições acerca de valores fundamentais que se contrapõem. Algumas possibilidades que muitas pessoas acham convincentes, além da grande arte e do meio ambiente, são a democracia, a igualdade, a difusão do conhecimento e as grandes realizações humanas.

Não sabemos ao certo se a tendência para bens não relacionados ao bem-estar melhorou ou piorou com o passar do tempo. Em termos do ambiente natural, a tendência parece negativa. Derrubamos um terço das florestas do mundo. A área florestal global continua a encolher, mas há alguns motivos para otimismo – a porcentagem de perda de florestas atingiu o auge na década de 1980 e desde então vem declinando.[84] Desde 1500, perdemos entre 0,5% e 1% das espécies vertebradas do mundo; essa é uma taxa de perda de espécies muito mais rápida que a taxa normal de extinção e que se iguala ou excede a taxa de extinção durante os cinco grandes eventos de extinção em massa ocorridos na Terra.[85]

No entanto, a tendência para outros bens não relacionados ao bem-estar parece positiva. Realizamos descobertas científicas transformadoras, como a teoria da relatividade geral, a mecânica quântica e a teoria da seleção natural; agora sabemos a idade da Terra e do Universo. E realizamos feitos incríveis: a varíola foi erradicada; escalamos as mais altas montanhas do mundo, vimos o topo das nuvens viajando de avião e fotografamos a Terra do espaço. Em 1900, 90% da população global vivia sob regimes autocráticos; hoje, mais da metade vive em democracias.[86] Mesmo o cenário da desigualdade global vem melhorando: embora a desigualdade global tenha aumentado de 1800 até a década de 1970, desde então ela sofreu uma queda vertiginosa graças ao rápido crescimento econômico na Ásia.[87] Como a arte é tão subjetiva, é quase impossível avaliar as tendências nas realizações artísticas, mas um fator muitas vezes negligenciado é que, por nossos números serem tão massivos, a produção artística de nossa espécie aumentou vertiginosamente: uma população maior equivale a mais artistas. E a capacidade artística da população, em alguns aspectos, aumentou consideravelmente, graças a uma taxa maior de alfabetização e mais riqueza: uma população mais alfabetizada tem mais escritores, e quanto menor for o número de pessoas na pobreza extrema, mais artistas haverá. Diante dessas considerações, é provável que a arte tenha alcançado novos patamares ao longo do tempo e continuará a fazê-lo, ao menos pelos próximos cem anos. O mesmo se aplica a outros bens não relacionados ao bem-estar. Quanto mais pessoas existirem e quanto mais elevado for o padrão de vida, maior a probabilidade de existirem indivíduos como Usain Bolt, Margaret Atwood e Maryam Mirzakhani, que então realizem feitos fantásticos.

A avaliação que você faz dessas tendências depende do valor que você dá às coisas "ruins" não relativas ao bem-estar, como a destruição do meio ambiente, e às coisas "boas", como a democracia e o progresso científico. Como lidar com esse "perde e ganha" (*trade-off*) é uma questão complicada, o tipo de assunto no qual é difícil para a filosofia moral oferecer algum esclarecimento. Em minha visão pessoal, a tendência geral é positiva.

A defesa do otimismo

Até aqui, examinei se o mundo vem melhorando ou piorando ao longo do tempo. Essa análise acabou se revelando diabolicamente difícil.

Considerando todos esses fatos, chegamos agora à tarefa mais árdua: determinar se o mundo vai melhorar ou piorar no longo prazo.

Podemos realizar algum progresso nos concentrando em apenas dois cenários extremos: os melhores e piores futuros possíveis, a *eutopia* e a *antieutopia*. Chamo o pior mundo possível de "antieutopia", pois o conceito de "distopia" é incapaz de captar quão ruins poderiam ser os piores futuros possíveis. Por exemplo, os cenários distópicos que contemplei no Capítulo 4 – e que são frequentemente discutidos pela ficção científica – seriam ruins, mas são otimizados por elementos como a devoção ao líder ou a criação de uma sociedade alinhada com a ideologia do líder, em vez de serem *o pior* cenário *possível*.

Considerar esses dois possíveis futuros nos dá motivos para otimismo ou pessimismo? Bem, depende de dois fatores: o valor relativo desses mundos e a nossa probabilidade de transformá-los em realidade. O valor relativo desses mundos dá margem ao pessimismo. Em minha opinião, a ruindade do pior mundo possível supera em muito a bondade do melhor mundo possível.

Para tornar essa ideia intuitiva, suponha que você se encontre diante de duas opções. A primeira é uma aposta na qual você tem, de um lado, 50% de chance de criar a melhor eutopia possível para o futuro, com uma gigantesca civilização consistindo nas vidas mais prósperas possíveis, e, de outro, uma chance de 50% da pior antieutopia possível, na qual uma gigantesca civilização consista em vidas de sofrimento, submetidas aos mais intensos tormentos imagináveis. A segunda opção é declinar da aposta: se você fizer isso, a humanidade escasseará e acabará extinta ao longo dos próximos séculos. O que você faria?

Se a resposta não estiver clara, então considere apenas sua vida. Imagine que você, pessoalmente, tivesse a opção de morrer em paz ou uma chance de 50/50 de viver ou na eutopia, usufruindo dos mais altos padrões de prosperidade, ou na antieutopia, na mais profunda miséria. Eu, com certeza, preferiria morrer em paz e rejeitar a aposta, e desconfio de que quase todos fariam o mesmo.

Não está totalmente claro como explicar essa intuição. Talvez a assimetria intuitiva entre felicidade e sofrimento se deva apenas à nossa constituição biológica: acontece que é mais fácil produzir dor que prazer, então as piores experiências passíveis de serem sentidas são muito piores que as melhores. Essa assimetria pode ser possivelmente explicada com base na evolução: de uma perspectiva evolucionária, o lado negativo de morrer é muito pior que o lado positivo de, digamos, fazer uma refeição ou ter uma relação sexual. Então faria sentido nos sentirmos bem mais incentivados, por meio da dor, a nos afastarmos de circunstâncias capazes de provocar nossa morte do que propensos a nos voltarmos para algo "bom", como uma refeição ou sexo.

Talvez, então, ao considerarmos a melhor vida possível, ou a pior, nossa imaginação simplesmente nos deixe na mão: não compreendemos adequadamente como seria a melhor vida possível. Isso é em parte comprovado pela reflexão acerca das experiências máximas – os melhores momentos da vida – e como confrontaríamos esses momentos uns com os outros. Em resumo, quanto tempo experimentando o pior momento de todos aceitaríamos em troca de conseguir experimentar os melhores momentos por uma certa duração? Por exemplo, no prólogo de sua autobiografia, o filósofo Bertrand Russell escreveu: "Busquei o amor... por trazer consigo o êxtase – êxtase tão imenso que, muitas vezes, teria de bom grado sacrificado todo o resto de minha vida por algumas horas dessa alegria".[88] O escritor russo Fiódor Dostoiévski descreveu suas experiências com a epilepsia da seguinte forma:

> Por vários instantes, sinto uma felicidade impossível de ser experimentada em estado normal, e que outras pessoas nem sequer conseguem conceber. Sinto harmonia plena tanto em mim quanto em todo o mundo, e a sensação é tão forte e doce que por poucos segundos de tamanha felicidade alguém poderia abrir mão de dez anos de vida, talvez até de toda a vida.
>
> Senti o céu descer à Terra e me engolir. Realmente alcancei Deus e por ele fui impregnado. Todos vocês, pessoas saudáveis, nem suspeitam do que é a felicidade, essa felicidade que nós, os epiléticos, experimentamos por um segundo antes de um ataque.[89]

Se Dostoiévski tiver razão, a maioria das pessoas simplesmente não faz ideia de como a vida pode ser boa.

No entanto, pode ser também que a assimetria não seja apenas produto de nossa ignorância ou de nossa biologia, mas esteja mais profundamente enraizada na moralidade em si. Na verdade, para uma gama de teorias da filosofia moral, uma unidade de dor deveria ter peso superior a uma unidade de prazer. Já vimos um possível caminho para essa assimetria no Capítulo 8. Defendi que, quando moralmente inseguros, deveríamos adotar uma visão de nível crítico, segundo a qual uma vida precisa ser suficientemente boa para quem a vive para que sua existência faça do mundo um lugar melhor. Se isso estiver correto, então, para tornar o valor esperado do futuro positivo, o futuro não só precisa ter mais coisas "boas" do que "ruins", precisa ter um número *consideravelmente* maior de coisas boas do que de ruins.

No geral, a mim parece que deveríamos pensar que a ruindade do pior futuro possível supera a bondade do melhor futuro possível. Isso nos conduz à segunda questão: qual é a probabilidade, em termos relativos, de terminarmos numa eutopia e não numa antieutopia? Apesar de minha resposta à primeira pergunta ter sido pessimista, acredito que existem motivos para otimismo na segunda.

O argumento-chave para o otimismo acerca do futuro diz respeito a uma assimetria na motivação das pessoas futuras – a saber, às vezes as pessoas produzem coisas boas só porque essas coisas são boas, mas raramente as pessoas produzem coisas ruins só porque elas são ruins. Em geral, as pessoas fazem coisas porque acreditam que essas coisas são boas para elas mesmas, ou boas para os outros, ou boas para o mundo. Assim, por exemplo, se alguém passa a vida viajando mundo afora, ou comendo pratos deliciosos, ou jogando videogame, podemos explicar esse comportamento simplesmente observando que essas coisas são boas; de modo similar, se alguém se dedica ao ativismo social, podemos explicar esse comportamento observando que essa pessoa acredita que isso fará do mundo um lugar melhor.

Em contrapartida, se sabemos que alguém passará por uma dolorosa cirurgia dental, é extremamente improvável que esteja fazendo isso apenas para se submeter a um momento ruim; na verdade, a experiência ruim é um mal necessário para evitar mais dor no futuro. De modo geral, mesmo as piores atrocidades tipicamente são cometidas não pelo simples fato de serem ruins, mas como efeito colateral de outras ações ou como meio para atingir algum outro fim. Numa seção anterior deste capítulo, descrevi o sofrimento que as pessoas infligem em animais não humanos. As pessoas não agem assim porque ativamente gostam do sofrimento dos animais, mas sim por apreciarem o sabor da carne, quererem baratear seu custo e por não terem nenhuma preocupação em especial com o bem-estar dos animais criados em fazendas industriais, de modo que estão dispostas a permitir que o sofrimento de animais persista como um dano colateral. O mesmo raciocínio se aplica a outros horrores já infligidos ao longo de toda a história. A maioria das pessoas tinha escravos não para fazê-los sofrer, mas para obter lucros com seu trabalho, ou como símbolo de *status*. Em termos gerais, as guerras são travadas não para que os oponentes do agressor sintam dor, mas para o agressor conquistar glória e poder.

Infelizmente, nem sempre isso é verdade, e já houve vezes em que o sadismo foi amplamente disseminado. Pessoas comuns aglomeravam-se para ver os gladiadores na Roma Antiga e as abomináveis execuções públicas nos primórdios da Europa moderna. Além disso, algumas das figuras mais influentes da história sentiam prazer com o sofrimento de suas vítimas.[90] Mao deu instruções detalhadas ao ordenar a tortura e o assassinato de milhões de suas vítimas e sentia prazer em assistir a atos de tortura.[91] De modo semelhante, Hitler deu instruções específicas para que alguns dos conspiradores que tramaram seu assassinato em 1944 fossem estrangulados com cordas de piano, e suas mortes agonizantes foram filmadas. De acordo com Albert Speer, ministro de Armamentos e Produção de Guerra da Alemanha nazista, "Hitler adorou o filme e mandou que o exibissem repetidas vezes".[92] Porém, mesmo nesses casos, parte da motivação para tais atos sádicos pode ter sido a manutenção do poder e a sinalização de *status*.

Ainda que raros na população como um todo, os perversos, os sádicos e os psicopatas podem ter uma propensão desproporcional a conseguir poder político. Vários ditadores, além de Mao e Hitler, exibiram tais traços, entre eles Gengis Khan, Saddam Hussein, Stálin, Mussolini, Kim Il-sung, Kim Jong-il, François Duvalier, Nicolae Ceaușescu, Idi Amin e Pol Pot. Portanto, existe o risco de pessoas perversas provocarem desmedido impacto no futuro.

Apesar dessas preocupantes e relevantes exceções, as pessoas de modo geral costumam se sentir muito mais motivadas a promover o que acreditam ser bom do que a promover o que acreditam ser ruim. Vemos essa assimetria motivacional nos atuais gastos globais.[93] A maior parte dos gastos visa a coisas boas: saúde, ciência, educação, divertimento e abrigo. Apenas uma pequena fração dos gastos globais é destinada a prisões, guerras, fazendas industriais ou outros malefícios, e estes quase sempre são feitos como um meio para atingir algum outro fim.

Essa assimetria motivacional fica clara quando pensamos nos potenciais caminhos para o melhor futuro possível, bem como para o pior. Primeiro, considere o melhor futuro possível: a civilização está repleta de seres com vidas longas, felizes e prósperas, repleta de realizações artísticas e feitos científicos, expandidas pelo cosmo. Podemos encontrar explicações prontas para como tal civilização poderia surgir. Uma primeira explicação invocaria a convergência moral: as pessoas no futuro podem simplesmente ter reconhecido o que é bom e trabalhado para promover o bem. Ou seja, ao longo do tempo, e graças aos enormes avanços científicos e tecnológicos que o futuro pode trazer, inclusive avanços na habilidade de refletir e raciocinar em conjunto, todos podem ter convergido para uma visão de como seria o melhor futuro possível e então a colocado em prática.

Segundo, mesmo sem a convergência moral, as pessoas podem ter elaborado suas próprias visões acerca de em que consiste tanto uma vida boa como uma sociedade boa, e cooperado e negociado com o objetivo de criar uma sociedade suficientemente boa para todos. A sociedade resultante seria uma solução de compromisso entre diferentes visões de mundo, na qual todos obteriam a maior parte do que desejam. Ainda que ninguém tenha uma visão moral positiva, mas apenas queira o que é melhor *para si*, isso ainda poderia resultar em um mundo muito bom. Em um mundo no qual a comunicação, o comércio e os acordos são fáceis e a tecnologia é extremamente avançada, a maioria das pessoas pode conseguir a maior parte do que deseja.

Agora, tente imaginar a pior civilização possível: tão ruim quanto o melhor futuro possível é bom. Tal futuro teria de consistir em uma quantidade enorme de pessoas, espalhadas pelo cosmo, vivendo vidas de extrema miséria. Podemos encontrar explicações para como tal desfecho poderia acontecer? É bem mais difícil. Os cenários distópicos realistas costumam ser otimizados para outro fim, não para tornar o mundo o pior possível. Então, futuros astronomicamente bons parecem bastante possíveis, enquanto futuros astronomicamente ruins parecem muito pouco prováveis.

A ruindade da antieutopia é maior que a bondade da eutopia, mas a eutopia é bem mais provável que a antieutopia. Considerando todos esses pontos, parece-me que a principal consideração é a maior probabilidade de uma eutopia. Isso nos dá algumas razões para pensar que o valor esperado do futuro é positivo. Temos motivos para ter esperança.

PARTE V
MÃOS À OBRA

CAPÍTULO 10

O QUE FAZER

De costas para o futuro

Na língua inglesa, o futuro está à nossa frente, e o passado, atrás de nós. Podemos dizer que devemos nos preparar para o que se encontra à nossa frente e não nos preocupar com o que ficou para trás, ou que estamos diante de um futuro precário, ou que Mary Wollstonecraft foi uma pensadora à frente de seu tempo. Acontece que esse mapa metafórico é quase universal em todas as culturas: até onde sabemos, todas as línguas do mundo representam o futuro como algo à nossa frente, e o passado, atrás, com apenas um punhado de exceções.[1]

A exceção mais estudada é a língua aimará. Os Aimarás são uma nação indígena formada por quase dois milhões de membros, que habitam a Bolívia, o norte do Chile, a Argentina e o Peru.[2] Seu traje tradicional é bastante colorido, e sua bandeira parece uma obra em tecnicolor. Na língua aimará, o futuro está atrás de nós e o passado, à nossa frente. Então, por exemplo, a expressão *nayra mara* é composta da palavra "frente" (que também pode se referir a "olho" ou "visão") e da palavra "ano", que significa "ano passado". O sentido literal de *nayra pacha* é "tempo à frente", mas se refere a "tempo passado". Para dizer "daqui para a frente", dizem *akata qhiparu*, literalmente, "isso de trás para a frente", e para se referir a um "dia futuro", dizem *qhipüru*, literalmente, "dia atrás".

Essa metáfora conceitual não se restringe à escolha de palavras dos falantes de aimará. Para se referir a um evento no futuro, um falante de aimará pode apontar o polegar por cima do ombro. Esse efeito persiste mesmo quando os falantes nativos de aimará falam uma segunda língua, como o espanhol andino.

Quase todas as línguas representam o futuro como algo à nossa frente, pois, quando andamos ou corremos, tanto viajamos no tempo como avançamos no espaço. Na língua aimará, a mais importante característica do tempo consiste no que sabemos e no que não sabemos. Podemos *ver* o presente e o passado: eles estão diante de nós. Portanto, podemos ter conhecimento direto deles de tal maneira que não nos é possível em relação ao futuro – tudo o que sabemos ou acreditamos a respeito do futuro se baseia em inferências do que experimentamos no presente ou no passado.[3] A filosofia implícita é que, ao fazermos planos para o futuro, deveríamos ter basicamente a mesma atitude de quando andamos para trás em terreno desconhecido.

Essa metáfora é um modo apropriado de pensar sobre nossa jornada rumo ao futuro. Nos últimos nove capítulos, espero ter mostrado que é possível tanto pensar claramente a respeito do futuro quanto ajudar a guiá-lo rumo a uma direção melhor. Longe de mim alegar que isso é uma tarefa fácil. Na melhor das hipóteses, dou uma rápida espiada por cima do ombro para o futuro que se encontra atrás de nós. Ainda há muito que desconhecemos.

Mesmo enquanto escrevia este livro, mudei de ideia a respeito de uma série de questões cruciais. Passei a levar a contingência histórica e, sobretudo, a contingência de valores muito mais a sério do que há poucos anos. Preocupo-me muito mais com os impactos de longo prazo da estagnação tecnológica do que me preocupava até mesmo no ano passado. Com o tempo, passei a confiar mais na resiliência da civilização diante de grandes catástrofes, mas desanimei diante da possibilidade de esgotarmos os combustíveis fósseis de fácil acesso no futuro, o que poderia dificultar a recuperação civilizacional.

Estamos com frequência em uma posição de profunda incerteza no que tange ao futuro por vários motivos. Primeiro, para algumas questões, há fortes considerações de ambos os lados, e simplesmente não sei como elas deveriam ser ponderadas umas contra as outras. Isso vale para muitas questões estratégicas acerca da inteligência artificial. Por exemplo: é bom ou mau acelerar o desenvolvimento da IA? Por um lado, desacelerar seu desenvolvimento nos daria mais tempo para nos prepararmos para o desenvolvimento da inteligência artificial geral. Por outro lado, acelerá-lo poderia ajudar a reduzir o risco de uma estagnação tecnológica. Nessa questão, não é só que agir da forma errada pode tornar vãos seus esforços. A ação errada pode ser desastrosa.

As consideráveis discordâncias entre os especialistas nada fazem para amenizar o caráter espinhoso dessas questões. Recentemente, a seguinte pergunta foi feita a 75 pesquisadores de organizações líderes em segurança e governança de IA: "Supondo que haverá uma catástrofe existencial em consequência da IA, qual você acha que será a causa?".[4] Os entrevistados podiam escolher uma dentre seis respostas: a primeira apresentava um cenário no qual um único sistema de IA rapidamente dominaria o mundo, como descrito em *Superinteligência: caminhos, perigos, estratégias*, de Nick Bostrom; a segunda e a terceira, cenários em que a IA tomaria o controle, mas envolvendo muitos sistemas de IA aprimorados de forma mais gradual; na quarta, a inteligência artificial exacerbaria o risco de guerra; na quinta, a IA seria mal utilizada pelas pessoas (como descrevi exaustivamente no Capítulo 4); e a sexta, "outras".

O entrevistado médio colocou uma probabilidade semelhante nos cinco primeiros cenários, enquanto "outras" recebeu uma chance de um em cinco. No entanto, as respostas individuais variaram muito, e a confiança autorrelatada nessas estimativas foi baixa; o entrevistado médio avaliou seu próprio nível de confiança em 2, numa escala de 0 a 6. Houve até mesmo uma discordância enorme quanto ao tamanho da ameaça: quando questionados sobre o tamanho do risco existencial decorrente da IA, os entrevistados responderam desde 0,1% até 95%.[5]

Mais ou menos a mesma coisa vale para questões relativas à governança da inteligência artificial. Em 2021, Luke Muehlhauser, responsável por doações da área de governança da IA na Open Philanthropy, comentou: "Nos últimos anos, passei centenas de horas discutindo possíveis metas intermediárias de alto valor com outros 'veteranos' da área de governança de inteligência artificial longotermista. Portanto, posso afirmar com alguma segurança que há pouquíssimo consenso quanto a quais metas intermediárias teriam valor líquido positivo se fossem buscadas".[6]

O segundo motivo pelo qual enfrentamos uma incerteza tão profunda é que, além de ponderar considerações contrárias das quais temos ciência, também precisamos tentar levar em conta as considerações acerca das quais ainda não pensamos. Em 2002, ao falar sobre a falta de evidência da existência de armas de destruição em massa no Iraque, o secretário de Defesa dos Estados Unidos, Donald Rumsfeld, declarou: "Existem conhecidos conhecidos; existem coisas que sabemos que sabemos. Também sabemos que há desconhecidos conhecidos, o que significa dizer que sabemos que existem algumas coisas que não sabemos. Mas também existem os desconhecidos desconhecidos – aqueles que não sabemos que não sabemos".[7]

Na época, o comentário de Rumsfeld foi ridicularizado como obscurantista, e chegou a ganhar o prêmio Foot in Mouth, concedido todo ano pela Plain English Campaign a "um comentário desconcertante de uma figura pública".[8] Mas, na verdade, ele estava apresentando uma importante questão filosófica: devemos ter em mente a possível existência de considerações das quais nem mesmo temos ciência.

Para ilustrar, vamos supor que uma pessoa com altíssimo grau de instrução, em 1500, tentasse contribuir para melhorar o futuro no longo prazo. Ela teria conhecimento de temas relevantes, como a persistência das leis, religiões e instituições políticas. No entanto, muitas considerações nem sequer lhe ocorreriam. As ideias de que a duração da vida habitável na Terra poderia ser de um bilhão de anos e de que o universo poderia ser tão absurdamente enorme, mas quase completamente desabitado, não seriam levadas em consideração. Ferramentas conceituais imprescindíveis para lidar com a incerteza, como a teoria das probabilidades e o valor esperado, ainda não tinham surgido. Essa pessoa não teria sido exposta a argumentos favoráveis a uma concepção de mundo moral na qual os interesses de todas as pessoas são iguais. Ela nem saberia o que não sabia.

O terceiro motivo pelo qual enfrentamos uma profunda incerteza é que, mesmo nos casos em que sabemos ser bom alcançar um resultado em particular, pode ser muito difícil fazê-lo acontecer de forma previsível. Qualquer ação particular que tomarmos tem uma variedade enorme de consequências ao longo do tempo: algumas serão boas; outras, ruins; e muitas terão valor incerto. Não obstante, idealmente, deveríamos levar em consideração todas as consequências possíveis em nossa decisão.

Quando confrontados com a complexidade empírica e avaliativa à nossa frente, é fácil nos sentirmos perdidos, como se nada pudéssemos fazer. Mas isso seria pessimismo demais. Mesmo se estivermos andando para trás em direção ao futuro – e mesmo se o terreno no qual caminhamos for inexplorado, escuro e nebuloso, e dispusermos de poucas pistas para nos guiar –, ainda assim alguns planos são mais inteligentes que outros. Podemos empregar três regras práticas.

Primeira: tomar medidas que podemos ter confiança, comparativamente, de que são boas. Se estamos explorando um território desconhecido, sabemos que gravetos e fósforos, uma faca afiada e insumos de primeiros socorros serão de grande serventia em uma ampla gama de ambientes. Mesmo que não saibamos quase nada a respeito de nossa expedição, esses objetos serão úteis.

Segunda: tentar aumentar o número de opções disponíveis para nós. Em uma expedição, gostaríamos de evitar ficar presos em um desfiladeiro do qual não é possível sair, e, se não temos certeza quanto à localização de nosso destino, é melhor escolher rotas que deixem em aberto um número maior de possíveis caminhos.

Terceira: tentar aprender mais. Nosso grupo de expedição poderia subir uma colina a fim de ter uma visão melhor do terreno ou explorar diferentes rotas à frente.

Essas três lições – tomar decisões robustamente boas, criar opções e aprender mais – podem ajudar a nos orientar em nossas tentativas de influenciar o longo prazo positivamente. Primeiro, algumas ações melhoram o futuro no longo prazo em uma ampla gama de possíveis cenários. Por exemplo, promover a inovação em tecnologia limpa contribui para manter os combustíveis fósseis no solo, dando-nos melhores chances de recuperação após um colapso civilizacional; reduz o impacto das mudanças climáticas; avança o progresso tecnológico, reduzindo o risco de estagnação; e também tem importantes benefícios de curto prazo, reduzindo a enorme taxa de mortes por poluição do ar em consequência da queima de combustíveis fósseis.

Em segundo lugar, algumas rotas nos oferecem muito mais opções que outras. Isso é verdade para nós como indivíduos: algumas carreiras incentivam muito mais habilidades e credenciais flexíveis que outras. Embora eu tenha tido imensa sorte em minha carreira, em geral, um doutorado em economia ou estatística proporciona muito mais oportunidades que um em filosofia. Como sugeri no Capítulo 4, manter as opções em aberto também é importante para a sociedade. Manter uma diversidade de culturas e sistemas políticos deixa em aberto mais possíveis trajetórias para a civilização; o mesmo se aplica, em um grau ainda maior, para garantir que a civilização não termine completamente.

Terceiro, podemos aprender mais. Como indivíduos, podemos desenvolver uma melhor compreensão a respeito das diferentes causas discutidas neste livro e construir conhecimento sobre aspectos relevantes do mundo. Atualmente, há poucas tentativas de fazer previsões com mais de uma década de antecedência sobre questões políticas, tecnológicas, econômicas e sociais, e quase nenhuma tentativa olha mais de cem anos à frente. Como civilização, podemos investir recursos em fazer melhor – construindo espelhos que nos permitam enxergar, ainda que na penumbra, o futuro que se apresenta atrás de nós.

Mantendo em mente essas importantíssimas lições, vamos discutir o que fazer, a começar pelas prioridades nas quais focar.

Em quais prioridades você deveria se concentrar?

Se você está numa expedição, pode enfrentar problemas a todo momento: as barracas têm goteiras; o moral está baixo; um leopardo o espreita. Você precisaria priorizar. Barracas com goteira podem ser irritantes, mas não são tão importantes quanto o tal leopardo.

Do mesmo modo, ao pensar em como melhorar o mundo, o primeiro passo é decidir em qual problema trabalhar. Quando as pessoas estão decidindo como fazer o bem, costumam se concentrar em um problema que lhes fala ao coração, talvez por conhecer alguém afetado por ele. Outros se concentram em problemas de especial proeminência. Mas, se nosso objetivo é fazer o máximo de bem possível, essas intuições podem ser más guias, pois as ações de maior impacto podem ser muito mais efetivas que as ações comuns.

Para termos uma ideia do tipo de coisas entre as quais estamos escolhendo, vamos primeiro fazer um balanço das ameaças que mencionei nos capítulos anteriores. Primeira, a cristalização de valores negativos, talvez precipitada pela inteligência artificial geral ou pelo predomínio de uma única ideologia mundial. Segunda, o fim da civilização, que pode ser provocado por uma guerra envolvendo armas nucleares ou biológicas, ou se tornar mais provável devido à estagnação tecnológica, ao esgotamento das reservas de combustíveis fósseis ou por um grande aquecimento do planeta. O que podemos fazer em cada uma dessas áreas?

Em relação a algumas dessas questões, podemos tomar medidas razoavelmente boas e robustas. É o caso da mudança climática e do esgotamento dos combustíveis fósseis, assuntos sobre os quais dispomos de enormes quantidades de pesquisas relevantes a respeito de seus fundamentos físicos, efeitos socioeconômicos e políticas públicas para mitigação e adaptação. E, o mais importante, temos critérios para comparar diferentes intervenções. Sabemos que estamos vencendo a luta contra a mudança climática se as emissões de dióxido de carbono caírem, e, quanto mais caírem, melhor. Cada um de nós pode encorajar a inovação de tecnologia limpa atuando politicamente, ou financiando ou trabalhando para organizações sem fins lucrativos eficazes como a Força-Tarefa pelo Ar Limpo e a TerraPraxis.

Biossegurança e prontidão para futuras pandemias é outra área na qual podemos tomar medidas robustamente boas, como promover a inovação para produzir diagnósticos universais baratos e rápidos e equipamentos de proteção individual extremamente confiáveis. Organizações como o Johns Hopkins Center for Health Security e a Bipartisan Commission on Biodefense estão ajudando a promover internacionalmente soluções que propiciem a prontidão para pandemias.

A prontidão para desastres gerais também parece robustamente boa. Trata-se de coisas como aumentar os estoques de alimentos; construir abrigos para proteger mais gente das catástrofes dos piores cenários; desenvolver formas de produção de alimentos que não dependam da luz do sol para o caso de um inverno nuclear; construir cofres de sementes crioulas que possam ser usadas para reiniciar a agricultura;[9] e construir cofres informacionais com instruções para a criação das tecnologias necessárias para reconstruir a civilização.

Em outras áreas, as prioridades-chave são criar opções e aprender mais. Isso vale para muitas das questões em torno da IA. Não sabemos ainda como serão os sistemas de AGI com os quais estamos preocupados, exceto por seus contornos amplos. É por isso que é difícil trabalhar em soluções bem segmentadas agora, e, por causa da situação estratégica complexa, muitas tentativas bem-intencionadas podem até produzir efeitos negativos.

A história dos esforços para reduzir o risco da inteligência artificial geral, no entanto, ilustra a existência de ao menos uma ação que podemos tomar em uma tal situação: construir um campo de atores moralmente motivados que possam começar a reduzir nossa incerteza acerca do que fazer. Dez anos atrás, quase ninguém estava trabalhando para manobrar positivamente a trajetória da AI. Mas hoje existem pelo menos cem pessoas trabalhando nesse problema, e dezenas de milhões de dólares são gastos com isso todos os anos.[10] Grupos como o Center for Human-Compatible Artificial Intelligence e o Future of Humanity Institute ajudaram a formar um campo de pesquisadores voltados para o desenvolvimento da IA segura. A questão também vem sendo cada vez mais levada a sério nas políticas públicas para a tecnologia, por exemplo, pelo Center for Security and Emerging Technology da Universidade Georgetown, em Washington, D.C. Esse esforço ainda é bastante reduzido, mas está crescendo.

O risco de guerra entre as grandes potências é outro exemplo em que a criação de um campo e um aumento no número de pesquisas são prioridades-chave. Embora exista um grande corpo de trabalho sobre as causas da guerra, ainda temos muito a aprender sobre modos práticos de reduzir os riscos de guerra. Por exemplo, sabemos que os países são mais propensos a travar uma guerra quando têm uma rivalidade duradoura ou são vizinhos geográficos, sobretudo se há disputas territoriais. Mas redesenhar fronteiras está longe de ser uma intervenção viável, e nem podemos voltar no tempo para evitar que os países se tornem rivais. E, apesar de sabermos que as democracias são menos propensas a lutar umas contra as outras, promover a democracia no mundo é um grande desafio. Considerando essas incertezas, identificar e treinar pesquisadores talentosos e organizações eficazes, que possam melhorar nosso conhecimento nessa área, me parece fundamental. Organizações como a Stockholm International Peace Research Institute podem nos ajudar a definir políticas públicas e programas que, se implementados, nos deem a melhor chance de manter a paz entre as grandes potências nas próximas décadas.

Além de aprimorar nosso conhecimento a respeito de questões específicas, também podemos entender melhor as implicações do longotermismo como um todo. Por exemplo, você pode ajudar na descoberta de novas considerações cruciais. Talvez haja uma tecnologia negligenciada no horizonte que represente uma grave ameaça à sobrevivência da civilização. Talvez algumas mudanças nas instituições e culturas do mundo fossem valiosas mudanças de trajetória. Seria importantíssimo identificar qualquer uma delas. Essas e outras questões cruciais são trabalhadas em organizações como o Global Priorities Institute, o Future of Humanity Institute e a Open Philanthropy.[11]

Como escolher quais desses problemas são mais urgentes? No Capítulo 2, sugeri o uso da estrutura de significância, persistência e contingência para medir a importância de um problema.

Mas não deveríamos *apenas* considerar a importância de um problema: um problema pode ser muito importante ainda que haja muito pouco que possamos fazer a respeito dele. Isso pode ser dividido em dois componentes. Primeiro, a *tratabilidade*: quantos recursos seriam necessários para solucionar uma dada fração do problema? É intrinsecamente mais fácil conseguir progredir em alguns problemas do que em outros. Por exemplo, o uso de clorofluorcarbonetos (CFCs) resultou em um enorme problema para o mundo por destruir a camada de ozônio.[12] Porém, o problema acabou sendo comparativamente fácil de ser resolvido: apenas um pequeno número de empresas precisava aderir à mudança e havia bons substitutos para os CFCs.[13] Quinze anos se passaram entre os cientistas descobrirem que os CFCs provocavam danos à camada de ozônio e o Protocolo de Montreal, que aposentou os clorofluorcarbonetos e essencialmente pôs um fim ao problema.[14]

No caso da mudança climática, a dificuldade para uma cooperação internacional e a falta de bons substitutos para os combustíveis fósseis tornam o problema muito mais difícil.[15] Mas ao menos a natureza do problema – queimar combustíveis fósseis libera dióxido de carbono – está bem clara. Isso significa que podemos criar indicadores para rastrear com mais facilidade progressos para a resolução do problema. Em outras áreas, como o progresso moral ou o desenvolvimento seguro da inteligência artificial, a situação é mais complicada. A natureza do problema é questionada, e não existem indicadores claros que permitam acompanhar eventuais avanços.

O segundo componente é a *negligência*. Quanto mais pessoas trabalham para solucionar um problema, maiores são as chances de "os frutos no galho mais baixo" – as melhores oportunidades de fazer o bem – serem colhidos. Se você trabalha em problemas mais negligenciados, pode fazer uma grande diferença.

Por exemplo, os filantropos hoje gastam bilhões de dólares com a defesa do clima todos os anos, governos e empresas gastam centenas de bilhões de dólares com a mudança climática, e esse é um dos principais problemas escolhidos pela maioria dos jovens imbuídos de motivação social.[16] Como mencionei no Capítulo 6, essa é a principal razão para a maré ter começado a mudar na questão da mudança climática. Em contrapartida, problemas relativos ao desenvolvimento da IA são radicalmente mais negligenciados – embora eu tenha observado que o interesse pela área tem crescido, os investimentos filantrópicos ainda somam poucas dezenas de milhões de dólares ao ano e existem apenas cerca de duzentas pessoas trabalhando na área. Isso significa que, se você puder ajudar com avanços nessa área, você como indivíduo tem a capacidade de ser transformador de uma maneira que seria muito mais difícil de conseguir em áreas que já vêm atraindo mais atenção.

Como agir

Assumindo que você escolheu o problema que supõe ser o mais urgente, o que fazer agora? As pessoas costumam se concentrar no comportamento pessoal ou nas decisões de consumo. A sugestão, implícita ou explícita, é que, se você se importa com o bem-estar animal, a coisa mais importante a fazer é se tornar vegetariano; se seu foco de inquietação for a mudança climática, a coisa mais importante é viajar menos de avião e andar menos de carro; se você se preocupa com a superexploração dos recursos naturais, a atitude mais importante é reciclar e parar de usar sacolas plásticas.

De maneira geral, considero essa ênfase, embora compreensível, um grande erro estratégico para aqueles de nós que desejam tornar o mundo melhor. Frequentemente o foco nas decisões de consumo é acompanhado por uma falha na priorização. Considere, por exemplo, a recente onda de defesa da redução dos plásticos. O impacto total disso sobre o meio ambiente é ínfimo. Você teria de usar sua sacola de plástico oito mil vezes para anular o efeito de um voo de Londres a Nova York.[17] E evitar o uso de plástico tem apenas um minúsculo efeito na poluição plástica dos oceanos. Nos países ricos com uma gestão eficiente de resíduos, é muito raro que o lixo plástico acabe nos oceanos. Quase todo o plástico nos oceanos vem de barcos de pesca e de países mais pobres, com uma gestão de resíduos menos eficiente.[18]

Algumas decisões de consumo pessoal causam um impacto muito maior do que o reaproveitamento de sacolas plásticas. Uma das que mais me agradam é o vegetarianismo. A primeira decisão autônoma moral importante que tomei foi me tornar vegetariano, aos dezoito anos, no dia em que saí da casa de meus pais. Essa foi uma decisão importante e de grande significado para mim, e até hoje sou vegetariano. Mas que impacto isso teve, em comparação com outras coisas que eu poderia fazer? Tomei essa decisão em grande parte pelo bem-estar animal, mas vamos nos concentrar apenas em seu efeito sobre mudança climática. Ao se tornar vegetariano, você evita o equivalente a cerca de 0,8 tonelada de dióxido de carbono equivalente ao ano (um indicador que combina o efeito de diferentes gases de efeito estufa).[19] Isso é bastante coisa: cerca de um décimo de minha pegada de carbono total.[20] Ao longo de oitenta anos, eu evitaria o equivalente a umas 64 toneladas de dióxido de carbono equivalente.

Mas acontece que você pode fazer outras coisas radicalmente mais impactantes. Suponha que um americano de renda média doasse 10% dessa renda, ou seja, em torno de US$ 3 mil, à Clean Air Task Force, uma organização extremamente econômica que promove a inovação em tecnologias de energia limpa negligenciadas. De acordo com a melhor estimativa que conheço, essa doação reduziria as emissões de dióxido de carbono mundiais em esperadas três mil toneladas por ano.[21] Isso é muito mais do que ser vegetariano durante toda a sua vida. (Observe que os investimentos na área de mudanças climáticas vêm se alterando rapidamente, portanto, quando você estiver lendo isto, a Clean Air Task Force pode já ter recebido todo o investimento necessário.

A organização Giving What We Can mantém uma lista atualizada das melhores instituições de caridade na área climática e em outras áreas.)

Há bons motivos para se tornar e continuar sendo vegetariano ou vegano: fazer isso ajuda você a se tornar um defensor melhor da mitigação das mudanças climáticas e do bem-estar animal, mais capaz de evitar acusações de hipocrisia, e pode ser que você pense, com toda a razão, que evitar causar sofrimentos desnecessários faz parte de viver uma vida moralmente respeitável. Mas, se seu objetivo é combater as mudanças climáticas o máximo possível, tornar-se vegetariano ou vegano é apenas uma parte pequena do quadro geral.

Priorizar decisões de consumo pessoal em vez de mudanças mais sistêmicas costuma ser uma jogada conveniente para corporações. Em 2019, o CEO da Shell, Ben van Beurden, deu uma palestra na qual recomendou aos ouvintes consumir alimentos da estação e reciclar mais, censurando quem come morangos no inverno.[22] Na verdade, para solucionar o problema da mudança climática, o que precisamos mesmo é que empresas como a Shell deixem de existir. Ao doar a entidades filantrópicas eficazes, todos nós podemos tornar muito mais provável esse tipo de mudança política de longo alcance.

Também em outras áreas as doações provocam mais impacto do que mudar decisões pessoais de consumo. Por exemplo, em meu livro *Doing Good Better*, argumentei que doar para as melhores instituições de caridade globais de combate à pobreza causa mais impacto do que comprar produtos de comércio justo. Esses exemplos não são mero acaso. Deveríamos esperar esse mesmo padrão em quase todas as áreas. A razão mais poderosa, e ainda assim simples, para isso é esta: nosso consumo não é otimizado para causar danos, e, portanto, ao fazermos outras escolhas de consumo, podemos evitar, no máximo, apenas o modesto dano que porventura teríamos causado com nossas escolhas originais; em contrapartida, ao doarmos, podemos escolher qual ação reduz *melhor* os danos com os quais nos importamos. Podemos provocar o maior impacto possível servindo-nos de alavancas como a influência sobre políticas públicas.

Ademais, para muitos dos problemas que discuti neste livro, simplesmente não é possível fazer nenhuma diferença apenas mudando seu comportamento de consumo. Embora cada um de nós possa mitigar as mudanças climáticas por meio de nossas ações cotidianas, isso não é verdadeiro para o risco de uma guerra entre grandes potências, pandemias criadas em laboratórios ou o desenvolvimento da inteligência artificial. Entretanto, todos podemos agir sobre esses problemas doando a instituições eficazes sem fins lucrativos. Independentemente do que mais você fizer na sua vida, as doações são uma maneira de fazer um bem enorme.

Além das doações, três outras decisões pessoais me parecem particularmente significativas: o ativismo político, a transmissão de boas ideias e ter filhos.

A forma mais simples de ativismo político é votar. À primeira vista, é improvável que votar possa realmente causar um grande bem. Todas as eleições nas quais votei teriam tido o mesmo resultado quer eu tivesse votado ou não, e isso quase certamente vale para todos os que estão lendo este livro. O que esse raciocínio negligencia é que, mesmo que a chance de você influenciar uma eleição seja pequena, o valor *esperado* ainda pode ser muito alto.[23] Se você morar em um *swing state** dos Estados Unidos, a chance de seu voto virar uma eleição nacional varia de um em um milhão a um em dez milhões. Como regra prática, os governos costumam controlar cerca de um terço do PIB de um país. Nos Estados Unidos, o governo federal gasta US$ 17,5 trilhões a cada quatro anos. As prioridades de gastos das administrações se sobrepõem de maneira substancial, de modo que seu voto talvez influencie apenas 10% do orçamento. Ainda assim, multiplique a pequena probabilidade de seu voto fazer a diferença numa eleição nacional com o enorme impacto caso seu voto *realmente faça* a diferença e seu voto em um *swing state* influenciaria um valor esperado de US$ 175 mil. E estamos considerando só o dinheiro que você pode afetar. Um efeito maior poderia advir de fatores mais difíceis de quantificar, como a probabilidade de

---

* *Swing state* é um termo usado nos Estados Unidos para descrever um estado onde o apoio político dos eleitores a diferentes partidos políticos pode variar significativamente em diferentes eleições. Esses estados não são consistentemente dominados por um único partido político, tornando-os cruciais e altamente disputados durante as eleições. Eles desempenham um papel fundamental nas eleições presidenciais americanas, uma vez que a alocação de votos no Colégio Eleitoral é que determina o vencedor. Os candidatos à presidência concentram muitos de seus esforços de campanha nesses estados, tentando conquistar o maior número possível de votos. [N.E.]

diferentes candidatos iniciarem uma guerra nuclear. Então, ainda que a probabilidade de virar uma eleição seja pequena, a recompensa pode ser grande o suficiente para que valha a pena votar.

Há algumas ressalvas a fazer. Primeira, muitos eleitores não moram em *swing states*. Se você mora em um estado no qual um determinado candidato vai certamente vencer, o valor esperado de votar pode ser ínfimo, pois a chance de você provocar algum efeito é bastante reduzida. Segunda, para seu voto valer a pena, você precisa fazer mais do que comparecer à votação; você precisa estar mais bem-informado e ser menos tendencioso que o eleitor médio, caso contrário, corre o risco de provocar danos.

Muitos dos mesmos argumentos se aplicam a outras formas de ativismo político. Apesar da chance de você pessoalmente fazer a diferença ao se envolver em uma campanha política ser pequena, os retornos esperados podem ser bastante altos, pois, se sua campanha for bem-sucedida, a recompensa pode ser muito grande.

Outra maneira de melhorar o mundo é conversar com seus amigos e sua família sobre ideias importantes, como valores morais mais elevados ou questões relativas à guerra, à pandemia ou à inteligência artificial. Isso não significa que você deva defender suas ideias agressivamente ou de modo a afastar quem você ama. Mas as discussões entre amigos têm se mostrado uma das maneiras mais eficazes de ampliar a participação política,[24] e são também uma ótima maneira de motivar as pessoas a trabalhar em alguns dos problemas mais importantes de nosso tempo.

A última decisão de alto impacto que você pode tomar é pensar se terá ou não filhos. Como argumentei no Capítulo 8, um erro que as pessoas às vezes cometem é superestimar os efeitos negativos de ter filhos e ignorar todos os benefícios, tanto para as crianças quanto para o mundo. Embora seu filho vá produzir emissões de carbono, ele também fará uma porção de coisas boas, como contribuir para a sociedade, inovar e lutar por mudanças políticas. Acredito que o risco de uma estagnação tecnológica por si só já é suficiente para tornar positivo o efeito líquido de longo prazo de ter mais filhos. Além disso, se você os criar bem, eles poderão se tornar agentes de mudança que ajudarão a produzir um futuro melhor. Em última análise, ter filhos é uma decisão profundamente pessoal que não poderei esmiuçar aqui – mas, entre os muitos fatores que podem influenciar a decisão, acredito que uma preocupação imparcial com nosso futuro é um ponto a favor, e não contra.

Escolha da carreira

Até o momento, examinei modos de você usar seu tempo e dinheiro para melhorar o longo prazo. Contudo, de longe, a decisão mais importante que você vai tomar, em termos do impacto de seu tempo de vida, é que carreira escolher. Sobretudo para os jovens, é cada vez mais comum buscar impacto positivo como parte essencial da vida profissional, e não através de uma atividade secundária. Cada vez mais gente não quer apenas dinheiro para pagar as contas; também querem um senso de propósito e significado.

É por isso que, como aluno da pós-graduação, fundei com Benjamin Todd o 80.000 Hours, pois esse é o número aproximado de horas que você terá em sua carreira: quarenta horas por semana, cinquenta semanas por ano, por quarenta anos. Contudo, o tempo que as pessoas costumam passar pensando em suas carreiras é comparativamente minúsculo. Quando combinado às poucas opções de orientação vocacional, o resultado é que uma grande proporção de indivíduos acaba em carreiras que não são nem tão gratificantes nem tão impactantes quanto poderiam ser.

Então, como você deveria escolher uma carreira? Mais uma vez, podemos voltar à metáfora da expedição. As três lições-chave que identificamos eram aprender mais, construir opções e tomar medidas robustamente boas. Essas três lições espelham as considerações com que os longotermistas se defrontam ao escolher uma carreira:

1. **Aprenda:** Encontre meios baratos de aprender sobre caminhos promissores no longo prazo e experimente-os, até se sentir preparado para apostar em um deles por alguns anos.
2. **Crie opções:** Aposte em um caminho de prazo mais longo que poderia ir muito bem (busque aspectos positivos), em geral construindo o capital profissional que mais permitirá a você crescer com rapidez. Contudo, se as coisas não derem certo, tenha um plano B para limitar suas perdas.

3. **Faça o bem:** Use o capital profissional que você construiu para apoiar as soluções mais eficazes para os problemas mais urgentes.

Na realidade, você vai buscar todas essas prioridades ao longo de sua carreira, mas cada uma receberá ênfase diferente em estágios diferentes. Aprender provavelmente será mais valioso no início de sua carreira. Criar opções investindo em si mesmo e acumulando capital profissional é mais valioso nos estágios iniciais a intermediários de sua carreira. Apostar em como fazer o bem é mais valioso nos estágios intermediários a finais de sua carreira. Mas essa ênfase pode oscilar com o tempo. Por exemplo, alguém de quarenta anos que se decida por uma drástica mudança profissional pode voltar ao estágio de aprendizado por alguns anos. E você pode ter a sorte de se ver com oportunidades de causar um enorme impacto positivo ao concluir a faculdade; se isso acontecer, esse modelo não deve desencorajar você de fazer isso.

Examinemos primeiro o *aprendizado*. As pessoas costumam sentir muita pressão para definir o melhor caminho logo de cara. Mas isso é impossível. É difícil prever em que área você se encaixará melhor, especialmente no longo prazo, e, se você estiver começando, sabe muito pouco sobre como são os empregos e quais são seus pontos fortes. Além do mais, mesmo se pudesse encontrar o melhor caminho agora, é possível que ele mudasse com o tempo. Os problemas mais urgentes agora podem se tornar menos urgentes no futuro, se receberem mais atenção, e novos problemas podem ser descobertos. Da mesma forma, você pode encontrar novas oportunidades de realizar progressos que não havia previsto.

Mesmo suas preferências pessoais provavelmente vão mudar – e provavelmente mais do que você imagina. Pergunte a si mesmo: quanto você acredita que sua personalidade, seus valores e suas preferências vão mudar na próxima década? Agora, pergunte-se: quanto mudaram na década anterior? Intuitivamente, eu achei que não mudariam muito na próxima década, embora, ao mesmo tempo, achasse que tinham mudado muito na década anterior, o que parece inconsistente. Pesquisas encontraram resultados semelhantes, o que sugere que as pessoas tendem a subestimar o quanto mudarão no futuro.[25]

Tudo isso significa que existe valor em ver sua carreira como um experimento – imaginar que você é um cientista testando uma hipótese sobre como pode fazer mais o bem. Em termos práticos, você pode seguir estes passos:

1. Pesquise suas opções.
2. Faça suas melhores apostas sobre o melhor caminho de longo prazo para você.
3. Experimente por uns dois anos.
4. Atualize sua aposta.
5. Repita.

Em vez de se sentir aprisionado a uma carreira, você passaria a ver sua escolha como um processo iterativo em que descobre qual papel é melhor para você mesmo e para o mundo. O valor de tratar sua carreira como um experimento pode ser realmente alto: se encontrar uma carreira duas vezes tão impactante quanto sua melhor aposta atual, valeria passar até metade de toda a sua carreira procurando esse caminho. Com o passar do tempo, ficará mais claro se você encontrou o caminho certo para você. Para muitas pessoas, acredito que seria razoável passar de 5% a 15% de suas carreiras aprendendo e explorando suas opções, o que significa de dois a seis anos.

Kelsey Piper é um exemplo do valor de aprender cedo a respeito de suas opções. Para testar seu potencial como escritora, enquanto estava na faculdade, escrevia mil palavras por dia em seu *blog*.[26] Ela se mostrou boa naquilo. O *blog* a ajudou a descobrir que escrever era o caminho certo para ela e a ajudou a conseguir, por fim, um emprego no Future Perfect, site da Vox que cobre tópicos relevantes para o altruísmo eficaz, dentre eles a pobreza global, o bem-estar animal e o futuro de longo prazo.

Quando pensamos sobre exploração, eu acho que é bom pensar alto, focar em "opções vantajosas" – movimentos de carreira com talvez só um décimo de chance de ocorrer, mas que seria ótimo se ocorressem. Mirar na lua nem sempre é um bom conselho. Contudo, se você quiser ter um impacto positivo no mundo, há fortes argumentos para almejar alto. Mesmo que só exista uma ínfima chance de sucesso, o valor esperado de se concentrar nas opções de alto retorno pode ser grande, e, decididamente, há uma grande disparidade entre os resultados. Em diversas áreas, os profissionais mais bem-sucedidos são responsáveis por uma grande fração do impacto; por exemplo, vários estudos descobriram que os 20% que mais contribuem produzem de um terço a metade do resultado total.[27]

Apesar de ser muito valioso se concentrar em opções vantajosas durante a fase da exploração, você também deveria restringir o risco de causar danos. Dada nossa grande incerteza quanto aos efeitos no longo prazo, o risco de provocar danos é maior, então essa consideração deve ser levada a sério. Usando um *slogan*: mire nos benefícios, mas limite os prejuízos.

O próximo ponto a considerar, ao longo de sua carreira, é *construir opções* investindo em si próprio. Em muitas áreas profissionais, o auge da produtividade ocorre entre os quarenta e os cinquenta anos.[28] Portanto, investir em capital de carreira, nas aptidões e *networks* de que você precisa para ter um grande impacto, deve ser prioridade no início de sua carreira. Algumas das aptidões nas quais você pode se concentrar são:[29]

- Administrar organizações.
- Usar influência política e burocrática para alterar as prioridades de uma organização.
- Fazer pesquisas conceituais e empíricas relativas a tópicos longotermistas centrais.
- Comunicar-se (por exemplo, você pode ser um grande escritor ou apresentador de *podcast*).
- Começar novos projetos do zero.
- Criar comunidades; reunir pessoas com diferentes interesses e objetivos.

Investir em si mesmo pode trazer ganhos que você nem imagina. Por exemplo, com base nos conselhos da 80.000 Hours, Sophie decidiu não cursar a faculdade de medicina e se especializou em pandemias globais. Conseguiu um financiamento para um mestrado em epidemiologia com o objetivo de construir capital de carreira na área. Com a eclosão da covid-19, Sophie encontrou uma solução negligenciada: estudos de infecção humana controlada, capazes de acelerar enormemente o desenvolvimento de vacinas mediante a infecção deliberada de voluntários saudáveis com o novo coronavírus, a fim de testar a eficácia da vacina. Então ela cofundou a 1DaySooner, uma organização sem fins lucrativos que recrutou milhares de voluntários para os testes clínicos de infecção controlada com o objetivo de acelerar a aprovação da vacina. O primeiro teste de infecção controlada no mundo para as vacinas de covid-19 foi realizado no Reino Unido no início de 2021.[30]

Às vezes ocorre um jogo de "perde e ganha" (*trade-off*) entre explorar e investir. Isso fica particularmente claro nos círculos acadêmicos. Se eu quisesse tentar um emprego diferente e abandonar a filosofia acadêmica por alguns anos, esse provavelmente seria o fim de minha carreira como filósofo – na minha área, uma vez que você sai, é impossível voltar. Mas, em geral, as coisas não são assim tão bem definidas, e construir capital de carreira nem sempre impede a exploração posterior.

A consideração final ao escolher uma carreira é a que, em última instância, nos importa mais: *fazer o bem*. Para a maioria das pessoas, a oportunidade de provocar grande impacto chega mais tarde, depois de terem adquirido capital de carreira. Contudo, vez por outra, pode ser que você se depare com uma grande oportunidade de fazer o bem logo de cara. Por exemplo, Kuhan Jeyapragasan se deu conta de que sua posição como estudante na Universidade Stanford lhe proporcionava uma fantástica plataforma para conscientizar as pessoas de ideias importantes. Ele ajudou a fundar a Stanford Existential Risks Initiative, que ajudou centenas de pessoas a aprenderem sobre os riscos para o futuro de longo prazo da humanidade.

Em grande parte, a quantidade de bem que você faz depende do problema no qual escolhe trabalhar. Como expliquei antes, provavelmente existem assimetrias muito grandes de impacto entre as diferentes áreas problemáticas, então fazer essa escolha com cuidado é crucial. O impacto imediato que você terá também será determinado pela qualidade do projeto no qual está trabalhando, sua posição hierárquica e a força de sua equipe.

A estrutura "aprenda mais, construa opções, faça o bem" costuma ser útil para todos que ainda estejam decidindo o que fazer em sua carreira. Mas o caminho específico mais apropriado para *você* depende de sua *aptidão pessoal*. Algumas pessoas se sentem mais felizes trancafiadas por meses a fio pesquisando tópicos obscuros em economia ou ciência da computação, enquanto outros se destacam gerindo uma equipe ou comunicando ideias de um modo simples e cativante.

Pode ser também que você tenha oportunidades únicas que outras pessoas não têm. Marcus Daniell é um jogador profissional de tênis da Nova Zelândia. É um dos cinquenta melhores jogadores de duplas do mundo e conquistou uma medalha de bronze na categoria de duplas na Olimpíada de Tóquio de 2021. Depois de aprender sobre altruísmo eficaz, Marcus fundou o High Impact Athletes, com o objetivo de incentivar atletas profissionais a doar para instituições de caridade eficazes voltadas para desenvolvimento global, bem-estar animal e mudanças climáticas. Dentre as pessoas que doaram por meio da High Impact Athletes estão Stefanos Tsitsipas, o atual quarto melhor jogador de tênis do mundo, e Joseph Parker, um ex-campeão mundial de boxe na categoria de pesos-pesados e parceiro de treino de Tyson Fury. A oportunidade de criar o High Impact Athletes estava ao alcance de Marcus; sua rede de contatos lhe permitiu tentar algo novo e fundar uma organização com muito potencial positivo.

A história de Isabelle Boemeke também tem algumas semelhanças com a de Daniell. Isabelle começou como modelo de moda, porém, após conversar com especialistas que lhe disseram que a energia nuclear era necessária para combater a mudança climática, mas que estavam com receio de promovê-la por sua impopularidade, ela decidiu usar seus seguidores nas mídias sociais para defender a energia nuclear. É claro que não estou recomendando as carreiras de jogador profissional de tênis ou de modelo como carreiras que decididamente terão um grande impacto, mas esses exemplos ilustram a importância de se concentrar naquilo em que você pessoalmente, graças às suas capacidades e aptidões únicas, pode fazer para resolver os problemas mais urgentes do mundo. Não teria feito muito sentido para Marcus ou Isabelle reiniciar os estudos para trabalhar em epidemiologia ou ciência do clima.

Para muitas pessoas, por uma questão de aptidão pessoal, pode ser que a melhor maneira de contribuir seja através de doações: você tem uma carreira que adora e na qual é bom, e, mesmo que o trabalho em si não cause um grande impacto, você pode fazer uma enorme diferença com suas doações. Foi isso que aconteceu com John Yan. Depois de conhecer o altruísmo eficaz e pensar em suas opções de carreira, decidiu continuar trabalhando como engenheiro de software e doar uma fração significativa de sua renda para instituições de caridade eficazes como membro da Giving What We Can.[31]

A aptidão pessoal é um determinante crucial do impacto de sua carreira – é um multiplicador de forças no impacto direto que provoca e também no capital de carreira que conquista. Como já disse antes, os resultados são bastante assimétricos. Se você puder estar entre os 10% de melhor desempenho em uma determinada função e não entre os 50%, isso pode ter um efeito desproporcional em seu resultado. Ser particularmente bem-sucedido em uma função também lhe dá mais conexões, credenciais e credibilidade, aumentando seu capital de carreira e sua influência.

Além disso, a aptidão pessoal é um dos principais ingredientes para a satisfação profissional. Costuma-se associar o altruísmo ao autossacrifício, mas, em minha opinião, é em grande parte um erro pensar nele assim. Para mim pessoalmente, desde que comecei a tentar fazer o máximo de bem possível com minha vida, sinto que ela tem mais significado, é mais autêntica e autônoma. Faço parte de uma comunidade cada vez maior de pessoas que estão tentando fazer do mundo um lugar melhor, e muitas dessas pessoas hoje em dia são minhas melhores amigas. O altruísmo eficaz acrescentou à minha vida, não subtraiu. Além do mais, há uma razão pragmática para realizar um trabalho de que você gosta: isso torna seu impacto sustentável no longo prazo. Seu objetivo é conseguir manter seu compromisso de fazer o bem por mais de quarenta anos, e não pensar em como fazer o máximo de bem possível apenas neste ano. O risco de *burnout* é real, e será mais fácil trabalhar em equipe e ser mais produtivo se você não estiver estressado ou deprimido.

Fazer o bem coletivamente

Eu disse que influenciar de modo positivo o futuro no longo prazo é uma importante prioridade moral de nosso tempo. Mas não é a única coisa que importa. Devemos tentar tornar o futuro de longo prazo melhor no contexto de viver uma vida ética equilibrada.

Nesse sentido, é particularmente importante evitar provocar danos. A história está abarrotada de gente fazendo o mal acreditando estar fazendo o bem, e devemos fazer todo o possível para não ser uma dessas pessoas. Por exemplo, pense na Animal Rights Militia [Milícia dos direitos dos animais, em tradução livre], que, nas décadas de 1980 e 1990, enviou cartas-bombas a membros do Parlamento no Reino Unido, inclusive à primeira-ministra da época, e usou bombas para incendiar edifícios em todo o país. Presumo que os militantes por trás dessas ações acreditavam estar agindo conforme preceitos morais – fazendo o necessário para reduzir o sofrimento dos animais. Mas estavam errados, e não apenas nessa situação: causar danos significativos para servir a um bem maior raramente é algo que se justifica. Vou explicar por quê.

Primeiro, quase nunca os cálculos ingênuos que justificam alguma ação nociva por suas consequências positivas estão, na prática, corretos. A Animal Rights Militia pode ter acreditado que estava fazendo o melhor para os animais, mas, na realidade, estava prejudicando a causa ao manchá-la com as tintas do extremismo violento. Isso é particularmente verdadeiro se considerarmos que quase sempre existe uma ampla variedade de maneiras de alcançar um determinado objetivo, muitos dos quais não envolvem causar danos. A melhor alternativa para a Animal Rights Militia não era ficar em casa de braços cruzados, mas sim participar de protestos e campanhas pacíficos e não violentos.

Segundo, é plausível que seja errado provocar danos mesmo que provocá-los vá produzir o melhor desfecho. Essa é uma questão que divide os chamados "consequencialistas" e os "não consequencialistas" na filosofia moral. Ainda que seja simpático ao consequencialismo – segundo o qual são os fins que, em última instância, importam –, dada a dificuldade da ética, você não deveria estar tão seguro dessa visão. E, quando estamos moralmente inseguros, devemos agir de tal maneira que seja a melhor conciliação possível entre visões morais diferentes.[32] Se uma visão razoável afirma que evitar causar danos é muito importante, então devemos colocar um peso expressivo nisso quando agirmos.

Considerações semelhantes se aplicam a outras concepções morais de senso comum. Talvez você considere que em uma determinada situação mentir produziria as melhores consequências, mas mentir tem muitos efeitos negativos indiretos difíceis de observar, e também é plausível que mentir seja intrinsecamente errado. Portanto, na prática, acredito que faz sentido quase nunca mentir, mesmo quando essa parece ser a melhor alternativa. Por razões similares, devemos nos esforçar para sermos bons amigos, bons familiares e bons cidadãos, para agir com gentileza e cultivar o hábito da cooperação – mesmo que, em qualquer dada situação, não fique claro por que isso conduziria ao melhor resultado possível. Assim, vejo o longotermismo como um complemento à moralidade do senso comum, e não como seu substituto.

Outro modo pelo qual um raciocínio ingênuo sobre o valor esperado pode nos levar ao erro é pensarmos de maneira demasiadamente individualista, prestando atenção apenas àquilo que nós como indivíduos podemos conquistar em vez de àquilo que uma comunidade inteira engajada no longotermismo pode fazer.

Vi a importância da ação em grupo em primeira mão por meio da comunidade do altruísmo eficaz. Desde sua formação uma década atrás, essa comunidade cresceu e hoje reúne milhares de membros que compartilham informações e oportunidades, têm seu próprio fórum on-line para discutir ideias inovadoras e oferecem amizade e apoio social entre si. Não há dúvida de que a comunidade é mais do que a simples soma de suas partes: podemos conseguir muito mais coisas trabalhando em conjunto do que se cada um de nós tentasse fazer o bem por sua própria conta. E, mais importante, como o objetivo dessa comunidade é fazer o máximo possível de bem, tenho motivos para ajudar os outros membros da comunidade mesmo sem receber nada em troca.

O fato de que cada um de nós age como parte de uma comunidade mais ampla garante uma "abordagem de portfólio" para fazer o bem – levando em conta a perspectiva de como a comunidade em seu conjunto pode maximizar seu impacto. Talvez você se pergunte o que pode fazer para aproximar a comunidade de uma alocação ideal de recursos, considerando a aptidão pessoal e as vantagens comparativas de cada um. Sob uma perspectiva comunitária, a principal questão não é "Como posso pessoalmente causar o maior impacto?", mas sim "Quem na comunidade está relativamente mais bem posicionado para fazer o quê?". Por exemplo, meu colega Greg Lewis acredita que o risco da inteligência artificial é a questão mais importante de nossa época. Mas também acha que o risco das pandemias desenvolvidas em laboratório é importante e, por ser formado em medicina, faz mais sentido que ele se concentre nessa ameaça e deixe outros se concentrarem na IA.

A abordagem de portfólio também pode dar um valor maior para a experimentação e o aprendizado. Se alguém busca um caminho inexplorado para provocar impacto (como escolher uma carreira incomum), todos os demais membros da comunidade têm a oportunidade de saber se esse caminho foi ou não foi bem-sucedido. Também pode dar à especialização um valor muito maior: uma comunidade de três pessoas pode precisar apenas de generalistas, mas uma comunidade de milhares precisará de pessoas com habilidades específicas de especialização.

A abordagem de portfólio também facilita que se enxerguem maneiras de provocar impacto. Se você só considerar o que pode pessoalmente ser capaz de alcançar, é fácil sentir-se impotente diante de problemas internacionais gigantescos como as mudanças climáticas e os patógenos produzidos em laboratório. Se, em contrapartida, você perguntar: "Faríamos avanços contra a ameaça das pandemias produzidas em laboratório se houvesse centenas de pessoas motivadas e inteligentes trabalhando nesse assunto?", acredito que fica claro que a resposta é sim.

Construir um movimento

Neste capítulo, discutimos muitas maneiras de você provocar um impacto direto. Mas você também pode escolher o caminho indireto: difundir a própria ideia do longotermismo e convencer outras pessoas a se preocupar com as gerações futuras, a levar a escala do futuro a sério e a agir para influenciar positivamente o longo prazo. Você pode fazer isso escrevendo, organizando, conversando com seus conhecidos ou fazendo parte de organizações como a 80.000 Hours e o Centre for Effective Altruism, cujo trabalho envolve a construção de movimentos.

Difundir essas ideias pode ser uma maneira muito potente de provocar um impacto. Suponha que você convença apenas uma pessoa a fazer tanto bem quanto você teria feito em sua vida em outras circunstâncias. Nesse caso, terá realizado a missão de sua vida. Convença duas outras pessoas e triplicará seu impacto.

Evidentemente, é possível levar esse raciocínio longe demais. Há limites para quão grande pode ser um movimento longotermista. E, em última análise, construir movimentos não é suficiente: é preciso realmente solucionar os problemas que discuti.

Mas a incipiência do longotermismo sugere que desenvolver e difundir ideias a seu respeito deve ser uma parte central do portfólio do movimento. Para muitos movimentos sociais anteriores, as mudanças demoraram. A primeira denúncia pública contra a escravidão feita pelos *quakers* – a petição de Germantown – ocorreu em 1688.[33] A Lei da Abolição da Escravatura no Império Britânico só foi aprovada em 1833, e alguns países só aboliram a escravidão depois de 1960. O sucesso levou centenas de anos.

O mesmo se deu com o feminismo. Mary Wollstonecraft costuma ser lembrada como a primeira feminista de língua inglesa.[34] Sua obra seminal, *Uma reivindicação pelos direitos da mulher*, foi publicada em 1792. Os Estados Unidos e o Reino Unido só deram aos homens e às mulheres direitos iguais de voto em 1920 e 1928, respectivamente, e foi só em 1971 que a Suíça fez o mesmo.[35] E, é claro, ainda há muito a conquistar no campo dos direitos das mulheres.

Talvez não vejamos os maiores impactos do longotermismo em nossas vidas. Mas, ao defendê-lo, podemos passar o bastão para quem nos suceder – para aqueles que talvez corram mais rápido, vejam mais longe e conquistem mais do que jamais conseguiríamos. Eles terão os benefícios de décadas a mais de reflexão a respeito dessas questões. E pode ser que momentos cruciais de plasticidade, quando a direção da civilização será decidida, ocorram durante suas vidas, não nas nossas.

A história recente deveria nos deixar esperançosos de que o mundo começará a levar os interesses das gerações futuras a sério. Os ambientalistas salientaram o bem-estar das gerações futuras de uma tal maneira que teve um impacto real. Para citar apenas um exemplo: após décadas de campanhas, em 1998, o Partido Verde passou a integrar a coalizão governamental na Alemanha e, em 2000, introduziu uma legislação fundamental que praticamente sozinha subscreveu o crescimento da indústria solar global, transformando a Alemanha no maior mercado mundial de energia solar. Em 2010, a Alemanha respondia por quase metade do mercado global de implantação solar.[36] Visto sob a perspectiva de providenciar energia apenas para a Alemanha – um país de latitude norte e bastante nublado –, isso fazia pouco sentido. Contudo, de uma perspectiva global, foi transformador. Graças a esse e a outros programas de subsídio introduzidos mais ou menos na mesma época, o custo dos painéis solares despencou 92% entre 2000 e 2020.[37] Devemos, em grande parte, ao ativismo ambiental alemão a revolução solar que estamos prestes a presenciar.[38]

Também já vi o êxito de pessoas motivadas explicitamente pelo raciocínio longotermista. Vi a ideia da "segurança da IA" – garantir que a inteligência artificial não resulte em catástrofe mesmo depois de os sistemas de IA superarem de longe nossa capacidade de planejar, raciocinar e agir (ver o Capítulo 4) – passar do posto de preocupação mais obscura entre as mais obscuras para o de área respeitável de pesquisa em *machine learning*. Li o relatório do secretário-geral da ONU de 2021, *Nossa Agenda Comum*, que, baseando-se em pesquisadores de organizações longotermistas, conclama a "solidariedade entre os povos e as gerações futuras".[39] Por causa da organização 80.000 Hours, vi milhares de pessoas ao redor do mundo mudarem de carreira para caminhos que acreditam que trarão mais benefícios no longo prazo.

Mas não devemos ser complacentes. Temos à frente desafios monumentais. Precisamos descarbonizar a economia nos próximos cinquenta anos, mesmo com a demanda por energia triplicando.[40] Precisamos reduzir os riscos de guerra entre as grandes potências, do uso de patógenos criados em laboratórios e de um totalitarismo global perpétuo auxiliado pela inteligência artificial. Ao mesmo tempo, é preciso garantir que o motor do avanço tecnológico continue funcionando.

Para vencermos esses desafios e garantir que a civilização no final deste século esteja voltada para uma direção positiva, um movimento de pessoas moralmente motivadas, preocupadas com o escopo total do futuro, é uma necessidade, não um extra opcional.

Quem deveria participar desse movimento? Bem, senão você, então quem?[41]

A mudança moral positiva não é inevitável. É resultado de trabalho árduo e contínuo de gerações de pensadores e ativistas. E, se existe uma mudança que não é inevitável, é a preocupação com as pessoas futuras – pessoas que, devido à sua localização no tempo, estão, em última análise, completamente desprovidas de direitos no mundo de hoje.

Se formos cuidadosos e previdentes, temos o poder de ajudar a construir um futuro melhor para nossos bisnetos, e para os bisnetos de nossos bisnetos, ao longo de centenas de gerações. Mas não podemos assumir que esse futuro é um fato consumado. Não existe um arco do progresso inevitável. Nenhum *deus ex machina* impedirá a civilização de descambar para a distopia ou o esquecimento. Depende de nós. E não estamos destinados ao sucesso.

Apesar disso, o sucesso é possível – pelo menos se pessoas como você estiverem dispostas a enfrentar o desafio. Talvez você tenha mais poder do que imagina. Se sua renda for de mais de US$ 20 mil por ano (depois dos impostos, e se não tiver dependentes), então você faz parte dos 5% mais ricos da população mundial, mesmo depois de realizar ajustes tendo em vista o fato de que o dinheiro rende mais em países com rendas mais baixas.[42] E você provavelmente mora em um dos países mais poderosos do mundo, onde pode fazer campanhas para mudar as atitudes de seus concidadãos e as políticas públicas de seu governo.

Se você chegou até aqui, então provavelmente você *se importa*. Os últimos dez capítulos não foram fáceis. Como você foi capaz de atravessar discussões acerca de teoremas de impossibilidade em ética populacional e acerca do sofrimento das galinhas comparado à felicidade dos humanos, provavelmente meus argumentos nos primeiros capítulos o convenceram o suficiente para você querer saber onde tudo isso daria – qual seria o desfecho prático. Se existe alguém que vai agir em nome das gerações futuras, esse alguém é você.

Mas pode uma única pessoa fazer a diferença? Sim. Montanhas são erodidas por gotas de chuva individuais. Os furacões são só o movimento coletivo de muitos minúsculos átomos. O abolicionismo, o feminismo e o ambientalismo foram todos "meramente" o agregado de ações individuais. O mesmo se dará com o longotermismo.

Neste livro, conhecemos algumas pessoas que fizeram a diferença: abolicionistas, feministas e ambientalistas; escritores, políticos e cientistas. Se olharmos para essas pessoas como personalidades da "história", elas talvez pareçam diferentes de você e de mim. Mas não eram diferentes: eram pessoas comuns, com seus próprios problemas e limitações, que, mesmo assim, decidiram tentar moldar a história da qual faziam parte, e que às vezes obtiveram êxito. Você também pode fazer isso.

Porque, senão você, então quem? E se não agora, quando?

Das centenas de milhares de anos desde os primórdios da humanidade e dos potenciais bilhões de anos de seu futuro, aqui estamos nós, vivendo *agora*, numa época de mudanças extraordinárias. Um tempo marcado pela sombra de Hiroshima e Nagasaki, com milhares de ogivas nucleares prontas para serem disparadas. Um tempo no qual queimamos nossos recursos finitos de combustíveis fósseis, produzindo uma poluição que talvez perdure por centenas de milhares de anos. Um tempo no qual podemos ver catástrofes no horizonte – dos patógenos modificados à cristalização de valores e à estagnação tecnológica – e podemos agir para evitá-las.

Esse é um tempo em que podemos ser o fator decisivo para manobrar o futuro rumo a uma trajetória melhor. Não há tempo melhor para um movimento que irá lutar não apenas por nossa geração ou mesmo pela de nossos filhos, mas por todas as que ainda virão.

EPÍLOGO

Há muitíssimo a ser feito

Após concluir a leitura deste livro, uma pergunta ainda pode rondar sua mente: e agora? Mesmo querendo agir para beneficiar as futuras gerações, talvez seja difícil saber por onde começar. Mas não falta trabalho pela frente. Este Epílogo descreve algumas ações a serem tomadas.

Garantir nosso futuro

No Prefácio, mencionei a pesquisa de David J. Brenner sobre a luz ultravioleta de baixo comprimento de onda. Todos conhecemos os riscos à saúde provocados por ingerir água não potável; no entanto, todos os dias respiramos ar sujo, cheio de patógenos, que nos deixa doentes. Se instalada em ampla escala, a esterilização por luz de baixo comprimento de onda poderia matar os vírus transmitidos pelo ar antes de os respirarmos, reduzindo de forma drástica a frequência com que adoecemos e a probabilidade de novas pandemias.[1] As gerações futuras teriam vidas melhores, assim como quase todos os que hoje estão vivos.[2]

Mas ainda não chegamos lá. Precisamos que os pesquisadores garantam a segurança e a viabilidade da luz ultravioleta. Necessitamos de engenheiros para baratear seu custo. Necessitamos de profissionais para definir políticas criteriosas de regulamentação e empreendedores para introduzir essa tecnologia no mercado.

Essa é apenas uma das muitas áreas no setor de biossegurança nas quais há muitíssimo trabalho pela frente. Também necessitamos:

- **Aprimorar os equipamentos de proteção individual.** No momento, as máscaras, luvas e roupas utilizadas pelos profissionais da área da saúde, embora protejam, ainda não são perfeitas.[3] Caso confrontadas com uma pandemia extremamente infecciosa e letal, não seriam suficientes. Precisamos desenvolver equipamentos de nova geração capazes de oferecer proteção eficaz contra as piores ameaças, porém mais leves e baratos, para que possam ser produzidos em grande escala.
- **Construir refúgios de extrema segurança.** Poderíamos construir refúgios vedados, autossuficientes e impenetráveis com o objetivo de escapar de doenças. Numa pandemia letal, pesquisadores poderiam ser abrigados para trabalhar em medidas preventivas.
- **Melhorar as políticas de resposta a crises.** A covid-19 mostrou nosso total despreparo em face de uma pandemia grave; contudo, não bastou para aprendermos a lição. Para lidar melhor com a próxima pandemia, deveríamos montar, de imediato, planos preventivos de resposta a desastres e equipes de planos e respostas a crises.

Infelizmente, como você sabe, as pandemias não são as únicas ameaças a enfrentar. Considere uma guerra entre grandes potências. Receio que nossa memória coletiva da Segunda Guerra Mundial esteja se apagando e estejamos nos tornando complacentes quanto a um conflito global relevante. Precisamos afastar essa tendência; precisamos encontrar meios de neutralizar as tensões entre as grandes potências e evitar acidentes perigosos. Por exemplo, poderíamos:

- **Controlar com mais eficiência as armas nucleares.** Em várias ocasiões durante a Guerra Fria, acidentes como defeitos nos sistemas de alarme nos deixaram assustadoramente perto de uma guerra nuclear.[4] Precisamos adotar políticas que estejam prontas para eventos futuros, a fim de reforçar o controle e evitar ataques cibernéticos, apagões em sistemas de comunicação e alarmes falsos.

- **Ajudar os formuladores de políticas a compreender as novas ameaças.** Mudanças tecnológicas e geopolíticas em andamento criam novas tensões na ordem internacional. Os pesquisadores podem analisar sua relevância no que tange ao controle das armas nucleares e estudar como os avanços tecnológicos, em uma grande variedade de domínios, da inteligência artificial aos satélites, afetarão os riscos de guerra.
- **Reduzir o risco de escalada da guerra.** O crescimento econômico e a inovação tecnológica tornam disponíveis aos países mais ricos do mundo um poderio militar bem superior ao da Segunda Guerra Mundial, na qual lutaram pela última vez. Precisamos assegurar que os acordos de controle de armas e os processos de gerenciamento de crise acompanhem essas mudanças.

Quanto às mudanças climáticas, apesar dos progressos, 84% da energia mundial ainda se origina de fontes de alta intensidade de carbono.[5] Para continuar progredindo, precisamos:

- **Desenvolver tecnologias de energia limpa.** Mesmo que o preço da energia solar tenha despencado, ainda há margem para redução, permitindo que se torne mais acessível. O problema é que a energia solar não atenderá a todas as nossas necessidades energéticas.[6] Precisamos de um número maior de pesquisas nas áreas de fusão nuclear de nova geração, sistemas de energia de fusão viável e energia geotérmica avançada.
- **Criar combustíveis alternativos.** Nem sempre substituir os combustíveis fósseis pela energia elétrica, como na navegação e na aviação, é uma opção sustentável e viável. Portanto, precisamos aprimorar a tecnologia e a infraestrutura com o propósito de aumentar o uso de combustíveis alternativos, como a amônia, o hidrogênio ou a gasolina sintética.
- **Defender políticas climáticas melhores.** A precificação do carbono em especial (quer pela tributação do carbono, quer pelo *cap and trade*, que compreende a compra e venda de cotas de carbono por empresas) é um importante complemento para a inovação tecnológica.

Por fim, se pretendemos assegurar nosso futuro, também é necessário garantir que a IA seja segura e bem controlada. Em minha opinião, esse é o risco mais preocupante e o mais complicado. Algumas atitudes a serem tomadas:

- **Entender os sistemas de IA.** Surpreendentemente, sabemos muito pouco do que acontece dentro de nossos mais avançados sistemas de IA. Se é nossa intenção ter ao menos uma oportunidade de criar uma IA segura e confiável, não podemos continuar tateando no escuro. O novo campo de pesquisa da "interpretabilidade" pretende escancarar as caixas-pretas dos modelos de *machine learning* e investigar seu interior. Seria como a neurociência para a IA.[7] Precisamos aumentar o número de pesquisas a fim de assegurar nossa compreensão acerca do que as máquinas de aprendizado avançado estão fazendo.
- **Desenvolver padrões e monitoramento para os sistemas de IA.** Há muitas questões importantes e ainda em aberto sobre como diferentes alavancas políticas, tais como tratados internacionais ou padrões regulatórios, podem ser usadas para nortear os desenvolvimentos da inteligência artificial. Há uma premente necessidade de traduzir o que existe em termos de pesquisa em propostas políticas práticas. Por exemplo, de que maneira os padrões deveriam ser alterados conforme os modelos se tornarem maiores? Como podemos identificar modelos passíveis de serem usados para fins perigosos e como agir para combatê-los? E, se a regulamentação não for acelerada, podem as empresas aceitar padrões para treinar e empregar IAs com grande potencial de perigo?
- **Facilitar a supervisão de IAs poderosas.** Para tornar seguro o emprego de sistemas poderosos, são necessários métodos utilizáveis pelas pessoas a fim de receberem *feedback* e serem capazes de providenciar sua supervisão. Tais métodos poderiam incluir ferramentas que, por sua vez, usem IA.

Garantir um *bom* futuro

Ainda que evitemos a extinção, enfrentaremos o desafio de garantir um futuro bom. Embora as mudanças de trajetória pareçam de difícil previsão e influência, acredito que ainda há trabalho útil a ser feito. Precisamos:

- **Defender a democracia.** Pesquisadores e jornalistas podem analisar as ameaças às instituições democráticas ao redor do mundo e conceber propostas, como sistemas de votação alternativos que dificultem o deslize para o autoritarismo.
- **Expandir o círculo moral.** Podemos incentivar outras pessoas a considerar, em suas tomadas de decisão, os interesses das que se encontram distantes, tanto no espaço (como as populações que vivem em estado de pobreza nos países de baixa renda) como no tempo (as futuras gerações). Também podemos promover o antiespecismo. Como escrevi no Capítulo 9, tendo em vista a imensa quantidade de animais, a qualidade de suas vidas deve ser levada em conta ao decidirmos qual tipo de mundo queremos deixar para as futuras gerações.
- **Defender a diversidade moral e intelectual.** Para assegurar o contínuo progresso moral, devemos evitar o pensamento tribal, tolerar visões e valores distintos e apoiar experimentações institucionais para testar novas ideias. Esse tipo de diversidade pode nos ajudar a evitar a cristalização de valores negativos e dar a nossos descendentes a liberdade de escolher o tipo de futuro desejado.

Apoiar outros

Por fim, é possível ajudar as pessoas que trabalham com esses problemas. Podemos:

- **Apoiar jovens talentosos ao redor do mundo.** Poderíamos dedicar mais esforços para encontrar e apoiar pessoas capazes de solucionar os problemas enfrentados. Nos países subdesenvolvidos, em especial, crianças talentosas enfrentam muitas barreiras. Fornecer o apoio necessário para que explorem seu potencial nos ajudaria a promover avanços em problemas imperiosos e a reduzir a desigualdade global, uma das características mais vergonhosas e injustas do mundo moderno.
- **Gerar conhecimento útil.** O ideal seria contar com mais pessoas trabalhando em previsões que nos ajudem a antecipar os futuros problemas e os efeitos esperados de novas políticas. Pesquisas podem

ajudar a sintetizar os pontos de vista dos especialistas e a identificar políticas e programas que contem com suporte de qualidade.
- **Realizar pesquisas acerca das prioridades globais.** Precisamos de mais empenho para descobrir como priorizar nossos escassos recursos a fim de envidarmos todos os esforços para melhorar o mundo, tanto agora como no longo prazo. Dedicar-se à pesquisa das prioridades globais abrange questões como: Quais são os problemas mais importantes para os longotermistas? Quais são as melhores soluções a implementar? O longotermismo é correto? Se não for, por que não?

Depende de nós

Você pode achar que um monte de gente já deve se dedicar a esses problemas. Mas, na realidade, um número reduzido de pessoas está focado na maioria deles. Diante do tanto a fazer, a sua contribuição pode ser valiosíssima. Sonhe alto. Sua ação hoje significa deixar um mundo bem melhor do que aquele que encontrou.

Para começar, você pode fazer duas coisas neste exato momento. A primeira é pensar em suas doações. Para tanto, recomendo conferir o Fundo do Longotermismo na Giving What We Can, organização da qual sou cofundador e que tem como finalidade encorajar a doação para instituições de caridade eficazes. Qualquer um pode contribuir, e doadores especializados se encarregarão de reunir os fundos e providenciar as doações para organizações eficazes a fim de melhorar nosso futuro no longo prazo. Para mais informações, acesse o site givingwhatwecan.org/longtermism.

A segunda é refletir sobre como agir para resolver esses problemas. Recomendo consultar os especialistas da 80.000 Hours, outra organização da qual sou cofundador e que fornece conselhos a respeito de carreiras com mais impacto social. O site oferece um guia de carreiras e um *podcast*, bem como conselhos individuais sobre carreiras. O conteúdo pode ser acessado em 80000hours.org.

Em suma: as pessoas futuras importam. Muitas podem existir, e podemos melhorar suas vidas. Não há tempo a perder.

AGRADECIMENTOS

Eu não poderia ter escrito este livro sozinho. Literalmente centenas de pessoas me ajudaram a moldar as palavras destas páginas. Sou grato pelos conselhos, conhecimentos, estruturas, retornos e inspirações que recebi.

Sou profundamente grato pela equipe de pessoas talentosas e comprometidas que trabalham comigo. Sinto-me honrado por ter a possibilidade de trabalhar com pessoas que são minhas fontes de inspiração diária. Laura Pomarius, Luisa Rodriguez e Max Daniel (em épocas distintas) trabalharam como chefes de equipe, guiando o grupo dedicado ao livro e gerenciando todo o projeto. Frankie Andersen-Wood e Eirin Evjen trabalharam (em épocas distintas) como assistentes-executivas e propiciaram apoio inestimável tanto para mim quanto para outros membros da equipe. Aron Vallinder, John Halstead, Stephen Clare e Leopold Aschenbrenner trabalharam na pesquisa e são responsáveis por grande parte da pesquisa subjacente a este livro. É quase impossível descrever todas as maneiras pelas quais esses membros da equipe aprimoraram o livro; nada teria sido possível sem eles.

Algumas pessoas, embora não fizessem parte do núcleo da equipe, ajudaram como consultores regulares. Joe Carlsmith aprimorou em muito a linguagem em várias seções e forneceu conselhos perspicazes em muitas das decisões-chave que guiam o livro. A. J. Jacobs contribuiu para o estilo de escrita e a contação de histórias e realizou algumas das entrevistas. Anton Howes contribuiu com um guia geral a respeito da história e foi o primeiro a me alertar para a abolição da escravatura como um evento histórico significante, persistente e contingente. Peter Watson e

Danny Bressler me ajudaram na parte das mudanças climáticas. Christopher Leslie Brown me serviu de guia, oferecendo-me aulas a respeito da abolição desde os estágios iniciais de meu trabalho. Ben Garfinkel serviu como orientador a respeito de inteligência artificial. Lewis Dartnell, como orientador acerca de colapso e recuperação. Carl Shulman foi meu guia em muitas questões, entre elas a estagnação, o colapso e a recuperação.

A assistência nas pesquisas por minha equipe e assessores foi bastante consistente, e muitas seções do livro foram feitas basicamente em coautoria. São elas: Capítulo 1, "As pessoas do futuro importam" (com Joe Carlsmith); Capítulo 3, "A contingência dos valores" (com Stephen Clare); Capítulo 4, "As Cem Escolas de Pensamento" (com Tyler John) e "Quanto tempo falta até a chegada da AGI?" (com Max Daniel); Capítulo 5, "Programa Spaceguard" (com John Halstead) e "A guerra entre as grandes potências" (com Stephen Clare); Capítulo 6, "A resiliência histórica da civilização global", "Conseguiríamos nos recobrar de catástrofes extremas?" (ambas com Luisa Rodriguez), "Mudanças climáticas" e "Esgotamento dos combustíveis fósseis" (ambas com John Halstead); Capítulo 7, no qual discutimos a estagnação, em sua totalidade (com Leopold Aschenbrenner); Capítulo 9, "As pessoas estão se tornando mais felizes?" e "Bens não relacionados ao bem-estar" (ambas com John Halstead); Capítulo 10, "Como agir" e "Escolha da carreira" (ambas com John Halstead); e, no apêndice, "A estrutura SPC" (com Teruji Thomas e Max Daniel).

Quase todos os gráficos e figuras foram criados por Taylor Jones e Fin Moorhouse, que realizaram um trabalho fantástico ao procurar dados e visualizá-los de maneira sob medida para este livro, sempre pacientes ao atender às repetidas solicitações de revisões de minha equipe.

A sobre-humana tarefa de apuração de dados em cada uma das frases foi feita por João Fabiano, Anton Howes, Max Daniel, Stephen Clare e John Halstead. Quase todas as sessenta mil palavras das notas de fim foram redigidas por Max, Stephen e John. João também cuidou da bibliografia e dos dados das referências.

Também quero deixar registradas as importantes contribuições em partes do livro que não entraram no manuscrito final. Agradeço, portanto, a Tyler John pela reforma institucional longotermista; Jaime Sevilla pelos estudos de persistência e Luisa Rodriguez pelas previsões. E quero expressar meu agradecimento àqueles que tiveram um impacto profundo na ampliação de minhas ideias a respeito do longotermismo, em especial a Toby Ord, Holden Karnofsky, Carl Shulman e Hilary Greaves. De tão radical, sua influência permeia cada um dos capítulos. Recebi muitos conselhos úteis quanto ao estilo e estrutura de linguagem de Brian Christian, Dylan Matthews, Jim Davies, Larissa MacFarquhar, Rutger Bregman e Max Roser.

Também me beneficiei enormemente dos comentários detalhados e cuidadosos de dezenas de revisores especializados. Este livro recorre a vários conhecimentos, desde a paleoclimatologia à história do confucionismo. Seria impossível cobrir um leque de tópicos de tamanha magnitude sem o *feedback* e a assessoria de especialistas nos temas: Dr. Leslie Abrahams (mudanças climáticas), Dr. Wladimir Alonso (bem-estar animal), Prof. Eamon Aloyo (guerra entre grandes potências), Prof. Jutta Bolt (história econômica), Prof. Robert Boyd (evolução cultural), Prof. Bear Braumoeller (guerra entre grandes potências), Prof. Christopher Brown (história da escravidão), Dr. Sally Brown (mudanças climáticas), Prof. Matthew Burgess (mudanças climáticas), Prof. Paul Burke (mudanças climáticas), Prof. Bryan Caplan (ética populacional), Dr. Lucius Caviola (psicologia do bem-estar), Dr. Paulo Ceppi (ciência climática), Prof. David Christian (história), Prof. Antonio Ciccone (mudanças climáticas), Prof. Matthew S. Clancy (estagnação econômica), Dr. Paul Collins (Império Sumério), Prof. Tyler Cowen (estagnação econômica), Dr. Colin Cunliff (políticas públicas), Dr. Allan Dafoe (guerra entre grandes potências), Prof. Lewis Dartnell (colapso e recuperação civilizacional), Prof. Hadi Dowlatabadi (mudanças climáticas), Dr. David Edmonds (ética populacional), Prof. Kevin Esvelt (biossegurança), Grethe Helene Evjen (colapso civilizacional), Prof. Laura Fortunato (evolução cultural), Derek Foster (bem-estar subjetivo), Prof. Chris Fraser (moísmo), Dr. Goodwin Gibbins (ciência climática), Prof. Colin Goldblatt (mudanças climáticas), Prof. Paul Goldin (história da China), Solomon Goldstein-Rose (mudanças climáticas), Prof. Donald Grayson (megafauna), Prof. Joshua Greene (psicologia do bem-estar), Prof. Johan Gustafsson (ética populacional), Dr. Jonathan Haas (caçadores-coletores), Prof. Joanna Haigh (mudanças climáticas), Prof. Kenneth Harl (Império Romano), Prof. Alan Harris (asteroides), Prof. David Hart (políticas públicas), Dr. Zeke Hausfather (mudanças climáticas), Prof. Gary Haynes (megafauna), Prof. Cecilia Heyes (evolução cultural), Ziya Huang (China), Dr. Matthew Ives (mudanças climáticas),

Prof. Mattias Jakobsson (genética), Dr. Kyle Johanssen (bem-estar animal), Dr. Toshiko Kaneda (demografia), Prof. J. Paul Kelleher (mudanças climáticas), Prof. Morgan Kelly (estudos de persistência), Prof. Robert Kelly (caçadores-coletores), Dr. Matt Killingsworth (psicologia do bem-estar), Prof. Pamela Kyle Crossley (história da China), Dr. Jerome Lewis (caçadores-coletores), Prof. Emily Lindsey (extinção da megafauna), Prof. Marc Lipsitch (epidemiologia), Prof. Marlize Lombard (arqueologia), Prof. Jonathan Losos (evolução da vida na Terra e o paradoxo de Fermi), Prof. Heike Lotze (mudanças climáticas), Prof. Dan Lunt (ciência climática), Prof. Kathleen Lyons (megafauna), Prof. Andrew MacDougall (ciência climática), Dr. David Mathers (bem-estar animal), Dr. Linus Mattauch (economia climática), Prof. Jeff McMahan (Derek Parfit), Prof. David Meltzer (megafauna), Prof. Alex Mesoudi (evolução cultural), Prof. Ron Milo (ciências ambientais), Dr. Kieren Mitchell (megafauna), Dr. Steve Mohr (mudanças climáticas), Dr. Dimila Mothé (extinção da megafauna), Prof. Dani Nedal (guerra entre grandes potências), Prof. Robert Nicholls (mudanças climáticas), Dr. Tessa Peasgood (bem-estar subjetivo), Dr. Angela Perri (extinção da megafauna), Prof. Osvaldo Pessoa (filosofia da ciência), Dr. Max Popp (mudanças climáticas), Prof. Dudley Poston (demografia), Prof. Rachell Powell (evolução da vida na Terra e o paradoxo de Fermi), Prof. Imants Priede (zoologia), Prof. Ramses Ramirez (mudanças climáticas), Dr. Colin Raymond (ciência climática), Dr. Justin Ritchie (mudanças climáticas), Prof. Tapio Schneider (mudanças climáticas), Dra. Cynthia Schuck-Paim (bem-estar animal), Dr. Oliver Scott Curry (antropologia), Prof. Jeff Sebo (bem-estar animal), Dr. Mikhail Semenov (mudanças climáticas), Dr. Rohin Shah (inteligência artificial), Prof. Steven Sherwood (ciência climática), Dr. Adam Shriver (bem-estar animal), Dr. Peter Spreeuwenberg (saúde pública), Prof. Amia Srinivasan (Derek Parfit), Prof. Chris Stringer (antropologia), Dr. Jessie Sun (psicologia do bem-estar), Ted Suzman (defesa política), Prof. Michael Taylor (história da escravidão), Prof. William Thompson (Império Sumério), Philip Thomson (caçadores-coletores), Prof. Bryan Ward-Perkins (história romana), Prof. Andrew Watson (mudanças climáticas), Dr. Peter Watson (ciência climática), Dr. Mark Webb (mudanças climáticas), Dr. Daniel Welsby (mudanças climáticas), Prof. Paul Wignall (megafauna), Prof. Greg Woolf (Roman Empire), e toda a equipe do World Energy

Outlook (mudanças climáticas). Obrigado a todos. Não necessariamente esses consultores concordam com as argumentações que apresentei neste livro, e todos os erros são de minha inteira responsabilidade.

Muitos outros também dedicaram seu tempo a ler os primeiros rascunhos deste livro e me dar retornos esclarecedores e detalhados. Agradeço os comentários elucidativos de Abie Rohrig, Alejandra Padin-Dujon, Alex Moog, Alexander Berger, Alimi Salifou, Allen Dafoe, Allison Wilkinson, Ana Gonzalez Guerrero, Andreas Mogensen, Andrew Alonso y Fernandez, Andrew Leigh, Angela Aristizabal, Angus Mercer, Ann Garth, Anna Mohan, Arden Koehler, Arthur Wolstenholme, Arushi Gupta, Astrid Olling, Asya Bergal, Becca Segal, Ben Garfinkel, Ben Hoskin, Ben Todd, Benjamin Glanz, Benny Smith, Brian Tomasik, Brian Tse, Caleb Parikh, Cameron Mayer Shorb, Carl Shulman, Cate Hall, Christian Tarsney, Cindy Gao, Clíodhna Ní Ghuidhir, Cullen O'Keefe, Damon Binder, Danny Bressler, Dave Bernard, David Manheim, David Roodman, Douglas Rogers, Elise Bohan, Eric Sorge, Eva Vivalt, Fin Moorhouse, Garrison Lovely, Greg Lewis, Gully Bujak, Habiba Islam, Hamish Hobbs, Hannah Bartunik, Hannah Ritchie, Hannah Wang, Harri Besceli, Hayden Wilkinson, Heather Marie Vitale, Helen Toner, Holden Karnofsky, Iain Crouch, Isaac Dunn, Isabel Juniewicz, Jacob Barrett, Jacob Eliosoff, Jade Leung, Jakob Sønstebø, Jamie Harris, Jason Crawford, Jeff Alstott, Jennifer Mack, Jess Whittlestone, Jesse Clifton, Johannes Ackva, Josef Nasr, Joseph Carlsmith, Joshua Monrad, Julia Wise, Kaleem Ahmid, Katie Lyon, Keirra Woodward, Kimya Ness, Kirsten Horton, Koji Flynn Do, Kuhan Jeyapragasan, Laura Pomarius, Lexi Caruthers, Linh Chi Nguyen, Linda Doyle, Lizka Vaintrob, Lucius Caviola, Luisa Sandkühler, Luke Muehlhauser, Malo Bourgon, Mark Devries, Matthew van der Merwe, Max Roser, Max Xu, Medhavi Gupta, Michelle Hutchinson, Mike Levine, Moritz Adam, Naomi Pyburn, Natalie Cargill, Nick Beckstead, Nicole Ross, Ollie Base, Orlando van der Pant, Owen Cotton-Barratt, Pablo Stafforini, Paul Christiano, Pernille Brams, Philipp Trammell, Richard Ngo, Rob Long, Robin Lintz, Rohin Shah, Rūta Karolytė, Sabrina Baier, Sashika Coxhead, Shankar Charithran, Shreedhar Manek, Sohum Pal, Stefan Schubert, Stefan Torges, Sumaya Nur, Tena Thau, Toby Newberry, Toby Ord, Tom Critchley, Tom Davidson, Tom Moynihan, Tyler John, Victor Warlop, Vishwa Prakash, Xuan, Zachary Brown e Zarah Baur.

Agradeço à Universidade de Oxford, à Faculdade de Filosofia e ao Global Priorities Institute pelo maravilhoso acolhimento institucional e por me conceder a flexibilidade necessária para levar a cabo um projeto de tamanha envergadura.

Tenho um enorme débito com Cecilia Stein por ser uma editora extraordinária – e por proporcionar tantas rodadas de comentários pormenorizados, por me incentivar a encontrar uma forma pessoal em meio ao abstrato e por ser a grande defensora deste livro. Agradeço também a Alex Christofi, a todos os demais membros da equipe da Oneworld, e a TJ Kelleher, Jessica Breen, Stewart Hendricks, Jenny Lee e aos outros membros da equipe da Hachette, por apoiarem este projeto. Agradeço a meu agente, Max Brockman, pelos conselhos úteis durante todo o processo.

Todo o meu amor e meu muito obrigado a meus pais, Mair e Robin, e a meus irmãos, Iain e Tom. Sempre me senti apoiado e amado por vocês. O mesmo amor e agradecimento a todos os muitos amigos que colaboraram para que o tempo em que eu não estava escrevendo fosse tão divertido: Amanda, Chris, Cleo, George, Georgie, Kev, Matthieu, Rinad, Robbie e Siobhan. E obrigado, Elif, por cultivar meu amor pela música e pela Índia, e a Knockout, por me ajudar a ser humano, e por seu incentivo quando comecei este trabalho.

Enquanto escrevia este livro morei em cinco casas diferentes, e meus colegas de casa (e de bolhas) foram uma infinita fonte de alegria. Obrigado, Simeon, por estar disposto a se entregar em sacrifício para aqueles touros para salvar minha vida. Obrigado, Natalie, por seu apoio constante, quase sempre evitando a violência contra mim e me convencendo a manter o *Easter egg*. Obrigado, Liv e Igor, por porem um fim à minha sequência pouco competitiva, pelas desenfreadas corridas em volta do jardim e por manter a vida absurda. Obrigado, Laura e Luisa, pela festa com tema de batata em minha homenagem. Obrigado, Hamish e Anthony, pelos infindáveis jogos de *bananarchy*, pelas surpresas de Miranda e pelo Filthy Drop. Obrigado, Rūta e Elly, pelo *skanking*.

Por fim, obrigado, Holly, por tamanho cuidado construtivo e pelo apoio incondicional. Os dois anos de pandemia tinham tudo para ser deprimentes, por todos os motivos possíveis, mas foram os melhores anos da minha vida. Obrigado por me proporcionar uma fatia de eutopia; o gostinho de como a vida pode ser boa.

APÊNDICES

1. Mais recursos

O website deste livro é o whatweowethefuture.com. Nele estão incluídos materiais adicionais e uma lista atualizada de outras leituras.

Para aconselhamento a respeito de carreiras e *podcasts* com conversas aprofundadas, que não costumam ser debatidas, abrangendo os problemas mais urgentes do mundo, ver 80000hours.org.

Caso queira fazer uma doação para instituições de caridade, visite www.givingwhatwecan.org.

Para mais informações a respeito de longotermismo, ver longtermism.com. Para mais informações a respeito de altruísmo eficaz, ver effectivealtruism.org.

Para um panorama do pensamento das duas pessoas que mais influenciaram minhas opiniões sobre o longotermismo, ler o livro *The Precipice*, de Toby Ord, publicado em 2020, e o *blog Cold Takes* (cold-takes.com), de Karnofsky.

2. Terminologia

Este livro defende e explora as implicações do *longotermismo*, a visão de que influenciar de modo positivo o futuro no longo prazo é uma das principais prioridades morais de nossa época. É preciso diferenciá-lo do *longotermismo forte*, a visão de que influenciar de modo positivo o futuro no longo prazo é *a* prioridade moral de nossa época – mais importante, agora, do que qualquer outra coisa.

Exploro a defesa do longotermismo forte em um artigo acadêmico com minha colega Hilary Greaves.[1] A defesa é de uma força surpreendente, considerando o quanto as questões de longo prazo são negligenciadas no momento, mas é sensível a uma série de questões filosóficas complicadas, por exemplo, como levar em conta probabilidades ínfimas, como agir diante de evidências altamente ambíguas e quanto sacrifício se exige da atual geração em nome das gerações futuras.[2] Não é uma visão na qual devemos confiar cegamente, e não a defendo neste livro.

Sugiro que existem duas maneiras de influenciar positivamente o futuro no longo prazo: primeira, realizando *mudanças de trajetória* positivas, que aumentam o valor médio da civilização futura durante seu tempo de vida, aprimorando a "qualidade de vida" da civilização futura; e, segunda, *garantindo a sobrevivência da civilização*, aumentando seu tempo de vida.

Uma elaboração alternativa é dada pela ideia de riscos existenciais, que são "riscos que ameaçam a destruição do potencial de longo prazo da humanidade".[3] Esse conceito é importante e útil em muitos contextos. Mas tendo a não usá-lo, pois concentro muito do meu foco no aprimoramento dos valores que guiarão o futuro, e por duas razões essa ideia não se encaixa muito bem na categoria de redução do risco existencial. Primeira, ao aprimorar os valores futuros, é possível tornar o futuro melhor, mas isso não envolve evitar a "destruição" do potencial de longo prazo da humanidade: o aprimoramento de valores futuros pode ser só pequeno. Segunda, se a civilização futura for guiada por valores negativos, a humanidade pode reter seu "potencial" (porque líderes futuros *poderiam* adotar valores melhores, se assim o decidissem), ainda que perdendo quase totalmente o valor real (pelo fato de esses líderes *não* preferirem adotar valores melhores). Mas é com o que realmente acontece que deveríamos nos preocupar, e não com o que as pessoas futuras têm a possibilidade de fazer acontecer.

3. A estrutura SPC

No livro, ofereço uma estrutura para avaliar o valor de longo prazo de promover um determinado estado de coisas, que indico a seguir:

- **Significância** é o valor médio desse estado de coisas ao longo do tempo.
- **Persistência** é a duração desse determinado estado de coisas.
- **Contingência** é a proporção desse tempo em que o mundo não estaria, de um jeito ou de outro, nesse estado de coisas.

Podemos definir esses conceitos de maneira formal. Considere algumas ações possíveis que visem promover um dado estado de coisas s. Deixemos que p seja o efeito dessa ação, e q, o *status quo* – o que aconteceria se não agíssemos.[4] $V_s(p)$ é o valor total contribuído por se estar no estado s, dado p; $V_s(q)$ é o valor total contribuído por se estar no estado s, dado q. $T_s(p)$ é o espaço de tempo no qual o mundo está no estado s, dado p; $T_s(q)$ é o espaço de tempo no qual o mundo está no estado s, dado q.

Significância $=_{df} [V_s(p) - V_s(q)] / [T_s(p) - T_s(q)]$

Persistência $=_{df} T_s(p)$

Contingência $=_{df} [T_s(p) - T_s(q)] / T_s(p)$

Esses três termos multiplicados resultam em $V_s(p) - V_s(q)$, ou o valor total contribuído por se estar em um estado de coisas s, dado p em vez de q. Ou seja: significância × persistência × contingência = valor no longo prazo.

Em função da multiplicação desses fatores, é possível comparar intuitivamente diferentes efeitos de longo prazo: entre duas alternativas, se uma é dez vezes tão persistente quanto a outra, isso superará a outra alternativa sendo oito vezes mais significante.

Para servir de ilustração, imagine que estamos no final do século XIX e, no momento, o mundo está em vias de usar teclados QWERTY, mas, se assim o decidirmos, podemos mudar o mundo para que use teclados Dvorak.[5] Na tabela a seguir, usarei X para representar o curso do mundo contrafactual possível *p*, no qual o Dvorak será o padrão, e usarei O para representar o curso do mundo do *status quo q*, no qual QWERTY é o padrão, até o período de tempo 4, quando o Dvorak se torna o padrão. Após o período 4, os teclados se tornam obsoletos pelo surgimento de alguma outra tecnologia.

Tabela A.1. QWERTY versus Dvorak como exemplo para a estrutura de significância, persistência e contingência

	Ano 1	Ano 2	Ano 3	Ano 4	Anos 5+
DVORAK	X	X	X	∅	
QWERTY	O	O	O		
OUTRO					∅

Vamos avaliar o estado de coisas de "ter o teclado Dvorak como padrão". Nesse exemplo, a significância é dada pelo aumento médio de valor ao longo do tempo em que o Dvorak é usado como padrão em vez do QWERTY, ao longo dos períodos (anos 1–3) em que o estado contrafactual das coisas difere do *status quo*.[6] A persistência é determinada pelo tempo em que o Dvorak permaneceria como padrão se o tornássemos o padrão: nesse exemplo, são quatro períodos de tempo. A contingência é dada pela proporção de tempo em que o estado de coisas contrafactual difere da sequência do *status quo* de estado de coisas, ao longo do período em que o estado de coisas contrafactual persistiria: nesse exemplo, ¾ ou 75%.

Tudo isso é definido *a posteriori*, sem levar a incerteza em conta. Considerando que nunca sabemos quão significante, persistente e contingente será um estado de coisas, aquilo em que em última instância estamos interessados é o valor esperado de SPC, ou E(SPC).[7] Observe, contudo, que E(SPC) em geral não é igual a E(S)E(P)E(C).

Podemos integrar a estrutura SPC na estrutura ITN para priorizar os problemas globais, conforme inicialmente proposto por Holden Karnofsky na Open Philanthropy.[8]

Na estrutura ITN, um problema global tem prioridade mais alta quanto mais importante, tratável e negligenciado ele for. Esses termos podem ser informalmente definidos da seguinte maneira:

- A **importância** representa a escala de um problema: quanto o mundo ficaria melhor se o solucionássemos?
- A **tratabilidade** representa o grau de facilidade ou dificuldade para solucionar o problema.
- A **negligência** representa quantos recursos já estão sendo usados para solucionar o problema.

A estrutura SPC tem vínculo próximo com a dimensão da "importância" – mais exatamente, o produto da significância, persistência e contingência é proporcional ao termo "importância" na versão da estrutura ITN descrita a seguir.

Uma das maneiras de formalizar a estrutura ITN é a seguinte.[9] Nessa formalização, talvez fosse mais adequado chamá-la de "estrutura da importância, tratabilidade e *alavancagem*", pois o último fator indica não quanto trabalho já vem sendo feito para resolver um problema, mas sim o efeito que esse trabalho prévio tem sobre a relação custo-benefício de mais esforços: se há retornos crescentes ao trabalho, então um problema ser menos negligenciado pode tornar o trabalho adicional mais custo-efetivo.

Como anteriormente, consideramos uma mudança do *status quo* q para algum mundo diferente p e a diferença que isso representa no que diz respeito a um determinado estado de coisas s. Seja S a quantidade de progresso em um problema representado pelo mundo num estado de coisas s – isso poderia, por exemplo, ser a fração do problema total que está sendo solucionada, ou poderia ser calculado segundo alguma métrica intermediária, como o número de mosquiteiros distribuídos para evitar a malária, o número de casos de malária evitados, ou o número de asteroides mapeados. Seja W a quantidade de trabalho exigida para operar a mudança de q para p (por exemplo, medida em pessoas-horas, ou custo financeiro em dólar). Por último, sejam S_0 e W_0 o total de progresso e trabalho, respectivamente, correspondentes à resolução total do problema. Podemos então definir:

- **Importância** $=_{df} [V_s(p) - V_s(q)]/S$
- **Tratabilidade** $=_{df} S_0/W_0$
- **Negligência/alavancagem** $=_{df} (S/W)/(S_0/W_0)$

A importância representa quão valioso é obter progresso adicional em um problema. A tratabilidade representa o retorno médio se resolvermos o problema por completo. A negligência, ou alavancagem, representa como os retornos da intervenção específica sob consideração se comparam aos retornos médios.

A estrutura de SPC e sua relação com a de ITN são explicadas com mais detalhes em um relatório técnico (*The Significance, Persistence, Contingency Framework* [Estrutura de significância, persistência e contingência, em tradução livre], de MacAskill, Thomas e Vallinder), disponível no website do livro *O que devemos ao futuro*.

4. Objeções ao longotermismo

Discutimos algumas objeções ao longotermismo no texto principal do livro. Nos Capítulos 2 a 7, em particular, abordo a objeção mais óbvia: que não podemos afetar de modo previsível o valor esperado do futuro de longo prazo. Este apêndice discute outras objeções ao longotermismo. Mais discussões podem ser encontradas em longtermism.com.

As pessoas futuras viverão melhor

No Capítulo 1, refutei a ideia de que deveríamos dar muito menos importância aos interesses das pessoas futuras *pelo simples fato* de que elas viverão no futuro (potencialmente concordando em lhes dar moderadamente menos peso, uma vez que considerações como parcialidade e reciprocidade se aplicam mais fortemente às gerações atuais e às imediatamente subsequentes).

Às vezes os economistas apresentam uma razão alternativa para descartar os impactos futuros: que as pessoas futuras serão mais ricas do que nós. Portanto, determinado benefício *econômico* valerá menos para as pessoas futuras que para as pessoas do presente, assim como £ 1.000 valem menos para um milionário nos dias atuais do que para alguém na extrema pobreza.

Essa consideração é importante até certo ponto. Mas não pode ser usada como justificativa para que sempre se dê pouco peso aos interesses das futuras gerações. Pode muito bem ser que as pessoas sejam mais ricas nos próximos dois séculos. É dificílimo prever, porém, se serão mais ricas dentro de mil anos, sobretudo quando nos preocupamos com catástrofes como a tomada do poder por um governo autoritário, o colapso civilizacional ou a estagnação tecnológica no longo prazo.

Pode até ser que a riqueza das pessoas no futuro seja irrelevante, pois os tipos de benefícios e danos que, em geral, estou considerando são aparentemente bem diferentes de tornar algumas pessoas mais ricas ou mais pobres. No caso da cristalização de valores, as pessoas futuras talvez sejam igualmente ricas quaisquer que sejam os valores cristalizados; a questão é se essa riqueza futura será usada para criar prosperidade ou miséria. No caso da extinção, trata-se de saber se as pessoas futuras vão mesmo existir. Nos dois casos, a suposição simplista de que danos ou benefícios futuros apenas tornam as pessoas futuras um pouco mais pobres ou mais ricas não é precisa, e o fato de as pessoas no futuro serem mais ricas do que nós (se elas vierem a existir) não tem relevância.

As pessoas futuras podem cuidar de seus próprios problemas

Talvez devamos endossar uma divisão de trabalho entre gerações diferentes. Enfrentamos alguns problemas na nossa época dos quais devemos cuidar. E existem problemas que as pessoas futuras enfrentarão dos quais elas deverão cuidar.

Ainda que, de modo geral, você seja simpático a essa linha de argumentação, acho que ela não tem nenhuma plausibilidade em se tratando das questões que discuto neste livro. No caso da cristalização de valores, trata-se precisamente do que as pessoas no futuro vão considerar ou não como um problema: se houver uma distopia futura na qual escravizar pessoas seja considerado totalmente aceitável, os encarregados pela sociedade não verão isso como um problema, e não devemos esperar deles nenhuma ação para alterar essa situação. No caso de uma catástrofe permanente, as pessoas futuras não poderão modificar os efeitos de nossas ações; no caso de extinção, nem sequer haverá pessoas futuras!

Considere também que alguns dos problemas das pessoas futuras são causados por nós, e costuma ser mais fácil evitar o surgimento de um problema do que remediá-lo. É mais fácil evitar quebrar um copo do que colar todos os caquinhos uma vez o copo despedaçado; é mais fácil evitar a queima de carvão do que retirar dióxido de carbono da atmosfera.

Não devemos correr atrás de probabilidades ínfimas de alcançar enormes quantidades de valor

Neste livro, recorri à ideia de que, sob incerteza, o valor de uma ação é dado por seu valor esperado. Mas essa ideia enfrenta problemas quando consideramos ações que têm uma mínima probabilidade de sucesso, mas que resultariam em um valor enorme caso bem-sucedidas. Por exemplo, suponha que lhe seja dada a opção de salvar dez vidas com certeza ou arriscar uma ação com uma chance em um trilhão de trilhão de trilhão de salvar cem trilhões de trilhões de trilhões de vidas. Apesar de as vidas a serem salvas graças à última ação sejam em número infinitamente maior, parece bastante intuitivo que a coisa certa a fazer é optar pela aposta segura e salvar com certeza dez vidas. Escolher a ação com menor probabilidade parece errado.

Infelizmente, não há solução boa para esse problema; já foi demonstrado que qualquer teoria sobre como tomar decisões em condições de incerteza depara com consequências altamente não intuitivas.[10] Se desejamos evitar a ideia de que pequenas probabilidades de enormes quantidades de valor podem ser melhores do que garantias de quantidades de valor meramente grandes, então enfrentamos outros problemas que parecem igualmente ruins.

Para a finalidade deste livro, minha resposta a esse problema é simplesmente que, ao menos no mundo tal como ele é hoje, as probabilidades sob discussão nada têm de ínfimas. A probabilidade de uma catástrofe acabar com a civilização nos próximos séculos é superior a 0,1%; a probabilidade de a civilização durar mais de um milhão de anos supera os 10%; e existem ações, como investir em pesquisa e desenvolvimento de energia limpa ou no estoque de equipamentos de proteção contra futuras pandemias, que reduzem de modo previsível a chance de algumas catástrofes em um percentual não ínfimo.

Pode muito bem ser que a probabilidade de um indivíduo provocar um impacto em algum evento importante, como uma catástrofe existencial, seja pequena. Mas o mesmo vale para muitos tipos comuns de ações moralmente motivadas. Se você participa de um protesto, ou vota, ou assina uma petição, então a chance de sua ação provocar alguma diferença no resultado final é muito pequena. Mesmo assim, essas são ações que muitas vezes deveríamos adotar, porque as probabilidades não são ínfimas e os ganhos são muito grandes se de fato *fizermos* a diferença.

Devemos respeitar limites como a não violação de direitos

Outra objeção vem da ideia de limites à ação moral. Não poderia o longotermismo justificar a violação de direitos em busca de benefícios de longo prazo, ou mesmo justificar atrocidades em massa?

Tais cursos de ação não se coadunam com o longotermismo. A preocupação com o ambiente não justifica bombardear centrais elétricas, ainda que tal atitude trouxesse benefícios ao meio ambiente; a preocupação com os direitos das mulheres não justifica assassinar líderes políticos, ainda que tal atitude beneficiasse as mulheres. Do mesmo modo, a preocupação com o futuro no longo prazo não justifica violar os direitos dos outros, por duas razões.

Primeira, na prática, violar direitos quase nunca é a melhor solução para obter resultados positivos no longo prazo. Sim, podemos sonhar com experimentos mentais filosóficos extremos ("Seria justificável matar o bebê Hitler?") nos quais a violação de direitos resultaria no melhor dos resultados. Mas isso, em essência, nunca acontece na vida real. Dispomos de uma grande quantidade de coisas que podemos fazer para tornar o longo prazo melhor por meios pacíficos, como persuadir outras pessoas e promover ou implementar boas ideias. Esses caminhos são sem dúvida melhores do que qualquer um que possa violar os direitos dos outros.

Segunda, se endossamos o não consequencialismo ou se levamos a sério a incerteza moral, deveríamos aceitar que nem sempre os fins justificam os meios; deveríamos tentar tornar o mundo melhor, mas também respeitar restrições laterais (*side-constraints*) morais, como contra prejudicar os outros.[11] Portanto, mesmo nas raras ocasiões em que a violação de direitos *traria* consequências melhores no longo prazo, agir assim não seria moralmente aceitável.

O longotermismo é exigente demais

Uma última linha de objeções ao longotermismo é que ele seria exigente demais. Se, de fato, déssemos o mesmo peso aos interesses das gerações futuras quanto aos da nossa, não deveríamos estar dispostos a sacrificar quase por inteiro os interesses da atual geração a fim de propiciar benefícios ainda maiores às pessoas futuras? E essa ideia não é absurda?

Essa objeção realmente aponta para uma difícil questão filosófica: quanto *deveríamos* nós, no presente, estar dispostos a sacrificar em prol das gerações futuras? Não sei a resposta para essa pergunta. Tudo o que afirmei neste livro é que a preocupação com o futuro no longo prazo é ao menos uma prioridade-chave de nosso tempo. Não estou alegando que tudo o que fazemos deva ser a serviço da posteridade. Contudo, de fato me parece que deveríamos estar fazendo muito mais para beneficiar as gerações futuras do que atualmente fazemos.

Em particular, na atual margem, os "sacrifícios" envolvidos em aumentar radicalmente a preocupação com o futuro parecem, no geral, mínimos ou mesmo inexistentes. Considerando quão negligenciadas são as questões de longo prazo atualmente, há muitos modos de beneficiar o futuro de longo prazo que também trarão grandes benefícios para o presente. Reduzir nosso consumo de combustíveis fósseis tem benefícios de muito longo prazo, mas também reduz a poluição do ar, que sozinha mata milhões de pessoas por ano.[12] Uma pandemia capaz de provocar a extinção zeraria qualquer valor humano futuro possível, mas também mataria todas as pessoas vivas hoje. A probabilidade de isso acontecer, e de outras pandemias catastróficas, de abrangência global, é mais do que suficiente para justificar que tomemos um número muito maior de medidas como preparação contra o surgimento de futuras pandemias do que tomamos hoje.[13] Como várias outras ações orientadas para o futuro de longo prazo, essas são ações ganha-ganha.

CRÉDITOS DAS FIGURAS E FONTES DOS DADOS

Figura 1.4. Baseada em gráfico da Our World in Data (Ritchie, 2020a). Dados obtidos de Sovacool *et al.* (2016); Markandya e Wilkinson (2007).

Figura 1.5. Baseada em gráfico da Our World in Data (2017b). Dados para os anos 1 a 1989 da New Maddison Project Database (Bolt e van Zanden, 2020); dados a partir de 1990 do World Bank (2021f).

Figura 2.1. Megatério baseado em Haines e Chambers (2006); *Notiomastodon* baseado em Larramendi (2016, p. 557); lobo pré-histórico baseado na Wikipedia (2021b).

Figura 3.1. Detalhe da imagem de domínio público *Acomodação no navio-negreiro inglês "Brookes", sob a Lei Regulatória do Comércio Escravo de 1788*, fornecida pela Library of Congress em https://loc.gov/pictures/resource/cph.3a34658/.

Figura 3.3. Baseada em gráfico da Our World in Data (Ortiz-Ospina e Tzvetkova, 2017). Dados quanto à participação feminina no mercado de trabalho da International Labour Organization, conforme publicação do Banco Mundial (World Bank, 2021m); dados quanto ao PIB *per capita* obtidos no Banco Mundial (World Bank, 2021m).

Figura 4.1. Baseada em gráfico da Carbon Brief (Evans, 2019), adaptado com permissão. Dados da Agência Internacional de Energia (IEA [na sigla em inglês], 2019) e edições anteriores da World Energy Outlook da IEA.

Figuras 6.1 e 6.2. Baseadas nas estimativas da população de Morley (2002 para 200 a.C. e 130 a.C.) e Morris (2013; para o período a partir do ano 1).

Figura 6.3. Baseada em gráfico da Our World in Data (2019h). Dados referentes a 1976-2009 de Lafond *et al.* (2017); dados para os anos posteriores da Agência Internacional para as Energias Renováveis (IRENA [sigla em inglês], 2020, 2021).

Figura 7.1. Adaptada, com permissão, da Figura 1 em Crafts & Mills (2017). Dados de Fernald (2014).

Figura 7.3. Baseada em gráfico da Our World in Data (s.d.-c). Dados da ONU (UN, 2019b).

Figura 7.4. Baseada em gráfico da Our World in Data (2020c). Fonte dos dados originais: dados do número de filhos por mulher da ONU (2019b); dados do PIB *per capita* da Penn World Table (Feenstra *et al.*, 2015).

Figura 9.1. Baseada em gráfico da Our World in Data (2021d). Dados quanto ao índice de felicidade da Gallup World Poll (pesquisa usando a "Escada de Cantril") conforme publicado no World Happiness Report (Helliwell *et al.*, 2021); dados quanto ao PIB *per capita* do Banco Mundial (World Bank, 2021m).

Figura 9.2. Baseada em gráfico da World in Data (Ortiz-Ospina e Roser, 2017, seção "Economic Growth and Happiness"). Dados quanto ao índice de felicidade da World Values Survey 7 (2020); dados quanto ao PIB da Penn World Table (Feenstra *et al.*, 2015).

Figura 9.3. Baseada em gráfico da Our World in Data (Roser, 2013d, seção "Global Divergence Followed by Convergence"). Cálculo de dados por Ola Rosling para a Gapminder (2021) baseado em diversas fontes.

Figura 9.4. Baseada em gráfico da Our World in Data (Roser, Ortiz-Ospina e Ritchie, 2019, seção "Rising Life Expectancy Around the World"). Dados referentes à média mundial anterior a 1950 de Riley (2005ab); dados anteriores a 1950 referentes a países de Clio Infra, conforme publicado por Zijdeman e Ribeira da Silva (2015); dados a partir de 1950 da ONU (2019b).

Figura 9.5. Baseada em gráfico da Our World in Data (2020g). Dados da FAO (2021ab).

NOTAS

Notas adicionais estão disponíveis em whatweowethefuture.com/notes.

Para localizar referências como "Cotra, 2020", por exemplo, consulte a bibliografia on-line em whatweowethefuture.com/bibliography.

As citações diretas foram traduzidas livremente para esta edição. [N.T.]

Prefácio

1. Open AI, 2022.
2. Hu, 2023.
3. Roser, 2023.
4. Informação do Stockholm International Peace Research Institute.
5. Comunicação pessoal com a Força-Tarefa pelo Ar Limpo (CATF); ver também pesquisa do Founders Pledge referente ao impacto da CATF (Halstead, 2020).
6. Rudner e Toner, 2021.
7. Welch *et al.*, 2018.

Parte I. Visão a longo prazo
Introdução

1. Esse experimento mental provém do texto de Georgia Ray, "The Funnel of Human Experience" (G. Ray, 2018). Vários especialistas também me falaram de um conto popular, "The Egg", de Andy Weir (2009), cuja premissa é similar.
2. A ideia do "primeiro ser humano" é um pouco uma licença poética: não há uma linha divisória rigorosa entre o *Homo sapiens* e nossos antepassados. Além disso, nem sequer é claro que "nós" se refira apenas ao *Homo sapiens*: os primeiros humanos acasalaram

com os homens de Neandertal e os hominídeos de Denisova (L. Chen *et al.*, 2020). Tais questões não alteram o resultado desse experimento mental.

Embora o surgimento da espécie *Homo sapiens* seja às vezes citado como tendo ocorrido há duzentos mil anos, o consenso atual dos especialistas é que ele ocorreu trezentos mil anos atrás (Galway-Witham e Stringer, 2018; Hublin *et al.*, 2017; Schlebusch *et al.*, 2017; comunicação pessoal com Marlize Lombard, Chris Stringer e Mattias Jakobsson, 26 de abril de 2021).

3. A melhor estimativa disponível é de 117 bilhões (Kaneda e Haub, 2021).
4. Essas e outras afirmações similares se baseiam em estimativas que englobam o total da população humana (Kaneda e Haub, 2021) e a expectativa de vida em diferentes épocas (Finch, 2010; Galor e Moav, 2005; H. Kaplan *et al.*, 2000; Riley, 2005; UN, 2019c; WHO, 2019, 2020). Todas devem ser tratadas como estimativas aproximadas.
5. Esses números, calculados sem grande apuro, têm o intuito de serem meramente ilustrativos. As cifras corretas, se as tivéssemos, seriam provavelmente um pouco diferentes das que usei aqui. Mais informações no site: whatweowethefuture.com/notes.
6. Atualmente, não há escravidão entre as sociedades caçadoras-coletoras que a literatura chama (erroneamente) de socialmente "simples" e altamente igualitárias, que provavelmente são mais semelhantes às sociedades humanas pré-agrícolas (Kelly, 2013, Capítulo 9). Provavelmente a escravidão só se disseminou após o surgimento das sociedades sedentárias, após a revolução agrícola. Qualquer estimativa da fração da população escravizada desde então envolve, necessariamente, alguma especulação. Mas as evidências existentes sugerem que, em muitas sociedades agrícolas, cerca de 10% a 20% da população era escravizada. Por exemplo, no segundo milênio antes de Cristo, até um terço da população da Coreia era de escravos. Cerca de um quarto a um terço da população de algumas áreas da Tailândia e da Birmânia era escrava do século XVII ao século XIX e do final do século XIX até o início do século XX, respectivamente. Na cidade de Roma, durante o Império Romano, a população escrava era estimada entre 25% e 40% da população total. Provavelmente, cerca de um terço das pessoas da antiga Atenas era escravizada. Em 1790, aproximadamente 18% da população americana era escravizada (Bradley, 2011; Campbell, 2004, p. 163; Campbell, 2010; Davis, D. B., 2006, p. 44; Hallet, 2007; Hunt, 2010; Joly, 2007; Patterson, 1982, Apêndice C; J. P. Rodriguez, 1999, p. 16-17; Steckel, 2012). A escravidão foi abolida em todo o mundo ao longo dos séculos XIX e XX.

   Estimar a fração da população proprietária de escravos envolve quantidades iguais de especulação, mas é razoável pensar que a proporção de donos de escravos equivalia à de escravizados. Se um quarto da população em uma sociedade era escravizada, parece razoável estimar que eram propriedade do um quarto mais rico da sociedade. Por exemplo, nos Estados Unidos, havia em 1830 cerca de dois milhões de escravos e, de acordo com uma das pesquisas, 224 mil senhores de escravos no Sul. Isso pressupõe, no entanto, que apenas uma pessoa por domicílio pesquisado deveria ser considerada dona de escravos, mas é possível argumentar que todos os membros da família deveriam ser contados. Como provavelmente havia mais de cinco pessoas por domicílio, isso sugere que havia cerca de dois escravos para cada dono de escravos (Fry, R., 2019; Lightner e Ragan, 2005; O'Neill, 2021b). E o Sul dos Estados Unidos provavelmente tinha uma proporção historicamente alta de proprietários em relação a escravos.
7. Ver o site whatweowethefuture.com/notes.
8. Nesse experimento mental tal como o formulo atualmente, você viveria até o final da vida de todos os seres vivos atualmente, mas não depois. Estou levando em consideração a maior expectativa de vida atual. Se examinássemos apenas o número de pessoas

e ignorássemos seu tempo de vida, então a população atual corresponderia a 7% de todos os seres humanos que já viveram (Kaneda e Haub, 2021). Se, para as pessoas atualmente vivas, incluíssemos apenas sua experiência até o presente momento – em vez de até o final esperado de suas vidas –, sua parcela em todo o experimento seria próxima a 6%, pois muitas pessoas têm vidas longas à frente.

9. Ver o site whatweowethefuture.com/notes.
10. "Segundos" é mais ou menos o tempo exato se mantivermos, *grosso modo*, a atual população, enquanto a Terra permanecer habitável. Se colonizarmos outros sistemas solares ou houver um aumento maciço da população ou da duração de vida da civilização, de fato o tempo corresponderia a minúsculas frações de segundos. Não está fora de cogitação que a experiência de todas as pessoas do passado e do presente corresponda a um intervalo de tempo mais curto que o mais curto já calculado – 2,47 zeptosegundos, ou $2,47 \times 10^{-19}$ segundos (Grundmann *et al.*, 2020), muitas ordens de magnitude inferior ao que se levaria para os olhos reagirem quimicamente à luz antes de iniciar uma transmissão neural (Weiner, 2009). Seria esse o caso se, por exemplo, por cem trilhões de anos (até o final da era da formação de estrelas), cada uma dos cem bilhões de estrelas (o limite inferior das estimativas comuns para o número de estrelas em nossa galáxia, a Via Láctea) suportasse uma população de dez bilhões de pessoas (aproximadamente a população mundial atual).
11. Neste livro, no original em inglês, eu desconsidero a separação das palavras e uso "longo prazo" como adjetivo e "longotermismo" como substantivo.
12. Ver o site https://www.givingwhatwecan.org/.

1. A defesa do longotermismo

1. Esse exemplo foi retirado do livro *Reasons and Persons* (Parfit, 1984, p. 315) e modificado.
2. Embora algumas vezes descrito como um antigo provérbio chinês ou grego, sua origem é desconhecida.
3. *The Constitution of the Iroquois Nations*, 1910.
4. Lyons, 1980, p.173.
5. Dito isso, algumas razões ligadas à reciprocidade podem também motivar preocupação com as futuras gerações. Talvez não nos beneficiemos das ações das pessoas no futuro, mas nos beneficiamos enormemente das ações das pessoas do passado: comemos frutas das plantas que cultivaram ao longo de milhares de anos; dependemos do conhecimento médico que desenvolveram ao longo de séculos; vivemos sob a égide de sistemas jurídicos moldados por incontáveis reformas pelas quais lutaram. Talvez, então, isso nos dê motivos para "retribuir antecipadamente" e fazer nossa parte para beneficiar as gerações vindouras.
6. No célebre monólogo "ser ou não ser" de *Hamlet*, "a terra desconhecida" se refere à vida após a morte: "Que fardos levaria nesta vida cansada, a suar, gemendo, se não por temer algo após a morte – terra desconhecida de cujo âmbito jamais ninguém retornou – que nos inibe a vontade, fazendo com que aceitemos os males conhecidos, sem buscarmos refúgio noutros males ignorados?". Ao me apropriar (e naturalizar) de tal metáfora a fim de me referir ao futuro e não ao passado, sigo o exemplo de Gorkon, o chanceler de Klingon, do epônimo *Jornada nas Estrelas VI: A Terra Desconhecida*.
7. As estimativas usuais são de 2,5 milhões (Strait, 2013, p. 42) a 2,8 milhões de anos (DiMaggio *et al.*, 2015).

8. Özkan *et al.*, 2002, 1797; Vigne, 2011. Mais informações a respeito das primeiras cidades on-line.
9. Barnosky *et al.*, 2011, p. 3; Lawtoon e May, 1995, p. 5; Ord, 2020, p. 83-85; Proença e Pereira, 2013, p. 168.
10. Não pretendo afirmar de modo categórico que todo animal não humano seja desprovido de raciocínio abstrato ou capacidade de planejar a longo prazo, ou que nenhum deles use quaisquer ferramentas. Há amplas evidências de que possivelmente várias espécies fazem planos para horas ou até mesmo dias à frente (e.g. Clayton *et al.*, 2003; Roberts, W. A., 2012), e a produção e o uso de ferramentas pelos macacos são bem documentados (Brauer e Call, 2015; Mulcahy e Call, 2006). De modo mais amplo, a cognição animal é um tópico de pesquisas empíricas ainda em curso e fonte de debates filosóficos vibrantes (para uma síntese, ver Andres e Monsó, 2021).
11. As estimativas de quanto tempo o Sol continuará a queimar variam de 4,5 bilhões (Bertulani, 2013) a 6,4 bilhões de anos (Sackmann *et al.*, 1993), embora cinco bilhões de anos pareça o valor aproximado mais comum. De modo mais preciso, isso se refere ao tempo para todo o hidrogênio no núcleo do Sol se esgotar, ponto a partir do qual o Sol começará a deixar o que os astrônomos chamam de "sequência principal" das estrelas. Contudo, ainda continuará a "queimar" – ou seja, a gerar energia graças à fusão nuclear de hidrogênio em gás hélio, ainda que em sua casca e não mais em seu núcleo. Após se expandir como uma gigante vermelha por cerca de dois a três bilhões de anos, a fusão termonuclear recomeçará em seu núcleo – dessa vez com a fusão do hélio em carbono e oxigênio – e só depois desse clarão final de hélio o Sol deixará de brilhar por completo, dentro de cerca de oito bilhões de anos.

    O número para as formações convencionais de estrelas é de Adams, F. C. e Laughlin, 1997, p. 342.

    Agradeço a Toby Ord por me alertar para o tempo pelo qual algumas estrelas ainda continuarão a brilhar. Anders Sandberg, em seu novo livro *Grand Futures*, observa que, em escalas de tempo ainda mais extensas, após a morte dessas estrelas, há outras fontes mais exóticas de energia, como os buracos negros, a serem, quem sabe, exploradas. Isso poderia estender a vida da civilização para além de um milhão de trilhões de anos.
12. Wolf e Toon (2015, p. 5792) estimam que "limitações fisiológicas do corpo humano implicam que a Terra se tornará inabitável para os seres humanos em ~1,3 Gyr [1,3 bilhão de anos]"; Bloh (2008, p. 597) apresenta uma janela de tempo um pouco mais curta e declara que o "tempo de duração de vidas multicelulares complexas e dos eucariotos termina em cerca de 0,8 Gyr e 1,3 Gyr a contar do tempo presente, respectivamente". Estou optando por uma janela de tempo mais conservadora para a habitabilidade humana de talvez quinhentos milhões de anos, devido à imensa incerteza quanto ao momento e à probabilidade de desenvolvimentos-chave – como a morte das plantas por falta de dióxido de carbono, ou um "efeito estufa desenfreado" que levasse à evaporação dos oceanos –, e sobre qual desses fatores será o limítrofe para a habitabilidade humana, uma questão em aberto (ver Heath e Doyle [2009] para um levantamento das considerações que afetam a habitabilidade dos planetas para diferentes tipos de vida). Mais informações no site whatweowethefuture.com/notes.
13. Ver o site whatweowethefuture.com/notes.
14. Existem entre cem e quatrocentos bilhões de estrelas em nossa galáxia, a Via Láctea. O número de galáxias alcançáveis foi estimado em 4,3 bilhões por Armstrong e Sandberg (2013, p. 9), enquanto Ord (2021, p. 27) declara que "o universo afetável contém cerca de vinte bilhões de galáxias com um total de estrelas entre 10^{21} e 10^{23} (cuja massa média é metade da massa do Sol)".

15. Meus números são para a expectativa de vida no nascimento (Roser, 2018). Como no início do século XIX cerca de 43% das crianças em todo o mundo morriam antes de completar cinco anos (Roser, 2019), alguém que vivesse até essa idade podia ter a expectativa de completar cinquenta anos. Vale também observar que 73 anos não é necessariamente a melhor previsão de vida para alguém que nasça hoje: os números que cito são para o que é conhecido como "período de expectativa de vida", uma medida da expectativa de vida que, por definição, ignora tendências futuras. Por exemplo, se houver novos progressos na medicina e na saúde pública, alguém que nasça hoje deveria realmente ter a expectativa de viver além dos 73 anos; por outro lado, se novas doenças mortais surgirem ou uma grande parcela da população mundial for dizimada por uma catástrofe em larga escala, alguém que nasça hoje pode viver menos do que o sugerido por seu período de expectativa de vida no nascimento.
16. Estima-se que, em 1820, 83,9% da população mundial vivia com uma renda diária que, ajustada à inflação e à diferença de preços entre os países, comprava menos do que podia ser comprado em 1985 com US$ 1 (Bourguignon e Morrisson, 2002, Tabela 1, p. 731 e 733). Em 2002, quando Bourguignon e Morrisson publicaram seu artigo seminal sobre a história da distribuição de renda mundial, esse era valor definido pelo Banco Mundial como a linha de pobreza internacional, usada para definir a extrema pobreza. Desde então, o Banco Mundial atualizou a linha de pobreza internacional para uma renda diária correspondente ao que podia ser comprado com US$ 1,90 nos Estados Unidos em 2011. Com base nessa nova definição, dados do Banco Mundial indicam que a parcela da população global vivendo na extrema pobreza é inferior a 10% desde 2016; a pandemia de covid-19 interrompeu tragicamente a duradoura evolução dessa percentagem em declínio ano após ano, mas não a fez ultrapassar os 10% novamente (World Bank, 2020). Apesar dos debates acerca da extensão da correspondência entre a antiga e a nova linha de pobreza, acho que a conclusão de que a parcela da população mundial vivendo em extrema pobreza declinou de modo significativo é inequívoca. Isso não equivale a negar o longo caminho ainda a percorrer na luta contra a pobreza; por exemplo, mais de 40% da população mundial ainda vive com menos de US$ 5,50 por dia (novamente, ajustado segundo a inflação e as diferenças de preço internacional relativas aos Estados Unidos em 2011).
17. Roser e Ortiz-Ospina, 2016.
18. Our World in Data, 2017a. Mais informações no site whatweowethefuture.com/notes.
19. Há rumores de alguns casos de mulheres com diploma de curso superior e de professoras universitárias antes de 1700, mas suas vidas costumam ser pouquíssimo documentadas. Mais informações no site whatweowethefuture.com/notes.
20. "Ao longo do século XVIII até o ano de 1861, todo ato homossexual penetrativo cometido por homens era punível com a morte" (Emsley *et al.*, 2018).
21. "No final do século XVIII, bem mais de três quartos de todos os indivíduos vivos estavam sob um tipo ou outro de submissão, não o cativeiro dos uniformes listrados da prisão, mas o de variados sistemas de escravidão ou servidão" (Hochschild, 2005, p. 2). Os números de hoje – 40,3 milhões, ou cerca de 0,5% da população mundial – incluem tanto o trabalho como o casamento forçados (Walk Free Foundation, 2018).
22. Não obstante a ampla evolução das liberdades políticas e da autonomia individual me parecerem incontroversas, os números exatos dependem da definição de democracia. Obtive os meus da página "Democracy" do Our World in Data (Roser, 2013a), baseada na série de dados amplamente usados do Projeto Polity IV. Seu índice de democracia é uma variável composta que captura diferentes aspectos da medição da "presença de instituições e procedimentos por meio dos quais os cidadãos podem expressar pre-

ferências efetivas quanto a políticas públicas e líderes alternativos" e "a existência de obrigações institucionalizadas para o exercício do poder pelo Executivo", mas exclui medidas de liberdade civil (Marshall *et al.*, 2013, p. 14). Minha argumentação a respeito do ano de 1700 se baseia na suposição de que a situação na época não podia ser muito melhor que no início do século XIX, quando, de acordo com os dados da Polity IV, menos de 1% da população mundial vivia em democracias. Também tomei a decisão de excluir as sociedades sem um Estado em sua forma mais avançada (por exemplo, as caçadoras-coletoras), mesmo que algumas até tenham apresentado traços protodemocráticos, como a participação inclusiva em deliberações ou a limitação da capacidade dos líderes de abusar do poder.

23. Gillingham, 2014; Wyatt, 2009. No total, o Império Britânico comprou mais de três milhões de escravos durante o período de duração do tráfico transatlântico de escravos, e a França, mais de um milhão (Slave Voyages, 2018).
24. Considera-se que os sonetos 1-126 tenham sido escritos para "um jovem", embora, como muitos outros aspectos da vida e da obra de Shakespeare, esse assunto continue a ser tema de debates entre os estudiosos. Mais informações no site whatweowethefuture.com/notes
25. Shakespeare, 2002, p. 417.
26. Shakespeare "provavelmente compôs a maioria de seus sonetos em 1591-1595" (Kennedy, 2007, p. 24). Kennedy cita Hieatt *et al.* (1991, p. 98), que, com base em uma análise de palavras raras constantes nas obras de Shakespeare durante toda a sua carreira, sugerem especificamente que "muitos" dos Sonetos 1-60 foram inicialmente esboçados entre 1591 e 1595.
27. Ver o site whatweowethefuture.com/notes.
28. Horácio, 2004, p. 216-217.
29. Ver o site whatweowethefuture.com/notes.
30. Ver o site whatweowethefuture.com/notes.
31. A citação é da tradução de 1954 de Rex Warner, como publicado na edição de 1972 da Penguin Books (Tucídides, 1972). Mais informações no site whatweowethefuture.com/notes.
32. Bornstein, 2015, p. 661; Holmes e Maurer, 2016. Mais informações no site whatweowethefuture.com/notes.
33. J. Adams, 1851, p. 298. Aliás, no mesmo prefácio, Adams cita Tucídides extensamente, inclusive parte da passagem a que já me referi.
34. Minha versão de como o desejo de Franklin se transformou em realidade usa alguns palpites e interpretação. Mais informações no site whatweowethefuture.com/notes.
35. O legado de Franklin é conhecido. Minha fonte para os números citados no texto principal é o epílogo do livro *Benjamin Franklin. Uma vida americana*, de Walter Isaacson (2003, p. 473-474), publicado no Brasil pela Companhia das Letras, São Paulo, 2015. Mais informações no site whatweowethefuture.com/notes.
36. Ver whatweowethefuture.com/notes.
37. Lloyd, 1998, Capítulo 2.
38. Lord *et al.*, 2016; Talento e Ganopolski, 2021. É possível, é claro, remover mais tarde o dióxido de carbono da atmosfera. Mas não deveríamos ter muita confiança de que faremos isso, e com certeza não à luz das possibilidades de colapso e estagnação que discuto nos Capítulos 6 e 7. Discuto com mais detalhes a importância longotermista de queimar combustíveis fósseis no Capítulo 6.
39. Hamilton *et al.*, 2012.

40. A duração média do ciclo de vida do dióxido de carbono demonstra outra maneira pela qual a retórica e a política climáticas são limitadas: a comparação com o metano. Costuma-se afirmar que o potencial de aquecimento do metano é trinta ou mesmo 83 vezes superior à do dióxido de carbono, ou até mais. Contudo, em uma perspectiva de longo prazo, esses números enganam. O metano permanece na atmosfera apenas cerca de doze anos (IPCC, 2021a, Capítulo 7, Tabela 7.15); isso representa um contraste gritante com o dióxido de carbono, que, como vimos, permanece na atmosfera por centenas ou milhares de anos.

    A maneira mais comumente utilizada para avaliar as emissões de metano é considerá-lo trinta vezes mais significativo que o dióxido de carbono, mas essa métrica mede o efeito do metano sobre as temperaturas após quarenta anos. (Essa medida é conhecida, de modo um tanto confuso, como "Potencial de aquecimento global".) Se, em contrapartida, medirmos o efeito do metano sobre as temperaturas em cem anos, o metano é apenas 7,5 vezes tão potente quanto o dióxido de carbono (IPCC, 2021a, Capítulo 7, Tabela 7.15).

    Embora o peso que damos ao metano, e não ao dióxido de carbono, seja comumente apresentado como uma questão científica, na verdade trata-se, em essência, de saber se queremos priorizar a redução das mudanças climáticas nas próximas décadas ou no longo prazo (Allen, 2015). Considerando que emitimos sessenta vezes mais dióxido de carbono que metano, se adotarmos uma perspectiva em longo prazo, o dióxido de carbono é que deveria ser nosso principal foco (H. Ritchie e Roser, 2020a; Schiermeier, 2020).
41. P. U. Clark *et al.*, 2016.
42. IPCC, 2021a, Figura SPM.8. O cenário de emissões médias-baixas é conhecido como RCP4.5 (Hausfather e Peters, 2020; Liu e Raftery, 2021; Rogelj *et al.*, 2016).
43. Clark *et al.* (2016, Figura 4a) projetam que, num cenário de emissões baixas-médias, o nível do mar subiria vinte metros. Van Breedam *et al.* (2020, Tabela 1) acham que essa elevação seria de dez metros para o caminho de emissões baixas-médias.
44. P. U. Clark *et al.*, 2016, Figura 6.
45. Ver o site whatweowethefuture.com/notes.
46. Our World in Data, 2020a, baseado em Lelieveld *et al.*, 2019. Isso inclui apenas as mortes por poluição ao ar livre. Outras 1,6 milhão (Stanaway *et al.*, 2018) a 3,8 milhões (WHO, 2021) de mortes por ano se devem à poluição do ar em lugares fechados, boa parte dela causada pela falta de acesso à eletricidade e a combustíveis limpos para cozinhar, aquecer e iluminar (H. Ritchie e Roser, 2019). Mais de 2,5 bilhões de pessoas só conseguem cozinhar com carvão, querosene, lenha, madeira, esterco e resíduos agrícolas usando tecnologia ineficaz e perigosa, tais como fogueiras (OMS, Organização Mundial de Saúde, 2021).
47. "Na Europa, uma mortalidade adicional de 434 000 (95% CI [intervalo de confiança] 355 000–509 000) por ano poderia ser evitada removendo-se as emissões ligadas aos combustíveis fósseis... O acréscimo na expectativa de vida média na Europa seria de 1,2 ano (95% CI [intervalo de confiança] 1,0–1,4)" (Lelieveld, Klingmüller, Pozzer, Pöschl, *et al.*, 2019, p. 1595). Um intervalo de confiança de 95% indica uma faixa na qual, com base no modelo dos autores, o número real está inserido com uma probabilidade de 95%. Cumpre observar que os autores usam espaço em vez de pontuação quando formatam números grandes – por exemplo, "434 000" se refere a 434 mil.
48. Scovronick *et al.* (2019, p. 1) descobriram que, dependendo das políticas de qualidade do ar e de "como a sociedade valoriza a melhora da saúde, níveis economicamente ótimos de mitigação podem ser compatíveis com uma meta inferior ou igual a 2 °C".

Markandya *et al.* (2018, e126) descobriram que os "cobenefícios de saúde superaram substancialmente o custo político de atingir a meta [2 °C] em todos os cenários analisados" e que "o esforço adicional de tentar atingir a meta de 1,5 °C em vez de 2 °C geraria benefícios líquidos substanciais na Índia (US$ 3,28–8,4 trilhões) e na China (US$ 0,27–2,31 trilhões), embora esse resultado positivo não tenha sido encontrado em outras regiões".

49. A alegação de que vivemos um período extremamente inusitado da história também levanta algumas questões filosóficas interessantes, como discuto em meu artigo "Are We Living at the Hinge of History?" (ver artigo publicado no Global Priorities Institute em setembro de 2020 e atualizado em julho de 2022). Entretanto, observe que os argumentos expostos nesse artigo se opõem à ideia de que nos encontramos no período *mais* influente de todos os tempos. Acredito que é muito grande a possibilidade de nos encontrarmos ("apenas") em um período de tempo altamente influente.

50. Tanto esse argumento quanto sua estrutura seguem o exposto em "This Can't Go On" (2021b), de Holden Karnofsky, baseado em um argumento de Robin Hanson (2009). Mais discussões no site whatweowethefuture.com/notes.

51. Mais precisamente, estou pensando no presente como uma era pós-industrial que começou há 250 anos e que chegará ao fim quando as taxas de crescimento voltarem a cair de ritmo e chegarem a menos de 1% ao ano. Para taxas de crescimento recentes, ver World Bank (2021e).

52. Para todas as afirmações relativas à história do crescimento global, ver, por exemplo, DeLong (1998). Para um panorama de outras fontes de informações, que apresentam números semelhantes, ver os dados de Roodman (2020a) e as fontes de dados de Roser (2019). Note que minhas afirmações se referem às taxas médias de crescimento que têm se sustentado ao longo de diversos períodos de duplicação – não podemos, é claro, descartar a ideia de que a taxa de crescimento possa ter sido de 2% em um único ano, digamos, em 200000 a.C. (mas sabemos que, caso isso tenha ocorrido, deve ter sido uma exceção). Para uma discussão dos breves períodos intermitentes de crescimento acima da média na história mundial, ver Goldstone (2002), apesar de minha pesquisa histórica para o Capítulo 7 sugerir que alguns exemplos são controversos.

53. Uso de energia: Our World in Data, 2020f; emissões de dióxido de carbono: Ritchie e Roser, 2020a; uso da terra: Our World in Data, 2019b. As medições dos avanços científicos estão sujeitas a interpretação, mas creio que poucos discordariam da alegação de que o ritmo da inovação tecnológica sofreu rápida aceleração desde a Revolução Científica no século XVI em comparação ao ritmo do período pré-moderno.

54. Na verdade, esse número é mais próximo do que tem sido o crescimento nas fronteiras tecnológicas – isto é, ignorando a recuperação transitória do crescimento dos países mais pobres (Roser, 2013b).

55. Karnofsky, 2021b, nn7-8.

56. Para mais discussões a respeito dessa possibilidade, ver Hanson, 2009 e Karnofsky, 2021c.

57. Agradeço a Carl Shulman por esse dado.

58. Ver o site whatweowethefuture.com/notes.

59. Scheidel (2021, p. 101-107) apresenta um resumo do tamanho da população nos impérios históricos; sua Tabela 2.2 (p. 103) indica que a dinastia chinesa Han compreendia 32% da população mundial no ano 1 d.C., enquanto no ano 150 d.C. 30% da população vivia no Império Romano. Existe, contudo, uma considerável incerteza quanto à dimensão da população histórica; mais informações no site whatweowethefuture.com/notes. O historiador Peter Bang (2009, p. 120) comenta que, mesmo no

apogeu, os Impérios Romano e Han "permaneceram escondidos um do outro num reino indistinto de fábula e mito".
60. Aqui se trata a órbita de Netuno, o planeta mais afastado do Sol, como o limite do sistema solar. Mais detalhes no site whatweowethefuture.com/notes.
61. Ver o site whatweowethefuture.com/notes.
62. Ver o site whatweowethefuture.com/notes.
63. "O espaço acabará se expandindo tão rápido que a luz não poderá atravessar o abismo sempre crescente entre o nosso Grupo Local e o grupo vizinho mais próximo (simulações sugerem que isso vai levar cerca de 150 bilhões de anos)" (Ord, 2021, p. 7).

2. Você pode moldar o curso da história

1. A definição técnica de megafauna é de animais com mais de 44 quilos (Haynes, 2018).
2. Em termos técnicos, gliptodontes são um clado (Zurita *et al.*, 2018).
3. Alguns dos gliptodontes de maior porte pesavam 1,5 tonelada (Delsuc *et al.*, 2016), mais que um Ford Fiesta. Por volta do final do Pleistoceno, muitos gliptodontes pesavam mais de duas toneladas e tinham cinco metros de comprimento (Defler, 2019b).
4. Era o caso do *Doedicurus*, gênero extinto de gliptodonte (Delsuc *et al.*, 2016).
5. Por várias razões, é sempre difícil estimar com alguma exatidão a data de extinção de uma espécie. No caso dos gliptodontes, há um grande debate a respeito da data de certos fósseis, e algumas estimativas sugerem que sua última aparição ocorreu há apenas sete mil anos, embora a confiabilidade dessas estimativas seja posta em dúvida (Politiza *et al.*, 2019). A última análise não controversa de um osso de gliptodonte (por carbono-14) sugere que sua última aparição se deu há 12,3 mil anos. Contudo, os ossos do animal foram encontrados debaixo de camadas datadas de doze mil anos, ou até mais tarde (Barnosky e Lindsey, 2010; Prado *et al.*, 2015, Tabela 2; Cubilla *et al.*, 2018).
6. Defler, 2019a, p. XIV-XV. Alguns acadêmicos acreditam que o megatério era bípede, embora isso seja controverso. Se for verdade, ele foi o maior mamífero bípede já existente (Amson e Nyakatura, 2018).
7. Algumas estimativas anteriores sugeriram que o megatério pode ter sobrevivido até depois do início do Holoceno, mas um trabalho recente determinou que a última aparição do megatério ocorreu há cerca de 12.500 anos (Politis *et al.*, 2019). Em consequência da irregularidade do registro fóssil, é provável que o último fóssil encontrado da espécie não tenha sido o último indivíduo de uma espécie. A isso se dá o nome de efeito Signor-Lipps.
8. Mothé *et al.*, 2017, seção 3.5; 2019. O método de datação de ossos usando a espectroscopia de ressonância paramagnética eletrônica é menos confiável que a datação de colágeno por radiocarbono, e a data da última aparição do *Notiomastodon* é extremamente controversa (Dantas *et al.*, 2013; Oliveira *et al.*, 2010, Tabela 2). Agradeço a Emily Lindsey (comunicação pessoal em 22 de novembro de 2021) pela discussão a respeito.
9. O lobo-terrível pré-histórico pesava cerca de 68 quilos, atingindo o peso máximo de 110 quilos (Anyonge e Roman, 2006, Tabela 1; Sorkin, 2008). Esse lobo fazia parte da subfamília Caninae e, portanto, é um canino, mas pesquisas recentes mostraram que, na verdade, não era um lobo. Apesar de muito parecido com o lobo-cinzento, esse é um caso de evolução convergente (Perri *et al.*, 2021). O maior membro da família dos Canidae, da qual a Caninae é uma subfamília, foi o *Epicyon haydeni*, cujo peso

chegava a 170 quilos. Como acontece com toda a megafauna, a razão exata da extinção do lobo-terrível ainda é discutida. Mais informações on-line.

10. Para uma resenha da defesa da explicação antropogênica, ver, por exemplo, Haynes (2018), Koch e Barnosky (2006), Surovell e Waguespack (2008), Smith *et al.* (2019) e Wignall (2019b). São duas as maiores evidências para um papel central dos humanos. Em primeiro lugar, todas as extinções dos animais da megafauna em regiões específicas aconteceram depois ou por volta da época do primeiro registro da chegada do homem nessas regiões. Alguns dos últimos fósseis dos gêneros extintos aparecem antes do primeiro fóssil humano, mas isso provavelmente se deve a falhas nos registros de fósseis. Em segundo lugar, as extinções são muito enviesadas para animais grandes, mais fáceis de serem caçados, o que teria sido especialmente vantajoso para os caçadores humanos. A extensão desse viés não se repete nas extinções de espécies nos últimos 66 milhões de anos.

Para argumentos favoráveis principalmente a causas naturais, ver Meltzer (2015, 2020) e Stewart *et al.* (2021). Há dois argumentos principais contra o papel predominante dos humanos na extinção das espécies. Primeiro, alguns defendem que o número de locais de matança é muito reduzido, dada a escala de matança da megafauna que teria sido necessária. Entretanto, defensores da teoria antropogênica alegam que, considerando as lacunas do registro fóssil, o número de locais identificados de matança da megafauna é, na verdade, grande em um contexto paleontológico, e a ausência de evidência não é evidência de ausência. Segundo, alguns argumentam a pouca probabilidade de os primeiros humanos serem em número suficiente ou dotados de sofisticação tecnológica para abater milhões de animais da megafauna. Mas evidências obtidas por modelos sugerem que, provavelmente, os seres humanos existiam em número suficiente para causar extinções na escala sugerida.

Os principais problemas da justificativa baseada nas mudanças climáticas são os seguintes. Primeiro, além da transição do Pleistoceno para o Holoceno, a megafauna enfrentou várias mudanças climáticas drásticas ao longo dos últimos milhões de anos. Na América do Norte, por exemplo, a grande maioria dos gêneros extintos sobreviveu a mais de doze ciclos glaciais-interglaciais semelhantes ao ocorrido no final do Pleistoceno. Ainda assim, foi só no final do Pleistoceno, quando já existiam os humanos, que as taxas de extinção dos animais da megafauna aumentaram expressivamente. Segundo, a teoria das mudanças climáticas também encontra dificuldades para explicar o viés de extinção de grandes mamíferos. De acordo com anotações de Wignall (2019b, p. 107), "Dentro das 'regras' normais da extinção, as maiores perdas costumam ocorrer entre espécies com hábitat relativamente limitado, mas as extinções no período Pleistoceno foram fundamentalmente diferentes. Muitas das espécies da megafauna viviam em grandes extensões geográficas: o mamute-lanoso e o rinoceronte-lanoso existiam em toda a Eurásia e na América do Norte". Por último, as mudanças climáticas às quais a megafauna foi exposta em diferentes continentes foram muito diferentes – em certos casos, o clima esfriou; em outros, aqueceu; em outros, ainda, secou etc. – e mesmo assim todas levaram à extinção dos animais da megafauna em diferentes nichos ecológicos.

Para argumentos de que tanto os humanos quanto as causas naturais contribuíram para a extinção da megafauna, ver Broughton e Weitzel (2018) e Metcalf *et al.* (2016).

11. Somente nos últimos oitocentos mil anos, ocorreram onze transições glaciais-interglaciais, muitas delas semelhantes à transição do Pleistoceno para o Holoceno (Pages, 2016). No início do Pleistoceno, as transições glaciais-interglaciais eram mais frequentes, porém menos drásticas (Hansen *et al.*, 2013). A maioria da megafauna evoluiu há

milhões de anos, portanto teve de sobreviver a mais de uma dúzia de tais transições (Meltzer, 2020).
12. Koch e Barnosky, 2006; S. K. Lyons *et al.*, 2016.
13. Smith, F. A. *et al.*, 2019. Os fósseis humanos nem sempre se sobrepõem aos fósseis das espécies extintas. A explicação plausível para isso está nas lacunas dos registros dos fósseis e no efeito Signor-Lipps. Para outras reflexões, ver Meltzer (2020) e Haynes (2018).
14. Varki, 2016; Wignall, 2019b.
15. J. O. Kaplan *et al.*, 2009, Tabela 3; Stephens *et al.*, 2019; Zanon *et al.*, 2018, Figura 10.
16. O *Quinto Relatório de Avaliação* do Painel Intergovernamental sobre Mudanças Climáticas (IPCC, na sigla em inglês) estima que a mudança do uso de terra na era pré-industrial aumentou as concentrações de dióxido de carbono em cerca de dez partes por milhão, o que teria causado um aquecimento de 0,16 °C (pressupondo uma sensibilidade climática de 3 °C.; IPCC, 2014a, seção 6.2.2.2). O *Sexto Relatório de Avaliação*, datado de 2021, não quantifica os efeitos da mudança de uso da terra na era pré-industrial, mas parece sugerir que seu papel no aumento das concentrações de dióxido de carbono é pequeno em relação às mudanças naturais (IPCC, 2021a, seção 5.1.2.3). Outros defendem que a contribuição humana no período pré-industrial foi muito maior e pode, inclusive, ter evitado uma era do gelo (Ruddiman *et al.*, 2020).
17. Essa estrutura foi criada por Aron Vallinder e por mim e desenvolvida por Teruji Thomas. Ela é descrita com mais detalhes no Apêndice 3. Encaixa-se bem na estrutura "importância, tratabilidade e negligência" (ITN), amplamente usada no altruísmo eficaz para priorizar causas. A estrutura SPC oferece uma forma de estimar uma quantidade proporcional à dimensão da "importância".
18. Nessa estrutura, é útil assumir uma data final para o universo; caso contrário, teríamos de lidar com alguns estados de coisas que seriam infinitamente persistentes. Poderíamos determinar o final do universo como, por exemplo, a data em que o último buraco negro desaparecerá do atual universo afetável.
19. Revive and Restore, s.d. 20.
20. O termo "mudança de trajetória" foi cunhado por Nick Beckstead (2013). Em sua definição inicial, uma mudança de trajetória era qualquer mudança muito duradoura ou permanente no valor do mundo. Com sua permissão, reduzi essa definição para que "mudança de trajetória" diga respeito apenas a mudanças de longa duração no valor médio da civilização ao longo do tempo, em vez de também abranger mudanças na duração da civilização.
21. Não estou afirmando que essa é uma lista exaustiva de todas as maneiras de influenciar positivamente o valor de longo prazo. Uma discussão completa teria de abranger, ao menos, a preservação da informação (tais como registros históricos, registros de línguas e culturas, registros de genótipos das espécies) e mudanças nas instituições políticas, ambas as quais parecem importantes sob uma perspectiva de longo prazo.
22. Neste livro, concentro-me em cenários que julgo de particular importância dentro de uma perspectiva de longo prazo, como a cristalização de valores e a extinção. Não digo com frequência e precisão quão prováveis considero esses cenários, nem quão valioso penso que seria evitá-los. Esta nota apresenta um panorama de meus pontos de vista. Apresento-os especialmente para que os leitores interessados possam entender minhas opiniões em relação às de outros estudiosos e para explicar por que me concentro nas coisas em que me concentro. Mas faço as seguintes ressalvas: em primeiro lugar, minhas opiniões são acompanhadas por uma incerteza imensa; acho perfeitamente razoável que alguém possa ter opiniões bastante diferentes das minhas. Em segundo lugar,

embora tenha tentado ser o mais preciso possível, muitas das crenças que apresento ainda são vagas. Em terceiro lugar, minhas crenças (ou seja, minhas estimativas de probabilidade subjetivas) muito provavelmente mudarão conforme eu obtenha mais evidências e meus pontos de vista evoluam. Mesmo no momento em que este livro for publicado, provavelmente discordarei de vários dos números que apresentei aqui.

Neste século (entre hoje e 2100), o mundo pode tomar uma de cerca de quatro trajetórias. O PIB global pode continuar a crescer à mesma taxa aproximada (2% a 4% ao ano) dos últimos cem anos. Ou crescer ainda mais rápido, talvez impulsionado pelos avanços na inteligência artificial. Ou seu crescimento pode ser mais lento, pendendo para a estagnação. Ou pode ocorrer uma catástrofe global de grande magnitude que resulte em bilhões de mortos. Situo a probabilidade de cada um desses quatro cenários entre 10% e 50%. Acredito mais no cenário da estagnação, seguido do crescimento mais que exponencial, depois do cenário exponencial continuado e, por fim, o da catástrofe. Se eu tivesse de fornecer valores mais precisos, eu diria: 35%, 30%, 25% e 10%.

Acho que a chance de ocorrer uma cristalização de valores em algum momento, pressupondo que a civilização não termine antes, e sem pressupor que a cristalização é de um único sistema de valor, é superior a 80%. Acho que existe uma chance de mais de 10% de a cristalização de valores ocorrer ainda neste século.

Acredito que o risco total de a civilização acabar neste século está entre 0,1% e 1%, com a maior parte desse risco vindo dos patógenos criados em laboratório, das armas autônomas (que não discuti neste livro por falta de espaço) e de alguma tecnologia ainda desconhecida. Isso não abrange a possibilidade de sistemas de inteligência artificial não alinhados com as preferências humanas tomarem o controle da civilização; eu classificaria a possibilidade de isso ocorrer ainda neste século em cerca de 3%, embora deva observar que me parece vago o que seria "em desacordo com as preferências humanas". Acredito que o maior risco advenha de cenários com uma guerra quente ou fria entre grandes potências.

Minha crença em uma catástrofe ainda neste século que nos devolva a patamares tecnológicos da era pré-industrial é de cerca de 1%. Minha crença em uma recuperação depois de tal catástrofe, levando em conta os atuais recursos naturais, é de 95% ou mais; se tivermos esgotado os combustíveis fósseis de fácil acesso, essa crença cai para menos de 90%.

Acho que o valor esperado da sobrevivência contínua da civilização é positivo, embora bem distante do melhor futuro possível. Se tivesse que apresentar números, eu diria que o valor esperado da continuação da civilização é de menos de 1% do valor do melhor futuro possível (em que o "melhor possível" significa "o melhor que poderíamos alcançar de forma viável"). Em virtude dessa crença, as mudanças de trajetória têm cem vezes mais potencial positivo que a preservação civilizacional, ainda que, em geral, seja menos evidente como progredir com confiança em se tratando de mudanças de trajetória.

Acho que ainda há muito que não sabemos ou compreendemos, inclusive considerações fundamentais, capazes de provocar mudanças drásticas no que consideramos nossas principais prioridades. Isso me deixa mais confiante em relação a acumular recursos a fim de agir dentro de décadas, em vez de tentar agir de imediato (por exemplo, trabalhando em políticas sobre inteligência artificial que só vão adquirir relevância se a inteligência artificial geral chegar em breve). Em particular, isso me dá relativa confiança para criar um movimento de pessoas cuidadosas, humildes e com motivações altruísticas que tentem descobrir a melhor maneira de melhorar o mundo no longo prazo.

Também me deixa mais confiante para tomar atitudes que pareçam positivas em relação a uma ampla variedade de visões de mundo, ainda que tais atitudes tenham um valor esperado mais baixo do que outra ação de acordo com um cálculo ingênuo de valor esperado. (Acho que a teoria do valor esperado é a teoria de decisão correta, ao menos se deixarmos de lado o problema das "minúsculas probabilidades de gigantescas quantidades de valor". Minha recomendação de às vezes escolher ações de valor esperado aparentemente menor diz respeito a como nós, com nossas limitações cognitivas, devemos melhor tentar aplicar a teoria do valor esperado na prática.) Defendi a tecnologia limpa e a permanência dos combustíveis fósseis no solo como exemplos disso. Outros exemplos seriam construir *bunkers* para ajudar a humanidade a atravessar catástrofes climáticas globais; reduzir o risco de uma guerra entre grandes potências; e, mais uma vez, criar um movimento de pessoas cuidadosas, humildes e com motivações altruísticas.

Toby Ord, meu amigo e colega, famosamente ofereceu uma lista de estimativas de riscos existenciais, que são riscos que ameaçam destruir o potencial de longo prazo da humanidade. Toby calcula uma chance de um em seis de não sobrevivermos a este século, sendo o risco de pandemias criadas em laboratório de um em trinta, e os riscos antropogênicos imprevistos de um em cinquenta. Ele também ressalta que essas estimativas contêm uma grande incerteza. Nossos pontos de vista são muito semelhantes em termos amplos, mas existem algumas diferenças. Eu classifico os riscos decorrentes da inteligência artificial e dos patógenos de laboratório num patamar um pouco mais baixo. Em termos comparativos, preocupo-me muito mais com a cristalização de valores humanos negativos do que com uma tomada de poder por uma inteligência artificial não alinhada. Minha preocupação com uma guerra entre grandes potências é maior que a dele. Acho uma estagnação tecnológica mais provável do que ele. Vejo essas diferenças como "minúcias de especialistas"; esperamos conseguir mais clareza sobre elas nos próximos anos.

A maior diferença entre nós está em nossas expectativas positivas quanto ao futuro. Toby acha que, se evitarmos uma grande catástrofe nos próximos séculos, teremos uma chance aproximada de 50% de chegar perto do melhor futuro possível. Eu acho que as chances são bem menores. Por essa razão, sobretudo, prefiro não usar a expressão "risco existencial" (por motivos que explico no Apêndice 1) e prefiro diferenciar entre melhorar o futuro, desde que sobrevivamos ("mudanças de trajetória", como evitar a cristalização de valores negativos), e ampliar a duração da civilização ("proteção civilizacional", como a redução dos riscos de extinção). Ambos concordamos que é uma questão pouquíssimo explorada quão bom se pode esperar que o futuro seja, desde que não haja uma catástrofe de grande magnitude nos próximos séculos.

23. Ver o site whatweowethefuture.com/notes.
24. Mauboussin, s.d.; Mauboussin e Mauboussin, 2018. Quando informo a amplitude relativa a como os indivíduos interpretam essas expressões, estou me referindo aos percentis 5 e 95 das respostas dos participantes.
25. Em um memorando secreto já desclassificado apresentado ao presidente Kennedy e ao secretário de Defesa Robert McNamara pelos chefes das Forças Armadas, lê-se: "a execução tempestiva deste plano tem razoável chance de sucesso" (Lemnitzer, 1961, no 1q). Foi amplamente citado que "razoável chance" correspondia a cerca de 30% de chance de sucesso (ver, por exemplo, Tetlock e Gardner, 2016). O primeiro a noticiar essa informação foi o jornalista Peter Wyden no livro *Bay of Pigs: The Untold Story* (1979), baseado em entrevistas com os participantes. A probabilidade estimada é atribuída ao brigadeiro-general David Gray: "Quando discutiram o que significava

'razoável', Gray disse acreditar que as chances de êxito eram de 30% a 70%" (Wyden, 1979, p. 89).
26. Ver, por exemplo, Koonin, 2014.
27. Entre os pesquisadores que levantaram esse ponto estão John Quiggin em "Uncertainty and Climate Change Policy" (Quiggin, 2008), Martin L. Weitzman em "Fat-Tailed Uncertainty in the Economics of Catastrophic Climate Change" (Weitzman, 2011), e Robert S. Pindyck em "Climate Change Policy: What Do the Models Tell Us?" (Pindyck, 2013).
28. O cenário mais provável hoje parece ser próximo ao cenário das emissões médias e baixas do IPCC, conhecido como RCP4.5 (Climate Action Tracker, 2021; Hausfather, 2021a; Hausfather e Peters, 2020; Liu e Raftery, 2021, Figura 1).
29. Essa faixa de probabilidades é do IPCC (2021a, Tabela SPM.1).
30. Devemos ser cautelosos e manter em mente que a SPC esperada não é igual a S (significância) esperada × P (persistência) esperada × C (consistência) esperada. Para nossos propósitos, essa consideração não terá grande importância.
31. M. Fry, 2013.
32. Seth, 2011, p. 305-308.
33. Ver o site whatweowethefuture.com/notes.
34. Para a história da redação da Constituição dos Estados Unidos, ver os Arquivos Nacionais dos Estados Unidos (US National Archives, 2021). Para uma lista de emendas constitucionais e suas respectivas datas de aprovação, ver a *Enciclopédia Britânica* (*Encyclopedia Britannica*, 2014).
35. As três emendas à Constituição após a Guerra Civil trouxeram outros efeitos importantes, dentre eles servir como base para a doutrina legal de incorporação, segundo a qual muitos trechos da Declaração de Direitos são vinculativos para os governos municipais e estaduais (e não apenas para o federal).
36. Ver o site whatweowethefuture.com/notes.
37. Ver, por exemplo, Zaidi e Dafoe, 2021.
38. Esses textos são discutidos no Capítulo 11 do livro de John Barton *A History of the Bible: The Book and Its Faiths* (2020) e incluem mais evangelhos, vários textos agnósticos e um conjunto de textos chamado de Pais Apostólicos. Diversas versões da Bíblia Cristã inicial incluem outros textos.
39. É difícil estabelecer com exatidão quando o Novo Testamento, tal qual o conhecemos, foi consolidado, dada a falta de registros remanescentes da época. Entretanto, o Codex Sinaiticus, uma bíblia em grego escrita no século IV, inclui livros chamados Epístola de Barnabé e o Pastor, ausentes do Novo Testamento atual (Barton, 2020, Capítulo 11).
40. Sherwood, 2011; Lapenis, 1998. A contribuição de Arrhenius foi notável por suas previsões quantitativas. A ideia de que as concentrações de gás de efeito estufa na atmosfera podem afetar o clima foi apresentada ainda antes, em 1864, pelo físico John Tyndall. Contudo, vale a pena observar que, segundo relatos, Arrhenius considerou, no cômputo geral, que o aquecimento seria uma coisa boa, pois assim o clima na Europa seria mais ameno (Sherwood, 2011, p. 38).
41. Capra, 2007.
42. *New York Times*, 1956. Mais detalhes a respeito do artigo em Kaempffert (1956).
43. NPR, 2019.
44. NPR, 2019. No original, "parece interferir". Por motivos de concisão, usei "interfere".

Parte II. Mudanças de trajetória
3. Mudança moral

1. É difícil definir "escravidão". Em minha opinião, há um espectro de arranjos econômicos sob os quais um trabalhador pode ser mais ou menos livre, de várias maneiras distintas, e não há um conjunto determinado de tais regimes que mereça ser denominado "escravidão". Neste capítulo, por "escravidão" refiro-me a um regime econômico no qual pessoas dispõem de tão pouca liberdade a ponto de, de maneiras significativas, serem tratadas como propriedade, mesmo que isso não seja reconhecido pela lei. Minha intenção é incluir não apenas o comércio transatlântico de escravos, mas também a escravidão praticada historicamente na Europa, na Índia, na China, na África, no mundo árabe, nas Américas e assim por diante. Excluo a servidão e a servidão por contrato de minha definição.
2. A prevalência da escravidão nas primeiras civilizações agrícolas está bem estabelecida em várias obras de referência (Egito: Allam, 2001; Índia: Levi, 2002; Mesopotâmia: Reid, 2017; China: Yates, 2001).
3. Eltis e Engerman, 2011, p. 4-5. Alguns dados a respeito de por que as pessoas eram escravizadas vêm de uma pesquisa conduzida por Sigismund Wilhelm Koelle, um linguista que entrevistou indivíduos em Serra Leoa como funcionário da Church Missionary Society entre 1847 e 1853. O assunto é discutido por Curtin e Vansina (1964).
4. Estimativas da prevalência histórica da escravidão são bastante incertas, mesmo para sociedades relativamente bem documentadas, como a de Roma. Mas a maioria das estimativas sugere que 10% é a taxa mínima razoável. Walter Scheidel (2012, p. 92) estima o número de escravos na faixa de 5% a 20% – seu melhor palpite é de 10% –, enquanto Harper (2011, p. 59-64) estima ser "da ordem de" 10% no final do Império Romano (de 275 a 425 d.C.). Patterson (1982, p. 354) apresenta uma estimativa superior: de 16% a 20% entre os anos 1 e 150 d.C.
5. Campbell, 2010, p. 57; Ware, 2011.
6. Rudolph T. Ware III registra que "a melhor estimativa científica" do número de pessoas escravizadas levadas da África Subsaariana no "chamado tráfico árabe de escravos" entre 650 e 1900 d.C. é "ao redor de 11,75 milhões" (Ware, 2011, p. 51). Contudo, essa estimativa é altamente duvidosa e não compreende as pessoas escravizadas na Ásia Central ou na Europa, nem os escravizados e comercializados dentro da África Subsaariana. O montante real de pessoas escravizadas e exportadas através do Saara ou do Oceano Índico pode ser um pouco inferior ou bem superior a doze milhões.
7. Esses números provêm do banco de dados Slave Voyages (Slave Voyages, 2018).
8. "A maior parte dos historiadores afirma acertadamente que os conflitos estavam no centro da escravização e que a maioria dos africanos escravizados enviados para as Américas eram cativos de guerra" (Ferreira, 2011, p. 118). "Nos estágios iniciais do comércio de escravos transatlântico, a captura era às vezes empreendida pelos próprios comerciantes europeus, mas, no século XVII, o tráfico era suprido diretamente pelos africanos" (Higman, 2011, p. 493).
9. Doenças gastrointestinais e respiratórias e febres eram as principais causas de morte durante a viagem (Steckel e Jensen, 1986, p. 62).
10. Manning, 1990, p. 257. Esse montante é corroborado pelo banco de dados Slave Voyages, que sugere que, dos 12,5 milhões embarcados em navios negreiros na África, 10,7 milhões desembarcaram com vida nas Américas (Slave Voyages, 2018).
11. Blackburn, 2010, p. 17 (geral); p. 133 (cacau, ouro, mercúrio e prata); p. 258 (arroz

como a principal plantação em Barbados); p. 397 (ouro, açúcar, café, tabaco, arroz, algodão, índigo, pimentas, carne-seca e outros produtos produzidos por escravos no Brasil).

12. Blackburn, 2010, p. 331-334. Jornadas de trabalho diárias de dezoito horas são mencionadas por Blackburn (2010, p. 260; 1997, p. 260). Jornadas regulares de trabalho de no mínimo dez horas por dia também são mencionadas por Blackburn (2010, p. 339, 424).
13. Blackburn, 2010. A estimativa de vida de vinte anos se refere a Trinidad e Tobago (John, 1988). Registros de uma plantação de arroz na Carolina do Sul, de 1800 a 1849, também indicam um expectativa de vida no nascimento de cerca de vinte anos (McCandless, 2011, p. 129).
14. Stampp, 1956; como citado por Gutman, 1975, p. 36.
15. "A contínua circulação de ideias a favor da escravidão combinava a noção de que traços particulares – vistos como imperfeições de origem ou defeitos de civilidade – justificavam a escravização com a noção de que uma escravização desenvolvida era, por si só, um sinal de civilização" (Blackburn, 2010, p. 63). Cabe notar que os proprietários norte-americanos de escravos atuaram ativamente em prol de diversas mudanças legais, pois faltavam à lei inglesa na qual os sistemas legais das colônias se baseavam em regras necessárias para manter e proteger seus negócios. Tais mudanças incluíam impedir a conversão dos escravizados ao cristianismo para serem libertados (Walsh, 2011, p. 413).
16. Platão não abordou explicitamente a moralidade ou imoralidade da escravidão, mas, em suas *Leis*, o filósofo parece tolerar o sistema, sugerindo que, devido à sua condição, as pessoas escravizadas deveriam receber punição mais severa: "Escravos devem ser punidos como merecem, e não serem admoestados como se fossem homens livres, o que apenas os tornará presunçosos" (Platão, 2010, p. 293).

    Em *Política*, Aristóteles escreve: "Que alguns comandem e outros sejam comandados é algo não somente necessário, mas também conveniente; desde o momento de seu nascimento, alguns são marcados para serem comandados, outros para comandarem" (Aristóteles, 1885, p. 7), e "É óbvio, portanto, que há casos de pessoas que são livres e outras escravas por natureza, e para estas a escravidão é uma instituição não só conveniente, mas também justa" (Aristóteles, 1932, p. 23-25).

    "Para mencionar apenas um exemplo, no Suriname usam-se escravos vermelhos (americanos) apenas para o trabalho doméstico, pois são demasiado fracos para trabalhar no campo. Para o trabalho no campo são necessários negros" (Kant, 1912, p. 438; citado por Kleingeld, 2007, p. 576). "Americanos e negros não podem se autogovernar. Portanto, servem apenas como escravos" (Kant, 1913, p. 878; como citado por Kleingeld, 2007, p. 577).
17. Por exemplo, a Revolução Haitiana, de 1791, a Rebelião de Demerara, de 1823, e a Rebelião de Natal Jamaicana, de 1831, tiveram papéis importantes na promoção da causa abolicionista na Grã-Bretanha. Michael Taylor (2021, p. 22) escreveu que "a Rebelião de Demerara de 1823 foi um marco na história e na derrocada da escravidão no Império Britânico". O historiador Franklin W. Knight (2000, p. 114) escreveu que a revolução no Haiti "lançou uma inevitável sombra em todas as sociedades escravocratas. Movimentos antiescravagistas se tornaram mais fortes e audaciosos, sobretudo na Grã-Bretanha". De forma um tanto similar, a influência da Rebelião Jamaicana, que "convenceu muitos ingleses... de que a continuidade da escravidão representava riscos de repetidas cenas de derramamento de sangue", é discutida por Taylor (2021, p. 191).
18. Brown, 2006, p. 30.

19. Entre as personalidades mais marcantes incluem-se Peter Cornelius Plockhoy, menonita; Francis Daniel Pastorius, luterano; e os *quakers* William Edmundson, George Keith, John Hepburn e Ralph Sandiford. George Fox, fundador do quakerismo, fizera antes alguns tímidos comentários contra a escravidão, recomendando que os escravos fossem libertados "após um considerável prazo de anos, caso tivessem servido com fidelidade" (Fox, 1676, p. 16), porém nunca chegou nem perto de recomendar a abolição, e se preocupava mais com o impacto corrosivo da escravidão sobre os proprietários de escravos do que com o sofrimento dos escravizados.

    Minha fonte principal para a vida de Lay foi o livro de Marcus Rediker *The Fearless Benjamin Lay* (2017). Dos outros ativistas antiescravidão mais antigos, Plockhoy parece ter sido o primeiro. Pertencente à religião menonita, fundou em 1663 uma colônia em Delaware Bay na qual a escravidão era proibida, mas em 1664 estava em Germantown, ao norte da Filadélfia. É notável que tenha sido em Germantown, em 1688, que os menonitas convertidos ao quakerismo, como Pastorius, promulgaram uma petição contra a escravidão.
20. Rediker, 2017a, 2017b.
21. Rediker, 2017a, Capítulo 5, Introdução.
22. Rediker, 2017a, Capítulos 5-6.
23. "Trabalhadores exaustos, emaciados, entravam cambaleantes em suas lojas no cais para comprar, esmolar e às vezes roubar itens de pouca monta e comida. No início, Benjamin reagiu com raiva, açoitando uns poucos culpados, mas logo compreendeu que aquela monstruosa sociedade escravocrata de nome Barbados fora construída por ladrões maiores, que não roubavam para a subsistência, mas por riquezas. Consumido pela culpa por ter se comportado como um senhor de escravos, Benjamin decidiu educar-se conversando com os escravizados e aprendendo a respeito de suas vidas" (Rediker, 2017a, p. 47).
24. Rediker, 2017a, Capítulo 2.
25. Esse é o relato de Rediker (2017a, p. 83), por sua vez ouvido de Lydia Childs, que lhe narrou uma história contada por Isaac Hopper, um abolicionista *quaker* do século XIX que seguiu os passos de Lay e disse ter ouvido essa história quando criança.
26. Rediker, 2017a, Capítulo 4.
27. Rediker, 2017a, Conclusão.
28. Vaux, 1815.
29. "É bem provável que Woolman estivesse presente no dia do espetáculo da bexiga de sangue ocorrido em Burlington, Nova Jersey" (Rediker, 2017a, p. 187).
30. Rush, 1891.
31. Rediker, 2017a, Capítulo 3.
32. Citado por Cole, 1968, p. 43.
33. "Se existiu um abolicionista no século XVIII que tenha exercido papel tão decisivo quanto William Lloyd Garrison no século XIX, esse homem foi Anthony Benezet… Benezet ocupa lugar de honra no pensamento abolicionista primevo, pois suas ideias transcenderam os limites do quakerismo" (Sinha, 2016, p. 20-22).
34. Esses números vêm de Soderlund (1995, p. 34). Vale observar que só nos é possível medir o declínio da propriedade de escravos entre os *quakers* para os quais existem registros, que podem não ser um exemplo representativo de todos os *quakers* na época. Parece provável, entretanto, que esse grupo seja representativo o suficiente para podermos inferir um declínio geral na propriedade de escravos entre os *quakers*, em especial dada a dimensão desse declínio.
35. Rediker, 2017a, Capítulo 6.

36. Drake, 1950, p. 46.
37. James Oglethorpe, por exemplo, fundador da colônia da Geórgia em 1733, obrigou os administradores da colônia a proibir expressamente a escravidão no território, receoso de que ela tornasse seus colonos brancos preguiçosos e cruéis. Só mais tarde, depois de se tornar amigo próximo de Granville Sharp, Oglethorpe acabou envolvido no movimento abolicionista. Entre os primeiros moralistas que condenaram a escravidão, Samuel Sewall defendeu, em 1700, o argumento de que a instituição corrompia os senhores de escravos, pois os proprietários sentiam-se tentados a estuprar as pessoas escravizadas que oprimiam.
38. Uma bula papal de 1537, por exemplo, proibiu a escravização dos indígenas americanos, pois Jesus dissera que todos podiam ser convertidos, tornando-os merecedores de um tratamento humano básico. Contudo, a bula foi evidentemente ignorada. Ver Sinha (2016, p. 10) para um apanhado das condenações à escravidão no século XVI por clérigos católicos.

    Bartolomé de las Casas, que viveu no século XVI, é com frequência mencionado como um exemplo de alguém que se opôs à escravidão. Horrorizado com o massacre e a escravização dos indígenas pelos colonizadores espanhóis nas Américas, a princípio ele recomendou substituí-los por escravos vindos da África, por acreditar, aparentemente, que estes haviam sido escravizados por motivos "justos", tais como terem sido condenados ou aprisionados em guerras justas. Mais tarde, arrependeu-se dessa recomendação, após tomar conhecimento de que muitos africanos escravizados tinham sido sequestrados, e suas famílias, separadas, em consequência de ataques e guerras de conquista injustas. Sua oposição, portanto, advinha de sua opinião de que algumas pessoas eram injustamente escravizadas e de sua desaprovação à crueldade que vigorava nas plantações, e não do repúdio à escravidão como instituição. Em teoria, pelo menos, ele concordava que a escravização decorrente de uma guerra justa poderia ser legítima (Pennington, 2018, p. 111).

    George Fox, fundador da Sociedade dos Amigos, é um exemplo daqueles que defendiam a liberdade das pessoas escravizadas por uma questão de caridade. Em 1657, ele instou os *quakers* a serem piedosos com seus escravos. Mais tarde, publicou em 1676 um livreto baseado nos discursos proferidos em Barbados. Ele sugeriu que seria "aceitável para o Senhor" se os proprietários libertassem seus escravos "após um considerável período de anos, caso estes tivessem servido com fidelidade" (Fox, 1676, p. 16).
39. Ver, por exemplo, as obras de Francis Hutcheson e Denis Diderot.
40. Ver, por exemplo, a abolição da escravidão na China em 17 d.C. por um ministro usurpador, Wang Mang, desejoso de limitar o poder das famílias proprietárias de terras. Ou ver as alforrias de Akbar, monarca do Império Mugal, no século XVI, que aparentemente estava preocupado com a possibilidade de que a exportação de escravizados indianos estivesse causando um declínio populacional, que a escravização estivesse reduzindo o número de camponeses que pagavam impostos e que os oficiais militares estivessem formando bases de poder independentes ao transformar pessoas escravizadas em servos pessoais ou enriquecendo com a venda delas (Eaton, 2006, p. 11-12). A ampla redução de várias formas de privação de liberdade em 1723-1730 pelo imperador Yongzheng da China parece ter sido causada por uma preocupação semelhante com o poder da nobreza, e com isso ele pretendeu criar uma classe indiferenciada de súditos livres sob seu controle direto (Crossley, 2011).
41. Hochschild (2005, p. 5; ênfase no original) vai além, sugerindo que a campanha abolicionista britânica foi "algo jamais visto: pela primeira vez, um grande número de pessoas se revoltou, e permaneceu revoltado por anos a fio, na defesa dos direitos de *outros*. E, ainda mais surpreendente, os direitos de pessoas de outra cor, habitantes de outro continente.

Ninguém ficou mais surpreso com a situação que Stephen Fuller, o agente em Londres dos donos das *plantations* da Jamaica, ele próprio um proprietário ausente de suas *plantations* e figura central do lobby favorável à escravidão. Como dezenas de milhares de protestantes assinaram petições dirigidas ao Parlamento, Fuller ficou atônito, pois 'não declaravam nenhuma queixa ou prejuízo de qualquer tipo que afetasse os próprios peticionários'. Sua perplexidade é compreensível. Deparava-se com algo inédito na história".

42. Hornick, 1975. Estou deliberadamente usando letra maiúscula tanto para "Negro" quanto para "Branco" ao me referir a grupos ou conceitos raciais ou culturais, seguindo a recomendação, entre outros, da National Association of Black Journalists (2020) e do Diversity Style Guide (Kanigel, 2022). Vale notar, em especial, que o uso de maiúscula em "Branco" é motivo de discussão, e que, por exemplo, a Associated Press (Bauder, 2020) e o *New York Times* (Coleman, 2020) escrevem "Negro" com inicial maiúscula, mas não "branco".
43. Hornick, 1975.
44. Brendlinger, 1997, p. 121-122.
45. Hanley, 2019, p. 180.
46. UK Parliament, 2021.
47. Sullivan, 2020.
48. C. L. Brown, 2007, p. 292.
49. Our World in Data, 2021c.
50. Gershoff, 2017.
51. Quanto à escala da migração internacional, ver Nações Unidas (UN, 2019a).
52. Pritchett, 2018, p. 4.
53. Para o número de animais terrestres criados e abatidos em cativeiro, ver FAO (2021) e Anthis e Reese Anthis (2019). Se incluirmos os peixes, o número de animais criados em cativeiro poderia ultrapassar um trilhão (Mood e Brooke, 2019).
54. ScotsCare, s.d.
55. Essa informação consta do Escritório de Estatísticas Nacionais do Reino Unido (NOS, na sigla em inglês) (2018). Segundo algumas medições, contudo, o produto interno bruto *per capita* de Edimburgo hoje supera o de Londres (Istrate e Nadeau, 2012).
56. Gould, 1989.
57. T. Y. W. Wong, 2019.
58. Losos, 2017, Conclusão, Capítulo 3.
59. Martini *et al.*, 2021; Blount *et al.*, 2018.
60. Algumas afirmações populares com respeito a instâncias de carcinização específicas são, contudo, dúbias. McLaughlin e Lemaitre (1997, p. 117) concluem que, se "carcinização significar apenas a evolução para um corpo semelhante ao do caranguejo, ela deve ser reconhecida como um fato. Contudo… a evolução de um corpo semelhante ao do caranguejo a partir de um caranguejo-eremita que se abriga em conchas, em nossa opinião, não é factual, mas sim ficção".
61. Van Cleve e Weissman, 2015.
62. De Robertis, 2008.
63. Ao longo das últimas quatro décadas, cresceu o número de estudos acadêmicos sérios focados na teoria da evolução cultural, em particular desde a publicação, em 1988, de *Culture and the Evolutionary Process*, de Robert Boyd e Peter Richerson, que mostrou como modelos matemáticos da biologia evolutiva podem ser aplicados à mudança cultural. É preciso cautela para distinguir essa teoria do campo relacionado da memética, cuja reputação científica é mais duvidosa (Chvaja, 2020).
64. Bowles e Gintis, 2011; Henrich, 2004.

65. Henrich, 2018, Capítulo 10.
66. Curry *et al.*, 2019.
67. É incrivelmente difícil obter dados confiáveis relativos à proporção de vegetarianos em diferentes países. Como exemplo dos problemas enfrentados nas pesquisas, um estudo abrangente constatou que 40% dos que se identificavam como vegetarianos consumiam produtos feitos com carne vermelha ou de aves (Juan *et al.*, 2015). E mais, diferentes estimativas da proporção de vegetarianos em um dado país costumam apresentar grandes variações. Os números que usei aqui vêm de uma pesquisa global baseada nos hábitos diários informados pelos entrevistados, logo, acredito que eles superestimam em muito a real prevalência do vegetarianismo (Nielsen, 2016, p. 8). Ainda assim, as diferenças entre regiões são mais importantes que as proporções absolutas, e não acredito que estas desapareceriam ainda que fôssemos capazes de fazer ajustes que levassem em consideração a não confiabilidade dos autorrelatos.
68. OCDE, 2021a.
69. Tatz e Higgins, 2016, p. 214; Martin, 2014, Apêndice I. Além da Cruzada Albigense, políticas opressivas instituídas pelo rei francês Luís IX contribuíram para o extermínio do catarismo (*Encyclopedia Britannica*, 2007).
70. Jonsen e Toulmin, 1989, p. 203.
71. Ellman, 2002, p. 1162.
72. Becker, 1998, p. 176.
73. Short, 2005, Capítulo 11.
74. Locard, 2005.
75. *New York Times*, 2018.
76. Theodorou e Sandstrom, 2015.
77. A proporção da população que julga que os homens têm mais direito aos empregos está na World Values Survey, Wave 6 (Inglehart *et al.*, 2014). A taxa estimada de participação da força de trabalho da Organização Internacional do Trabalho foi obtida na Our World in Data (2021b).
78. Funk *et al.*, 2020; observe que a China foi excluída desse levantamento. Para verificar o resultado de que a população da Índia tem atitudes extraordinariamente positivas quanto ao aprimoramento genético humano, pedi aos psicólogos Lucius Caviola e David Althaus que tentassem replicar esse resultado, entrevistando 164 indianos e 167 norte-americanos. O mesmo resultado foi encontrado, embora menos forte: 49% dos indianos acharam correto o uso da tecnologia para alterar as características genéticas de um bebê a fim de torná-lo mais inteligente, enquanto apenas 14% dos participantes americanos foram favoráveis a isso.
79. Apesar das muitas pesquisas relativas às atitudes em relação ao aprimoramento genético (uma recente revisão sistemática computou 41 estudos), é difícil encontrar dados confiáveis e comparáveis para múltiplos países (i.e., grandes estudos para os quais as mesmas perguntas foram feitas aos entrevistados em diferentes países). Isso é importante, pois parece provável que perguntas a respeito de assuntos tão técnicos e controversos deem margem à má interpretação e compreensão pelos respondentes. Ainda assim, é revelador que uma pesquisa da Pew Research tenha descoberto que o apoio ao aprimoramento genético de uso não terapêutico não excedeu os 20% em nenhum país europeu ou norte-americano, enquanto na Ásia esse apoio apresentou maiores variações e, na média, foi mais alto. Segundo o bioeticista Darryl Macer, os pesquisadores em geral encontraram mais aprovação quanto às práticas de testes genéticos e terapias gênicas entre os entrevistados na China, Índia e Tailândia do que em outros países asiáticos (Macer, 2012). No entanto, os dados da pesquisa referente à opinião

pública na China, em particular, são confusos e estão longe de serem conclusivos (ver, e.g., Zhang e Lie, 2018).

80. Inglehart *et al.*, 2014; UN, 2019a. Mais uma vez, os dados referentes às taxas de vegetarianismo não parecem confiáveis. A razão de um para dez entre a Índia e o Brasil foi obtida em um estudo que estimou a prevalência do vegetarianismo usando dados obtidos em levantamentos de consumo dos lares, o que me parece mais confiável que os dados fornecidos por autorrelato. Segundo esse estudo, 3,6% dos brasileiros e 34% dos indianos são vegetarianos (Leahy *et al.*, 2010, p. 23, Tabela A2). Cabe a ressalva, no entanto, de que esse estudo usou dados antigos: os do Brasil datam de 1997, e os da Índia, de 1998. Outras estimativas variam, e algumas mostram uma diferença menor entre o Brasil e a Índia. Mais detalhes no site whatweowethefuture.com/notes.

81. Gallup, 2018. O Sri Lanka não foi incluído na pesquisa em 2017, mas apareceu na lista dos dez primeiros países no World Giving Index de 2013 a 2016, e no 27º lugar em 2018. Mianmar apareceu na lista dos dez mais de 2013 a 2018 (Charities Aid Foundation, 2019).

82. Para ser mais preciso, acredito ser mais provável que improvável que, em dez a noventa dessas cem tentativas de "rebobinar" a história, no ponto em que o mundo tivesse o nível de desenvolvimento tecnológico atual, ao menos 1% da população mundial estivesse escravizada.

83. Brown, 2007, p. 289. Por "interpretação econômica", Brown se refere à explicação de Williams referente à abolição do comércio escravo em 1807, descrita por Brown da seguinte maneira:

> Duas mudanças na conjuntura econômica durante a Era das Revoluções foram fundamentais para Williams. Primeira, a dissociação das colônias norte-americanas das *plantations* caribenhas e o consequente declínio do compromisso britânico com o monopólio das Índias Ocidentais no mercado local. Além da ascensão da ideologia de livre-comércio, não devemos esquecer também, argumentou Williams, uma crise de superprodução nas colônias da Índia Ocidental em 1806 e 1807, que tornou possível a abolição do comércio escravista britânico. Williams reconheceu a determinação e habilidade das lideranças abolicionistas, insistindo, contudo, que suas ideias só prevaleceram porque os interesses econômicos da nação tinham se alterado de forma drástica no início do século XIX (Brown, 2007, p. 289).

84. Michael Taylor (correspondência pessoal de 15 de novembro de 2021) mostrou-se propenso a endossar este argumento ligeiramente diferente: "Desde a publicação de *Econocide*, cada vez menos historiadores dedicados ao estudo da escravidão sustentaram uma interpretação estritamente econômica da abolição britânica". Adam Hochschild (correspondência pessoal datada de 6 de novembro de 2021) quis enfatizar sua crença de que Williams ainda merece muito crédito por apontar como os lucros obtidos graças ao trabalho escravo nas Índias Ocidentais britânicas contribuíram para o início da Revolução Industrial Britânica.

Apesar do lamentável falecimento de David Brion Davis, está claro que ele teria endossado essa opinião quanto à interpretação econômica. Ele sintetizou o argumento de Williams da seguinte maneira: "Os britânicos aboliram o comércio escravo e a escravidão por motivos puramente econômicos", afirmando que "essa tese sobre o declínio não está nada 'sã e salva'. Ela tem sido desacreditada por uma gigantesca montanha de evidências empíricas e repudiada pelas maiores autoridades sobre a escravidão no Novo Mundo, o tráfico negreiro transatlântico, e sobre o movimento abolicionista britânico" (D. B. Davis e Solow, 2012). Ele citou, com Seymour Drescher, David Eltis, David Richardson, Barry Higman, John J. McCusker, J. R. Ward e Robin Blackburn

como alguns eminentes acadêmicos que rejeitam a tese de Williams acerca da causa da abolição britânica.
85. Segundo Kaufmann e Pape (1999, p. 634), as colônias britânicas produziram 55% do total de açúcar do mundo em 1805-1806, e o valor arrecadado representou cerca de 4% da receita nacional do país. No final do século XVIII e início do XIX, a Grã-Bretanha, com uma população de 10% do total da Europa continental, consumiu 80% do açúcar consumido por todos os países continentais em conjunto. Trecho do livro *Econocide*, de Drescher:

> A informação mais interessante quanto ao mercado de açúcar de 1787 a 1806, contudo, não consta dos valores agregados referentes ao Atlântico Norte. Houve uma drástica mudança nos padrões de consumo entre a Grã-Bretanha e o restante da Europa. Entre 1787 e 1805–1806, o consumo de açúcar pelos britânicos aumentou em mais de um terço. Eles também aumentaram sua parcela das importações do Atlântico Norte de 27% para 39%. Durante esse período, as compras de açúcar pela Europa continental caíram mais de um quinto, enquanto sua parcela nas importações do Atlântico Norte caiu de quase dois terços para apenas metade (Ver tabela 25). Em outras palavras, a Grã-Bretanha, com menos de um décimo da população europeia, consumiu quatro quintos do açúcar consumido pelo continente em 1805–1806 (Drescher, 2010, p. 126).

86. O efeito da Lei de Emancipação não foi reduzir, mas sim aumentar o preço do açúcar para a população da Grã-Bretanha. O aumento do preço resultou, em parte, de impostos mais altos sobre o açúcar, usados para ajudar a financiar a compensação para os fazendeiros. A principal razão para a alta dos preços do açúcar, no entanto, foi a queda na produtividade nas *plantations* das Índias Ocidentais. Não apenas a disciplina de trabalho nas *plantations* de açúcar declinou como, uma vez libertos, os antigos escravizados fugiram em massa, instalando-se em terras vazias onde passaram a produzir gêneros alimentícios (tanto para a autossubsistência quanto para a venda nos mercados locais) em vez de açúcar. As exportações de açúcar das Índias Britânicas Ocidentais declinaram, e o preço do açúcar disparou na Grã-Bretanha. Os consumidores britânicos pagaram um valor 48% mais elevado pelo açúcar durante os primeiros quatro anos de liberdade do que o preço pago nos últimos quatro anos de escravidão. Com efeito, entre 1835 e 1842, o custo adicional para os britânicos foi de cerca de £ 21 milhões, elevando, pois, a despesa britânica com a emancipação para mais de £ 40 milhões. Não causa espanto que Cobbett e outros líderes radicais fossem tão hostis à campanha contra a escravidão. Distribuída entre a população urbana pobre, essa soma poderia ter dobrado sua renda por uma década (Fogel, 1994, p. 229).
87. Slave Voyages, 2018.
88. "Foi necessário obter um projeto de lei que satisfizesse tanto os abolicionistas quanto o lobby das Índias Ocidentais, pois Wellington deixara claro que os membros da Câmara dos Lordes barrariam qualquer projeto de lei 'que o importante grupo das Índias Britânicas Ocidentais não aceitasse'… De acordo com a Lei de Emancipação, os fazendeiros seriam compensados pela perda de suas propriedades. Cerca de metade da referida compensação seria feita na forma de pagamento em dinheiro (£ 20 milhões) para os fazendeiros custeado diretamente pelos contribuintes britânicos" (Fogel, 1994, p. 228).
89. Chantrill, 2021.
90. Fogel, 1994.
91. Como citado por Brown, 2007, p. 291. A estimativa de 2% é de Pape e Kaufman (1999).
92. Também podemos simplesmente estudar os casos particulares desses tratados:

Entre 1807 e 1823, Wilberforce e outros líderes abolicionistas prefeririam usar sua influência pessoal junto aos membros do gabinete do que em campanhas públicas. A única exceção importante ocorreu em 1814, quando o Visconde Castlereagh deu a impressão de estar disposto a deixar a França retomar o comércio de escravos em troca de outras concessões de Luís XVIII no Congresso de Viena. Na última hora, os abolicionistas iniciaram uma campanha de petição nacional para pressionar por cláusulas contra o tráfico nas negociações de paz. Em pouco mais de um mês, surgiram umas oitocentas petições contando com cerca de 750 mil nomes. Foi uma campanha pública de magnitude sem precedentes. Cerca de um em cada oito adultos havia se alinhado com a exigência de acordos internacionais para encerrar o tráfico de escravos. Apesar de "irritado com essa pressão abolicionista", Castlereagh sentiu-se "compelido" a transformar o comércio de escravos em uma questão e a "usar tanto ameaças quanto propinas" para obter um acordo (Fogel, 1994, p. 217-218).

93. Burrows e Shlomowitz, 1992.
94. Uma lista completa dos setores nos quais existem registros do trabalho de pessoas escravizadas na Grécia Antiga inclui agricultura, pecuária, metalurgia, carpintaria, artesanato em couro, tecelagem, garimpo, extração, limpeza, cozinha, panificação, trabalhos domésticos, cuidado de crianças, policiamento, comércio, administração de negócios, bancos e prostituição (Forsdyke, 2021).
95. O fato de recentemente haver uma única tendência quanto aos valores morais é discutido por Alexander (2015), de quem retirei o exemplo das gravatas.
96. Esse é, por exemplo, o ponto de vista do filósofo Michael Huemer (2016).
97. As estimativas do número de trabalhadores forçados usados pelos nazistas na Segunda Guerra Mundial variam, mas a melhor delas é de onze milhões (Barenberg, 2017). A maioria das fontes concorda que 75% eram civis (Davies, 2006).
98. Barenberg, 2017, p. 653.
99. Gillingham, 2014.
100. Vale a pena notar que, no caso de ser vendido o lote ao qual o servo estivesse vinculado, em geral o servo era "transferido" para o novo dono junto com a terra (Walvin, 1983).
101. A Peste Negra provocou faltas de mão de obra que, em paralelo com o crescente poder do governo central e as revoltas camponesas, contribuíram para a substituição da servidão por um sistema de campesinato proprietário livre, processo que no final do século XV estava finalizado (*Encyclopedia Britannica*, 2019b).
102. Por exemplo, segundo Perry *et al.* (2021), entre a queda do Império Romano e o surgimento do tráfico negreiro transatlântico, "a escravidão continuou a florescer em todas as partes do mundo das quais temos registros e objetos materiais sobreviventes. Em resumo, tanto o desmembramento do Império Romano quanto o contato entre o Novo e o Velho Mundo provocaram grandes efeitos em quem era escravizado, mas, é bem possível, nenhum efeito na incidência da instituição em todo o globo" (Perry *et al.*, 2021, p. 1).
103. Kahan, 1973.
104. Escravidão na dinastia Han: Wilbur (2011). Evidências acerca da escravidão em períodos anteriores na China são menos conclusivas – ver Hallett (2007) e Rodriguez (1997) para a dinastia Shang; Yates (2001) para a dinastia Qin, predecessora imediata da dinastia Han; e Pulleybank (1958) para o período dos Estados Combatentes.
105. As eras em que a reforma ou abolição foram tentadas incluem a dinastia Han, a Rebelião das Sobrancelhas Vermelhas, a dinastia Song e a Ming (conforme discutido por Hallet [2007]).
106. "A dinastia Qing não apenas conquistou a província de Liaodong e absorveu sua

população de agricultores, mercadores e soldados falantes de chinês para seu próprio uso, mas intensificou suas campanhas para a exploração de mais indivíduos da Coreia e China para os trabalhos forçados. De acordo com o mais célebre especialista em escravidão da dinastia Qing, Wei Qingyuan, logo após a ascensão do segundo cã ao trono, em 1626, os cadastros da população contavam mais de dois milhões de escravos em tarefas domésticas e agrícolas, enquanto a provável população livre compreendia pouco menos de seis milhões" (Crossley, 2011, p. 201).
107. Ver Hallet, 2007.
108. Ver, por exemplo, Eltis, 1999, p. 281-284.
109. Sala-Molins, 2006. A Assembleia Nacional Constituinte baniu a escravidão por decreto em 1794, e a abolição foi implementada em São Domingos, em Guadalupe e na Guiana, mas não na Martinica, no Senegal, na ilha da Reunião, na Índia Francesa ou nas ilhas Maurício (Peabody, 2014).
110. Com efeito, Daniel Resnick (1972) se refere à Sociedade para a Abolição do Comércio de Escravos em Londres, fundada por Clarkson como a associação "mãe" ou "patrona" da Société Brissot.
111. Peabody, 2014.
112. Fogel, 1994, p. 9-13.
113. Sinha, 2016, p. 35.
114. Ver o Capítulo 9 para mais detalhes.
115. Tanto a Convenção Europeia dos Direitos Humanos quanto as "Regras Mínimas das Nações Unidas para o Tratamento de Reclusos" proíbem o castigo físico.
116. Para ser mais exato, 1,86 milhão de homens foram convocados durante a Guerra do Vietnã (US Selective Service System, 2021).
117. Cook, 2017, p. 1.
118. Cook, 2017.
119. "Em 1913, os administradores reportaram um lucro inacreditável de quase US$ 937 mil no biênio anterior" (Taylor, W. B. 1999, p. 41).
120. De fato, a prisão funciona até hoje (Cook, 2017).
121. É difícil dizer exatamente quantos prisioneiros trabalham ou quanto ganham em média. A corporação pública organizadora do trabalho em prisões em nível federal é conhecida como UNICOR, ou Federal Prison Industries. Ela informa que mais de vinte mil detentos, ou cerca de 8% da população carcerária total, participa de seus programas de trabalho por ano (US Federal Bureau of Prisons, s.d.-b). A UNICOR também informa que "o valor da hora" varia de US$ 0,23 a US$ 1,15 (US Federal Bureau of Prisons, s.d.-a). Contudo, há também programas de trabalho de nível estadual. Em 2017, a revista *Economist* publicou que o número total de prisioneiros assalariados nos Estados Unidos era de 61 mil (*Economist*, 2017). Entretanto, o último censo completo de prisioneiros, realizado em 2005, informa que "cerca de metade" de todos os prisioneiros tinha atribuições de trabalho (Stephan, 2008). Como a população carcerária na época excedia 1,4 milhão, se essa proporção ainda é válida hoje, o número total de prisioneiros assalariados poderia ser de uma ordem de magnitude mais elevada que a estimativa apresentada pela *Economist*.
122. Arquivos Nacionais dos Estados Unidos, 2016.
123. Brown, 2012, p. 30. Em conversa, Brown retirou o emprego do termo "acidente": houve, claro, muitas causas para a abolição; não foi um acontecimento aleatório. Para o contexto, reproduzo duas outras citações relevantes de *Moral Capital*: "O movimento abolicionista britânico iniciado nos anos 1780 não resultou inevitavelmente de sensibilidades esclarecidas, da mudança social, ou de uma mudança nos interesses

econômicos" (Brown, 2012, p. 1) e "Quase sempre, as campanhas britânicas do último século XVIII são apresentadas como o desfecho previsível da era, como o resultado lógico de tendências culturais, mudança social, transições políticas ou forças econômicas, como consequência do progresso humano. No entanto, a história do início do movimento antiescravista britânico apresenta sólidas sugestões de que a campanha em si foi fortuita, que não precisava ter se desenvolvido nem quando nem da maneira como se desenvolveu, tampouco com a popularidade que conquistou. No final das contas, o notável acerca do abolicionismo na Grã-Bretanha não é ter demorado tanto para surgir, ter sido ineficaz politicamente durante muitos anos, ou ser limitado em sua ambição e seletivo em seu escopo. Em geral, assim são tais movimentos. O que é de fato surpreendente acerca do abolicionismo britânico é que uma tal campanha tenha surgido" (461f).

124. "Quem, em uma posição de autoridade, e quantos na nação política, teria escolhido alienar a classe de fazendeiros britânicos poucos anos depois de uma guerra pela independência ter sido evitada por um triz? Esse interesse dos fazendeiros teria considerado difícil buscar a independência, é fato, embora seja possível imaginar que os senhores de escravos sulistas e caribenhos cogitassem a possibilidade de uma aliança com um rival europeu, como o fizeram alguns fazendeiros de São Domingos nos primeiros anos da Revolução Haitiana. Sem sombra de dúvida, os propagandistas sulistas e caribenhos tentariam recrutar a ajuda dos nortistas, apresentando o desafio aos interesses dos escravocratas como uma ameaça aos direitos de todas as colônias americanas, tanto as que contavam como as que não contavam com escravos. Nessas circunstâncias, um ataque aos proprietários de escravos ou comerciantes de escravos poderia parecer desnecessariamente provocativo e perigosamente polêmico para indivíduos na Grã-Bretanha e na América do Norte que tinham simpatia pelos impulsos antiescravistas, mas receavam precipitar um novo debate sobre impostos e representação, a soberania imperial e os direitos das colônias" (Brown, 2012, p. 455).

125. "O abolicionismo não conferiu oportunidades, *status*, ou outros benefícios a seus proponentes na França. Depois de 1788, na verdade, sua associação com a reforma britânica maculou momentaneamente o ativismo antiescravista... A nova associação do abolicionismo com os jacobinos significaria que o movimento antiescravista estaria conectado a tumultos e violência na França e no Haiti, após a restauração da monarquia francesa. Os abolicionistas franceses, na primeira metade do século XIX, teriam que enfrentar não só os interesses pró-escravistas, mas também as associações negativas que o antiescravismo adquiriu após a independência do Haiti" (Brown, 2012, p. 459).

126. Ver Brown (2012, p. 454-462) para um quadro completo da história contrafactual na qual um forte lobby de fazendeiros, unido em toda a Grã-Bretanha e suas colônias, derrotou com sucesso a pressão abolicionista.

127. Taylor, 2021, p. 13. Taylor confirmou para mim sua linha do tempo de décadas em uma troca de correspondências. Mais uma citação:

> A Lei da Abolição não foi nem o inevitável legado de um sentimento antiescravista abrangente e da marcha triunfante da "justiça" britânica, nem um simples arremate para a campanha mais conhecida contra o comércio de escravos. Na realidade, a aprovação da Lei contou com vários fatores: o colapso político dos Tories, que levou à Reforma e ao retorno de uma Câmara dos Comuns simpática à causa; a persistente pressão exercida pelas sociedades antiescravistas; e a resistência violenta dos escravos, que acabaram por convencer os cidadãos britânicos da natureza imoral, insustentável da escravidão. Até a junção desses fatores no início da década de 1830, defender a escravidão era uma posição popular e válida para os conservadores, imperialistas e

economistas britânicos, entre outros. Até 1833, a escravidão foi parte essencial da vida nacional britânica, tanto quanto a Igreja Anglicana, a monarquia, ou as liberdades garantidas pela Revolução Gloriosa (Taylor, 2021, p. 205-206).

128. As reformas parlamentares incluíram a Lei de Ajuda Católica de 1829, que concluiu o processo de Emancipação Católica no Reino Unido e semeou a discórdia entre os parlamentares conservadores, e a Lei de Reforma de 1932, que ampliou o eleitorado (Taylor, 2021).
129. Taylor, comunicação pessoal (28 de setembro de 2021).
130. Taylor, 2021, p. 100.
131. As estimativas da população da Etiópia e o número de pessoas escravizadas são bastante duvidosos, mas a maioria das fontes concorda com esses dados (ver Coleman, 2008, 73n34).
132. Goitom, 2012.
133. Klein, 2014, XXIV.
134. Embora, mais uma vez, não existam estimativas confiáveis quanto à população escravizada na época, ao que tudo indica, os comitês britânicos instaurados para examinar a questão e pressionar o governo saudita a decretar a abolição acreditavam haver, na época, "entre quinze mil e trinta mil escravos" (Miers, 2005, p. 119).
135. Klein, 2014, XXIV-XXV.
136. Kline, 2010; G. R. Searle, 1979; Björkman e Widmalm, 2010.
137. Cahill, 2013.
138. Rush, 1891.
139. Cotra (2017) apresenta uma discussão detalhada sobre se é preferível as galinhas ficarem soltas ou em baterias de gaiolas. Šimčikas (2019) estima o número de galinhas afetadas pelas promessas das empresas quanto à criação de galinhas livres de gaiolas.
140. Garcés apresentou um trabalho minucioso sobre o assunto em *Grilled: Turning Adversaries into Allies to Change the Chicken Industry* (2019).

4. Cristalização de valores

1. Contudo, esse nome é um pouco impróprio, pois pouquíssimas filosofias na época eram elaboradas em escolas formais com a participação de estudantes que tentavam estudar e expandir suas doutrinas de modo sistemático – é possível que apenas os moístas e os confucionistas tivessem tal *status*. Além do mais, havia considerável sobreposição e intercâmbio entre as escolas, sobretudo nos últimos períodos. Com referência às datas, observe que o desgaste da autoridade dos reis da dinastia Zhou foi gradual, e o começo do período das Cem Escolas de Pensamento costuma ser estabelecido como tendo ocorrido no século VI a.C., próximo ao final do período das Primaveras e Outonos, e antes das datas do século V a.C. mais comumente dadas para o início do período dos Estados Combatentes. Mais em whatweowethefuture.com/notes.
2. Fang, 2014.
3. Alguns estudiosos também acrescentam a Yin-yang e a Escola dos Nomes, elevando o total para seis escolas.
4. Um relato robusto do conceito de "sabedoria" na filosofia chinesa pode ser encontrado em Feng (1997, p. 6-9).
5. D. Wong, 2021.
6. Csikszentmihalyi, 2020.
7. Observe que os legalistas não eram uma corrente intelectual autoconsciente e organi-

zada; ao contrário, o nome foi cunhado como uma categorização *post factum* de certos pensadores e textos. Ver outras preocupações a respeito dessa convenção nominal em Goldin (2011).
8. Lao Tzu, 2003. Para visões modernas acerca da história do taoismo, ver whatweowethefuture.com/notes.
9. Mengzi 3B9.9, citado em Van Norden, 2007, p. 185.
10. O princípio de jiān ài da filosofia de Mòzǐ é às vezes traduzido como "amor universal" (Van Norden, 2019).
11. Esses princípios aparecem nas dez doutrinas moístas, a saber, "moderação no uso" (Fraser, 2020).
12. Gladstone, 2015.
13. A citação de Xúnzǐ é encontrada na tradução de Eric L. Hutton (2005, p. 264).
14. Mais precisamente, a dinastia dos Qin foi influenciada por pensadores como Shang Yang, Shen Buhai e Han Fei, que só mais tarde seriam denominados legalistas (Pines, 2018, Seção 1).
15. Nylan, 2001, p. 23.
16. Costuma-se afirmar que os professores foram enterrados vivos; contudo, de acordo com o sinólogo Derk Bodde, o termo relevante no original chinês significa apenas "morto". De modo mais amplo, a historiografia da destruição em massa de livros perpetrada a mando de Qin está repleta de mitos. O relato mais popular é o de Sima Qian, erudito da dinastia Han, considerado não confiável pelos historiadores modernos por ter sido incentivado a desacreditar a dinastia Qin. Meu relato segue o consenso moderno, segundo o qual os livros foram queimados e os professores, executados (Kramers, 1986, Capítulo 1, p. 14).
17. É costume afirmar que a influência do pensamento confuciano foi totalmente erradicada. Mais uma vez, essa afirmativa se deve aos escritos de Sima Qian, erudito da dinastia Han, considerados exagerados pelos historiadores modernos.
18. Tanner, 2009, p. 87; C.C. Müller, 2021; Bodde, 1986, p. 78-81.
19. *Encyclopedia Britannica*, 2019d, 2021e.
20. Csikszentmihalyi, 2006; Kramers, 1986.
21. Goldin, 2011, p. 99-100. De acordo com um texto de história chinês do século I, um confucionista da dinastia Han, o Mestre Yuan Gy, chegou a ser trancafiado em um chiqueiro e forçado a lutar com um javali pelo simples fato de ter dito, sem rodeios, à viúva do imperador que o *Daodejing* (texto clássico taoista comumente traduzido como *O livro do caminho e da virtude*) não passava das "palavras de um serviçal, nada além disso!" (Sima, 1971, p. 364).
22. Essa explicação sobre a ascensão do confucionismo segue o livro de Liang Cai, *Withcraft and the Rise of the First Confucian Empire* [Feitiçaria e o surgimento do primeiro império confucionista], publicado em 2014. Cai rejeita a visão comum, elaborada por Homer Dubs na década de 1930, de que o confucionismo se transformou em doutrina de Estado sob o primeiro imperador Han, Wudi. Uma análise quantitativa mostra que Wudi empregou apenas seis representantes oficiais confucianos durante seu reinado de meio século, enquanto doze chegaram a posições de liderança sob o governo de 25 anos de Xuan (Cai, 2014, p. 29). Cai (3) argumenta que, para "legitimar seu sucesso", esses confucionistas "leram a história de trás para a frente, construindo retrospectivamente uma comunidade confucionista florescente sob o imperador Wu". Para a visão comum, ver Dubs (1938).
23. Kohn, 2000.
24. Morris, 2010, Capítulo 7.

25. Decerto o budismo e o taoismo ainda tinham seu lugar na vida privada religiosa dos cidadãos, mas o confucionismo era a filosofia da vida pública e do governo. Para San Zi Jing, ver Zhu e Hu (2011).
26. No último capítulo, falei das mudanças de valores como incomumente previsíveis em seu impacto. Surpreendentemente, a ideia da previsibilidade da influência moral parece ter sido compreendida pelo próprio Confúcio. A seguinte passagem pode ser lida em *Os analectos* (isto é, os ditos de Confúcio):

    Tzu-chang perguntou: "Pode-se prever como será o futuro daqui a dez gerações?". Confúcio respondeu: "A casa Yin foi fundada segundo as tradições cerimoniais [Li] de Xia, sua predecessora, e as corrigiu de maneiras que conhecemos. A nossa casa Zhou foi fundada segundo as tradições cerimoniais de Yin, sua predecessora, e as corrigiu de maneiras que conhecemos. E caso alguma outra casa suceda filialmente a nossa casa Zhou, o futuro ainda pode ser conhecido mesmo daqui a cem gerações" (Confúcio, 2020, p. 38).

27. Dados baseados no World Values Survey, levantamento global conduzido em mais de cem países a cada cinco anos. A ideia de que distintas histórias culturais moldam diferenças nas respostas típicas das pessoas oriundas de diferentes nações foi constatada pela pesquisa "World Cultural Map", que usa análise fatorial para mapear países com base em duas dimensões: valores tradicionais *versus* valores seculares e valores de sobrevivência *versus* valores de autoexpressão. Um distinto grupo de países de "herança confucionista", como a China e a Coreia do Sul, tem pontuação alta no quesito valores seculares e pontuação média em valores de sobrevivência *versus* autoexpressão. Em contrapartida, os países europeus "protestantes" apresentam pontuação bem mais alta em autoexpressão, enquanto os países europeus "ortodoxos" têm pontuação mais alta em valores de sobrevivência (World Values Survey 7 2020, The Inglehart-Welzel World Cultural Map). Cabem algumas ressalvas a essa análise. Primeira ressalva: os dados usados para o World Cultural Map refletem "apenas um punhado" de crenças e valores cobertos pela World Values Survey. É possível questionar se os indicadores específicos usados para construir o fator "valores tradicionais", por exemplo, refletem com exatidão o significado desse termo como nós o entendemos. Segunda ressalva: conduzir um estudo tão extenso em tantos países é uma iniciativa inerentemente desafiadora. Às vezes a resposta média para uma determinada pergunta em um determinado país muda de maneira drástica de uma pesquisa para outra. Isso é de esperar em virtude da variação estatística, mas significa que não se devem considerar definitivos os resultados de uma edição da pesquisa. Por esses motivos, acredito que os resultados da World Values Survey, bem como os do World Cultural Map, são evidências sugestivas, mas não conclusivas, de diferenças culturais persistentes entre os países.
28. O corpo de trabalho acadêmico conhecido como estudos de persistência é altamente relevante para a persistência de valores (para uma análise, ver Cioni *et al.*, [2020]). Em um rascunho anterior deste livro, discuti algumas afirmativas surpreendentes apresentadas nessa literatura, inclusive os prejuízos no longo prazo provocados pela escravidão (Nunn, 2008; Nunn e Wantchekon, 2011). Contudo, motivado por críticas à estrutura aplicada em estudos de persistência (Kelly, 2019, 2020; Arroyo, Abad e Maurer, 2021), encomendei uma revisão quantitativa de alguns artigos importantes (Sevilla, 2021ab, disponível no website do livro). Em decorrência disso, não me senti confiante o bastante quanto às descobertas dos estudos de persistência a ponto de incluí-los neste livro. Para respostas a críticas recentes de um defensor dos estudos de persistência, ver Voth (2021).
29. Não há registros de todas as vendas globais de livros, portanto os valores das vendas

globais são incertos. Segundo o site do *Guinness World Records*, de cinco a sete bilhões de cópias da Bíblia foram impressas até 2021 (Guinness World Records, 2021). A revista *Economist* afirma que cem milhões de Bíblias são vendidas ou ofertadas por igrejas todos os anos (*Economist*, 2007). Para efeitos de comparação, entre 1997 e 2018, a série *Harry Potter* vendeu quinhentos milhões de cópias (Eyre, 2018; Griese, 2010).
30. Estimar as vendas do Alcorão é tão difícil quanto estimar as vendas da Bíblia. *The Southern Review of Books* "chutou" a estimativa de que o Alcorão vendeu oitocentos milhões de exemplares (Griese, 2010). Como a população muçulmana vem aumentando, as vendas provavelmente também estão aumentando. O concorrente mais próximo é *O Livro Vermelho*, de Mao Zedong, que vendeu de oitocentos a novecentos milhões de exemplares, apesar de as compras terem sofrido um declínio significativo desde as reformas de Deng Xiaoping na década de 1970 (Griese, 2010). Segundo o *Foreign Policy*, *O Livro Vermelho* estava esgotado na China em 2013 (Fish, 2013).
31. China Global Television Network, 2017.
32. Babylonian Talmud Yevamot 69b, como citado em Schenker, 2008, p. 271; Catholic News Agency, 2017; Crane, 2014; Prainsack, 2006.
33. Kadam e Deshmukh, 2020.
34. Para uma discussão paralela sobre a cristalização de valores como uma espécie de "catástrofe existencial", ver Ord (2020, p. 157).
35. Para mais detalhes sobre como a inteligência artificial pode possibilitar a cristalização de valores ou viabilizar a permanência de características contingentes da civilização por muitíssimo tempo, ver Finnveden, Riedel e Shulman (2022).
36. Silver *et al.*, 2016, 2017. A DeepMind alega que o AlphaGo "estava uma década à frente do seu tempo" (DeepMind, 2020). A informação talvez se refira à previsão feita em 2014 por Rémi Coulom, desenvolvedor de um dos melhores programas Go antes do AlphaGo (Levinovitz, 2014). Contudo, talvez não passe de exagero. Os programas Go vêm melhorando consistentemente há anos, e uma simples extrapolação de tendência teria previsto que os programas venceriam os melhores jogadores humanos dentro de poucos anos a partir de 2016 – ver, por exemplo, Katja Grace (2013, Seção 5.2). Depois da correção da quantidade sem precedentes de hardware que a DeepMind se propunha a empregar, não está claro se o AlphaGo se desvia da tendência de aprimoramento dos algoritmos (Brundage, 2016).
37. Para ser mais específico, a maioria dos avanços em inteligência artificial se deve a uma abordagem particular de *machine learning* que usa redes neurais multicamadas, conhecidas como "aprendizagem profunda" (Goodfellow *et al.*, 2016; LeCun *et al.*, 2015). Enquanto escrevo este livro, o estado da arte da IA para aplicações textuais são os chamados transformadores, que incluem o BERT do Google e o GPT-3 da OpenAI (T. Brown *et al.*, 2020; Devlin *et al.*, 2019; Vaswani *et al.*, 2017). Os transformadores também têm sido usados com êxito em tarefas envolvendo áudio (Child *et al.*, 2019), imagens (M. Chen *et al.*, 2020; Dosovitskiy *et al.*, 2021) e vídeo (Wang *et al.*, 2021). As conquistas da IA com mais visibilidade em jogos de estratégia em tempo real foram a derrota de grão-mestres humanos no jogo *StarCraft II* pelo AlphaStar, da DeepMind, e a derrota de campeões mundiais humanos no jogo *Dota 2* pelo OpenAI Five (OpenAI *et al.*, 2019; Vinyals *et al.*, 2019). Os sucessos iniciais em classificação de imagem (ver, e.g., Krizhevsky *et al.*, 2012) são amplamente vistos como fundamentais para demonstrar o potencial da aprendizagem profunda. Ver também: reconhecimento de voz, Abdel-Hamid *et al.* (2014); Ravanelli *et al.* (2019); música, Briot *et al.* (2020); Choi *et al.* (2018); Magenta (s.d.); arte visual, Gatys *et al.* (2016); Lecoutre *et al.* (2017). Com base no surpreendente avanço demonstrado por Ramesh *et al.* (2021), a

capacidade de criar imagens a partir de descrições de texto, combinando dois sistemas de IA conhecidos como VQGAN (Esser *et al.* 2021) e CLIP (OpenAI, 2021b; Radford *et al.* 2021), causou sensação no Twitter (Miranda, 2021).
38. "O BERT agora é usado em todas as buscas em inglês, diz o Google, e é empregado em uma grande variedade de línguas, incluindo espanhol, português, hindu, árabe e alemão" (Wiggers, 2020). O BERT é um exemplo de transformador (ver nota anterior).
39. Ver whatweowethefuture.com/notes.
40. Debates acerca dos impactos potenciais em larga escala de futuros sistemas de inteligência artificial são permeados por uma proliferação de terminologia: além do AGI, falou-se da IA transformadora (Cotra, 2020; Karnofsky, 2016), máquinas mais inteligentes que os humanos (Machine Intelligence Research Institute, s.d.), máquinas superinteligentes (Bostrom, 1998, 2014a), máquinas ultrainteligentes (Good, 1966), IA avançada (Center for the Governance of AI, s.d.), máquinas com a mais alta performance de inteligência (Grace *et al.*, 2018); e, usando uma definição ligeiramente diferente (V. C. Müller e Bostrom, 2016), serviços abrangentes de IA (Drexler, 2019), IA forte (J. R. Searle, 1980, mas desde então usado de muitas formas diferentes), e IA em nível humano (AI Impacts, s.d.-c). Uso a expressão "AGI" pelo simples fato de ser provavelmente a mais usada, e sua definição é de fácil compreensão. Contudo, neste capítulo, estou interessado em todas as maneiras pelas quais a IA poderia possibilitar a cristalização permanente de valores, e ao usar "AGI" em oposição a quaisquer outros termos mencionados antes, não pretendo excluir qualquer possibilidade de *como* isso poderia acontecer. Por exemplo, talvez a cristalização de valores possa surgir em decorrência dos efeitos cumulativos do emprego de múltiplos sistemas de IA e não de uma AGI, ou talvez a IA possa permitir a cristalização de valores mesmo que lhe faltem algumas competências-chave, como a capacidade de manipular diretamente o mundo físico (caso a robótica sofra alguma defasagem em comparação com outras áreas da IA).
41. DeepMind, 2020.
42. "Nossas equipes pesquisam e constroem sistemas seguros de IA. Nosso compromisso é decifrar a inteligência, promover a ciência e beneficiar a humanidade" (DeepMind, s.d.). "Nossa missão é garantir que a inteligência artificial geral beneficie toda a humanidade" (OpenAI, 2021a).
43. Ver whatweowethefuture.com/notes.
44. Silver *et al.*, 2018.
45. Schrittwieser *et al.*, 2020a, 2020b.
46. Minha avó Daphne S. Crouch aparece na lista de honra do Bletchley Park (Bletchley Park, s.d.-a) e seu nome consta em um dos tijolos (localização E1:297) no muro dos responsáveis pela decifração de códigos no Bletchley Park (s.d.-b). O fato de Good ter trabalhado no Bletchley Park é bastante conhecido (ver, por exemplo, *Guardian*, 2009). A ideia de que as máquinas pensantes iriam, em determinado momento, superar com rapidez a inteligência humana e "assumir o comando, como mencionado em *Erewhon*, de Samuel Butler", foi levantada por Turing (1951, p. 475), mas a clássica declaração da ideia vem de Good (1966, p. 33; ênfase no original): "Defina-se uma máquina ultrainteligente como uma máquina capaz de superar de longe todas as atividades intelectuais de qualquer homem, por mais inteligente que seja. Como o projeto de máquinas é uma dessas atividades intelectuais, a máquina ultrainteligente poderia projetar máquinas ainda melhores: haveria, então, inquestionavelmente, uma 'explosão de inteligência', e a inteligência do homem seria deixada muito para trás... Assim, a primeira máquina ultrainteligente é a *última* invenção que o homem precisará fazer, desde que a máquina seja dócil o suficiente para nos dizer como mantê-la sob controle".

47. Nordhaus, 2021. Para um resumo da obra do economista sobre as implicações da inteligência artificial para o crescimento econômico, ver Trammell e Korinek (2020).
48. Essa implicação do modelo de Nordhaus é explicada por Trammell e Korinek (2020, Seção 3.2).
49. Isso é o que Nordhaus (2021, Seção VI) chama de "singularidade do lado da oferta". Embora seja esse o foco do artigo de Nordhaus, ele também discute duas outras maneiras de a IA acelerar o crescimento. Mais em whatweowethefuture.com/notes.
50. Callaway, 2020. "Esse trabalho computacional representa um surpreendente avanço no problema do enovelamento de proteínas, um grande desafio em biologia há cinquenta anos. Ele ocorreu décadas antes do que muitas pessoas teriam previsto. Será empolgante ver de que várias formas isso mudará fundamentalmente a pesquisa biológica" (Professor Venki Ramakrishnan, prêmio Nobel e presidente da Royal Society, 2015-2020, citado em AlphaFold Team, 2020).
51. Aghion *et al.*, 2019, Seção 9.4.1, exemplos 2-4. Em termos mais gerais, é possível que a explicação empiricamente mais plausível para o crescimento econômico — como capturado pelos chamados modelos de crescimento semiendógeno (para uma revisão, ver Jones [2021]) — implique uma aceleração do crescimento quando os sistemas de IA puderem substituir o trabalho humano, assumindo que a população de trabalhadores de IA pudesse crescer com mais rapidez que a atual população de humanos. Para uma excelente exposição desse e de outros argumentos de por que a AGI poderia, plausivelmente, provocar uma explosão de crescimento, ver Tom Davidson (2021b).
52. As questões críticas incluem se as ideias (do tipo que impulsiona o progresso tecnológico que melhora a produtividade) estão se tornando mais fáceis ou mais difíceis de serem encontradas com o passar do tempo (ver, e.g., Aghion *et al.*, 2019, p. 251) e quão facilmente a IA pode substituir outras entradas e saídas — uma propriedade avaliada pelos economistas com um parâmetro conhecido como "elasticidade de substituição". Este último ponto é salientado tanto por Aghion *et al.* (2019, 238) — "O crescimento econômico pode ser restringido não pelo que fazemos bem, mas sobretudo pelo que é essencial e ainda assim difícil de aprimorar" — como por Nordhaus (2021, p. 311): "O parâmetro-chave [para saber se o modelo implica uma singularidade do lado da oferta] é a elasticidade de substituição na produção".
53. Para a história do crescimento econômico global, ver, por exemplo, DeLong (1998). Para um panorama de outras fontes de dados, que fornecem números semelhantes, ver os dados de Roodman (2020a) e as fontes de Roser (2013b).
54. Hanson, 2000.
55. Ver a discussão no livro de Garfinkel (2020).
56. Meu agradecimento a Paul Christiano por chamar minha atenção para essas questões. (Ver também Christiano, 2017; Roodman, 2020b.)
57. Mais uma vez, essa consideração foi apontada pelos pioneiros em ciência da computação: quando discutia os riscos da IA, Turing (1951, p. 475) notou que "a morte das máquinas estaria fora de questão".
58. *Pong* foi lançado em 1972 como um jogo de fliperama (*Encyclopedia Britannica*, 2020d) — uma máquina volumosa operada com moedas na qual só era possível jogar *Pong* (ver Winter [s.d.-b] para imagens e uma história mais detalhada). No entanto, essa versão não envolve nenhum software. Mais em whatweowethefuture.com/notes.
59. Disponível, por exemplo, no website da RetroGames (Atari, 1977).
60. Bostrom e Sandberg, 2008; Hanson, 2016; Sandberg, 2013.
61. Ver whatweowethefuture.com/notes.
62. Ver whatweowethefuture.com/notes.

63. *Encyclopedia Britannica*, 2021b.
64. "Ademais, mesmo visões normativas razoáveis costumam recomendar que sejam cristalizadas – caso contrário, uma visão rival tentadora pode assumir o controle, com (supostamente) resultados desastrosos" (Ord, 2020, p. 157).
65. O seminal biofísico Alfred J. Lotka (1922, p. 152) usou "a persistência das formas estáveis" como sinônimo do princípio de seleção natural.
66. Para o poeta austríaco Rainer Maria Rilke, "a epopeia [de Gilgamesh] era antes de tudo 'das Epos der Todesfurcht', a epopeia sobre o medo da morte" (George, 2003, p. xiii). Mais em whatweowethefuture.com/notes.
67. Cedzich, 2001, p. 1.
68. Needham, 1997.
69. A preocupação de que a tecnologia futura possa fazer o totalitarismo durar muito mais tempo também foi discutida por Caplan (2008, Seção 22.3.1) e Belfield (no prelo).
70. A fonte são os irmãos russos dissidentes Zhores e Roy Medvedev (2006, p. 4).
71. Com base no testemunho do ex-médico particular de Kim Il-sung, Kim So-Yeon, que desertou para a Coreia do Sul em 1992 (Hancocks, 2014).
72. *Guardian*, 2012.
73. Isaak, 2020.
74. Friend *et al.*, 2017.
75. Fortson, 2017.
76. Alcor, 2020.
77. "Altman diz à *MIT Technology Review* ter quase absoluta certeza de que ainda verá as mentes serem digitalizadas" (Regalado, 2018).
78. Cotra, 2021.
79. O argumento de que, para uma ampla gama de objetivos finais, é útil que os sistemas de IA aprimorem a si mesmos, busquem poder, tomem recursos e resistam a serem desligados ou a terem seus objetivos modificados, e que, portanto, deveríamos esperar que sistemas suficientemente avançados, voltados para objetivos, exibam esses comportamentos problemáticos, foi reconhecido faz tempo por cientistas da computação. Em seu popular livro didático sobre IA, Stuart Russel e Peter Norvig (2020, p. 1842) referem que o pioneiro da IA Marvin Minsky "sugeriu certa vez que um programa de IA destinado a solucionar a Hipótese de Riemann poderia acabar dominando todos os recursos da Terra para construir supercomputadores mais poderosos". A referência clássica é Omohundro (2008). Bostrom (2012) discute questões similares, tais como "a tese da convergência instrumental".
80. Outros livros sobre os riscos representados pela AGI incluem os de Christian (2021), Russell (2019) e Tegmark (2017).
81. Alguns desses cenários também são discutidos em *Superinteligência* (Bostrom, 2014b). Algumas das discussões recentes mais esclarecedoras sobre os riscos da IA não foram ainda publicadas, mas estão disponíveis on-line. Ver, por exemplo, Ngo (2020); Carlsmith (2021); Drexler (2019), e o trabalho da AI Impacts (https://aiimpacts.org/). Para um panorama das diferentes formas pelas quais uma tomada de poder pela AGI poderia ocorrer, ver Clarke e Martin (2021).
82. O AI Alignment Forum (https://www.alignmentforum.org/) é um ótimo lugar para acompanhar discussões de vanguarda relativas ao alinhamento da inteligência artificial. Para um recente panorama conceitual dessa esfera, ver Christiano (2020). Diferentes autores usaram modos distintos de conceituar o desafio de criar sistemas de IA mais capazes que os humanos, mas chegaram a desdobramentos desejáveis quando implementados. Yudkowsky (2001) descreveu o problema como de que maneira criar uma

"IA amigável"; Bostrom, como o "problema do controle" (Bostrom, 2014b, Capítulo 9). (Ver também Christiano, 2016, 2018a; Gabriel, 2020; Hubinger, 2020.)

83. Mas e quanto a mundos controlados pelas IAs, mas sem cristalização significativa? Podemos, por exemplo, imaginar uma sociedade de IAs que reflitam, raciocinem em termos morais e permaneçam receptivas a mudanças de opinião. No momento, pouco tenho a dizer a respeito de tais cenários porque não estou certo sobre como avaliá-los. Não tenho a menor ideia se devemos esperar resultados melhores ou piores dessa sociedade do que de um mundo vinculado a valores humanos. Ver também Christiano, 2018b.

84. Haldane, 1927. Mais informações em whatweowethefuture.com/notes.

85. Meus agradecimentos a Thomas Moynihan por me recomendar esse ensaio. Haldane cometeu alguns erros importantes e menos desculpáveis também em outras áreas. Defensor da eugenia, em 1962 ele descreveu Stálin como "um homem fantástico, que fez um trabalho ótimo" (R. W. Clark, 2013, Capítulo 13). A visão de Haldane em "The Last Judgment" acerca de como a humanidade povoaria o espaço sideral – primeiro Vênus, seguido da Via Láctea e além – também é perturbadora, possivelmente um exemplo da cristalização de valores imperfeita: as liberdades individuais e o apreço pela felicidade, a arte e a música são descritos como "aberrações" que por pouco não causaram a extinção da humanidade; apenas um esforço eugênico em larga escala permite a alguns humanos escapar para Vênus, onde "a evolução do indivíduo está inteiramente sob controle social", e, em virtude de um novo sentido perceptual, "todo indivíduo, em todos os momentos da vida, dormindo ou acordado, está sob a influência da voz da comunidade" (prenunciando os Borg de *Jornada nas Estrelas*). Outros cientistas também falharam em prever as viagens espaciais. Em 1957, Lee de Forest, pioneiro americano do rádio e inventor das válvulas tríodo, previu que jamais pousaríamos na Lua (*Lewiston Morning Tribune*, 1957).

86. "Por várias décadas, o custo da energia solar fotovoltaica (PV), da energia eólica e das baterias despencou exponencialmente (aproximadamente) a uma taxa de quase 10% ao ano. O custo da energia solar caiu em mais de três ordens de magnitude desde seu primeiro uso comercial em 1958" (Way *et al.*, 2021, p. 2). A Figura 1 do texto exibe uma queda relativamente contínua no custo da energia solar (PV) a partir mais ou menos da década de 1960.

87. "Historicamente, a maioria dos modelos de economia de energia tem subestimado as taxas de implantação das tecnologias de energia renovável e superestimado seus custos" (Way *et al.*, 2021, p. 1). Em relação à energia solar fotovoltaica (PV, na sigla em inglês) em especial, apresentam "um histograma de 2.905 projeções por modelos de avaliação integrada, talvez o tipo mais usado de modelo de economia de energia global, para a taxa anual pela qual os custos de investimento do sistema PV solar cairiam entre 2010 e 2020. O valor médio dessas reduções de custo projetadas era de 2,6%, e todas eram inferiores a 6%. Num contraste gritante, durante esse período, o custo da energia solar PV na verdade caiu 15% ao ano. Esses modelos têm consistentemente falhado em produzir resultados correspondentes às tendências passadas… Em contrapartida, previsões baseadas na extrapolação de tendência performaram muito melhor consistentemente" (3f).

88. Cotra, 2020. Para um resumo, ver Karnofsky (2021d). Tecnicamente, Cotra considera as exigências de treinamento para o que denomina "modelo transformador", que ela define como uma rede neural constituída por um "programa de computador único capaz de realizar uma vasta gama de trabalhos intelectuais num nível de desempenho alto o suficiente para sozinho levar a uma transição semelhante à Revolução Indus-

trial", transição essa que exige o aumento da taxa de crescimento econômico por um fator de dez, de 2% a 3% para 20% a 30% ao ano. Apesar de isso ser conceitualmente diferente da minha definição de AGI, acredito que, para nossos propósitos, podemos usar esses conceitos de modo mais ou menos intercambiável: por um lado, acredito que a AGI seria suficiente para provocar uma aceleração de crescimento numa escala igual à da Revolução Industrial, como discutirei mais adiante neste capítulo. Por outro, acho que um modelo transformador ou levaria rapidamente ao desenvolvimento da AGI ou teria implicações similares às da AGI, inclusive para a cristalização de valores.

89. "Hoje os sistemas IA são às vezes do tamanho de cérebros de insetos, mas nunca do mesmo tamanho que os dos camundongos – no momento em que escrevo, o modelo de linguagem mais conhecido foi o primeiro a chegar razoavelmente perto disso – e não atingem ainda nem 1% do cérebro humano" (Karnofsky, 2021d).

90. A quantidade de operações de processamento usadas nas maiores execuções de treinamento de IA dobrou a cada 3,4 a 3,6 meses entre 2012 e 2017, aumentando por um fator de trezentos mil ao longo desse período (Amodei e Hernandez, 2018; Heim, 2021). Desde então, a tendência desacelerou: uma análise de acompanhamento do período de 2012 a 2021 encontrou um tempo de duplicação de 6,2 meses. Observe que, ao longo de uma década, isso ainda corresponde a um aumento por um fator de mais de 670 mil (ver também AI Impacts, s.d.-d, s.d.-a; Hernandez e Brown, 2020; Moore, 1965; Supernor, 2018).

91. "Por volta da próxima década, provavelmente veremos – pela primeira vez – modelos de IA com 'tamanho' comparável ao do cérebro humano" (Karnofsky, 2021d). Segundo a "melhor estimativa" de Cotra, a chance de termos poder de processamento suficiente para a AGI em 2100, condicionado pelo que ela chama de "âncora de evolução", é de pouco mais de 50%. Ver Cotra, 2020, Partes 4 e 9.

92. Vale destacar dois tipos de incerteza no modelo de Cotra (na verdade, em qualquer modelo). Cotra discute alguns jeitos diferentes de comparar os sistemas de IA com os biológicos e chama essas diferentes formas de comparação de "âncoras biológicas". O primeiro tipo de incerteza é a reconhecida no texto principal: condicionada a cada âncora biológica, podemos superestimar ou subestimar a quantidade de poder de processamento necessário para treinar a AGI. Essas incertezas estão representadas no modelo como distribuições de probabilidade, e seus efeitos podem ser combinados em uma única distribuição final de probabilidades que permite declarações como "50% de probabilidade da AGI até 2050". Porém, acima de tudo, afirmações como essa só levam em conta esse tipo de incerteza. O segundo tipo de incerteza é a incerteza sobre parâmetros que, no modelo, são representados como números únicos e não como distribuições de probabilidades. Exemplos relevantes de tais parâmetros são os pesos atribuídos a cada âncora biológica – em essência, a suposta probabilidade de cada âncora específica prever, corretamente, os requisitos de poder de processamento para treinar a AGI. Por exemplo, o resultado de "uma probabilidade de AGI até 2050" é baseado na atribuição de um peso de 10% à Âncora de Evolução. Se você achar que a Âncora de Evolução tem menor probabilidade (ou maior) de estar "correta", então sua versão do modelo de Cotra prenunciaria uma probabilidade da AGI até 2050 diferente de 50%. Para tornar nossa incerteza do segundo tipo visível, é preciso comparar como o modelo responde a mudanças em relação a diferentes suposições sobre seus parâmetros. As probabilidades mencionadas no texto principal expressam a incerteza do primeiro tipo condicionada às melhores suposições de Cotra sobre os valores dos parâmetros. ("Estou adotando, em termos provisórios, ~2050 como minha previsão média para a AGI", Parte 4, p. 15; e "~12%–17%" para 2036, Parte 4, p. 16.) Nas suposições

"conservadoras" de Cotra (2020), os resultados são de 50% até 2090 (Parte 4, p. 15) e de 2% a 4% até 2036 (Parte 4, p. 16). Em suas suposições "agressivas", 50% até 2040 (Parte 4, p. 15) e de 35% a 45% até 2036 (Parte 4, p. 16). A diferença entre as melhores suposições conservadoras e as suposições agressivas se deve à incerteza do segundo tipo. Você pode explorar como os resultados do modelo diferem colocando suas próprias suposições em um notebook e em uma planilha eletrônica Colab disponíveis on-line (Cotra, s.d.).

93. Wiblin e Harris, 19 de janeiro de 2021. Os trechos citados aparecem nos marcadores de tempo 1:33:38 e 1:35:38, respectivamente, do *podcast*.
94. Grace *et al.*, 2018. Em 2019, The Centre for the Governance of AI conduziu uma pesquisa de acompanhamento contendo muitas das mesmas perguntas; os resultados, cuja publicação sairá em breve, confirmam amplamente as descobertas que descrevi no texto (B. Zhang *et al.*, 2022). Para um apanhado (incompleto) de outras pesquisas de escala de tempo referentes à IA, ver AI Impacts (s.d.-b), e, para um panorama que inclui previsões feitas por indivíduos, ver Muehlhauser (2016a).
95. Mais precisamente, "todos os entrevistados eram pesquisadores [n = 1.634] que publicaram trabalhos nas conferências NIPS e ICML de 2015" (Grace *et al.*, 2018, p. 730). Desses, n = 352 pesquisadores responderam, resultando numa taxa de resposta de 21%.
96. Grace *et al.*, 2018, p. 730 e 736.
97. Grace *et al.*, 2018, p. 731.
98. Grace *et al.*, 2018, p. 732, Figura 2.
99. "O ápice do entusiasmo pela IA parece ter ocorrido entre 1956 e 1973. Ainda assim, o entusiasmo implicado por algumas das previsões mais conhecidas acerca da inteligência artificial nesse período costuma ser exagerado" (Muehlhauser, 2016b; uma discussão mais aprofundada desse levantamento aparece no mesmo trabalho). Para uma história da IA como campo de pesquisa, ver, por exemplo, Nilsson (2009).
100. "pr(AGI em 2036) vai de 1% a 18%, e minha estimativa central se situa em torno de 8%" (Davidson, 2021a).
101. Pew Research, s.d.; Pew Research, 2014.
102. O budismo começou a perder espaço no Afeganistão após a conquista pelos muçulmanos no século VII, mas o islã só ocupou as principais cidades do Afeganistão em 900 d.C., e algumas regiões remotas mantiveram sua religião nativa até o século XIX. O zoroastrismo, o hinduísmo e o paganismo também tiveram muitos adeptos durante toda a história afegã (Azad, 2019; Green, 2016, Introdução; Runion, 2007).
103. Benjamin, 2021; *Encyclopedia Britannica*, 2018a; H. P. Ray, 2021; *Encyclopedia Britannica*, 2020g; Green, 2016.
104. CIA, 2021.
105. "O Comintern funcionou principalmente como órgão de controle soviético do movimento comunista internacional" (*Encyclopedia Britannica*, 2017). "A propósito, o Sétimo Congresso do Comintern foi o último" (Rees, 2013).
106. Our World in Data, s.d.-a.
107. Yglesias, 2020.
108. Se pudéssemos capturar toda a energia solar do Sol que chega à Terra, seríamos capazes de capturar $1,3 \times 10^{17}$ W. Caso colocássemos uma esfera de Dyson ao redor de nosso Sol, poderíamos capturar 4×10^{26} W, três bilhões de vezes mais. A Via Láctea tem cerca de cem bilhões de estrelas (Murphy, 2021, Seção 1.2). Explorar toda essa abundância de energia resolveria rapidamente todos os problemas derivados da escassez de energia, tais como a produção de alimentos, a purificação da água e as

disputas por petróleo. Também seria possível obter recursos adicionais com a mineração de asteroides e de planetas vizinhos (Ord, 2020, p. 227f).
109. Stark, 1996.
110. Stark, 1996, p. 4-13.
111. Stark, 1996, p. 7.
112. Pew Research, 2015. Para a definição de "sem afiliação religiosa", ver o Apêndice C desse texto.
113. Pew Research, 2015.
114. World Bank, 2021f; Roser *et al.*, 2019.
115. World Bank, 2021c; Gramlich, 2019.
116. Gramlich, 2019. As afirmações deste parágrafo se baseiam nas projeções populacionais feitas das Nações Unidas. Como explico em uma nota no Capítulo 7, fiquei mais convencido pela previsão de Vollset *et al.* (2020), na qual os efeitos que mencionei seriam ainda maiores. Mais on-line.
117. Wood *et al.*, 2020.
118. "Em cinquenta anos a partir do contato com Colombo e sua tripulação, o povo Taino da ilha de Hispaniola, que contava com uma população estimada de sessenta mil a oito milhões, foi praticamente extinto (Cook, 1993)" (Nunn e Qian, 2010, p. 165).
119. Não obstante a maioria dos países estar se aproximando dos valores ocidentais, os ritmos são diferentes, então em alguns casos os valores estão divergindo, e não convergindo. Contudo, se as tendências persistirem, em algum momento a maioria dos países convergirá para os valores ocidentais, pois deve haver um limite para quão "ocidental" um país pode se tornar (Kaasa e Minkov, 2020).
120. Esse argumento também foi sustentado por Hanson (2020).
121. BioNTech, 2021; Moderna, 2021.
122. Cochrane, 2020. Alguns países autorizaram a compra das vacinas no livre mercado depois de testadas (Menon, 2021).
123. Ainda que o Japão tenha invadido a China em 1937, considera-se o início da Segunda Guerra Mundial o ataque da Alemanha nazista à Polônia em 1º de setembro de 1939. Quanto ao prestígio internacional de Hitler: para a simpatia pelo nazismo nos Estados Unidos, ver, por exemplo, Hart (2018, p. 27), que sustenta que, "dada a rapidez com que o nazismo conseguiu se espalhar por conta própria nos Estados Unidos, foi uma sorte os alemães não terem sido mais hábeis para obter vantagens". Um dos mais infames simpatizantes de Hitler na Grã-Bretanha foi o cofundador do *Daily Mail*, Harold Sidney Harmsworth, primeiro Visconde de Rothermere, que se encontrou e se correspondeu com Hitler inúmeras vezes na década de 1930 (Kershaw, 2005). Mais em whatweowethefuture.com/notes.
124. O argumento seguinte também foi apresentado por Evan Williams em um excelente artigo (2015).
125. Talvez você esteja incomodado com a ideia de que exista algo como uma sociedade "moralmente melhor". Aqui, não estou desposando a ideia de que existe uma única verdade moral objetiva, embora eu acredite que há mais em favor dessa ideia do que creem alguns. Mas estou afirmando que visões morais podem ser melhores ou piores: que as visões morais favoráveis à escravidão são piores do que as contrárias à escravidão; que é um erro pensar que a tortura de crianças é um ato admirável. Um modo de entender isso, sem se comprometer com a metafísica aberrante das verdades morais objetivas, é pensar na visão moralmente correta que você endossaria se tivesse informação perfeita e tempo ilimitado para refletir, pudesse experimentar uma diversidade de vidas e fosse exposto a todos os argumentos relevantes.

126. Um mito comum é o de que Shenzhen cresceu de uma pequena aldeia de pescadores para uma cidade grande em poucas décadas. Isto não é verdade. Em 1979, Shenzhen era uma cidade mercantil com algumas indústrias e uma população de 310 mil habitantes (Du, 2020, Capítulo 1). Zonas econômicas especiais foram testadas em outras localidades, mas, apesar de alguns casos de sucesso como Shenzhen, na média elas não cresceram mais rapidamente que seus países (Bernard e Schukraft, 2021).
127. Em 1980, a renda *per capita* era de US$ 122,00, e em 2019, de US$ 29.498,00 (Charter Cities Institute, 2019; *China Daily*, 2020; Yuan *et al.*, 2010, p. 56).
128. Roser e Ortiz-Ospina, 2017; Yuan *et al.*, 2010.
129. Esipova *et al.*, 2018.
130. Toby Ord (2020) fornece outro exemplo desse paradoxo em *The Precipice*. Ele sugere que talvez devêssemos cristalizar um compromisso de evitar nossa extinção ou outros terríveis desfechos para a humanidade, mas que, ao menos por enquanto, deveríamos tentar não criar outras cristalizações.
131. Forst, 2017. Ver também Belfield (ainda não publicado).
132. Para as preocupações relacionadas com o que aconteceria se o futuro fosse moldado pela força irrefreada da evolução biológica e cultural, ver Bostrom (2004).

Parte III. Salvaguardar a civilização
5. Extinção

1. Alvarez *et al.*, 1980; Wignall, 2019a, p. 90-91.
2. Chapman, 1998.
3. NASA, 2021; Crawford, 1997. Em 2019, a capacidade total do arsenal nuclear mundial girava em torno de 2,4 bilhões de toneladas (estimativa de van der Merwe [2018] utilizando dados de Kristensen *et al.*, [2018]; Kristensen e Korda [2018, 2019a, 2019b, 2019c, 2019d]; Kristensen e Norris [2011, 2017]).
4. NASA, 2019.
5. Asay *et al.*, 2017, p. 338.
6. S. Miller, 2014.
7. *Science*, 1998. O cometa Shoemaker-Levy foi descoberto por David Levy, Carolyn Shoemaker e Gene Shoemaker (marido de Carolyn).
8. Chapman, 1998. Nos comentários do DVD do filme *Armageddon* (Bay, 1998), Ben Affleck conta ter perguntado ao diretor Michael Bay "por que era mais fácil treinar perfuradores para serem astronautas do que astronautas para serem perfuradores". "Ele mandou eu calar a porra da boca, e nunca mais falamos nisso" (servomoore, 2016).
9. A. Harris, 2008.
10. Clarke, 1998.
11. A. Harris e Chodas, 2021, p. 8.
12. Alan Harris, comunicação pessoal em 4 de outubro de 2021.
13. Ord, 2020, p. 71; Alan Harris, comunicação pessoal em 4 de outubro de 2021.
14. Newberry, 2021.
15. Essa é uma estimativa da revista *Economist* do excesso de mortalidade resultante da covid-19 até 22 de novembro de 2021 (*Economist*, 2021c). Embora a melhor estimativa de excesso de mortalidade seja de dezessete milhões, existe uma incerteza considerável: a estimativa indica 95% de probabilidade de os números reais se situarem entre 10,8 e 20,1 milhões.

    O excesso de mortalidade mede a diferença entre o número de mortes durante a

pandemia de covid-19 em comparação com uma estimativa de quantas mortes teriam ocorrido se a covid-19 não tivesse acontecido. Isso corresponde a inúmeros problemas de subnotificações de óbitos em decorrência da covid-19 e de notificações em que os pacientes foram a óbito por outras doenças. Mais informações em whatweowethefuture.com/notes.
16. *Economist*, 2021b.
17. Wetterstrand, 2021; BC 2018, Figuras 6 e 7; Boeke *et al.*, 2016, Figura S1 A, página 2 dos Supplementary Materials. A respeito da lei de Moore em termos de custo, ver Flamm (2018).
18. Wetterstrand, 2021.
19. Ord, 2020, p. 137.
20. Ainda assim, vários governos conseguiram escamotear com êxito seus programas de armas nucleares, apesar de isso ser um pouco mais difícil de fazer quando os países também implementam programas nucleares civis (Miller, 2017).
21. Anderson, 2002, p. 49.
22. Anderson, 2002, p. 10.
23. Anderson, 2002, p. 5 e 8.
24. A companhia responsável pelo desenvolvimento de vacinas para a febre aftosa se chamava Merial Animal Health, mas não podemos descartar por completo a possibilidade de que o vazamento tenha se originado no Pirbright Institute of Animal Health. A Merial se situava no Pirbright Institute, que também estava pesquisando a febre aftosa. Relatórios abrangentes do governo concluíram que o vazamento provavelmente veio do Merial, pois o Merial produziu uma quantidade bem maior de vírus da doença (Spratt, 2007, p. 5 e 10).
25. Anderson, 2002, p. 11.
26. Spratt, 2007, p. 9.
27. Anderson, 2008, p. 8 e 11.
28. Anderson, 2008, p. 107.
29. Manheim e Lewis, 2021, Tabela 1; Okinaka *et al.*, 2008, p. 655; Tucker, 1999, p. 2.
30. Alibek e Handelman, 2000, p. 74.
31. Zelicoff, 2008, p. 106-108.
32. Bellomo e Zelicoff, 2005, p. 101-111.
33. Há divergências sobre se ela estava ou não assintomática. A mulher em questão, Bayan Bisenova, disse estar assintomática, mas os soviéticos alegam que ela havia começado a apresentar sintomas da doença (Zelicoff, 2003, p. 105).
34. Zelicoff, 2003, p. 100.
35. Furmanski, 2014.
36. Hansard, 1974.
37. Shooter, 1980.
38. National Research Council, 2011, Tabela 2.6.
39. National Research Council, 2011, p. 34, Tabela 2.6.
40. Durante a Guerra Fria, os soviéticos inventaram um sistema similar para armas nucleares, conhecido informalmente como "Mão Morta", que lhes permitiria lançar um contra-ataque nuclear ainda que um primeiro ataque dos Estados Unidos destruísse seus centros de comando (Ellsberg, 2017, Capítulo 19; Hoffman, 2013).
41. Carus, 2017b, p. 144.
42. Carus, 2017b, p. 139 e 143.
43. Carus, 2017b, p. 148.
44. Carus, 2017b, p. 146; Ouagrham-Gormley, 2014, p. 96.

45. Carus, 2017b, p. 147.
46. Carus, 2017b, p. 129-153; Meselson *et al.*, 1994; Ouagrham-Gormley, 2014; P. Wright, 2001.
47. Lipsitch e Inglesby (2014) estimam uma infecção acidental para cada cem empregados em tempo integral. Contudo, a amostragem deles é pequena, e, ao usarmos uma amostragem maior (National Research Council, 2011, p. 34, Tabela 2.6), um número de uma infecção para cada 250 funcionários parece mais plausível. O professor Lipsitch concordou, em um e-mail datado de 2 de outubro de 2021, que a amostragem maior deveria ser considerada.
48. Schulman, 2020.
49. Ver, por exemplo, Alibek e Handelman, 2000, p. 198. Entretanto, Alibek costuma ser citado como testemunha não confiável (Eisenberg *et al.*, 2012, p. 7).
50. Manchei e Lewis, 2021, p. 11.
51. Michaelis *et al.*, 2009, Tabela 1; Nakajima *et al.*, 1978; Roxo e Gronvall, 2015; Scholtissek *et al.*, 1978; Wertheim, 2010; Zimmer e Burke, 2009. Michaelis *et al.* (2009) não oferecem uma fonte para sua estimativa do número de mortes resultantes da pandemia de gripe russa, de modo que não tenho certeza sobre sua confiabilidade, e não consegui encontrar outras estimativas oficiais.
52. S. H. Harris, 2002, p. 18f.
53. L. Wright, 2002.
54. Leitenberg, 2005, p. 28-42.
55. A porcentagem pode ser inferida a partir de estimativas para uma série de três perguntas na plataforma Metaculus: (1) "Até 2100, a população humana decrescerá em no mínimo 10% durante qualquer período de cinco anos ou menos ["catástrofe global"]?"; (2) "Se uma catástrofe global ocorrer antes de 2100, será sobretudo em virtude de... organismos processados por bioengenharia?"; e (3) "Considerando [a última pergunta], a população global decrescerá mais de 95% em relação à população pré-catástrofe?" (Tamay, 2019). A partir de 18 de novembro de 2021, as previsões combinadas para esses eventos colocam o risco de uma pandemia matar no mínimo 95% da população em 0,6%. É provável que as estimativas mudem no futuro.
56. Ord, 2020, p. 71.
57. O risco real de um acidente de avião é inferior a um em um milhão (UK Civil Aviation Authority, 2013).
58. NASA, 2021.
59. Além de asteroides, cometas e patógenos criados em laboratório, há muitos outros riscos de extinção natural ou antropogênica. Dentre eles, supererupções vulcânicas, explosões de raios gama, guerra nuclear e mudança climática. O risco de extinção que essas ameaças significam é extensamente discutido por Ord (2020). Discuto os riscos de uma extinção por uma guerra nuclear e pela mudança climática no Capítulo 6.
60. A expressão "Longa Paz" foi cunhada pela primeira vez em 1986 por John Lewis Gaddis, em um artigo que apontava uma ausência sistêmica de guerra, e não apenas uma ausência de guerras envolvendo grandes potências (Gaddis, 1986). Mais recentemente, em *Os anjos bons da nossa natureza*, o psicólogo Steven Pinker argumentou que houve um declínio de longo prazo nas guerras, em especial desde a Segunda Guerra Mundial, como parte de um declínio civilizacional geral de violências de todo tipo (Pinker, 2011). Cientistas políticos como John Mueller (2009) e Azar Gat (2013, p. 149) fizeram considerações similares.
61. Um banco de dados, elaborado pelo Future of Life Institute, conta no mínimo 25 vezes em que se escapou por um triz durante a Guerra Fria (Future of Life Institute, s.d.).

62. Pinker, 2011, p. 208.
63. O professor de relações internacionais Bear Braumoeller calculou que, se a probabilidade anual de uma guerra "sistêmica" eclodir é de 2%, há então cerca de 25% de chance de um dado período de setenta anos ser pacífico (Braumoeller, 2019, p. 26-29). Os estatísticos Pasquale Cirillo e Nassim Taleb demonstraram, de modo análogo, que longos períodos de paz são estatisticamente compatíveis com um risco constante de guerra (Cirillo e Taleb, 2016ab).
64. World Bank, 2021h.
65. O cientista político A. F. K. Organski, pioneiro na área, criou a teoria da transição de poder em 1958, e este tem sido desde então um campo ativo de pesquisas. Em seu sumário das evidências para várias causas das guerras, o cientista político Greg Cashman (2013, p. 485) escreve: "No passado, graves crises entre grandes potências tinham mais chance de ocorrer durante períodos de transição no sistema internacional (ou em subsistemas regionais), em que há mudanças significativas no equilíbrio de capacidades, sobretudo entre o poder dominante no sistema e seu(s) maior(es) adversário(s)". Para um panorama recente da teoria, ver Tammen *et al.* (2017).
66. Ver Cashman, 2013, p. 416-418. Cashman constata que as estimativas da taxa básica de conflito durante as transições de poder variam de acordo com as informações e métodos usados, mas chegam a 50%. Contudo, vale a pena observar que há alguma evidência sugerindo que futuras transições de poder podem representar um risco mais baixo de guerra, e não mais elevado, e alguns pesquisadores acreditam que é a igualdade de capacidades, e não o processo de transição que conduz à igualdade, que aumenta o risco de guerras.
67. Ver whatweowethefuture.com/notes.
68. "Historicamente, Estados grandes e poderosos têm sido mais propensos a se envolverem em guerras que os Estados pequenos e menos poderosos" (Cashman, 2013, p. 479).
69. Bulletin of the Atomic Scientists, 2021.
70. Ver Our World in Data, 2019g, 2019f. Essas fontes se baseiam no relatório das Nações Unidas (UN, 2019b).
71. A Índia registrou vinte óbitos em consequência do conflito. A China não revelou quantas perdas suas forças sofreram, mas um relato, citando estimativas do serviço de inteligência dos Estados Unidos, afirmou que 35 soldados chineses morreram (*US News*, 2020). A maioria das baixas ocorreu quando os soldados, lutando à noite em condições perigosas, despencaram do desfiladeiro no alto da montanha (*Guardian*, 2020).
72. Gokhale, 2021.
73. Cashman (2013, p. 478-479) afirma que é consenso geral entre cientistas sociais que as guerras entre dois países "quase sempre" ocorrem entre países vizinhos. Uma disputa territorial é o principal problema para a eclosão de uma guerra. Os outros padrões são:
    - "Grandes disparidades de poder entre os países parecem promover a paz e não a guerra."
    - Um "percentual excepcionalmente grande de guerras envolve... rivais estratégicos" – ou seja, países com uma extensa história mútua de interações hostis, que provavelmente inclui a participação em crises em série e/ou disputas militares entre si, e talvez até um histórico de guerras anteriores".
    - Estados grandes e poderosos são mais propensos a lutar que os Estados pequenos e menos poderosos; é "altamente improvável" que "democracias maduras lutem entre si".

- A maioria das guerras é "precedida por disputas militares ou crises que envolvem comportamentos que vão se intensificando anteriormente à eclosão da guerra, os quais se assemelham a uma espiral de conflito".
74. Segundo dados disponíveis no Banco Mundial (World Bank, 2021n). Vale notar, contudo, que a força do efeito de interdependência econômica sobre a probabilidade de guerra está longe de ser clara e é contestada por alguns estudiosos (Levy e Thompson, 2010, p. 70-77).
75. Waltz, 1990.
76. Ver, por exemplo, Tannenwald, 1999.
77. Jgalt, 2019.
78. O historiador Ian Morris (2013, p. 175) tentou quantificar a capacidade de guerra da humanidade, definida como "o número de combatentes que podem ser colocados em campo, modificado pelo alcance e força de suas armas, a massa e velocidade com que podem usá-las, seu poder defensivo e suas habilidades logísticas". Morris estima que essa medida aumentou por um fator entre cinquenta e cem ao longo do século XX. É bem provável que avanços em áreas como automação, biotecnologia e ciência militar tragam ainda mais aumentos no futuro. Bear Braumoeller, no Capítulo 5 de *Only the Dead*, analisa as tendências de longo prazo da mortalidade em conflitos internacionais. No final do capítulo, ele escreve: "Quando me sentei para escrever esta conclusão, considerei por um átimo de segundo digitar 'Vamos todos morrer' e deixar por isso mesmo… Se os parâmetros que governam o mecanismo de acordo com o qual as guerras escalam não mudaram – e não há provas de que mudaram –, não é nada improvável que outra guerra supere as duas guerras mundiais em letalidade no seu tempo de vida" (Braumoeller, 2019, p. 130).
79. Rose, 2006, p. 50. As estimativas de quando chimpanzés e humanos se separaram variam de 5,7 milhões de anos (Reis *et al.*, 2018, Tabela 1, Estratégia B, Minimum) a 12 milhões de anos atrás (Moorjani *et al.*, 2016). Mais informações em whatweowethefuture.com/notes.
80. Schlaufman *et al.*, 2018. Krauss e Chaboyer (2003) apresentam uma estimativa de 13,4 bilhões de anos.
81. Bostrom, 2002.
82. Los Alamos National Laboratory, 2017.
83. Bostrom, 2002.
84. Sandberg *et al.*, 2018. O modelo usado por Sandberg *et al.* (2018) foi criticado por James Fodor (2020). Mais informações em whatweowethefuture.com/notes.
85. A Terra ficou fria o suficiente para possibilitar a vida há cerca de quatro bilhões de anos, com uma margem de erro da ordem de centenas de milhões de anos (Knoll e Nowak, 2017, Figura 1). A Terra se tornará inabitável daqui a cerca de 0,8 a dois bilhões de anos (Lenton e von Bloh, 2001; O'Malley-James *et al.*, 2013; Ord, 2020, p. 221-222; von Bloh, 2008; Wolf e Toon, 2014).
86. Hanson *et al.*, 2021.
87. Hanson (1998) diz que seu modelo pode ser compatível com algo entre um e sete passos difíceis.

6. Colapso

1. Scheidel, 2021, p. 102, Figura 7, e p. 103, Tabela 2.2. Mais em whatweowethefuture.com/notes.

2. Ionescu *et al.*, 2015, p. 244.
3. Jackson *et al.*, 2013, 2017.
4. National Geographic Society, 2018; *Encyclopedia Britannica*, 2011.
5. O Império Romano controlava pelo menos entre quatro e cinco milhões de quilômetros quadrados e provavelmente mais de cinco milhões, dependendo da área desértica incluída (Scheidel, 2019, p. 34). A superfície terrestre da União Europeia é ligeiramente inferior a quatro milhões de quilômetros quadrados (World Bank, 2021i).
6. Temin, 2017, Capítulo 8; G. K. Young, 2001. Há evidências de que o Império Romano comerciava com o Império Coreano (UNESCO, s.d.).
7. Petrônio satirizou os novos ricos no personagem Trimalchio de *Satyricon*, peça escrita durante o reinado de Nero, no século 1 d.C. Segundo estimativa de Scheidel e Friesen (2009, p. 84-88), cerca de 10% da população gozava de rendas "médias", "definidas como uma renda real estimada entre 2,4 e 10 vezes o nível de subsistência ou de 1 a 4 vezes os níveis de consumo 'respeitáveis'".
8. Ward-Perkins, 2005, 94f.
9. Morris, 2013, p. 147-148, Tabela 4.1, e p. 155-156, Tabela 4.2. Essa estimativa vem acompanhada da ressalva de que a demografia antiga é um tema bastante incerto.
10. Scheidel, 2019, 81f.
11. Jerônimo, em *Ezekiel*, I *Praef.* e III *Praef.* (Migne, *Patrologia Latina* XXV, coll. 15-16, 75D): "in una Urbe totus orbis interiit"; citado por Ward-Perkins, 2005, p. 28.
12. Ver whatweowethefuture.com/notes.
13. Morris, 2013, p. 151. O ápice da população de Roma foi em torno de 1 a 200 d.C. e, segundo Morris, não voltou a atingir esse pico até o século XX (Morris, 2013, p. 147-148, Tabela 4.1). A cidade de Roma só voltou a ter uma população de mais de um milhão de habitantes na década de 1930 (Ufficio Di Statistica E Censimento, 1960).
14. Morris, 2013, Tabela 4.1.
15. Citado em Sheidel, 2019, p. 128.
16. Sheidel, 2019, p. 129.
17. Sheidel, 2019, Capítulo 5.
18. O número exato é 336 anos (Kemp, 2019).
19. Ward-Perkins, 2005, p. 164.
20. Ward-Perkins, 2005, p. 108.
21. Walter Scheidel apresenta esse argumento em detalhes em *Escape from Rome*, no qual discute vários outros defensores dessa teoria (Scheidel, 2019, 538n1).
22. National Geographic Society, 2021; *Encyclopedia Britannica*, 1998, 2021f, 2020e, 2020c, 2019c.
23. A informação varia conforme a fonte. Uma das informações do Banco Mundial sugere que o PIB mundial caiu seis vezes em relação ao ano anterior desde 1960 e sempre ultrapassou o pico anterior em dois anos (World Bank, 2021d). Contudo, outras fontes sugerem que o PIB declinou apenas quatro vezes nos últimos cem anos: de 1930 a 1932, na Grande Depressão; de 1945 a 1946, na Segunda Guerra Mundial; em 2009, na Grande Recessão; e em 2020, início da pandemia de covid-19 (IEA, 2020b, usando a Maddison Database de 2020 [Bolt e van Zanden, 2020] e as interpolações de Geiger [2018] da Maddison Database de 2014 [Bolt e van Zanden, 2014]).
24. Roser, 2020a. O principal autor de um recente estudo que estima a taxa de mortalidade da gripe espanhola nos disse que não acredita que houve um declínio populacional naquele ano (Spreeuwenberg *et al.*, 2018, correspondência pessoal de 18 de agosto de 2021).
25. Human Security Project, 2013, 36f; Roser *et al.*, 2019.

26. G. Parker, 2008; Zhang *et al.*, 2011.
27. Zhang *et al.*, 2011.
28. Zhang *et al.*, 2011, p. 297; G. Parker, 2008, p. 1059.
29. Ord, 2020, 349f.
30. Ord, 2020, p. 124.
31. Ord, 2020, p. 350. Alguns historiadores econômicos até mesmo argumentam que a Peste Negra acelerou o crescimento econômico subsequente. No século seguinte, os salários europeus mais que dobraram; segundo um dos argumentos, devido ao grande número de mortes, havia muito mais terra por pessoa. Isso aumentou o valor do trabalho em relação ao valor da terra, proporcionando maiores incentivos para investimentos na acumulação e inovação de capital (Clark, 2016).
32. A bomba lançada em Hiroshima equivalia a quinze mil toneladas de TNT (Malik, 1985). A maior bomba convencional lançada durante a Segunda Guerra Mundial foi a Grand Slam, equivalente a cerca de dez toneladas de TNT (*Encyclopedia Britannica*, 2021d).
33. *Encyclopedia Britannica*, 2021d; Lifton e Strozier, 2020; US Strategic Bombing Survey, 1946.
34. US Department of Energy, s.d.
35. Wellerstein, 2020.
36. Hiroshima Peace Memorial Museum, s.d.
37. McCurry, 2016.
38. Chugoku Shimbun, 2014. Para relatos diferentes, ver whatweowethefuture.com/notes.
39. US Department of Energy, s.d.; Kuwajima, 2021; Wada, 2015.
40. Hiroshima Convention and Visitors Bureau, s.d.
41. As estimativas da população de Hiroshima antes do bombardeio divergem: alguns falam em 255 mil habitantes, outros em 343 mil (*Encyclopedia Britannica*, 2021d; French *et al.*, 2018). A população chegou a 357 mil em 1955 (ONU, 1963, p. 341).
42. Center for Spatial Information Science, 2015.
43. D. R. Davis e Weinstein, 2008, p. 38.
44. D. R. Davis e Weinstein, 2008.
45. Miguel e Roland, 2011.
46. Dartnell, 2015a, 47f.
47. Dartnell, 2015a, p. 193.
48. Cochran e Norris, 2021.
49. Wellerstein, 2021.
50. Roser e Nagdy, 2013.
51. Ord, 2020, p. 26.
52. Ord, 2020, 96f.
53. Roser e Nagdy, 2013.
54. Ver whatweowethefuture.com/notes.
55. Alguns estudos sugerem que um ataque da Rússia aos Estados Unidos mataria de dezenas a centenas de milhões de pessoas, dependendo da estratégia de ataque. A taxa de mortalidade global em uma guerra nuclear total seria maior, mas esses números precisam ser ajustados para populações maiores e arsenais menores (Helfand *et al.*, 2002; Ord, 2020, 334n24). Luisa Rodriguez (2019) estima que, com os arsenais de hoje, uma guerra nuclear total entre a Rússia e a OTAN resultaria em 51 milhões de vítimas fatais.
56. Coupe *et al.*, 2019, Figura 7; Robock *et al.*, 2007, Figura 2.
57. Coupe *et al.*, 2019, Figuras 10 e 12.

58. Robock, 2010. Observe que esses modelos de inverno nuclear são controversos, e alguns sugerem que o resfriamento seria consideravelmente menor. A possibilidade de um inverno nuclear é controversa desde que foi proposta pela primeira vez, na década de 1980 (ver, por exemplo, Maddox, 1984; Penner, 1986). Reisner *et al.* (2018) criticaram estimativas de um inverno nuclear usando modelos climáticos modernos.
59. IFLA, 2021. Mais em whatweowethefuture.com/notes.
60. Roser, 2013c; Rapsomanikis, 2015, p. 9. Cerca de dois terços dos três bilhões de moradores da zona rural dos países em desenvolvimento vivem em cerca de 475 milhões de pequenas propriedades de subsistência, trabalhando em lotes de terra de menos de dois hectares.
61. Robock *et al.*, 2007.
62. Coupe *et al.*, 2019, Figura 9.
63. Shead, 2020.
64. Roser e Ritchie, 2013; Ritchie e Roser, 2020b; US Energy Information Administration, 2021a. Mais em whatweowethefuture.com/notes.
65. Ver Belfield (a ser publicado) e whatweowethefuture.com/notes.
66. Isso ilustra que a baixa população em si não implica colapso civilizacional, mas, como Matthew van der Merwe me fez notar, a comparação não é perfeitamente análoga, pois poderia haver uma grande diferença entre começar com uma população pequena e ter uma população pequena devido a uma catástrofe colossal. Da última vez em que pesei vinte quilos, eu tinha seis anos de idade, e ter esse peso não representava qualquer risco para minha saúde. Mas, se meu peso chegasse a vinte quilos agora, eu com certeza morreria.
67. Doebley *et al.*, 1990, Figura 2.
68. Renner *et al.*, 2021; National Science Foundation, 2020.
69. Dartnell, 2015a, 52f.
70. Allard, 2019.
71. Barclay, 2007; Engelen *et al.*, 2004.
72. Barclay, 2007; Gupta *et al.*, 2019; Perez *et al.*, 2009; Whitford *et al.*, 2013.
73. Balter, 2007.
74. Balter, 2007.
75. Richerson *et al.*, 2001.
76. É verdade que realmente não sabemos quanto tempo teria levado para diferentes civilizações se industrializarem se elas tivessem permanecido isoladas da influência e do colonialismo europeu. Em 1500, apesar de dominarem a agricultura havia milhares de anos, as Américas estavam longe de deter tecnologia industrial. Não sabemos quando, ou mesmo se, teriam se industrializado se não tivessem sido colonizadas pelos europeus. Talvez as sociedades nativas americanas estivessem em um equilíbrio diferente e não buscassem a industrialização, ou talvez a industrialização seja muito difícil de ser alcançada. Ainda assim, dado que o conhecimento dos processos industriais muito provavelmente ainda estaria disponível num mundo pós-colapso, parece que, no todo, haveria menos barreiras para a industrialização de uma sociedade pós-colapso em busca da reindustrialização.
77. Muitos prédios de concreto da Roma antiga sobreviveram, mas o concreto reforçado moderno de fato não é muito durável e começaria a se degradar depois de apenas vinte anos (Alexander e Beushausen, 2019; Daigo *et al.*, 2010).
78. Daigo *et al.*, 2010.
79. Aqui, faço eco ao sentimento de Bill McKibben (2021).
80. IEA, 2020a, p. 195.

81. Hausfather, 2021b; US Energy Information Administration, 2021b.
82. Hausfather, 2020.
83. Kavlak *et al.*, 2018; Sivaram, 2018, Capítulo 2; Roser, 2020b; Ritchie, 2021.
84. Ritchie e Roser, 2020b.
85. McKerracher, 2021, Figura 2.
86. Mohr *et al.*, 2015; Welsby *et al.*, 2021, SI seção 2.
87. Ver whatweowethefuture.com/notes.
88. A maior parte da literatura relativa aos impactos do clima se concentra no impacto num cenário de altas emissões conhecido como "RCP8.5", no qual o aquecimento ao final do século ficaria na faixa de 4 °C a 5 °C (Hausfather e Peters, 2020).
89. Buzan e Huber, 2020, Figura 10; Prudhomme *et al.*, 2014.
90. Sloat *et al.*, 2020; Zabel *et al.*, 2014. O IPCC acredita que um aquecimento local de 5 °C nas regiões temperadas quase não impacta a produção agrícola (IPCC, 2014b, p. 498). Ademais, a produtividade de parte significativa das colheitas alimentícias cresceu por um fator de dois ou três ao longo dos últimos sessenta anos (H. Ritchie e Roser, 2021).
91. Buzan e Huber, 2020.
92. Por exemplo, Ramirez *et al.* (2014) acham que, "nas suposições mais alarmistas possíveis", seu modelo quase atinge 3.300 partes por milhão, um nível de concentração de dióxido de carbono provavelmente fora de alcance a partir dos combustíveis fósseis recuperáveis (ver também Goldblatt e Watson, 2012; Wolf e Toon, 2014).
93. Hansen *et al.*, 2013, p. 17. Popp *et al.* (2016) descobriram que, se as concentrações de dióxido de carbono chegassem a 1.520 partes por milhão, um planeta simulado faria a transição para um estado de efeito estufa úmido. Se queimássemos todos os combustíveis fósseis, então as concentrações de dióxido de carbono chegariam a 1.600 partes por milhão (Lorde *et al.*, 2016, Figura 2). Contudo, o clima inicial do planeta simulado era 6 °C mais quente que o da Terra hoje. Isso significa que a Terra precisaria de uma concentração de dióxido de carbono significativamente mais alta que a do planeta simulado para fazer a transição para uma estufa úmida. Mais em whatweowethefuture.com/notes.
94. O modelo descobriu que o aquecimento ocorreria ao longo de um mês, mas na realidade a transição levaria mais tempo (Schneider, comunicação pessoal, 20 de agosto de 2021; Schneider *et al.*, 2019). Mais em whatweowethefuture.com/notes.
95. Lord *et al.*, 2016, Figura 2. Mais em whatweowethefuture.com/notes.
96. Hausfather, 2019; Voosen, 2019.
97. Foster *et al.*, 2017, Figura 4.
98. Os limites letais para as principais culturas alimentícias se situam entre 40 °C e 50 °C (King *et al.*, 2015). Ainda que alguns locais nos trópicos ultrapassassem esses limites durante parte do ano com 15 °C de aquecimento, isso não aconteceria na América do Norte, Europa e China.
99. A mudança climática também poderia ser um fator de estresse para outros riscos catastróficos, como o risco de guerra. O efeito da mudança climática sobre o conflito é bastante controverso; algumas evidências associam o aquecimento global à elevação dos níveis de conflito civil na África, apesar de a maioria dos pesquisadores de conflitos acreditar que essa é uma força pequena perto de outros fatores, como a capacidade do Estado e o crescimento econômico. Para opiniões opostas a respeito da conexão entre clima e conflito, ver Buhaug *et al.* (2014) e Hsiang *et al.* (2013). Para um levantamento com os principais pesquisadores no tema clima e conflito, ver Mach *et al.* (2019).
100. Lord *et al.*, 2016; Talento e Ganopolski, 2021. Mais em whatweowethefuture.com/notes.

101. A perda de conhecimento após a redução no tamanho da população é conhecida como efeito Tasmânia. Mais em whatweowethefuture.com/notes.
102. Há várias exceções relevantes. Por exemplo, inicialmente a Argentina e o Brasil dependiam principalmente da hidroenergia, do petróleo e do gás e não do carvão, enquanto as Filipinas dependiam principalmente do petróleo, mas depois passaram para outras fontes de energia (Ritchie e Roser, 2020b).
103. Dartnell, 2015b. Ver também Belfield (a ser publicado).
104. Davis *et al.*, 2018.
105. Dartnell, 2015b.
106. J. Ritchie e Dowlatabadi, 2017; Rogner *et al.*, 2012, Seção 7.4.
107. Rogner *et al.*, 2012, Tabela 7.18.
108. Rogner *et al.*, 2012, Tabela 7.18.
109. Banerjee, 2017; BNSF Railway, 2018, p. 14.
110. Entre 1800 e 1850, o mundo usou 44 exajoules de energia (Ritchie e Roser, 2020b). Os 900 milhões de toneladas de carbono em carvão na mina de North Antelope Rochelle equivalem a cerca de 24 exajoules.
111. Em 2010, restavam 7.800 exajoules de energia em reservas de carvão de superfície (Rogner *et al.*, 2012, Tabela 7.18). Entre 1800 e 1980, utilizamos cerca de 7.400 exajoules de combustíveis fósseis (Ritchie e Roser, 2020b).
112. US Energy Information Administration, 2021a. Para todos os países exceto os Estados Unidos, os dados mais recentes das reservas de superfície são de Rogner *et al.* (2012, Tabela 7.18). Para os dados da produção de carvão de superfície, ver Elagina (2021); Geoscience Australia (2016); Huang *et al.* (2017); Mukherjee e Pahari (2019); US Energy Information Administration (2021a).
113. L. Roberts e Shearer, 2021. Deveríamos permanecer incertos quanto à futura demanda por carvão. Até o momento, parte da queda na demanda de carvão foi motivada pela redução do custo do gás natural obtido por fraturamento hidráulico. No entanto, durante o último século, os custos tanto do carvão como do gás flutuaram dentro de uma faixa bastante estreita. Projeções de custos informadas empiricamente sugerem que os preços do carvão e do gás não vão mudar muito no futuro, então não está claro se a mudança do carvão para o gás prosseguirá, sobretudo conforme a demanda global por gás aumentar (Way *et al.*, 2021, Figura 3).
114. Ver whatweowethefuture.com/notes.
115. A parcela exata de emissões de difícil substituição é de 27% (Davis *et al.*, 2018, Figura 2).
116. Ingersoll e Gogan, 2020; Way *et al.*, 2021. Mais em whatweowethefuture.com/notes.
117. Bandolier, 2008.

7. Estagnação

1. Bagdá era a capital do Califado Abássida, considerado por muitos o marco do início da Idade de Ouro Islâmica (Chaney, 2016; *Encyclopedia Britannica*, 2020b).
2. Al-Amri *et al.*, 2016, p. 9; Zhang e Yang, 2020, p. 49; Long *et al.*, 2017; on-line.
3. Dral-Khalili, 2014, Capítulos 7 e 8.
4. Dral-Khalili, 2014; Hasse, 2021; Lyons, 2010; Tbakhi e Amr, 2007.
5. Os pesquisadores discordam quanto à data e até que ponto a desaceleração do progresso científico no mundo islâmico ocorreu. Alguns pesquisadores contemporâneos assumem o posicionamento revisionista de que não houve muita desaceleração do

progresso ou que isso só ocorreu depois do século XII. Mais em whatweowethefuture.com/notes.
6. Chaney, 2016; Kuru, 2019, Parte II.
7. Goldstone, 2002.
8. Morris (2004) afirma que houve um substancial crescimento na renda *per capita* nesse período, embora suas estimativas pareçam demasiado altas (pseudoerasmus, 2015a, 2015b).
9. Para uma perspectiva semelhante na sustentabilidade, ver Bostrom (2014c).
10. Crafts e Mills, 2017; dados brutos da PTF (produtividade total de fatores) de Fernald (2014). O crescimento da produtividade voltou a sofrer leve aceleração no final da década de 1990, com o *boom* da tecnologia da informação. Mas essa acabou se mostrando uma melhora temporária, e desde então o crescimento da produtividade continuou a declinar. Para a questão quanto a se o aparente declínio não passa de uma medição incorreta do progresso recente, ver whatweowethefuture.com/notes.
11. Todo o texto seguinte é de Gordon (2016), exceto menção contrária.
12. Gordon, 2016, p. 57.
13. O'Neill 2021a; Our World in Data, 2019c.
14. Cowen, 2018.
15. Os tipos de mudanças defendidas pelos partidários do fomento ao crescimento, como a melhora da eficiência das instituições científicas, provavelmente teriam poucas chances de alterar a taxa de crescimento de modo permanente (ou seja, para todo o período de mil anos). Nossos melhores modelos de crescimento econômico sugerem que tais "efeitos de crescimento" permanentes são muito pouco prováveis; na verdade, as intervenções teriam um "efeito de nível". É por isso que dou o exemplo da alteração da taxa de crescimento de 1,5% para 2% por cem anos (o que já seria enormemente difícil). Para mais informações sobre efeitos de crescimento *versus* efeitos de nível em modelos de crescimento semiendógenos, os nossos melhores modelos de crescimento, ver Jones (2005).
16. Para trabalhos acerca da teoria do crescimento econômico que consideram, explicitamente, escalas de tempo de vários séculos ou mais, ver, por exemplo, Acemoglu *et al.* (2005); Galor e Weil (2000); Jones (2001); e Kremer (1993). De modo mais amplo, os dois tipos de modelos que podem pelo menos ter esperanças de serem aplicáveis a escalas de tempo tão longas são conhecidos na literatura como modelos de crescimento endógeno ou semiendógeno, respectivamente. Para o trabalho pioneiro do vencedor do prêmio Nobel nessa tradição, ver Romer (1990); para uma revisão recente, ver Jones (2021).
17. Para um panorama, ver o Apêndice B de Davidson (2021b). Em grande parte da literatura, as possibilidades de um crescimento mais rápido que o exponencial e de um crescimento perto de zero são descartadas, pois não se encaixam nos "fatos estilizados" de Kaldor (1957), que descrevem o crescimento observado na era industrial. Para exceções recentes, ver Nordhaus (2021); para o crescimento mais rápido que o exponencial, ver Aghion *et al.* (2019); para o crescimento perto de zero, ver C. Jones (2020).
18. O progresso tecnológico é uma condição necessária para o crescimento econômico sustentado nos modelos de Solow (1956) e Swan (1956), fundamentais para toda a teoria moderna do crescimento. Isso é amplamente reconhecido como ponto-chave. Por exemplo, o popular livro didático de Jones observa que Solow "enfatizou a importância do progresso tecnológico como a suprema força motriz por trás do crescimento econômico contínuo" (Jones, 1998, p. 2).

Vale notar, contudo, que, no contexto da teoria do crescimento, os economistas acadêmicos tendem a operar com uma noção de "tecnologia" muito ampla. Acemoglu (2008), por exemplo, oferece a seguinte ressalva: "Os economistas costumam usar a expressão abreviada 'tecnologia' para capturar fatores distintos do capital físico e humano que afetam o crescimento e o desempenho econômico. Portanto, é importante lembrar que variações na tecnologia entre países incluem não apenas diferenças nas técnicas de produção e na qualidade das máquinas usadas na produção, mas também disparidades na eficiência produtiva ([tais como] as decorrentes da organização de mercado e das falhas de mercado)" (Acemoglu, 2009, p. 19)

19. A melhor projeção de população que conheço é a de pesquisadores do Institute for Health Metrics and Evaluation da Universidade de Washington, realizada para o estudo Global Burden of Disease e publicada em *The Lancet* (Vollset *et al.*, 2020). Eles previram que, se o nível de escolaridade das mulheres e o acesso a contraceptivos continuarem a subir, muito provavelmente a população mundial "atingirá seu pico logo após meados do século e depois declinará de modo consistente até 2100" (p. 1286; ver também a Figura 5, p. 1296, que indica que o declínio previsto é quase exponencial). Em contrapartida, o amplamente citado prognóstico das Nações Unidas (UN, 2019b) referente ao tamanho da população prevê que o crescimento populacional vai desacelerar, mas não parar, antes de 2100; contudo, Vollset *et al.* (2020, p. 1286) apresentam argumentos persuasivos de que essa predição se baseia em uma subestimação da queda das taxas de fertilidade no longo prazo.
20. Isso é implicado tanto pelos modelos de crescimento endógeno quanto pelos semiendógenos (Jones, 2021, p. 27). Para uma análise detalhada de um cenário de crescimento populacional negativo, ver Jones (2020).
21. Ver whatweowethefuture.com/notes.
22. ATLAS Collaboration, 2019; CERN, 2017; Cho, 2012.
23. Bloom *et al.*, 2020.
24. Com base nos dados para a economia agregada, Bloom *et al.* (2020, Tabela 7, p. 1134) estimam um β de aproximadamente 3. Esse parâmetro, num modelo de crescimento semiendógeno, significa que, em equilíbrio, um aumento de 3% em esforços de pesquisa produz um aumento de 1% em avanço tecnológico (Bloom *et al.*, 2020, p. 1135). Mais detalhes sobre o motivo de eu ter escolhido, no texto principal, números correspondentes a um β de 2 encontram-se disponíveis em whatweowethefuture.com/notes.
25. O exemplo é puramente ilustrativo e pretende sinalizar de forma grosseira o tipo de inovação que talvez tenha estado envolvido na primeira duplicação do nível tecnológico. Para uma discussão a respeito de qual "unidade de ideias" é presumida pelo tipo de modelo no qual aqui me baseio, ver Bloom *et al.* (2020, p. 1108).
26. Bloom *et al.* (2021, p. 1105) apontam uma redução da produtividade da pesquisa nos Estados Unidos a um fator de 41 desde 1930. A redução por um fator de quinhentos desde 1800 está baseada em um cálculo informal. Detalhes em whatweowethefuture.com/notes.
27. Bloom *et al.*, 2020, Figura 1, p. 1111.
28. A observação básica de que grande parte de todos os cientistas ainda está viva hoje remonta pelo menos a Derek de Solla Price (1975, p. 176), o "pai da cientometria", que estimou que "80% a 90% de todos os cientistas que já existiram estão vivos hoje". Ver whatweowethefuture.com/notes para saber o motivo de eu considerar um valor um pouco mais conservador.
29. Jones, 2021, Figura 2, p. 15.

30. Jones, 2021, Figura 2, p. 15. A afirmação de que o crescimento populacional também aumenta a renda *per capita* (em vez de contribuir para o PIB apenas aumentando o número de trabalhadores) é precisamente a essência da teoria de crescimento semiendógeno: mais pessoas descobrem mais ideias que, por sua natureza não competitiva, tornam todos mais produtivos.
31. Os geólogos diriam que ainda *estamos* em uma era do gelo – definida por eles como um período no qual há mantos polares de gelo e geleiras na Terra. Mais detalhes e referências quanto à isolação mútua das cinco regiões em whatweowethefuture.com/notes.
32. Kremer, 1993, p. 709. Uma ressalva é que, em 10000 a.C., essas regiões apresentavam diferenças tecnológicas importantes. Por exemplo, não havia agricultura em nenhum outro lugar além da Mesopotâmia (Stephens *et al.*, 2019, Figura S2). Dados os resultados descritos em 1500 d.C., ainda parece correto afirmar, ao invés de diminuírem, as diferenças tecnológicas aumentaram.
33. As fontes diferem quanto aos números exatos para 10000 a.C. e o ano 1 d.C., logo, informo apenas os números aproximados aqui. Para um panorama das diferentes estimativas, ver Our World in Data (2019a).
34. Jones, 2001; Mokyr, 2016.
35. Em 2019, 3,1% do PIB dos Estados Unidos foi gasto em P&D (OCDE, 2021b). Contudo, Jones e Summers (2020, p. 19) sugerem que essa estimativa provavelmente é muito conservadora. Em uma pesquisa citada por eles, empresas relataram que apenas 55% dos custos de inovação foram capturados pelos investimentos em P&D. Além disso, negócios como investimentos de capital de risco em *start-ups* deveriam possivelmente contar como investimentos em P&D, mas isso é apenas em parte capturado pelos números oficiais de P&D. Por isso, ajustei os 3% da OCDE para cima, para dar conta de algumas dessas dinâmicas.
36. UN, 2019b; Vollset *et al.*, 2020, Figura 5, p. 1296.
37. Nas Figuras 7.3 e 7.4, "nascidos vivos por mulher" se aplica mais precisamente à taxa de fertilidade total (TFR, na sigla em inglês). Mais detalhes em whatweowethefuture.com/notes.
38. Banco Mundial (World Bank, 2021b, dados por país em 2019) e Nações Unidas (UN, 2019b, média para os países de alta renda, 2015-2020).
39. *Economist*, 2018; Vollset *et al.*, 2020, Figura 8, p. 1299. Em virtude do chamado impulso populacional, os níveis populacionais podem demorar para refletir variações na taxa de fertilidade. Por exemplo, se uma população vinha crescendo rapidamente antes de a taxa de fertilidade cair abaixo do nível de reposição, a população pode continuar crescendo por algum tempo, já que coortes maiores e posteriores (de meia-idade) substituem coortes menores e prévias (mais velhas). No longo prazo, porém, se as taxas de fertilidade ficarem abaixo dos níveis de reposição, a população encolherá.
40. https://population.un.org/wpp/Download/Standard/Fertility/. Em 2020, a taxa de fertilidade da China pode ter caído para 1,3 (Marois *et al.*, 2021, p. 1) e a da Índia para 2 – pela primeira vez, abaixo da taxa de reposição (NFHS, 2021, p. 3). Resta saber se esses declínios são um efeito temporário da pandemia de covid-19.
41. Vollset *et al.*, 2020, p. 1290ff e Figura 3B, p. 1295. Projeta-se um significativo crescimento populacional também para a Austrália, mas essa é uma anomalia que se deve a uma alta atípica da imigração. Em termos regionais, também se projeta um crescimento populacional contínuo na Ásia Central neste século, mas, no longo prazo, aplicam-se os mesmos comentários referentes à África.
42. Vollset *et al.*, 2020, Figura 5, p. 1296; Bricker e Ibbitson, 2019.
43. Vollset *et al.*, 2020, Figura 3, p. 1295.

44. Vollset *et al.*, 2020, p. 1285 e 1290ff.
45. Ver whatweowethefuture.com/notes.
46. Walker, 2020; Witte, 2019; OCDE, 2020; Szikra, 2014, p. 494-495.
47. World Bank, 2021a.
48. Ver também Jones, 2021, Seção 6.2.
49. No Capítulo 4, apresentei um panorama de diversas linhas de evidência para o tempo até a implantação da AGI (pesquisas dos especialistas: Grace *et al.*, 2016; Zhang *et al.*, 2021; comparações com sistemas biológicos: Cotra, 2020; previsão de classe de referência: Davidson, 2021a). Concentrei-me na observação de que todos eles concordam que é pelo menos plausível o desenvolvimento da AGI em breve – talvez uma probabilidade de 10% até 2036 e de 50% até 2050. Contudo, isso não significa estabelecer que devemos esperar a AGI neste século com muita confiança: a estimativa baseada na classe de referência de Davidson (2021a) é que "pr(AGI até 2100) varia de 5% a 35%, com minha estimativa central em torno de 20%"; Cotra (2020, Parte 4, p. 17) conclui que ela mesma pode se imaginar "chegando a uma conclusão que atribui uma taxa de probabilidade de ~60% a ~90% para o desenvolvimento da TAI [uma noção similar à AGI] neste século"; e tamanha foi a discordância entre os especialistas pesquisados por Grace *et al.* e Zhang *et al.* que vários acharam ser menos provável o surgimento da AGI dentro de cem anos, e mesmo olhar para a previsão média em vez de focar nos pessimistas entre os respondentes sugere uma probabilidade de no mínimo 25% de a AGI estar a mais de cem anos de distância. Para as opiniões qualitativas dos especialistas concernentes aos desafios que restam no caminho até a AGI, ver Cremer (2021).
50. Um dos autores de um estudo referente à clonagem de macacos, Mu-Ming Poo, disse em 2018 que "tecnicamente, não há barreiras para a clonagem humana" (citado no livro de Cyranoski, 2018, p. 387).
51. Bouscasse *et al.*, 2021.
52. Sugeri, anteriormente, que a AGI fornece um mecanismo pelo qual a cristalização de valores morais pode se tornar permanente. Mas nesse período de estagnação ainda não teríamos a AGI – pois, se a tivéssemos, não estaríamos estagnados. Sem a AGI, ainda é possível esperar mudanças culturais ao longo de muitos milhares de anos. Com o tempo, acabará surgindo uma cultura que promova o reinício do crescimento.
53. Ver, por exemplo, o volume publicado por Neilson (2005) a respeito do "argumento Stark" – a discussão de Rodney Stark (1984, p. 18) de que "os mórmons... em breve alcançarão um número de membros em todo o mundo comparável ao do islamismo, budismo, cristianismo, hinduísmo e outras crenças mundiais dominantes". Observe, contudo, que o argumento de Stark se fundamenta mais nos esforços missionários bem-sucedidos dos mórmons do que em sua extraordinária taxa de fertilidade: "Uma das razões para o crescimento dos mórmons é que sua taxa de fertilidade é suficientemente alta para compensar tanto a taxa de mortalidade quanto de deserção. Porém, uma razão ainda mais importante é a rápida taxa de conversão. Na realidade, a maioria dos mórmons hoje não nasceu nessa fé, mas foi convertida" (Stark, 1984, p. 22). Kaufmann (2010, p. 30) indica que esse fato ainda era verdadeiro em tempos recentes, mas também observa que "o crescimento endógeno [i.e., em razão das altas taxas de natalidade] costuma ser mais durável" porque "a rápida conversão costuma ser acompanhada pelo rápido abandono".
54. Perlich, 2016.
55. Arenberg *et al.*, 2021, p. 3-5.
56. Makdisi, 1973, p. 155-168; Gibb, 1982, p. 3-33; Bisin *et al.*, 2019.
57. Ver whatweowethefuture.com/notes.

58. Com efeito, retornar a um tamanho populacional suficiente para impulsionar o progresso tecnológico demoraria tanto que não haveria nenhuma recompensa imediata para o aumento da população proveniente de inovações tecnológicas – o crescimento populacional só tornaria um país mais rico em centenas de anos. Então, o aumento populacional precisaria ocorrer por razões distintas do simples incentivo econômico.
59. Para a declaração clássica desse argumento, ver Bostrom (2003). Ver também Christiano (2013).
60. Friedman, 2005.
61. Observe que essa consideração também é relevante para a discussão do colapso civilizacional. Se a civilização entrasse em colapso, mesmo se acabássemos por nos recobrar, o mundo seria guiado por valores muito diferentes dos atuais.
62. Ord, 2020, Tabela 6.1.
63. Observe que o risco incorrido durante esse período de estagnação seria meramente suplementar. Depois de emergirmos da estagnação, ainda teríamos de lidar com todo o risco incorrido no período anterior caso houvéssemos evitado a estagnação (por exemplo, o risco advindo de futuras tecnologias).

Parte IV. Avaliar o fim do mundo
8. É bom gerar pessoas felizes?

1. Obtive as informações para esta seção com conhecidos e em Dancy (2020); Edmonds (2014); Srinivasan (2017); McMahan (2017 e em correspondência pessoal datada de 12 de outubro de 2021) e MacFarquhar (2011). Janet Radcliffe-Richards, mulher de Parfit, também uma eminente filósofa moral, comentou certa feita: "Derek não faz ideia do que é um prédio sem um econômo e um tesoureiro doméstico" (citado por Edmonds, 2014).
2. Censo escolar, 2021.
3. Colson, 2016.
4. Essa prática cessou há poucos anos (ASC, 2021).
5. MacFarquhar, 2011.
6. Os moístas, pertencentes a uma das escolas de pensamento chinês apresentadas no Capítulo 4, argumentavam que o bem consistia em prosperidade material, uma grande população e ordem social e política. Contudo, não discutiram os benefícios intrínsecos e instrumentais nem os custos do aumento da população, portanto não se envolveram com a ética populacional no sentido pelo qual me interesso aqui (Fraser, 2020; correspondência pessoal, 11 de outubro de 2021). Mais detalhes a respeito da história da ética populacional estão disponível em whatweowethefuture.com/notes.
7. Parfit, 1984, p. 453.
8. Parfit, 2011, p. 620.
9. Narveson, 1973, p. 80.
10. Broome, 2004, Capítulo 10. Krister Bykvist foi meu outro supervisor.
11. Broome, 2004, Prefácio. Confirmado em comunicação pessoal (25 de novembro de 2021).
12. Huemer, 2008, Seção 4.
13. Caviola *et al.*, 2022.
14. Parfit, 1984, Capítulo 16.
15. A situação é um pouco diferente para os processos de fertilização *in vitro* (FIV). Mais em whatweowethefuture.com/notes.

16. "Quando as pessoas falam em viajar para o passado, preocupam-se em mudar radicalmente o presente fazendo algo pequeno, mas quase ninguém no presente de fato acha que pode mudar radicalmente o futuro fazendo algo pequeno." Agradeço ao fórum r/Shower-thoughts do Reddit e tiro o chapéu para Brian Christian. (A citação é do usuário u/MegaGrimer, 2 de dezembro de 2017; pensamento bastante similar foi postado por u/kai1998 em 5 de novembro de 2016.)
17. Supondo que uma pessoa comum concebe única criança em seu tempo de vida, então um evento de concepção ocorre cerca de uma vez a cada 29 mil pessoas-dia.
18. Broome, 2004, Capítulo 10; Greaves, 2017.
19. Roberts, 2021.
20. Parfit, 1984, p. 378-441.
21. Broome, 1996, Seção 4. Por exemplo: "Se o crescimento populacional e do PIB *per capita* são totalmente independentes, taxas de crescimento populacional mais elevadas claramente levariam a um aumento das taxas de crescimento econômico. Ainda seria verdade que, como comentado por Piketty (2014), só o crescimento do PIB *per capita* propiciaria melhorias no bem-estar econômico" (Peterson, 2017, p. 6). Ord (s.d.) discute outros exemplos.

    Caviola *et al.* (2022, p. 13, seção 14.1.2.) perguntaram aos participantes quais civilizações, entre diversas, consideravam melhores. Por exemplo, perguntaram: "A Civilização A tem quatro mil pessoas com nível de felicidade +60... A Civilização B tem seis mil pessoas com nível de felicidade +40... Qual das duas civilizações é melhor?". Em média, os entrevistados consideraram a Civilização A melhor, embora ambas tenham o mesmo bem-estar total – isto é, os participantes se preocuparam com a média de bem-estar das duas civilizações.
22. Uma versão alternativa da visão média considera o bem-estar médio de cada geração em determinada época e considera que um mundo é melhor se ele tem uma soma mais alta de bem-estar médio de todas as gerações. Essa, repito, é uma visão às vezes adotada (implícita ou explicitamente) por economistas. No entanto, ela também tem graves problemas. Por exemplo, se pudéssemos escolher, na próxima geração, entre uma população de dez milhões de pessoas com nível de bem-estar –100 e uma população com os mesmos dez milhões de pessoas, acrescentando mais dez bilhões com bem-estar – 99,9, essa visão recomendaria esta última, pois a média de bem-estar seria maior (Ord, s.d.).
23. Huemer, 2008, Seção 6.
24. Parfit, 1984, Capítulo 17.
25. Parfit, 1986, p. 148.
26. Parfit, 2016, p. 118.
27. Zuber *et al.*, 2021.
28. Arrhenius, 2000.
29. Blackorby e Donaldson, 1984; Blackorby *et al.*, 1997; Broome, 2004.
30. Há uma versão alternativa da teoria do nível crítico na qual o acréscimo de vidas situadas entre zero e o nível crítico não é ruim, mas sim neutro. Isso poderia ser demonstrado de várias maneiras, mas uma forma natural é dizer que, se duas populações diferem única e exclusivamente na medida em que uma delas tem uma vida acrescentada situada entre zero e o nível crítico, as duas populações são incomparáveis em valor (isto é, nenhuma é melhor que a outra, nem são igualmente boas). Uma forma de expressar isso é dizer que estão parelhas, "*on a par*" (Chang, 2002). Para manter essa discussão administrável, neste capítulo deixei de lado a incomparabilidade e a paridade: presumo que a relação "é no mínimo tão boa quanto" é logicamente completa.

31. Greaves, 2017, Seção 4.
32. MacAskill *et al.*, 2020.
33. Greaves e Ord, 2017. Meus colegas Teruji Thomas e Christian Tarsney (2020) demonstraram que, na prática, outras teorias de ética populacional convergem para a visão de nível crítico em suas implicações.
34. Yglesias, 2020, p. 52.
35. Wynes e Nicholas, 2017.
36. Ord, 2014.
37. Obtive o número de vinte bilhões de galáxias no livro de Ord (2020, p. 233). Para uma discussão esclarecedora do que queremos dizer com o (atual) "universo afetável" – e de como essa noção difere de conceitos similares, como a de universo observável, universo por fim observável e universo em última instância observável – ver Ord (2021).
38. Para mais informações a respeito dessa ideia, ver Armstrong e Sandberg (2013).

9. O futuro será bom ou ruim?

1. Se os invertebrados também são senscientes, então sua vida senciente seria enormemente expandida: você viveria por cem mil trilhões de trilhões de anos. Agora, seu tempo como vertebrado seria uma minúscula fração de todas as suas experiências, e você passaria a maior parte de seu tempo como nematódeo, também conhecido como vermes redondos, que vivem na água e no solo.
2. O primeiro fóssil vertebrado é do gênero *Myllokunmingia*, de cerca de 520 milhões de anos, mas há alguns outros candidatos entre ancestrais cordados (Shu *et al.*, 1999; Donoghue e Purnell, 2005, Quadro 2).
3. Para estimativas dos números no experimento mental "senciência como uma única vida", ver whatweowethefuture.com/notes.
4. Schopenhauer, 1974, p. 299.
5. Benatar, 2006, p. 164. Sou grato a Andreas Mogensen por me indicar as declarações citadas de Schopenhauer e Benatar, e de modo mais abrangente pelas altamente esclarecedoras conversas sobre o conteúdo deste capítulo.
6. Parfit, 2011, p. 616-618.
7. Organização Mundial da Saúde, 2021a.
8. Our World in Data, 2021a.
9. A renda média anual global é de US$ 2.438,00 ao ano. No Reino Unido, a renda média de um empregado em tempo integral é de £ 31.772,00 (Francis-Devine, 2021).
10. Crisp, 2021.
11. Diener *et al.*, 2018a.
12. Um quarto são pesquisas que questionam as pessoas quanto ao balanço de emoções positivas e negativas em sua vida. Deixei essas pesquisas de lado por me parecerem particularmente inúteis, pois não ponderam pela intensidade do afeto.
13. Instrumento de avaliação conhecido como Escada de Cantril.
14. Diener *et al.*, 2018a; Diener *et al.*, 2018b, p. 168. Suas conclusões sobre o afeto positivo foram mais otimistas, tendo descoberto que "74% dos entrevistados... tiveram mais sentimentos positivos... que negativos 'no dia anterior', enquanto apenas 18%... tiveram mais sentimentos negativos... do que positivos 'no dia anterior'". Contudo, esses resultados são especialmente difíceis de interpretar: a medida de "mais sentimentos positivos do que negativos" foi fornecida tomando a média do número de respostas "sim" a duas perguntas de afeto positivo (se as pessoas sorriram ou riram e se sentiram

alegria na maior parte do dia anterior) e subtraindo o número médio de respostas "sim" a quatro perguntas de afeto negativo (se as pessoas sentiram preocupação, tristeza, depressão e raiva na maior parte do dia anterior). Só podemos dizer que o balanço de afetos foi positivo se assumirmos que a intensidade dos afetos positivos e negativos relatados foi igual, na média. Isso, contudo, não parece uma boa motivação: por exemplo, a intensidade de afeto positivo necessário para sorrir ou rir uma vez durante um dia parece bem menor que a intensidade do afeto negativo necessário para alguém dizer que se sentiu deprimido durante o dia.

15. Ng 2008.
16. Isso é conhecido como "efeito do grupo de referência" (Credé *et al.*, 2010).
17. Ponocny *et al.*, 2016, Tabela 3. Cabe notar que isso é diferente de "adaptação hedônica", que ocorre quando, depois de um acaso nas circunstâncias externas da vida, alguém retorna a seu estado emocional interior prévio e estável. Por exemplo, alguém que feriu permanentemente a perna em um acidente pode, a princípio, sentir-se infeliz, mas com o tempo pode adaptar-se de modo hedônico à nova condição e voltar ao nível de felicidade anterior ao acidente. Do mesmo modo, alguém que recebe uma promoção pode, a princípio, ficar mais feliz, mas, após mais ou menos um ano, retorna a seu estado anterior.
18. Ghana, Kenya: Redfern *et al.*, 2019, 92f; UK: Peasgood *et al.*, 2009, p. 7-11.
19. Helliwell *et al.*, 2017, p. 14, Figura 2.1, mostra que cerca de 5% da população mundial relata um nível de satisfação com a vida de 0 ou 1, e outros 5%, de 2. Mais detalhes em whatweowethefuture.com/notes.
20. Ortiz-Ospina e Roser, 2017.
21. Haybron, 2008, p. 214-221.
22. Johansson *et al.*, 2013.
23. Killingsworth *et al.*, 2020.
24. Uma possível limitação desse estudo é que ele pode, em parte, simplesmente aferir a impaciência das pessoas em iniciar a próxima experiência, mais que seu julgamento de que uma experiência não vale a pena de jeito nenhum. Posso querer pular o trajeto de carro até um parque temático, mesmo gostando do passeio de carro, por preferir o parque temático. Embora, nesse caso, o impulso de pular uma etapa seja bastante natural, também é irracional. Quer eu pule ou não o trajeto de carro, ainda terei a experiência do parque temático, logo, se eu pular, tudo o que estou fazendo é me privar de uma experiência positiva – com efeito, estou reduzindo minha expectativa de vida acordado por um benefício zero. Contudo, por algumas razões, não parece que é isso que está acontecendo aqui.

Primeiro, o estudo menor, que usou o método de reconstrução retrospectiva do dia, descobriu que as pessoas pulavam uma porção de tempo semelhante à do estudo maior, com amostra de experiências. Mas a impaciência plausivelmente não está em ação quando avaliamos, retrospectivamente, quais experiências preferíamos ter pulado. Segundo, se é verdade que as pessoas querem passar para a próxima experiência desde que essa seja melhor, então o método de pular etapas não aferiria o valor absoluto de diferentes experiências, mas sim sua classificação relativa para uma determinada pessoa. Levado ao extremo, esse argumento preveria que tanto os felizes quanto os infelizes pulariam o mesmo número de experiências. No entanto, os dados mostram o contrário. A porcentagem de pular etapas está altamente correlacionada com quão felizes as pessoas são em média: quanto mais feliz, menos querem pular etapas. Isso sugere que o método de pular etapas não está monitorando a impaciência para chegar à próxima e relativamente melhor experiência; ao contrário, está monitorando algum julgamento

das pessoas quanto a se vale a pena viver uma experiência (Matt Killingsworth, comunicação pessoal, 28 de setembro de 2021).
25. E, com base nas correspondências pessoais com eles (24 de dezembro de 2020; 29 de dezembro de 2020; 31 de dezembro de 2020; 3 de janeiro de 2021; 4 de janeiro de 2021), os autores têm pensamentos similares.
26. Bertrand e Kamenica, 2018.
27. Caviola *et al.*, 2021.
28. Ortiz-Ospina e Roser, 2017.
29. Easterlin, 1974.
30. Easterlin e O'Connor, 2020.
31. Stevenson e Wolfers, 2008.
32. O eixo vertical na Figura 9.1 diz respeito a respostas à seguinte pergunta (na versão inglesa): "Por favor, imagine uma escada com degraus numerados de 0 na base até 10 no topo. O topo da escada representa a melhor vida possível para você, e a base da escada, a pior vida possível. Em qual dos degraus da escada você acredita estar neste momento?" (Helliwell *et al.*, 2021, p. 1).
33. Chan, 2016.
34. O segredo de Lustig é reinvestir seus ganhos: "[Jogar na loto] é igual a qualquer investimento", disse Lustig em uma entrevista. "Você tem de investir dinheiro para conseguir ganhar alguma coisa. A maioria compra um bilhete de US$ 1 e, quando ganha US$ 10, embolsa os US$ 10." Essas pessoas estão jogando errado, diz. Em vez disso, aconselha ele, se você ganha US$ 10, deveria comprar bilhetes no valor de US$ 11, porque, "se perder, só terá perdido US$ 1". Não está claro se os ganhos líquidos de Lustig são positivos ou negativos (Little, 2010). Lustig também lançou um software, Lottery Maximiser, vendido por US$ 97, e um curso on-line, o Lottery Winner University.
35. Oswald e Winkelmann, 2019. Segundo pesquisas prévias, vencer a loteria exercia um efeito pequeno, mas a pesquisa usou uma amostragem menor que a usada por Oswald e Winkelmann.
36. Para a definição e história da extrema pobreza, ver a nota 16 do Capítulo 1.
37. Clark *et al.*, 2016.
38. Stevenson e Wolfers, 2008.
39. Roser e Nagdy, 2014.
40. Dahlgreen, 2016.
41. Mummert *et al.*, 2011.
42. Esse argumento ganhou especial proeminência na década de 1970, com a noção de uma "sociedade original afluente" de Marshall Sahlins (1972). O argumento de Sahlins é controverso (ver, por exemplo, Kaplan, 2000). Para uma concepção mais pessimista da qualidade de vida na era pré-agrícola, ver Karnofsky (2021e).
43. Kelly, 2013, p. 12-14.
44. Kelly, 2013, p. 243ff. Ver também Marlowe, 2010, p. 43ff.
45. Marlowe, 2010, p. 67f.
46. National Geographic Society, 2019. Referências acerca da dieta em whatweowethefuture.com/notes.
47. Frackowiak *et al.*, 2020, Tabela 4. Ver também Biswas-Diener *et al.*, 2005. Williams e Cooper (2017) descobriram que os participantes rurais Himba, praticantes de um estilo de vida tradicional seminômade pastoral, apresentam pontuações maiores na escala de satisfação com a vida que a amostragem dos participantes britânicos.
48. Kelly, 2013, Capítulo 10.
49. Kelly, 2013, Tabela 7.8.

50. Por exemplo, Turnbull, 2015; Everett, 2008; Marlowe, 2010; Lee, 1979; Rival, 2016; Suzman, 2017.
51. Volk e Atkinson, 2013, Tabela 1; Our World in Data, 2018b.
52. UK Office for National Statistics, 2019.
53. Para um panorama, ver Kelly (2013, Capítulo 7). Para argumentos favoráveis, ver Pinker (2012). Para argumentos contrários, ver Lee (2018); Fry (2013).
54. Our World in Data, 2020d.
55. Christensen *et al.*, 2018.
56. Esses dados são do banco de dados da FAOSTAT, mantido pela Organização das Nações Unidas para Agricultura e Alimentação (FAO, na sigla em inglês), resumidos por Šimčikas (s.d.).
57. Um número muito maior de peixes morre antes de ser abatido.
58. Ver, por exemplo, Humane Society of the United States, 2009, 2013.
59. Com base nos registros oficiais das fábricas de abate inspecionadas pelo governo federal nos Estados Unidos, 440 mil frangos foram escaldados vivos nesse país em 2019. Tendo em vista que os Estados Unidos consomem um sétimo da carne de todo o mundo e apresentam padrões de bem-estar acima da média, milhões de frangos morrem dessa maneira todo ano em todo o mundo (National Agricultural Statistics Service, 2021).
60. Outros animais criados em cativeiro têm destinos ainda piores, como os patos e gansos criados para o preparo de *foie gras*: "Os patos e gansos são alimentados à força por meio de um tubo comprido inserido até seu esôfago e que deposita uma quantidade absurda de comida direto em seus estômagos... As aves criadas para a obtenção de *foie gras* podem sofrer de um número expressivo de problemas de saúde, dentre eles frustração do comportamento natural, ferimentos, enfermidades no fígado, claudicação e doenças dos tratos respiratórios e digestivos, além de altas taxas de mortalidade em comparação com os patos não alimentados à força" (Humane Society of the United States, 2009, p. 2).
61. Compassion in World Farming, 2021.
62. Animal Charity Evaluators, 2020, Apêndice, Tabela 4.
63. Compassion in World Farming, 2009, p. 12.
64. Mood e Brooke, 2012, p. 22f; Poli *et al.*, 2005, p. 37.
65. Compassion in World Farming, 2021.
66. Entre as raras exceções está Bailey Norwood, que no livro *Compassion by the Pound* [Compaixão por libra, em tradução livre] afirma que a maioria dos frangos de corte apresenta bem-estar positivo. O coautor do livro, Jayson Lusk, não compartilha da mesma opinião (Norwood e Lusk, 2011, Capítulo 8).
67. Para uma resenha acerca desse assunto, ver Schukraft (2020).
68. Bar-On *et al.*, 2018, p. 6507, Figura 1.
69. Polilov, 2008, p. 30; Menzel e Giurfa, 2001, p. 62; Olkowicz *et al.*, 2016, Tabela S1; Azevedo *et al.*, 2009.
70. Observe que isso só é verdadeiro se excluirmos os invertebrados. Se incluídos e se considerada a contagem simples por neurônios, concluiríamos que devemos concentrar toda nossa atenção nos nematódeos.
71. Bar-On *et al.*, 2018, Informação suplementar p. 36f.
72. Bar-On *et al.*, 2018, Figura 1.
73. Bar-On *et al.*, 2018, Informação suplementar p. 34-36.
74. Triki *et al.*, 2020, p. 3, pressupondo que metade das células cerebrais sejam neurônios.
75. Houde, 2002, p. 68f. A carpa comum pode viver até 38 anos, e os sirulos, até os oitenta anos (Froese e Pauly, 2021ab).
76. Houde, 2002, Seção 3.3.

77. Algumas pessoas até argumentam que muitos animais em cativeiro levam vidas melhores que os animais em liberdade. Vários estudos demonstraram que os animais selvagens apresentam níveis mais altos de cortisol, o hormônio do estresse, que os domesticados (Wilcox, 2011; Davies, 2021, p. 307-313).
78. Essa também foi a descoberta de um trabalho recente sobre a saúde dos animais silvestres (Groff e Ng, 2019, p. 40). No capítulo anterior, sugeri que, sob incerteza moral, deveríamos seguir algo próximo à visão do nível crítico da ética populacional. Se isso estiver correto, então deveríamos considerar uma coisa ruim a existência da maioria dos animais silvestres. Ainda que esses animais tenham vidas com bem-estar positivo, parece bastante improvável que tenham vidas suficientemente boas para se situarem acima do nível crítico de bem-estar.
79. Bessei, 2006, p. 10; Berg *et al.*, 2000, p. 36; Knowles *et al.*, 2008, Tabela 1.
80. Bar-On *et al.*, 2018, p. 6508.
81. Christensen *et al.*, 2014; Bar-On *et al.*, 2018.
82. Ritchie e Roser, 2021a; Dirzo *et al.*, 2014, p. 401-406; Tomasik, 2017, 2018.
83. Hurka, 2021; Brennan e Lo, 2021.
84. Ritchie e Roser, 2021c.
85. Ritchie e Roser, 2021a; McCallum, 2015, 2512.
86. Roser, 2013a.
87. Roser, 2013d.
88. Russell, 2010, p, 1.
89. Citado em Yarmolinsky, 1957, p. 158.
90. Esse parágrafo se baseia em uma excelente postagem de *blog* feita por Althaus e Baumann (2020).
91. Chang e Halliday, 2006, Capítulos 8, 23, 48.
92. Glad, 2002, p. 14.
93. Agradeço a Carl Shulman por chamar minha atenção para esse ponto.

Parte V. Mãos à obra
10. O que fazer

1. Essa seção se baseia em Núñez e Sweetser (2006). O aimará é a exceção à regra mais bem estudada, mas pode haver outras. De acordo com um estudo, em vietnamita, o tempo pode se aproximar de trás e "continuar seguindo em frente" para o passado (Sullivan e Bui, 2016). Os Yupno representam o tempo como subindo e descendo colinas, e o povo Pormpuraawan o conceitua como correndo do oeste para o leste (Núñez *et al.*, 2012; Boroditsky e Gaby, 2010).
2. *Encyclopedia Britannica*, 2016. Há mais de um milhão de membros do povo aimará na Bolívia (Instituto Nacional de Estadística, 2015, Quadro 7), quinhentos mil no Peru (Instituto Nacional de Estadística e Informática, 2018, Quadro 2.69), 150 mil no Chile (Instituto Nacional de Estadísticas, 2018, p. 16), e vinte mil na Argentina (Instituto Nacional de Estadística y Censos, 2012, p. 281).
3. De fato, é plausível que a língua aimará tenha essa metáfora conceitual idiossincrática porque em geral incorpora uma forte distinção gramatical, marcada pela inflexão verbal ou sintaxe, entre o conhecimento adquirido por intermédio da percepção direta e o conhecimento adquirido por transmissão. É quase impossível afirmar algo na língua aimará sem indicar sua fonte.
4. Clarke *et al.*, 2021ab. A frase exata era "Considerando uma catástrofe existencial em

função da ocorrência da IA, favor estimar a probabilidade de que esse cenário ocorra" para cada um dos seis cenários mencionados.
5. Clarke *et al.*, 2021a.
6. Muehlhauser, 2021.
7. Rumsfeld, 2002.
8. CNN, 2003.
9. Dartnell, 2015a, p. 53f. A organização ALLFED (https://allfed.info) vem trabalhando no desenvolvimento de produção de alimentos que não exija a luz do sol.
10. Uma pesquisa realizada em 2021 para descobrir o número de pesquisadores e os principais institutos na área de inteligência artificial chegou a 135 pesquisadores, portanto 120 é um limite inferior plausível (Clarke *et al.*, 2021ab). O principal investidor na área é a Open Philanthropy, que doa dezenas de milhões à área todos os anos (ver o banco de dados de doações em Open Philanthropy, 2021).
11. Para uma lista mais extensa de tópicos, ver a lista de pesquisas da GPI em https://globalprioritiesinstitute.org/research-agenda/.
12. Os CFCs eram os maiores contribuidores para o problema do ozônio, mas outras substâncias também destruidoras da camada de ozônio eram igualmente importantes (Ritchie e Roser, 2018a).
13. Apenas a empresa DuPont controlava um quarto do mercado global de CFC, e o mercado global era dominado por apenas cinco empresas. O mercado valia apenas US$ 600 milhões. Em termos comparativos, o mercado de combustíveis fósseis vale trilhões (Falkner, 2009, p. 52). Os substitutos do CFC aumentaram os custos no curto prazo em apenas 2% a 3% (US National Academy of Sciences, 1992).
14. Molina e Rowland publicaram pela primeira vez seu estudo relativo à conexão entre os CFCs e a camada de ozônio em 1974, e, posteriormente, ganharam o prêmio Nobel de Química. O Protocolo de Montreal passou a vigorar em 1989 (Ritchie e Roser, 2018a). Hoje, as emissões de CFCs e outras substâncias destruidoras da camada de ozônio caíram para quase zero. O buraco na camada de ozônio se estabilizou na década de 1990 e começou a diminuir por volta de 2005 (Ritchie e Roser, 2018a).
15. Para um resumo dos desafios da economia política das mudanças climáticas, ver Cullenward e Victor (2020).
16. Em 2019, os gastos filantrópicos globais com as mudanças climáticas foram de US$ 5 bilhões a US$ 9 bilhões (Roeyer *et al.*, 2020). Para os recursos despendidos pelos governos e empresas, ver relatório das Nações Unidas (UN, 2021a). Cerca de um terço dos jovens nos Estados Unidos considera a mudança climática sua maior preocupação pessoal (Tyson *et al.*, 2021).
17. Wynes e Nicholas, 2017, Supplementary Materials 4, Figura 17.
18. Ritchie e Roser, 2018b.
19. Wynes e Nicholas, 2017, Supplementary Materials 4.
20. Observe que esse é o consumo de emissões *per capita*. Essa é a quantidade de dióxido de carbono liberada quando compramos produtos produzidos no exterior que usam energia fóssil. Para o Reino Unido, esse número é de 7,7 toneladas de dióxido de carbono anual *per capita* (Ritchie, 2019).
21. Se esses números parecem inacreditavelmente baixos, levando em conta o valor altíssimo necessário para reduzir as emissões, considere que são o resultado da alavancagem de vários multiplicadores de impacto, a saber: o uso da advocacia climática para melhorar a alocação de recursos governamentais, o uso da advocacia climática em prol de tecnologias climáticas que seriam negligenciadas e o uso da inovação para descobrir soluções que possam ser implementadas globalmente. Em 2018, o Founders Pledge

estimou que a Força-Tarefa pelo Ar Limpo evitou uma tonelada de dióxido de carbono por cerca de US$ 1 a tonelada e previu que a relação custo-eficácia de seus futuros projetos seria ainda mais elevada (Halstead, 2018a, seção 3.2).
22. Van Beurden, 2019.
23. Wiblin, 2020; Edlin *et al.*, 2007.
24. Schein *et al.*, 2020; Green e McClellan, 2020.
25. Quoidbach *et al.*, 2013, Supplementary Materials 6; Orr, 2015.
26. Wiblin e Harris, 2019.
27. Todd, 2021a, baseado em Daniel e Todd, 2021.
28. Todd, 2021b, n1.
29. Ver também Karnofsky, 2021a.
30. BBC, 2021.
31. Yan, 2021.
32. MacAskill *et al.*, 2020.
33. Gerbner, 2007.
34. Ford, 2010.
35. *Encyclopedia Britannica*, 2020f. A Lei da Representação do Povo deu o direito ao voto às mulheres britânicas em 1918. Contudo, embora todos os homens acima de 21 anos pudessem votar, a idade mínima para as mulheres era de trinta anos e elas precisavam cumprir exigências relativas à propriedade. Apenas em 1928 foram concedidos direitos iguais de sufrágio a homens e mulheres (UK Parliament, 2021a).
36. Vale observar que essa é uma fração da implantação da capacidade solar, e não da geração solar propriamente dita (Sivaram, 2018, p. 36).
37. Our World in Data, 2019h.
38. O efeito do ativismo ambiental na Alemanha, contudo, não foi 100% positivo. Os verdes defendiam não só maior apoio à energia solar, mas a total desativação da energia nuclear, o que causou grandes danos ao clima, pois a energia nuclear foi substituída em grande parte pelo carvão. Segundo algumas estimativas, por causa da poluição adicional do ar, mais 1.100 mortes ocorrem ao ano devido a essa decisão política (Jarvis *et al.*, 2019).
39. UN, 2021b. O livro *The Precipice* [O precipício, em tradução livre], de Toby Ord (2020), está entre essas referências.
40. A demanda por *energia útil*, definida por Way *et al.* (2021, p. 9) como "a porção da energia final usada para realizar serviços de energia, como aquecimento, iluminação e energia cinética", cresceu historicamente 2% ao ano. Como os combustíveis fósseis desperdiçam muita energia em comparação com a eletricidade renovável, a oferta de eletricidade de baixo carbono talvez não precise crescer 2% ao ano para atender à demanda crescente por energia útil.
41. Pirkei Avot 1:14, como citado em Carmi (s.d.).
42. Roser, 2013.

Epílogo

1. Welch *et al.*, 2018.
2. Por exemplo, em 2021 a Bipartisan Commission on Biodefense, painel de autoridades governamentais norte-americanas do alto escalão, identificou os "equipamentos de proteção individual de nova geração" como uma das prioridades tecnológicas (Bipartisan Commission on Biodefense, 2021).
3. Union of Concerned Scientists, 2015.

4. Ritchie e Roser, 2023.
5. Tong *et al.*, 2021.
6. Rudner e Toner, 2021
7. Segundo a organização 80.000 Hours, alguns dos problemas globais mais relevantes recebem atenção inferior a 1% se comparados a outros (Todd, 2021).

Apêndices

1. Greaves e MacAskill, 2021.
2. Mogensen, 2020. Sobre probabilidades ínfimas, ver Beckstead e Thomas (2021); Tarsney (2020a); Wilkinson (2020, a ser publicado); e Bostrom (2009); e, para uma discussão acessível, ver Kokotajlo (2018). Quanto a agir diante de evidências ambíguas, ver Lenman (2000); Greaves (2016); Mogensen (2021); Tarsney (2020b [2019]); e Cowen (2006).
3. Ord, 2020. Ver também Bostrom, 2002, 2013.
4. Mais tarde falarei de p e q como mundos possíveis, mas de fato tudo o que é necessário é que $V_s(p)$, $V_s(q)$, $T_s(p)$ e $T_s(q)$ sejam bem definidos. Isto é, p e q podem também ser proposições que especifiquem (pelo menos) por quanto tempo o mundo ficaria no estado s e com quanto valor isso contribuiria. (Tais proposições poderiam, por sua vez, ser resgatadas como séries de mundos possíveis nos quais elas são verdadeiras, embora para tanto não seja exigido o uso da estrutura SPC.)
5. Uso esse exemplo como ilustração, embora o argumento de que os teclados QWERTY sejam exemplo da cristalização de valores negativos pareça espúrio. É costume argumentar que o layout do QWERTY foi projetado visando desacelerar o ritmo dos usuários de máquinas de escrever a fim de evitar que as teclas ficassem presas, mas isso não passa de lenda urbana. E as evidências da superioridade do teclado Dvorak são escassas; na verdade, a fama desse teclado parece ser, em larga escala, fruto de propaganda e estudos tendenciosos feitos pelo próprio August Dvorak (Liebowitz e Margolis, 1990).
6. Aqui, assumo que o valor contribuído por Dvorak sendo o padrão no período 4 é o mesmo nos mundos X e O (ver a tabela). À exigência de que o valor contribuído pelo estado s sob consideração depende apenas de há quanto tempo o mundo está nesse estado deveria talvez ser acrescentada a definição da estrutura SPC, pois, caso contrário, não faz muito sentido usar $T_s(p) - T_s(p)$ nas definições de significância e contingência.
7. Há duas possíveis fontes de incerteza. Primeira, talvez não possamos ter certeza do efeito p da ação sob consideração. Segunda, talvez não tenhamos certeza do estado de coisas q.
8. Open Philanthropy, s.d.
9. Essa é uma variante de uma formalização feita por Owen Cotton-Barratt (2016) que me foi sugerida por Teruji Thomas. As duas formalizações diferem substancialmente na maneira como tratam a tratabilidade e a negligência. Mais em whatweowethefuture.com/notes.
10. Beckstead e Thomas, 2021.
11. Para a incerteza moral, ver MacAskill *et al.*, 2020.
12. Ver a discussão no Capítulo 1.
13. Cálculos aproximados sugerem que algumas das ações para evitar catástrofes permanentes podem ter um custo-benefício excepcional mesmo quando comparadas a muitas atividades cujo objetivo é melhorar a qualidade de vida das pessoas hoje, como os gastos com a saúde nos países ricos.

ÍNDICE REMISSIVO

1984 (Orwell), 122-3
1DaySooner, organização sem fins lucrativos, 281
80.000 Hours, 141, 277, 280, 286, 288, 296

A

abolição da escravatura
   contingência da, 54, 76, 84-7, 91
   experimentação cultural, 125
   explicações morais e econômicas, 88-90, 93
   história da escravatura e, 71, 67-71
   realização da mudança moral, 73-4
   Ver também escravidão e trabalho forçado
abordagem de portfólio para fazer o bem, 285-7
aborto, 83
acidentes
   alarmes falsos de ataques nucleares, 142, 157-8
   Chernobil e Fukushima, 41(fig.)
   vazamento de patógenos em laboratórios, 136-8, 164

ações, tomada de, 266-8
Adams, John, 39
adaptabilidade, 77-8, 156
Adição Dominante, 216, 217(fig.), 218, 218(fig.), 219(fig.), 220, 221(fig.)
adolescente, humanidade como, 21, 34, 52-3, 173
afro-americanos
   abolição da escravatura, 61, 67, 72, 92, 125
   fosso entre índice de felicidade de brancos e negros, 242
   Ver também escravidão
Agência Internacional de Energia, 114(fig.), 164
agentes: desenvolvimento da inteligência artificial geral, 265
agricultura
   bem-estar médio entre agricultores, 243
   deflorestação e extinção das espécies, 49-50
   desenvolvimento tecnológico do ciclo de realimentação, 166
   escravidão nas civilizações agrícolas, 67

expectativa de vida das espécies
    mamíferas, 19, 27(fig.), 28
inverno nuclear, 158, 160, 269
preocupações com as mudanças
    climáticas, 165-8
recuperação após catástrofe, 161-4
sofrimento de animais em fazendas
    industriais, 258
águia de Haast, 77
Alemanha nazista
    comportamento sádico de Hitler,
        258
    cristalização ideológica, 122-3
    evolução moral, 93-4
    objetivo de dominação global, 117-8
    trabalho forçado, 88
alimentos
    bem-estar animal em fazendas
        industriais, 247-50, 258
    fome, 153, 156, 158, 243, 245
    persistência de valores relativos aos,
        100-1
    Ver também agricultura
alocação de recursos e uso
    efeito de bem-estar, 230-1
    filosofia maoísta quanto ao
        desperdício de recursos, 98
Al-Qaeda: programas de armas
    biológicas, 139-40
Al-Zawahiri, Ayman, 139
AlphaFold 2, 104
AlphaGo, 103
AlphaZero, 103
altruísmo eficaz, 279, 282-3, 285
Ambrosia, start-up, 109
animais, evolução dos, 77-9
animais não humanos, bem-estar, 246,
    248-9, 251-2. *Ver também* bem-
    estar animal
animais selvagens, bem-estar, 249-50
Animal Rights Militia, 284

antieutopia, 255-60
antraz, 136-8
aprender mais para influenciar o
    futuro de modo positivo, 283-4
aprimoração do mundo: priorização
    dos problemas, 267-73
aprimoramento genético, 84
aptidão diferencial: evolução cultural,
    79-81
aptidão pessoal para futuros caminhos,
    282-3, 285
Arábia Saudita: abolição da
    escravatura, 93
"Are Ideas Getting Harder to Find", 184
Armageddon (filme), 133
armas nucleares
    bombas atômicas em Hiroshima e
        Nagasaki, 154-7
    controle, 61
    democratização da tecnologia, 134-5
    estoque dos Estados Unidos, 138
    recuperação da sociedade após uma
        guerra nuclear, 156-8
    riscos de conflito entre grandes
        potências, 141-4, 270
Arrhenius, Svante, 62
arte e literatura
    o valor de bens não relacionados ao
        bem-estar, 229, 232, 252-4
    preservar e projetar, 37-9
asteroides, colisão com, 132-3, 140
Atari, 106
ativismo ambiental e político, 164, 288
ativismo político, 275-6
Atlântida, 26
Austrália: efeitos de uma guerra
    nuclear total, 160
avanços tecnológicos
    atitudes culturais em relação aos, 62
    aumento na dificuldade de obter,
        183-7

criação de ameaças e oportunidades, 19-21
cristalização de valores morais, 97, 101, 106-9, 112-3, 116, 123, 125, 127, 144, 190, 194, 198, 268, 290, 295
descarbonização, 41-2, 165, 171, 173, 196
eflorescências, 175-6
Idade de Ouro Islâmica, 175-6, 192
origem e evolução humana, 18-9
provável estagnação civilizacional, 182-4, 188-94
redução da taxa, 54-5, 177-83
resiliência pós-catástrofe graças à tecnologia pré-industrial, 160-4. *Ver também* desenvolvimento industrial
aves, evolução das, 77

B

Baía dos Porcos, crise da, 56-7
bem-estar
avaliação da satisfação com a vida, 231-8
definição, 232-2
dos animais em fazendas industriais, 245-50
dos animais na natureza, 249-52
escolha da visão certa da ética populacional, 222-4
impactos positivos de ter filhos no longo prazo, 223-5
intuição da neutralidade, 205-8, 210-2
mudanças ao longo do tempo, 237-46
ter uma vida que valha a pena ser vivida, 204-6
bem-estar abaixo do nível médio, 205

bem-estar animal
ativismo político, 95-6
bem-estar dos animais na natureza, 249-52
significância de valores, 73-4
sofrimento de animais em fazendas industriais, 258
tornar-se vegetariano, 272-3
bem-estar subjetivo, 232, 242
Benatar, David, 229
Benezet, Anthony, 71-2, 96
bens não relativos ao bem-estar, valor, 252-4
Bezos, Jeff, 108
biologia sintética, 63, 134, 139
biomassa de animais e seres humanos, 248-9
biossegurança, 269
biotecnologia
antraz, 136-8
armas biológicas, 136-41, 144, 156, 160, 172
biologia sintética, 63, 134, 139
efeitos da guerra nuclear total, 156--8, 172
evitar a estagnação civilizacional graças a avanços na, 188-9
Guerra Fria, 138, 141
patógenos produzidos em laboratório, 135, 140-1, 286
progresso e impactos da, 133-4
sequenciamento e edição de genes, 134
blog, 279
Boemeke, Isabelle, 282
Boeree, Liv, 56
Bonesteel, Charles, 60
Bósnia: resiliência da sociedade, 156
Bostrom, Nick, 110, 265
Brissot, Jacques Pierre, 89
Broome, John, 206

Brown, Christopher Leslie, 69, 85,
  91-2
budismo
  conquistas culturais e valores, 116-7
  disseminação na China, 99
buildering, 52
bunkers, construção como preparação
  para eventuais desastres, 268-9
Burdekin, Katharine, 122

C

caçadores-coletores,
  agricultura após um colapso global,
    160-2
  bem-estar médio, 243-5
  declínio na taxa de crescimento da
    produtividade, 177-8
  deflorestação e extinção da
    megafauna, 49
  densidade populacional global, 29
capital de carreira, adquirir, 280-1
carvão vegetal como combustível
  alternativo, 169
casamento homoafetivo, 74
castigo físico, 74, 90
catarismo, extinção do, 81-2
catástrofes globais
  declínio populacional e estagnação
    civilizacional, 192
  dependência pós-catástrofe na
    tecnologia pré-industrial, 161-2
  preparação para desastres, 268-9
  resiliência da sociedade e
    recuperação de catástrofes
    globais, 153-64
Caviola, Lucius, 235
Cem Escolas de Pensamento (China),
  97, 99, 102
cenário adaptativo, 77-81, 87-8
Chapman, Clark R., 132-3

charter cities, 125-6
China
  abolição da escravatura, 88-9
  busca da imortalidade, 108-9
  Cem Escolas de Pensamento, 97,
    99, 102
  charter cities, 125-6
  consequências do declínio do
    Império Romano, 149-53
  declínio da população, 153
  objetivos das mudanças climáticas,
    164-5
  os riscos do conflito entre grandes
    potências, 143-4
  persistência de valores, 105-8
  relações com os Estados Unidos, 39
  resposta à pandemia de covid-19,
    121-2
ciclos de realimentação
  avanço tecnológico e agricultura,
    186
  efeitos dos gases de efeito estufa,
    166-7
  revolução industrial, 169-70
  sistemas de IA, 103-4
ciência
  aumento das dificuldades, 183-7
  Idade de Ouro Islâmica, 175-6, 192
  origem e evolução humana, 18-9
  provável estagnação civilizacional,
    182-4
  valor dos bens não relativos ao
    bem-estar, 252-4
civilização. *Ver* catástrofes globais;
  mudanças climáticas; colapso
  civilizacional; extinção humana;
  recuperação civilizacional;
  resiliência civilizacional e
  das sociedades; estagnação
  civilizacional
Clarke, Arthur C., 132-3

Clarkson, Thomas, 72, 89
Clear Air Task Force, 273
clones, 84, 188-9
clorofluorcarbonetos (CFCs), 271
colapso civilizacional
  definição, 152-3
  em consequência da estagnação no longo prazo, 195-8
  em consequência das mudanças climáticas, 163-8
  em consequência do esgotamento de combustíveis fósseis, 167-72
  ética populacional de Parfit, 201-3
  guerra nuclear global, 156-61
  Império Romano, 149-53
Cold Takes (Karnofsky), 303
colonialismo, 17-8
  divergência e convergência evolutivas, 121-2
  escravidão, 68-9
  projeção de futuras tendências, 36-7
comércio escravo, 67, 73-4, 86, 88, 92
cometa, risco de colisão com, 132, 140
competição: evolução cultural, 79-81
comportamento moral
  abolição da escravatura, 69-71
  ao longo da história humana, 18-9
  consequências da cristalização ideológica, 122-3
  consequências da estagnação de longo prazo, 193-8
  contingência da abolição, 85-9
  evolução religiosa, 80-1
  retrocesso moral, 87-8
  tendências positivas para a civilização, 35
  tomada de controle da IA, 111-3
  valor da continuidade da civilização, 227-30
comunicação
  conexão entre pessoas, 43-5
  construir capital de carreira, 280-2
  rápido progresso tecnológico em, 179-81
comunismo: conquista cultural e valores, 117
Conclusão Repugnante do aumento do bem-estar, 215-6, 217, 219(fig.), 220
Conclusão Sádica do bem-estar populacional, 221(fig.)
Condorcet, Nicolas de, 89
conexão entre pessoas, 43-5
Confederação Iroquesa, 25
Conferência para o Desarmamento de Genebra (1925), 139
Confucionismo, 98-102, 149
consciência, a evolução da, 227
consequencialistas, 98, 284
conservação: prevenir a cristalização de valores morais, 97, 101, 106-9, 112-3, 116, 123, 125, 127, 144, 190, 194, 198, 268, 290, 295
Constituição dos Estados Unidos, 39, 61, 91
consumo, o impacto de decisões de, 272-5
consumo de combustíveis fósseis
  esgotamento de recursos, 167-72, 176-7, 209-11
  mortes associadas ao, 39-41
  tomada de decisões sensatas de consumo, 273-4
contingência
  contingência de valores esperados, 75-85
  crescimento econômico, 181-2
  da abolição da escravatura, 69-70, 84-94
  evolução das normas morais, 93-5, 107-8
  histórica, 264-5

sobreviver a catástrofes globais, 1623
Ver também significância,
    persistência e contingência
    (estrutura SPC)
contingência histórica, 264
Coreia, divisão, 60
Coreia do Norte: cultura de
    governança, 83
Cotra, Ajeya, 110, 114-5
covid-19, pandemia
    construção de capital de carreira
        durante a pandemia, 280-1
    desenvolvimento de vacinas, 121-2,
        280-1
    morte e impactos econômicos, 133-4
    patógenos fabricados em
        laboratório, 140-1
    respostas culturalmente diversas a,
        121-3
Cowen, Tyler, 180
crescimento econômico
    aumento dos esforços de pesquisas
        científicas, 184-5
    contingência da abolição, 85-9
    desenvolvimento da inteligência
        artificial geral, 265
    distribuição de renda global,
        241(fig.)
    efeito da crise global no, 153-4
    efeito na desigualdade de felicidade,
        241-3
    eflorescências, 175-6
    em charter cities, 125-6
    história global, 42-4
    manutenção da Longa Paz, 141-2
    motivação moral durante períodos
        de, 194-5
    prever a estagnação, 182-3
    taxa decrescente de avanços
        tecnológicos, 177-83, 187-8
    teorias da abolição, 93-4

crescimento populacional e tamanho,
    18
conquista cultural e, 117
crescimento econômico global, 42
de Roma (cidade), 150-1
declínio da população mundial,
    186-8
declínio do Império Romano,
    149-53
declínio durante a Crise Geral, 153-4
efeito na taxa de progresso
    tecnológico, 175
escravidão, 67-8
ética populacional como método de
    evitar a extinção humana, 202-6
história da população mundial, 185-6
impactos positivos de ter filhos no
    longo prazo, 223-4
números pós-catástrofe, 160-1
projeção de futuras gerações, 25
crianças
    construir um futuro melhor para
        as, 289
    escravidão de, 68-9
    evolução cultural e cuidado com as,
        80-1
    fragilidade de identidade, 207-11
    intuição de neutralidade, 205-8,
        210-4, 223
    o valor de ter, 276-7
    os impactos positivos no longo
        prazo, 223-5
    subsídios de fertilidade, 187-9
criopreservação, 109
Crise dos Mísseis em Cuba, 142, 157
Crise Geral, 153-4
cristalização, paradoxo, 127
cristalização. Ver cristalização de
    valores morais
cristalização de valores morais
    a busca da imortalidade, 108

conquista cultural, 117
consequências da cristalização ideológica, 122-3
consequências da estagnação de longo prazo, 175-6
criação de um mundo moralmente exploratório, 122-8
domínio da inteligência artificial geral, 110
efeitos da clonagem humana, 190
em busca da colonização espacial, 225
evolução e diversidade cultural, 125
paradoxo de cristalização, 127
persistência de valores, 100-2
priorização das ameaças para aprimorar a, 268-9
cristianismo: conquista cultural, 119-21
Cuba: resiliência da sociedade, 156
Cugoano, Ottobah, 73
cultivo de cana-de-açúcar, 87

D

Daniell, Marcus, 282
Dartnell, Lewis, 169-70
De volta para o futuro (filme), 208
declínio populacional
 colapsos globais, 154
 conjecturas acerca da durabilidade da estagnação civilizacional, 192
declínio tecnológico: a queda do Império Romano, 149-53
DeepMind, 103-4
definição de objetivos de uma AGI, 106
desarmamento, 61
descendentes supra-humanos, 229
desconhecidos, 266
desenvolvimento industrial
 como eflorescência, 176-7
 concentrações de carbono, 39-40
 consequências do declínio do Império Romano, 149-53
 consumo e esgotamento dos combustíveis fósseis, 167-72
 cultivo de açúcar e algodão, 86-7
 dependência da tecnologia pré--industrial pós-catástrofe, 160-4
 efeito sobre o bem-estar, 243-5
 história da humanidade, 26-8
 taxas de crescimento econômico, 104-5
 tendência ascendente no bem-estar, 244-6
desflorestamento, 48-9
desigualdade
 desigualdades globais, 253-4
 na renda e na felicidade, 241-3
 na visão total de bem-estar, 14-6, 220, 222-3
 Paradoxo de Easterlin, 238-9
desigualdade, felicidade, 241-3
desigualdade de renda e desigualdade na felicidade, 241-3
desigualdade em termos de felicidade, 241-3
desperdício, visão da filosofia maoísta, 98
destruição ambiental, 18
 eliminação gradual do uso do CFC, 271
 impacto do ativismo político alemão, 287-8
 impacto dos plásticos, 273
 preocupação com as gerações futuras, 25-7
 tendências positivas para a civilização, 35
 Ver também mudanças climáticas
destruição da camada de ozônio, 271
dinastia Han (China), 44, 89, 99, 101, 107, 149

dinastia Qin (China), 99, 101, 107-8, 124
distopia, 37, 123, 255, 289
distribuição de renda global, 241(fig.)
diversidade cultural
   charter cities, 125-6
   experimentação cultural e a abolição da escravatura, 125
   previsão da duração da estagnação civilizacional, 189-92
   resposta à covid-19, 121-3
DNA, síntese, 134
doações a instituições sem fins lucrativos, 265, 274-5, 282
doenças
   covid-19, taxa de mortalidade, 134
   expectativa da vida humana, 17-8
   patógenos produzidos em laboratório, 135, 140-1, 286
   priorizar a alocação de recursos, 230-1
   tendências positivas para a civilização, 35
   tráfico negreiro e, 68-9
   valor dos bens não relacionados ao bem-estar, 229, 232, 252-4
Doing Good Better (MacAskill), 209, 274
Dostoiévski, Fiódor, 256
Drescher, Seymour, 85

E

Econocide (Drescher), 85
edição de genes, 134
educação: castigo físico, 74
efeito estufa descontrolado, 166-7
efeito estufa úmido, 167
eflorescências, 175-6
Egito: participação das mulheres na força de trabalho, 83-4
Einstein, Albert, 184, 190

Eltis, David, 89
empreendedores morais, 95-6
emulação, uso da AGI, 105-6
Encontro com Rama (Clarke), 132
energia limpa, benefícios no longo prazo, 41-2
energia nuclear, 41(fig.)
   defesa pelas mídias sociais, 282
   impactos ambientais, 39-40
energia solar, 113-4, 165, 169, 287
enraizamento de valores, 81-2, 105-8, 112-3, 120-2
Épico de Gilgamesh, 108
Equiano, Olaudah, 73
Equilíbrio
   civilizacional, 44-5
   contingência esperada das mudanças morais, 82
   equilíbrios múltiplos, 79
   estimar a sensibilidade do equilíbrio climático, 62
   múltiplos equilíbrios, 79
Era do Gelo, 153, 162, 186
Era dos Estados Combatentes (China), 97
escalada urbana, 52-3, 58
escolha de carreira: o impacto no futuro, 276-83
escravidão árabe, 67-8
escravidão e trabalho forçado, 17-8
   abolição, 67-74, 84-96, 124-5
   como consumo ostentatório, 80-1
   efeitos da cristalização de valores ideológicos, 122-3
   emendas constitucionais, 61
   tendências positivas no desenvolvimento humano, 35
esforços para a descarbonização, 41-2, 165, 171, 173, 196
estado da infraestrutura pós-catástrofe, 158-61, 163-4

Estados Unidos da América
  aumento nos esforços de pesquisas científicas, 185
  bombas atômicas em Hiroshima e Nagasaki, 154-7
  Constituição, 39, 61, 91
  controle de armas nucleares, 61
  crise dos mísseis em Cuba, 142
  imigração e crescimento econômico, 117-8
  objetivos em termos de mudanças climáticas, 164
  pesquisa de qualidade de vida, 235-8
  programa de armas nucleares, 138
  queda das taxas de fertilidade entre os americanos mórmons, 187-9
  valor esperado da participação eleitoral, 275
estagnação civilizacional
  cálculo de probabilidade, 182-9
  perspectiva longotermista, 73-4, 113, 141, 194
  previsão da duração, 188-94
  subsequente às eflorescências, 175-6
  taxa desacelerada de avanços tecnológicos, 177-83
estupro, 70
ética
  ética populacional de Parfit, 201-3
  valor dos bens não relacionados ao bem-estar, 229, 232, 252-4
  viver uma vida ética, 283
  Ver também comportamento moral; valores
ética populacional
  avaliar o fim da civilização, 202-3
  Conclusão Repugnante, 215-7, 219 (fig.), 220
  Conclusão Sádica, 221
  escolha da visão correta, 222
  evitar a extinção humana, 229
  fragilidade da identidade, 208-11
  incerteza a seu respeito, 222-4
  intuição de neutralidade, 205-8, 210-4, 223
  visão do nível crítico, 220-3
  visão média, 213-5, 221
  visão total, 214-6, 220, 222-3
eugenia, 94
eutopia, 36-5, 255, 257, 260
evolução
  após a extinção humana, 144-8
  contingência da evolução biológica, 75-85
  cultural, 79-85
  diversidade cultural, 120-3
  emergência da consciência, 227-9
  inteligência no patamar dos seres humanos, 77, 79
  Ver evolução cultural
evolução convergente, 77
evolução cultural
  cenário adaptativo, 78-85
  conquista cultural e cristalização de valores morais, 97, 101, 106-9, 112-3, 116, 123, 125, 127, 144, 190, 194, 198, 268, 290, 295
  construir um mundo aprimorado em termos morais, 124
  contingência e persistência das mudanças morais, 107-8
  divergência e convergência culturais, 120-2
  efeitos da estagnação no longo prazo, 195-6
evolução da vida, 77
expectativa de vida
  da civilização humana, 28
  de escravos, 68-9
  entre as sociedades de caçadores--coletores, 245

mudanças ao longo do tempo, 242(fig.)
previsão para as futuras gerações, 28-9
redução do crescimento econômico comparativa, 178-80
tendências positivas para a civilização, 35
experiência de bem-estar, amostragem, 234-5
experimentalismo político: prevenção da cristalização de valores, 125
experimento, tratar sua carreira como um, 277-83
exploração e colonização espacial
   conexão e separação, 44-5
   conquista cultural, 117
   defesa moral de, 225
   projeção da população, 29-30
expurgos ideológicos, 81-2, 107
extinção das espécies
   bens não relacionados ao bem-estar, 229, 232, 252-4
   ética populacional, 202-4
   expectativa de vida das espécies mamíferas, 27(fig.)
   megafauna, 47-9
   populações de peixes, 251-3
   significância e contingência da, 50-2
   visão longotermista em função de ações atuais, 49-50
extinção dos dinossauros, 132
extinção humana, 20-1
   colisões de asteroides, 132-3, 140
   cristalização de valores morais, 97, 101, 106-9, 112-3, 116, 123, 125, 127, 144, 190, 194, 198, 268, 290, 295
   ética populacional, 224-5
   otimismo e pessimismo em relação ao futuro, 227-30

persistência, significância e contingência, 144-5
posterior evolução, 144-8
prevenção, 54-5
resultante da estagnação, 176-8, 193-8
resultante de patógenos sintéticos, 139-41
tomada de controle da inteligência artificial, 111-3
visão longotermista, 254-5

F

fator total de produtividade, 177-9
fazendas industriais, 94, 246-9, 250(fig.), 251, 258-9
fazer o bem
   escolha de carreira, 278
   não fazer o mal, 282-5
febre aftosa, 135-7
felicidade
   correlação com a riqueza, 237-46
   intuição de neutralidade, 205-8, 210-4, 223
   relação assimétrica com o sofrimento, 254-8
   satisfação pessoal *versus* PIB *per capita*, 239(fig.)
   visão de Parfit a respeito, 202-6
   Ver também bem-estar
ficção científica
   Encontro com Rama, 132
   filosofia moral e histórias de viagem no tempo, 209
   The Last Judgment (Haldane), 113
filantropia
   altruísmo eficaz, 279, 282-3, 285
   atitudes culturais, 84
   como consumo ostentatório, 81
   impacto nas mudanças climáticas, 273-4

o poder de fazer o bem, 273-5
"problema da mão morta", 75
redução da pobreza, 273-5
Filhos da África, 73
filosofia
busca da compreensão moral de Parfit, 201-6, 215-7
Cem Escolas de Pensamento da China, 97, 99, 102
mapeamento metafórico do passado e futuro, 263-5
otimismo e pessimismo em relação ao futuro, 227-8
Ver também filosofia moral
filosofia moral
busca da compreensão de Parfit, 201-3
consequencialistas e não consequencialistas, 284
definição de bem-estar, 230-3
ética populacional, 202-6
fragilidade da identidade, 208-11
incerteza moral, 223, 253
intuição de neutralidade, 205-8, 210-4, 223
física: história de inovação, 184
fome, 153, 156, 158, 243, 245
força de trabalho
aumento dos esforços de pesquisas científicas, 185
combate à taxa de redução do progresso tecnológico, 187-9
estagnação econômica, 182-3
participação das mulheres, 83-4
Ver também escravidão
Forethought Foundation, 21
fosso entre índice de felicidade de brancos e negros, 242
França, abolicionismo, 88-9, 92
Franklin, Benjamin, 39-40
Friedman, Benjamin, 195

futuro, representação semântica, 263-5

G

galinhas, sofrimento, 246-9, 289
Galwan Valley, confronto (2020), 143
ganhadores de loteria, 241
Garcés, Leah, 96
gás natural, 164, 177
gastos governamentais, 274-7
Gayanashagowa, 25
genoma humano, 134
geração de carbono, 61-2
Giving What We Can, 19, 274, 283, 296
gliptodontes, 47, 50-1
Global Priorities Institute (Universidade de Oxford), 21, 271
Go (jogo), 103, 110
Goldstone, Jack A., 176
Good, I. J., 104
Google: combate ao envelhecimento, 108-9
Goražde, Bósnia, 156
Gordon, Robert, 178
Gould, Stephen Jay, 77
governança de IA, 265
Grã-Bretanha
abolição da escravatura, 73
contingência da abolição, 86
declínio do Império Romano, 149-53
Guerra da Independência dos Estados Unidos, 91-2
história da estagnação civilizacional, 163-4
sufrágio feminino, 23, 76
Ver também Reino Unido
Grace, Katja, 115
Grande Colisor de Hádrons, 184
Grande Terror (Stálin), 82

grandes potências, riscos de guerra entre, 141-4, 270, 275, 288, 292
Greaves, Hilary, 223
Grécia Antiga, 87, 176
Guerra da Independência dos Estados Unidos, 91-2
Guerra do Vietnã, 91, 155
Guerra Fria
  controle de armas nucleares, 60-2
  crises ameaçadoras da Longa Paz, 141-2
  divisão da Coreia, 60
  efeitos na qualidade de vida, 143-4
  patógenos produzidos em laboratório, 135, 140-1, 286
guerra mundial, potencial para, 144
guerra nuclear, 20, 55, 143, 156-8, 167, 172, 193, 203, 276, 292
guerras e conflitos
  bombas atômicas em Hiroshima e Nagasaki, 154-7
  divisão da Coreia, 60
  efeito nos esforços de descarbonização, 41-2, 165, 171, 173, 196
  futuros cenários de IA, 265-6
  Guerra do Vietnã, 91, 155
  guerra entre grandes potências, 141-4, 270, 275, 288, 292
  História da Guerra do Peloponeso, 38
  momentos de plasticidade, 60-3
  período da Crise Geral, 153-4
  risco de redução de atividades, 268-70
  Ver também Segunda Guerra Mundial

H

habitabilidade da Terra, 27-9, 29(fig.)
Haldane, J. B. S., 113

Hall, Jeremy, 53
Henrich, Joe, 80
herança: evolução cultural, 79-81
High Impact Athletes, 282
Hiroshima, bombas em, 154-7
História da Guerra do Peloponeso (Tucídides), 38
Hitler, Adolf, 82, 122-3, 142, 209, 258
Holoceno, época, agricultura na, 162
Homo, gênero, 26-7
Homo sapiens, 18
  desflorestamento e extinção da megafauna, 48-9
  expectativa de vida das espécies mamíferas, 27(fig.)
  história da espécie, 27, 27(fig.)
  mudanças no bem-estar ao longo do tempo, 243
  sistema de cristalização de valores, 120-1
Horácio, 38, 106
Hoskin, Abigail Novick, 236
Hunter, Tom, 141

I

Idade de Ouro Islâmica, 175-6, 192
Idades Médias: história da estagnação civilizacional, 189-90
identidade, fragilidade, 208-11
ideologia
  cenários de cristalização ideológica, 122-3
  confucionistas da China, 98-102, 149
idiossincrasias evolucionárias, 77
Iêmen: abolição da escravatura, 93
igualitarismo, 243-5
ilha de Flinders, 186
Iluminismo
  consequências do declínio do Império Romano, 149-53

oposição à escravidão, 90
imigração
  comportamentos culturais, 84-5
  conquista cultural, 117
  evolução cultural, 118
  significância de valores, 74
imortalidade
  artes e literatura, 38
  cristalização de valores morais e a busca da, 97, 101, 106-9, 112-3, 116, 123, 125, 127, 144, 190, 194, 198, 268, 290, 295
Impacto profundo (filme), 133
Império Romano
  crescimento e disseminação do cristianismo, 119
  crescimento populacional, 149-53
  declínio e queda, 149-53
  efeito global do declínio, 149-53
  efeitos do colapso civilizacional, 149-53
  escravidão, 67
  isolamento global, 44
  sofisticação tecnológica e econômica, 149-53
inconsistências nas concepções morais de mundo, 90
Índia
  pesquisa de qualidade de vida, 236-8
  riscos de conflito global, 153
  taxa de fertilidade e crescimento econômico, 119, 187
indústria pecuária, 245-7
"Inferno três", experimento de pensamento, 213, 214(fig.)
inovação
  automatização com a AGI, 103-4, 176-7
  estagnação, 191-2, 195-7
  Idade de Ouro Islâmica, 175-6, 192
  na energia limpa, 41-2

taxa decrescente, 182-8
tomada de ações visando ao futuro, 266-8
inteligência artificial (IA)
  abordagem de problemas negligenciados, 272-3
  cristalização de valores morais, 97, 101, 106-9, 112-3, 116, 123, 125, 127, 144, 190, 194, 198, 268, 290, 295
  definição, 102-3
  futuras ameaças e benefícios, 20-1
  incerteza a respeito do futuro, 264-7
  inteligência artificial geral, 102-6
  perda de momentos de plasticidade, 62-3
  priorização de futuras soluções, 268-70
  problema de alinhamento, 111-2
  segurança de IA, 287-8
inteligência artificial geral (AGI)
  busca da imortalidade, 108
  cristalização de valores morais, 97, 101, 106-9, 112-3, 116, 123, 125, 127, 144, 190, 194, 198, 268, 290, 295
  evitar a estagnação civilizacional, 188-9
  importância no longo prazo da, 102-6
  previsão de chegada da, 113-6
  priorização das ameaças para aprimorar a, 268-9
  redução das incertezas do futuro, 268-70
  superação das capacidades humanas, 110-3
inteligência no patamar humano, 77, 79
intuição de neutralidade, 205-8, 210-4, 223
inverno nuclear, 158, 160, 269

invertebrados, 227, 252
investimento no futuro, 39-40
iPhone da Apple, 190, 235
Ishii, Shiro, 139
ITN (importância, tratabilidade, negligência), estrutura, 306-8

J

Japão
  bombas em Hiroshima e Nagasaki, 154-7
  programa de armas biológicas, 136-41
Jerônimo (santo), 150
Jones, Chad, 183
judeus e judaísmo: persistência de valores, 100

K

Kaufman, Chaim, 86
Kennedy, John F., 56-7, 157
Khmer Vermelho, 82
Kim Il-sung: esforços para prolongar a vida, 108
Kremer, Michael, 186

L

Lay, Benjamin, 70-2, 95-6, 224
Learn How to Increase Your Chances of Winning the Lottery (Lustig), 240
legalismo (China), 98-101
Levy, David, 132
Lewis, Joshua, 236
LGBTQIA+
  transmissão de traços culturais, 120-1
  visões morais acerca desse *status*, 74
liberdade de expressão, 126
língua aimará, 263

linha da pobreza, 241(fig.)
lista objetiva da visão de bem-estar, 231-2
literatura, preservação e projeção, 37-9
Locke, John, 40
Longa Paz, 141-2
longa reflexão, 124
longotermismo
  argumentos a favor e contra, 18-22
  compreender suas implicações, 269-71
  consequências de pequenas ações no longo prazo, 207-10
  contingência das normas morais, 94-6
  empoderamento das futuras gerações, 23-4
  ética populacional, 202-6
  expedição em terreno inexplorado, 20-2
  mudanças de valores, 73-6
  perspectiva de estagnação civilizacional, 193-8
  preocupação com as futuras gerações, 24-7
  tamanho do futuro, 23-4
Lustig, Richard, 240-1
Lyons, Oren, 25

M

Macaulay, Zachary, 92
MacFarquhar, Larissa, 202
machine learning
  desenvolvimento da inteligência artificial geral, 102-4
  previsão para o estabelecimento da AGI, 114-6
  Ver também inteligência artificial geral (AGI); inteligência artificial (IA)

mamíferos
  evolução, 27(fig.)
  expectativa de vida, 27(fig.), 28
  megafauna, 47-8
Mao Zedong, 257-9
maoístas (China), 98-9, 105-6
Marlowe, Frank, 244
Marte, sondas, 225
matemática
  Idade de Ouro Islâmica, 175-6, 192
  não contingência, 50-2
Mauritânia: abolição da escravatura, 93
McKibben, Bill, 62-3
medicina: teoria do valor esperado na tomada de decisões, 56
megafauna, 48
megatério, 47
mentira, efeitos negativos, 283-4
mercado de trabalho. *Ver* força de trabalho
Mercy for Animals, 96
Metaculus, plataforma de previsões, 140, 144
metáfora de soprar o vidro, 60
metáforas e história da humanidade e do longotermismo, 21
mídias de notícias: efeito na felicidade e no bem-estar, 242-4
migração. *Ver* imigração
Mill, John Stuart, 125
Montesquieu, 40, 89
Moore, G. E., 253
Moral Capital (Brown), 91
moralidade cristã, 94
mórmons: queda da taxa de fertilidade, 192
morte
  bombardeio em Hiroshima e Nagasaki, 154-7
  covid-19, 134
  decisões de alto risco capazes de levar à, 52-5
  efeitos do consumo de combustíveis fósseis, 39-41
  guerra nuclear global, 144
  patógenos produzidos em laboratório, 141
  produção de energia, 41(fig.)
  tráfico negreiro, 68-9
motivações assimétricas, 257-9
movimentos sociais
  bem-estar animal, 96
  empoderamento das futuras gerações pelo longotermismo, 23-4
muçulmanos: persistência do valor da dieta alimentar, 100-1
mudança de valores
  abolição da escravatura, 72-3, 88-9
  cenários de evolução moral, 93-6
  contingência da abolição, 85-7
  contingência esperada, 75-85
  evolução de culturas, 79-85
  perspectiva longotermista, 73-6
mudança do nível do mar, 40
mudanças climáticas
  abordar problemas negligenciados, 270-3
  avaliar futuras intervenções, 268-9
  colapso civilizacional resultante, 163-8
  consequências no longo prazo, 39-41
  desflorestamento e megafauna, extinção, 48-9
  efeitos da intuição de neutralidade, 205-8, 210-4, 223
  esgotamento dos combustíveis fósseis, 167-72
  evitar o colapso civilizacional, 195-7
  impacto do vegetarianismo, 272-4
  inverno nuclear, 157-8

o benefício de gerações futuras, 24-6
recuperação agrícola após catástrofe extrema, 162-3
rigidez após plasticidade inicial, 61-3
teoria do valor esperado como ferramenta de tomada de decisão, 57-60
Ver também destruição ambiental
Muehlhauser, Luke, 265
mulheres
    cenários da cristalização ideológica, 122-3
    contingência de normas morais, 95
    escravidão, 68-9
    filhos por mulher *versus* PIB *per capita*, 187(fig.)
    participação no mercado de trabalho, 83-4
    subsídios de fertilidade, 195
    tendências positivas, 35-6
    visões morais acerca de seu *status*, 74
mundo exploratório em termos morais, 122-8
MuZero, 103

N

nacionalismo, 74
Nagasaki, bombardeio, 155-7
Não-Anti-Igualitarismo, 217-8, 217(fig.), 218(fig.), 219(fig.)
não consequencialistas, 284
não inevitabilidade, 51. *Ver também* contingência
NASA (Administração Nacional da Aeronáutica e Espaço), 133
Nazarbayev, Nursultan, 108
negligência, 272
neurônios, avaliação da capacidade para o bem-estar, 248-9
neutralidade da vida, 205-8

neutralidade, intuição, 205-8, 210-4, 223
Nigéria: taxa de fertilidade e crescimento econômico, 120
nobreza espiritual, 97
Noite das Facas Longas, 82
Nordhaus, William, 104
Nossa Agenda Comum (relatório da ONU), 288
Nova Zelândia
    efeitos de uma guerra nuclear total, 160
    evolução de aves e animais, 77

O

Ochi, Mitsuno, 154-5
Odes (Horácio), 38
On What Matters (Parfit), 229
opções, criar, 266-70, 277-81
Open Philanthropy, 110, 116, 265, 271
OpenAI, 103
Ord, Toby, 140, 197, 209, 223
Organização das Nações Unidas (ONU), 61
origens da vida humana, 17-8
otimistas
    avaliação do possível futuro, 228-30
    exame da eutopia e da antieutopia, 255-60
    melhoras no bem-estar humano, 242-4
    valor dos bens não relacionados ao bem-estar, 229, 232, 252-4
Oxford, Universidade, 21, 201

P

padrão de vida, 181(tabela)
    efeito no bem-estar, 254
    eflorescências, 175-6

Império Romano, 149-53
Painel Intergovernamental sobre
    Mudanças Climáticas (IPCC), 40,
    59, 62
Pais Fundadores, 39-40, 96
pandemia de gripe russa (1977), 139
pandemias
    ameaça de patógenos produzidos
        em laboratório, 135, 140-1, 286
    covid-19, 122, 134, 137, 140-1, 280-1,
        292
    esforços de preparação, 140-1, 268-9
    malária, 17, 230
    Peste Negra, 88, 154, 159
    varíola, 17, 35, 135, 137, 254
pandemias produzidas em laboratório,
    140, 286. *Ver também* pandemias
Pape, Robert, 86
paradoxo de Easterlin, 238-9
paradoxo de Fermi, 145
Parchman Farm, presídio, 91
parcialidade: preocupação com as
    futuras gerações, 25, 97
Parfit, Derek, 201-3, 208, 213, 215, 220,
    229
Parker, Janet, 137
passado, representação semântica, 263-5
patógenos produzidos em laboratório,
    135, 140-1, 286
pegada de carbono: o impacto do
    vegetarianismo, 38-9
peixes
    estimativa do bem-estar, 246
    evolução, 77
    piscicultura, 208-9
Pequena Era do Gelo, 153
períodos de transição de poder, 142
persistência
    avaliação de cenários futuros, 50-3
    de valores, 54-5, 100-2, 120-1, 176-7
    evolução das normas morais, 107-8

replicação de informação, 104-6
Ver também significância,
    persistência e contingência
    (estrutura SPC)
Peru: participação das mulheres no
    mercado de trabalho, 83-4
pesquisa e desenvolvimento (P&D)
    estagnação tecnológica, 185, 187, 189
    pesquisas antienvelhecimento, 108-9
    redução de catástrofes, 310-1
pessimistas, 133, 228, 243
Peste Negra, 88, 154, 159
Petrov, Stanislav, 157-8, 209
PIB (produto interno bruto)
    controle governamental, 274-5
    crescimento econômico global, 42-
        -4, 43(fig.)
    economia dos Estados Unidos, 117-8
    felicidade e bem-estar de acordo
        com o, 238-41, 245-6
    participação das mulheres na força
        de trabalho, 83-4
    previsão de guerra entre grandes
        potências, 141-4, 270, 275, 288,
        292
    recursos em P&D, 185-6
    resiliência humana pós-catástrofes,
        153-4
    taxas de fertilidade, 187(fig.), 187-8
Piper, Kelsey, 279
Plano Baruch, 61
Plano Gromyko, 61
plantações de algodão, 68, 87, 91
Plass, Gilbert, 62
plasticidade, momentos de
    abolicionismo na Grã-Bretanha,
        91-2
    colapso civilizacional subsequente,
        127-8
    dinâmica da plasticidade inicial e
        rigidez subsequente, 59-63

mudança ideológica, 101-2
plasticidade inicial, rigidez
    subsequente, 61-3, 101-2
plástico, redução do consumo e
    resíduos, 273
pobreza
    bem-estar na sociedade hadza, 244-5
    doações para instituições de
        caridade visando à redução da,
        274-5
    estatísticas e história global, 35-6
Poder
    aumento do risco de conflito global,
        141-3
    como a AGI afeta seu controle,
        108-11
    indivíduos sádicos e psicopatas, 258
    superação das capacidades humanas
        pela inteligência artificial geral,
        110-3
poder das ações individuais, 289
Pol Pot, 82, 258
Políbio, 40
poluição do ar, 41, 41(fig.), 172, 267
Pong, jogo de computador, 106
pontos de inflexão, 167
população, tamanho, futuro, 28-30,
    30-4(fig.)
pôquer: teoria do valor esperado, 56-7
porcos domesticados, 247-8
povo hadza, 244-5
premissa de Transitividade, 218-9
preparação para desastres, 268-9
princípio de tomada de decisões
    pensando na sétima geração, 25
problema da mão morta, 75
problema de alinhamento da IA, 111-2
problema do enovelamento de
    proteína, 104
processo de emissões negativas, 172
produção de energia

avanço nas mudanças climáticas,
    163-6
colapso civilizacional em
    consequência do esgotamento
    de combustíveis fósseis, 169-70
mortes por TWh causadas pela
    produção de eletricidade,
    41(fig.)
produtividade: crescimento do fator
    total de produtividade, 177-9
progresso da humanidade, 34-7
projeção de população até 2100
    China, 120
    Espanha, 187
    Índia, 120
    Japão, 187
    mundial, 185-6
    Nigéria, 120
    Tailândia, 187
protesto pacífico, 282-4
Protocolo de Montreal, 271
pular, em pesquisa de amostragem de
    experiências, 234-5
purificação étnica, 81-2

Q

quakers: abolição da escravatura, 70-2,
    95-6, 125, 287

R

radicalismo dos abolicionistas, 70
Reasons and Persons (Parfit), 202
Rebelião de Natal Jamaicana (1831-
    -1832), 92
reciprocidade: preocupação com as
    futuras gerações, 25-6
recuperação civilizacional, 168,
    264. *Ver também* resiliência
    civilizacional e das sociedades

recuperação pós-catástrofe, 162-3
reindustrialização pós-colapso, 164, 169-71
Reino Unido
  pesquisa de bem-estar, 238
  pesquisa de satisfação com a vida, 231
  surto de febre aftosa, 135-6
  vazamentos do vírus da varíola, 137
  Ver também Grã-Bretanha
religião e fé
  abolição da escravatura, 69-73
  aumento das afiliações religiosas, 119-20
  confucionismo, 98-102, 149
  conquista cultural, 117
  cruzadas religiosas, 107
  evolução cultural, 79-80
  ideologia religiosa anticientífica, 192
  moralidade cristã, 94
  queda da taxa de fertilidade entre grupos religiosos, 192
renda global, distribuição, 241(fig.)
  Ver também PIB (produto interno bruto)
replicabilidade, 104-6
República Romana, 150
resiliência civilizacional e das sociedades, 152-64
resistência à escravidão, 69-70
revolução agrícola, 161, 243
Revolução Científica: consequência do declínio do Império Romano, 149-53
Revolução Industrial
  acúmulo de população e tecnologia graças ao ciclo de realimentação, 166
  consequente tendência de melhora no bem-estar, 245
  crescimento econômico duplicado, 125

crescimento econômico global, 43
desenvolvimento tecnológico na Europa, 153-4
esgotamento dos combustíveis fósseis, 168-70
impacto da contingência de normas morais, 94
rigidez após plasticidade inicial, 59-63, 101-2
rigidez seguida de plasticidade inicial, 60-1
riqueza
  correlação da felicidade com a, 237-46
  distribuição de renda global, 241(fig.)
Rodriguez, Luisa, 158
Rumsfeld, Donald, 266
Rush, Benjamin, 71, 96
Rusk, Dean, 60
Russell, Bertrand, 256
Rússia
  invasão da Ucrânia, 142-4
  riscos de conflito global, 158

S

sadismo, 258
satisfação com a vida, 233-4, 237, 239(fig.)
ScotsCare (instituição de caridade), 75
secularismo, o declínio de sua influência, 119-20
Sedol, Lee, 103
Segunda Guerra Mundial
  bombas atômicas em Hiroshima e Nagasaki, 154-7
  cenários da cristalização ideológica, 122-3
  cenários de evolução moral, 93-4

comportamento sádico de Hitler, 258
objetivo alemão de dominação global, 117-8
trabalho forçado na Alemanha, 88
segurança: regulamentação biotecnológica, 136-7
segurança da IA, 288
sensibilidade climática, 62
servidão, 88, 91
sexo, escravos para exploração sexual, 67
Shakespeare, William, 37-8, 106
Shell, empresa de petróleo, 274
Shoemaker, Gene, 132-3
Shoemaker-Levy, 9 (cometa), 133
significância, persistência e contingência (estrutura SPC), 52(tabela)
  abolição da escravatura, 69-70
  avaliação de futuros cenários, 49-53
  cenários de evolução moral, 93-6
  estudos relativos ao fim da civilização, 54-5
  extinção da espécie humana, 143-5
  períodos de plasticidade, 59-61
  teoria do valor esperado, 54-6, 59-60
  Ver também contingência; persistência
Singer, Peter, 209
Sinha, Manisha, 85, 90
sistemas de valor, 117-8
Sobre a liberdade (Mill), 125
sobrevivência, garantir a, 53, 54(fig.), 55, 159, 182(fig.), 198. *Ver também* colapso civilizacional; extinção humana, estagnação civilizacional
sociedades pós-catástrofe, 158-9
Spaceguard, 131-3
Speer, Albert, 258
Stálin, Joseph, 82, 88, 107-8, 258

status econômico
  efeitos da imigração, 117-8
  pandemia de covid-19, 133-4
  riscos de conflito entre grandes potências, 141-4, 270, 275, 288, 292
  surto de febre aftosa no Reino Unido, 135-7
Sturgeon, Nicola, 141
Suécia: pesquisa da World Values Survey, 233, 238
sufrágio, 76
Superinteligência (Bostrom), 110-1, 265
superpotências, riscos de conflito mundial, 141-4
sustentabilidade
  avanço tecnológico, 176-8
  colapso em virtude de estagnação de longo prazo, 195-7
Swastika Night (Burdekin), 122

T

Talmude babilônico, 100
Tanzânia, 244
taoísmo (China), 98-100
taxa de carbono, 62-3
taxas de fertilidade
  combater a redução dos progressos tecnológicos, 187-9
  crescimento e difusão de traços culturais, 117-20
  efeito na população global e no desenvolvimento tecnológico, 185-8
  previsão da duração da estagnação civilizacional, 189-92
  taxas da fertilidade global total, 187(fig.)
taxas de reposição de fertilidade, 188
Taylor, Michael, 85, 92

tecnologias biomédicas, 84
teoria do valor esperado
  ética populacional, 222-4
  importância do voto, 274-7
  processo de tomada de decisões, 54-8
  viver uma vida moral e ética, 283-5
Teoria X, 213. *Ver também* ética populacional
testes de desafio para o desenvolvimento de vacinas, 280
The Precipice (Ord), 140
Thiel, Peter, 108
tomada de decisões: teoria do valor esperado, 54-8
trabalho forçado, 36, 88-91. *Ver também* escravidão
transições evolutivas, 145-7
tratabilidade, 271
Tucídides, 38-40, 176

U

Unchained Goddess (filme), 62
União Europeia
  objetivos com relação às mudanças climáticas, 164
  poluição do ar, 41
União Soviética
  crise dos mísseis, 142
  programa de armas biológicas, 136-41
  surto provocado por antraz, 136-8
  trabalho forçado, 88
  Ver também Guerra Fria
uso do carvão, 164, 171
uso e abuso do álcool, valores e, 90, 100
utilitarismo, 98-9

V

vacinas, desenvolvimento de
  armas biológicas, 136-41
  covid-19, 122, 280
  surto de febre aftosa, 137
  varíola, 135
valor: teoria do valor esperado, 54-8
valor do futuro, 229-30
valores
  compreendendo a escravidão, 68-70
  contingência, 75-85
  enraizamento, 81-2
  mudanças ao longo de sua vida, 278-9
  mudanças de trajetória, 53-5
  persistência, 100-2
  preocupação com as futuras gerações, 24-7
  significância, 73-6
van Beurden, Ben, 274
vândalos, 150, 152
Vardaman, James K., 91
variação: evolução cultural, 79-80
varíola, 135, 137, 254
vegetarianismo
  atitudes culturais, 84
  Benjamin Lay, 70
  cenários de evolução moral, 94
  como questão de integridade moral, 81
  impacto positivo no futuro, 273
  persistência de valores, 100
Via Láctea, 44, 225
viagens no tempo, 208
vidas com bem-estar negativo, 214-5, 229, 235, 238, 251. *Ver também* bem-estar abaixo do nível médio
vidro maleável, história como, 21, 60, 102, 128
Vietnã, guerra, 91, 142, 155

visão de satisfação de preferências/ desejos, 231-2
visão do nível crítico do bem-estar, 220-3
visão hedonista de bem-estar, 231-2
visão média de bem-estar, 213-5
visão total de bem-estar, 14-6, 220, 222-3
visigodos, 150-2

W

Wilberforce, William, 73, 92
Williams, Eric, 85
Woolman, John, 71
World Values Survey (pesquisa), 233, 238

Y

Yan, John, 282
Yglesias, Matt, 118

**Acreditamos
nos livros**

Este livro foi composto em Adobe Garamond
Pro e impresso pela Gráfica Santa Marta para a
Editora Planeta do Brasil em outubro de 2024.